20 世纪人文学的反思与重构

张宝明 著

河南大学出版社
·郑州·

图书在版编目(CIP)数据

20世纪人文学的反思与重构/张宝明著.—郑州:河南大学出版社,2019.5

ISBN 978-7-5649-3601-3

Ⅰ.①2… Ⅱ.①张… Ⅲ.①人文科学－研究－中国－20世纪 Ⅳ.①C12

中国版本图书馆CIP数据核字(2019)第085620号

责任编辑 靳宇峰
责任校对 言 午
封面设计 马 龙

出 版	河南大学出版社
	地址:郑州市郑东新区商务外环中华大厦2401号
	邮编:450046
	电话:0371-86059713(营销部) 网址:www.hupress.com
排 版	郑州市今日文教印制有限公司
印 刷	河南瑞之光印刷股份有限公司
版 次	2019年5月第1版 印 次 2019年5月第1次印刷
开 本	710mm×1000mm 1/16 印 张 22.75
字 数	296千字 定 价 68.00元

(本书如有印装质量问题,请与河南大学出版社营销部联系调换)

　　张宝明，历史学博士。现任河南大学历史文化学院教授、博士生导师。享受国务院政府特殊津贴专家、"新世纪百千万人才工程"国家级人选、文化名家暨四个一批人才、入选国家万人计划哲学社会科学领军人物。主要从事中国近代思想史尤其是五四思想史的研究。在《中国社会科学》、《文学评论》等国内重要刊物发表论文70余篇，其中被《新华文摘》、《中国社会科学文摘》等报刊转载、摘编60余篇。在商务印书馆、人民出版社、中国社会科学出版社等出版学术论著多部。

"近代中国研究书系"出版旨趣

19世纪中期至20世纪中期的近代中国,面对数千年未有之变局,开启了以救亡图强为主题的民族复兴之伟业,由此引发了中国社会方方面面的急剧变革,仿佛中华文明古国要在这历史长河的瞬间进行一场脱胎换骨的改造,自强不息的中华民族要在这新旧交替的时刻完成多少代人的大同梦想。近代百年,有光荣也有屈辱,有进步也有徘徊,有为理想做出的牺牲,也有因盲从付出的代价,但毋庸置疑,这是传统中国迎接现代洗礼的时代,是中华民族奋起追求新生的时代,无数先进分子为民族独立和国家富强做出了坚忍卓绝的探索与贡献,他们的所思所行给我们留下了值得认真汲取的经验和教训。

"近代中国研究书系"是以中国近代百年历史为研究对象的学术丛书,将陆续出版海内外学人的相关著作。其中既包括首版新著,也包括再版佳作,既有宏观的理论思考,也有微观的专题探索,力求通过全方位多视角的系列研究,重新审视百年中国巨变,探寻中国社会由传统向现代转型的轨迹,揭示中华文明由古典向现代演进的路向,从而加深今人对历史和传统的认识与理解,繁荣和推进当代学术文化事业。为此,欢迎海内外学界同仁参与这一学术平台的建设,赋学术使命与同好志趣为一体,以学人眼力和学术话语,搭建历史—现实—未来的文化桥梁,为创新中华文化而贡献学人之心智。(马小泉)

目　录

从文学史到思想史：中国现代文学研究的问题转向（代序）
　………………………………………………………………（1）
　一、现代文学怎么样 ………………………………………（1）
　二、文学史与思想史的暧昧 ………………………………（3）
　三、现当代文学的变与不变 ………………………………（5）

第一章　新文学元典与人之导向 ……………………………（7）
　一、"人的发现"：思想史意义上的文学传统 ……………（7）
　　1. "人的发现"：文学理论与文学史实给定的基调
　　　………………………………………………………（7）
　　2. "人"之导向：文学倾向与政治意识的较量 ………（9）
　　3. "人"学传统：五四文学探源的当代意义 …………（13）
　二、"人之历史"：五四文学观念的世纪末回眸 …………（18）
　　1. "个人本位"：文学启蒙共执的思想平台 …………（19）
　　2. "人的文学"：脱胎于指归不同的文学观念 ………（21）
　　3. "人的发现"：观念的差异是最大的差异 …………（29）
　　4. 后五四时代：文学症候与历史反思 ………………（34）
　三、"人之异化"："五四"新文化运动中的尚武倾向 ……（37）
　　1. 背景：被近代以降的民族屈辱激活 ………………（38）
　　2. "五四"：文化设计中的武化人格 …………………（41）

3. 尚武:手段与目的的关系命题 …………………………… （45）

第二章　人文与启蒙的张力（上）………………………………（49）

一、"人道主义"的两副面孔——中国新文学内在气质的歧义
………………………………………………………………（49）
1. 同气相求:"人"的呼唤 ………………………………… （51）
2. "人道主义":新文学的筋骨 …………………………… （55）
3. "人道"异化:两种谱系的衍生 ………………………… （61）
4. 两副面孔:寻绎20世纪文艺意识形态的原始基因
………………………………………………………………（71）

二、越位的人道主义:"五四"启蒙残缺性的再反思 …… （74）
1. "人道主义"的兴起:历史与现实的催生 ……………… （75）
2. 从"戊戌"到"五四":人道主义的递嬗 ………………… （78）
3. "仁道"与"人道":似是而非的暧昧 …………………… （81）
4. 真经难觅:传统情结的纠结 …………………………… （83）
5. 滑向"民粹":人道主义的越位 ………………………… （88）

三、"人"证:20世纪中国启蒙研究之再出发——以新青年派和学衡派为中心的考察 ……………………………………（92）
1. 两种图谱:人道主义与人文主义的对峙 ……………… （93）
2. 何以"立人":自由意志与责任意识的颉颃 …………… （98）
3. 立人之争:"人事之律"与"物质之律"的错位 ………（104）
4. 二歧融合:历史困境的突围 ……………………………（109）

第三章　人文与启蒙的张力（下）………………………………（114）

一、启蒙情怀的生成:还历史以真实 ……………………（114）
1. 《新青年》研究者的"事后"质疑 ………………………（114）
2. 名刊:在现代性焦虑中生成 ……………………………（118）
3. "金字招牌":在文化品牌与商业品牌之间 ……………（128）

二、失去砝码的天平:两种理性与"五四"新文化运动的走向
………………………………………………………………（139）

1. 心同此"理":一本同仁杂志的"公同担任" …………… (141)
　　2. 求同存"异":一个知识群体的和而不同 …………… (144)
　　3. 进退失"据"(上):在"科学"与"人文"之间 …………… (150)
　　4. 进退失"据"(下):在"民主"与"法治"之间 …………… (155)
　　5. 虚实相"间":在理性与理想之间 …………………… (159)

第四章　"文白之争"的历史悲情 ………………………………… (167)
　一、"文化"社会学:《新青年》导引的"文白之争" ……… (168)
　　1. 文化与社会 …………………………………………… (168)
　　2.《新青年》:强势的语言势头 ………………………… (171)
　　3. 自谦与自负:两种理性观 …………………………… (179)
　二、现代性焦虑:《新青年》"历史"叙事的发生 ………… (182)
　　1. 语言:焦虑的极致 …………………………………… (182)
　　2. 白话文:语言的 Democracy ………………………… (186)
　三、历史悲情的扩张:世界语的吊诡 ……………………… (195)
　　1. 世界语:通向大同的路径 …………………………… (195)
　　2. 世界语:"人造的理想" ……………………………… (203)
　四、现代性与传统:历史的循环 …………………………… (214)
　　1. "理性就是语言" ……………………………………… (214)
　　2. 语言暴力的再生 …………………………………… (216)
　五、"文白之争"的百年反思 ……………………………… (219)
　　1. "文白之争":思想史的元命题 ……………………… (220)
　　2. 回望来时路:触摸到文白之争的历史命脉 ………… (222)
　　3. 回归与超越:重塑中国语言文化的基因 …………… (231)

第五章　文学、道德与启蒙(上) ………………………………… (236)
　一、两个启蒙文本的交锋 ………………………………… (237)
　　1. 解构抑或建构:对一位新启蒙主义者的质疑 ……… (237)
　　2. 建构抑或解构:对一位后启蒙主义者的回应 ……… (246)

二、新启蒙与后启蒙:两种启蒙话语系统对话的可能 ……………………………………………………………………(254)
 1. 新启蒙和后启蒙:"本是同根生" ………………(254)
 2. 新启蒙与后启蒙:"相煎何太急" ………………(260)

第六章 文学、道德与启蒙(下) ……………………(269)

一、道德形而上的终结:对一个启蒙与反启蒙命题的破解 ……………………………………………………………………(270)
 1. 启蒙:怎一个"道德"了得? ………………………(270)
 2. 启蒙:道德又岂可脱离干系 ………………………(274)
 3. 吊诡:在启蒙与反启蒙之间 ………………………(276)
 4. 启蒙:文学生命的底线 ……………………………(280)

二、文学、道德与良知:知识分子的角色、权力及其使命 ……………………………………………………………………(283)
 1. 道德的时代性:何谓成熟的道德观念 ……………(283)
 2. 权宜之计:道德的相对性 …………………………(287)
 3. 道德、理性与良知:公共知识分子的责任 ………(292)

三、启蒙的恐怖:我为什么不是一个道德形而上主义者 ……………………………………………………………………(296)
 1. 启蒙与道德:思想史上的元命题 …………………(298)
 2. "戊戌"与"五四":近代中国启蒙态势的架构 …(300)
 3. 无为与有为:道德形而上与形而下的定位 ………(303)

第七章 "人文学"的反思与重构 ……………………(309)

一、中国近代学科转型语境下"人文学"的选择与重构 ……………………………………………………………………(309)
 1. "分科立学"与中国人文学科的转型 ……………(310)
 2. 学科转型与古典人文传统的失落 ………………(316)
 3. "体验之知"与人文学主体性的确立 ……………(321)

二、人文学:文学史与思想史关系的再诠释 ……………(326)

1. 学科本体:越位带来的困惑 …………………………（328）
　　2. 学科疑案:西方化与中国味 …………………………（331）
　　3. 人文学术:文学史和思想史的天然纹路 ……………（338）
　　4. 文学史和思想史:平行并交叉着 ……………………（341）
后记　人文启示:示威还是示弱 ……………………………（346）
　一、两重气质:人文与启蒙 ………………………………（346）
　二、人道与人文:以《新青年》与《学衡》为例 …………（348）
　三、示弱与示强:在不确定与确定性之间 ………………（352）
　四、人文学断想及其他 ……………………………………（354）

从文学史到思想史：中国现代文学研究的问题转向（代序）

中国向来有"文史不分家"的说法，对炉火纯青的学问也有"亦文亦史"的美誉。然而"文"（学）与"史"（学）究竟在怎样的意义上不分家则是一个无人关心的问题。按照传统人文学科文、史、哲的划分，它们既有都是"人学"的共同研究对象，但又是独立的学问——即相对独立的"问学"方式。尤其是当我从2004年3月25日《社会科学报》的"学科检讨"栏目中读到关于中国现当代文学的走向与归宿问题时，我那从文学史转向思想史研究过程中的学科思绪再度被激活。这个兴奋劲儿被撩拨到了不吐不快的地步。

在一个反思学术规范、检讨学风的时代，《社会科学报》提出这样一个命题来讨论，显然是十分敏锐的。可能，这会引起现当代文学研究者的异议甚至是不满，但它提出质疑是为了拯救，进行批判是为了建设，其创新意识是显而易见的。回想当年从文学史转向思想史的经历，面对今天中国大陆现当代文学研究的状况，我想从以下几个方面谈谈我的体会。

一、现代文学怎么样

正像我们有些同仁已经指出的，现当代文学作为一门学科，它一开始就存在着模糊的定位。也就是说,其学科的理念不够科学。其实这里涉及对这一学科的内涵和外延的理解问题。撇开20世纪50年代只有两三部几乎雷同的现代文学"统一"文本不说,就是到了20世纪80年代,在我读本科的时候,中国现代文学史仍在一个模子地复制、一个导向地克隆、一条主线地延续。研究者是在体制下写作,是在一个中心指导下"正确地"编著。

这里,难免牵涉众多尤其是具有远见的现当代文学研究者的学术眼光。为了创新,也是为了走出现当代文学形单影只的误区,不少研究者已经将目光瞄准西方的理论。在瞄准的同时,也将自己的研究视野放大,并欲以此得到丰厚的收获。正是在这个意义上,很多学者将转向归结为——不是"种了人家的地荒了自己的田"——也是颇有道理的。现当代文学研究者企图高屋建瓴、另辟蹊径,将思想史的研究与文学史研究相嫁接,从而摆脱文学研究单薄瘦弱的状态也是实情。老实说,我在开始阅读思想史的时候有过这种"汝果欲学诗,功夫在诗外"的念头。然而,一旦你进入思想史的殿堂,你便会身不由己、全身心地投入。至少,这是我个人从文学史转向思想史研究的真实体会。

必须看到,从文学史转向思想史研究的学者与本来就从事思想史研究的学者的学术路径还是有着根本区别的。在前者,他们更多的是在做两类事情,或者至少是以文学的底子从事思想史研究。北京大学的陈平原、钱理群等都是中文系的教授,清华大学的汪晖、解志熙也是文学史起家的学者。从北京到上海,回望一下复旦大学的陈思和、上海大学的王晓明等沪上学者可以说与京师学者异曲同工。不过,恕吾直言,文学史的转向者在把握整个思想史脉络时,如果不彻底,难免有图像模糊之嫌。这里,我所说的"不彻底"意思是指兼做文学史、思想史两类事,或说文学史、思想史研究之间相互纠缠。以我们现在能够见到的文章而言,葛兆光、许纪霖、朱学勤的思想史研究与上面提到的诸位的研究显然有着文风的区别。

这里,又涉及一个敏感的学科问题:现当代文学学科的科学性。就2004年3月25日《社会科学报》的"学科检讨"栏目中李俊国的《现当代文学已经疲惫》一文而言,显然抓住了学科的根本,但作者将"学科理念"与"探索精神"相提并论这是笔者不敢苟同的。其实现当代文学的"疲惫"不是学科科学不科学的问题,而是我们的研究主体如何为现当代文学准确而又科学地定位问题。所谓准确,也就是要摆脱李俊国先生所说的"两张皮现象"。对此,随同李俊国一文以采访形式发表的《穿透300部文学史之难》提出的"通"史观、"打造文学博物馆"则是走出疲惫泥淖、激活现当代文学研究独辟蹊径的学科创新。遗憾的是,两文都未能将文学史表象背后的历史真实给予到位的描画。

二、文学史与思想史的暧昧

我所说的"鲁迅时代的终结"不是要结束鲁迅,而是要结束鲁迅时代。如同我们走过的路所标明的:20世纪80年代以前的一段时间,无论是写还是讲中国现当代文学,鲁迅首当其冲,而且基本上是唯鲁迅是讲、是写。换句话说,鲁迅是衡量一切文学人物、文学现象、文学作者的标准。除却"老三篇"必背,从小学到初中再到高中甚至到大学,鲁迅的杂文、散文、小说绝对占据上风,而且是主打。于是,中国文人的鲁迅腔调、文学家和研究者的鲁迅姿态在大陆比比皆是。50年代以后的几十年,研究鲁迅、谈论鲁迅最稳妥、最安全。在政治标准第一的岁月里,鲁迅成为现代性文学的"标本"。

这一切源自于毛泽东1940年为鲁迅的定调。在《新民主主义论》中毛泽东这样推崇鲁迅:"鲁迅是中国文化革命的主将,他不但是伟大的文学家,而且是伟大的思想家和伟大的革命家。

鲁迅的骨头是最硬的,他没有丝毫的奴颜和媚骨,这是殖民地半殖民地人民最可宝贵的性格。鲁迅是在文化战线上,代表全民族的大多数,向着敌人冲锋陷阵的最正确、最勇敢、最坚决、最忠实、最热忱的空前的民族英雄。"以后的现当代文化、文学也就是这一条新民主主义的文化、文学。由于时代和年龄的关系,笔者上面提到的几位转向者也都是研究鲁迅起家的。鲁迅的文学家和思想家以及革命家的多重身份,都被研究者纳入视野,最后文学家和思想家都被冠之以"革命"的头衔。研究文学家的鲁迅绝离不开思想家的鲁迅,因此在中国那个思想危险的时代,从文学入手研究学问是大势所趋。钱理群、汪晖等人先以鲁迅作为突破口,从而在学术界占有了一席之地。当然,这不是说他们投机取巧,而是时代使然。同时,这也不是说他们价值精神与创新活力贫弱。事实上,他们的研究比起同时代人是最富活力和前卫意识的。时至80年代中期,当我坐在现代文学馆去听舒乙等人筹办的讲座时,钱理群先生还主谈了鲁迅在文学家、思想家、革命家中的座次问题。如果我没有记错的话,他当时认为鲁迅首先应该是思想家然后才是文学家。就这,他已经是对一个传统文学(政治)模式的大胆质疑了。至少,在毛泽东以及后毛泽东时代,这是具有挑战性的原创。

以鲁迅这样一个文学家、思想家作为研究对象,自然就会产生文学史和思想史的双重研究者。这些研究者以后的视野拓展本身也就意味着现当代文学自身资源的单薄与贫瘠。就我个人对现当代文学的疲惫以及研究者转向的观察而言,这是对文学史学科的重新定位,也是对现当代文学学科意识的拔高。这个创新首先来自于研究者对过去现当代文学格局的不满。今天的这个"学科检讨"应该是过去研究者"跳槽"的一个顺理成章的延伸或说质变。这是他们对过去单一的政治模式的厌倦与挣脱。不满意鲁迅时代,更不满意于那个时代留下的心理阴影,于是那些学科建设的敏感者率先走向了思想史的畛域。从文学史研究走向思想史研究并不断开拓新的研究领域与视野,这充分说明那个时代需要尽快终结。固然,现在的我们不需要故意作出跳槽或厌倦的姿态,但从学科本身去检讨现代性文学的"时过境迁"的研究格局无疑具有继往开来的集大成和前瞻性意义。也是在这个意义上,笔者不同意将"此一现象当作文学研究领域积蓄起的高度和能量的自然外溢"。在我看来,中国文学史研究者目前所积蓄的理论和思想能量还远远没有达到什么外溢不外溢的程度。

三、现当代文学的变与不变

一位从文学史转向思想史研究的学者这样说:"它们却没能触及此一现象所蕴问题最核心的层面,就是此一现象中的相当一部分学者,并不是认为文学研究领域没有什么特别吸引他们的课题了,而是相反,他们之所以转向,其内在驱动力恰恰是为了更好地理解、把握和思考文学课题。"贺照田从自然科学转移到中文再进入思想史研究的"跳槽"现象本身显示出他是一位有自我价值标准的学者。不过,上面这段话的表述在我看来并不是那么准确。以我个人从文学转向思想研究的学术经历来看,根本的转向并非反映在撰写文学研究论文还是发表思想史论文上。在笔者这里,关键还是问题意识的转移或说捕捉。文学史研究的问题意识和思想史的问题还是有眼光和视角区别的。也许这样说有些武断,但它却也反映出一个基本常识的改变:文史也分家。

现当代文学要走出疲惫的精神状态,并不是从自我的转向或说侵占其他学科的领地就能一劳永逸的。事实上,现当代文学研究要摆脱自身的危机恰恰不是远离而是要更坚实地立足于自我的那块田地进行扎实的耕耘。贺照田先生的一厢情愿的表述就是这个意思,但却只是一个愿望,并非"过去"学者转向的基因。这也是我所说的"不变"。不变是为了尊重本学科自身的规律,是为了本学科得以更正确地定位,更科学地发展。否则,这个学科将无立锥之地。文学的博物馆意识也正是要把符合文学基本属性的内容加以张扬,使它成为文学史长河中永恒不灭的精神雕像。"变"则是提倡学科的延伸、交叉、丰富。现当代文学只有扬长避短,博采众长,才能在今天的学科竞争中立于不败之地。一成不变的学科是不存在的,但是若把自己变得面目全非也未尝不是自身的悲哀。思想史可以为文学史撑腰打气,但它却不能越俎代庖。学者可以兼做文学和思想史的研究,但却无法将两者合二为一。

1988年,当笔者撰写硕士论文时就已经逸出了现当代文学的学科。那时我的导师任访秋先生极力促使我与师兄沈卫威从事陈独秀和胡适的思想研究。陈独秀和胡适都是新文学也即是现当代文学的"革命"与"改良"的鼻祖,是他们促成了中国文学的转型。同时,他们又都是现代思想史上的重量级人物。这样,我的思想史研究就"一发而不可收"。不过,需要说明的是:在我们师兄弟的共同转向中,我和师兄沈卫威、解志熙等人还有一个重要区别,那就是我的问题意识已经不是立足于文学,而他们却在诚恳地守望着文学研究的园地。可能很多同仁会为我的"叛变"惋惜,也会有同仁为我的转向叫好。但转变之阵痛只有自己才能体会个中滋味:"知我者谓我心忧,不知我者谓我何求?"当我跳出现当代文学的园地而回眸这块我自己十分熟悉的园地时,我祈愿现当代文学一路走好。

第一章　新文学元典与人之导向

一、"人的发现":思想史意义上的文学传统

关于五四文学传统的命题,可以说是一个已经几乎被学术界同仁说到尽头的一个话题。而就五四研究本身而言,似乎它又是一个永远"说不尽"的话题。以王晓明的"重评五四文学传统"以及钱理群"胡风与五四文学传统"①的命题来看,他们对中国现代文学与五四的渊源关系已经作出了十分到位的叙述。但恕吾直言,到目前为止,五四文学源头的处方里究竟设有几味药,我们还缺乏必要的探索与分析。即使以前有过这类的研究,也还是没能提供一个清晰的脉络。

本人认为,只有澄清了五四文学的源头,才有文学传统下的清流。但愿我们对五四文学源头的挖掘是一次不同寻常的思想梳理。

1. "人的发现":文学理论与文学史实给定的基调

对"人的发现"命题,我们可以从五四当事人的"夫子自道"

---

① 参见王晓明主编:《批评空间的开创——二十世纪中国文学研究》,东方出版中心1998年版;钱理群:《胡风与五四文学传统》,《文学评论》1988年第5期。

以及在五四启蒙文学理论影响下成长起来的作家的回忆里找到足够的论据。就以那位五四"设计"的原创者陈独秀为例,他就曾在《新文化运动是什么?》里非常明确地说:"新文化运动是人的运动。"具体说来,就是"把劳动者当做同类的'人'看"。① 至于陈独秀先生述说的"人"之具体内涵,则是一个不够明确的观念。不过,这倒成为他集结中国文化先驱之实力,共襄新文化、新文学大业的一个优势。五四新文化运动里的另一位文学理论巨匠胡适这样评说五四文学的宗旨:"文学的国语,国语的文学。"这,同样是基于对人权,尤其是下层人民的教育权着眼的。他一再援用易卜生戏剧中的人物形象来阐释自己奉为至高的"健全个人主义"。他说:"等到个人的个性都消灭了,等到自由独立的精神都完了,社会自身也没有生气了,也不会进步了。"② 比胡适的个人本位思想论述更为突出的"人"之原理者,要数周作人对"人的文学"的提倡:"第一步先从人说起,生了四千余年,现在却还讲人的意义,从新要发见'人',去'辟人荒',也是可笑的事。……我们希望从文学上起首,提倡一点人道主义思想,便是这个意思。"为了防止误解,周作人先生还特意指出:"但现在还须说明,我所说的人道主义,并非世间所谓'悲天悯人'或'博施济众'的慈善主义,乃是一种个人主义的人间本位主义。"③ 鲁迅先生以自己的觉醒折射出"人"的觉醒:"东方发白,人类向各民族所要的是'人'……人之子醒了;他知道了人类间应有爱情;知道了从前一班少的老的所犯的罪恶;于是起了苦闷,张口发出

---

① 陈独秀:《新文化运动是什么?》,《新青年》第 7 卷 5 号,1920 年 4 月 1 日。
② 胡适:《易卜生主义》,《新青年》第 4 卷 6 号,1918 年 6 月 15 日。
③ 周作人:《人的文学》,《新青年》第 5 卷 6 号,1918 年 12 月 15 日。

这叫声。"①

一言以蔽之,那是一个呼唤"人"之文学发端的时段。评论家、思想家、文学家无不围绕这个中心雄鹰展翅。"人的运动""人的觉醒""人的发现"都是在这个意义上运作的。在五四文学思想影响下成长起来的文学巨匠茅盾先生,就曾这样概括他理解的五四文学:"人的发见,即发展个性,即个人主义,成为'五四'期新文学运动的主要目标;当时的文艺批评和创作都是有意识的或下意识的向着这个目标。"②在这个文学理论的指归下,五四的作家胡适、鲁迅、周作人、刘半农以及在五四精神鼓舞下成长起来的青年作家俞平伯、傅斯年、汪静之、康白情的文学创作,包括后来徐志摩、胡风、王实味、萧军、王蒙等都是五四文学传统的传人。

2."人"之导向:文学倾向与政治意识的较量

在"言必称"也只能称鲁迅的年代,我们无法(不是不加)怀疑地将先生当成了唯一不二的五四"旗手"(新文化运动的领导者),开禁后的思想界将陈独秀作为五四新文化运动当之无愧的精神领袖的事实摆了出来。于是,思想之禁锢打开。20 世纪的后 20 年,学术界对五四时期应该给予足够重视却被忽视的人物大开绿灯。在鲁迅、李大钊之外,陈独秀、胡适、周作人等人的思想也得到了应有的重视。而且学界同仁众口一词地承认五四的目标价值就在于"把人当人看"。

的确,五四的文学意义在还原"人"的贡献上是有目共睹的。但是,依笔者之粗见,抽象地或者大而化之地谈"人"的复兴、启蒙并没有什么漏洞或不妥,若是用科学的思维方法分析求证五

---

① 鲁迅:《随感录·四十》,《鲁迅全集》(第 1 卷),人民文学出版社 1981 年版,第 322 页。
② 茅盾:《关于"创作"》,《茅盾文艺杂论集》(上集),上海文艺出版社 1981 年版,第 298 页。

四"人"的来龙去脉,则又另当别论了。

　　就五四文学源头之"人"的目标而言,我以为有两种思想意识在制约着文学的导向。一是直接的功利意识起主导性作用;二是间接的"羽化"意识(笔者实在找不出合适的词汇来形容这个"意识",所以借用了"羽化",这里的羽化是用"昆虫由蛹变为成虫"的义项。意思是说,"人"从愚昧畏葸的附庸变成理性觉悟的独立个人,注重演绎,而不是立竿见影、立等可取)。进而言之,前者政治意识浓厚,后者文化意识强烈。下面,我们将从文学的视角对这一反差作必要的分析。

　　早在陈独秀揭橥新文化运动的大纛之际,他就与另一位从美国归国的同乡在"二十年不谈政治"的初衷上发生了歧义①。但为了将这样一个尚在萌芽阶段的、来之不易的团体拢住,他还是耐着性子、绕着弯子与大家一起闹起了文学的改良与革命。②原来,陈独秀的"组织能力"的培养是一个现实性在起作用。没有时间(准确地说是没有心思)在革命不革命上扯皮的陈独秀,继胡适抛出《文学改良刍议》之砖后,就引出了其《文学革命论》的"玉":"政治界虽经三次革命……皆虎头蛇尾,未能充分以鲜血洗净旧污;其大部分,则为盘踞吾人精神界根深底固之伦理、道德、文学、艺术诸端,莫不黑幕层张,垢污深积,并此虎头蛇尾之革命而未有焉。此单独政治革命所以于吾之社会,不生若何变化,不收若何效果也。推其总因,乃在吾人疾视革命,不知其为开发文明之利器故。"③这就是陈独秀文学革命的真实动因。

----

　　①　胡适:《陈独秀与文学革命》,《世界日报》1932年10月30、31日。
　　②　关于陈、胡两人在这方面的分歧,可参看《启蒙与革命——"五四"激进派的两难》第23—37页的"不谈政治"的悖论与文学的'改良'与'革命'"两节。
　　③　陈独秀:《文学革命论》,林茂生等编:《陈独秀文章选编》(上卷),生活·读书·新知三联书店1984年版,第172页。

要进行政治革命,就必须有"适合"上阵的"人"。而革命的人从哪里来呢? 又需要文学革命来进行。启蒙是一个漫长的过程,复兴之"人"又要等待,这可是一个不大不小、不上不下的卡壳矛盾。急症等不得慢郎中——狂热功利主义的心理不能不使他们见什么武器就用什么武器,如果能"立等可取",更是求之不得。陈独秀不就是把白话文视为"反对一切不平等的阶级特权"的"文学的德谟克拉西"吗?① 在这一点上,李大钊与陈独秀是不折不扣的"同志"。李大钊也讲新文学、新思想,他介绍文学家托尔斯泰并非因为他的文学作品艺术性高、美学价值不同凡响,其根本着眼点还在于"彼生于专制国中……扶弱摧强,知劳动之所以为神圣"。更为关键的是,托氏"为文字字皆含血泪"。② 为唤起"人"之"阶级制度之不良"的觉悟,他多次呐喊"文豪"的出现。求成心切,他甚至连"文豪"的本身内在质的规定性都可以不要,希望人人都像杰尔邦德士一样,"少年投笔,荷戈从军"。或者用笔爆发出一般文豪不具备的功能:"洒一滴墨,使天地改观、山河易色者,文豪之本领也。"③当新文学的倡导离新政治太近时,陈独秀、李大钊心目中的"人"就有了非常浓郁的潜在工具性。带有强烈政治色彩的陈、李从政治革命的立场出发,着重培养具有主动意识之"人",希望觉悟者能在思想枷锁中解放出来后,迅速担负起"直接行动"的历史重任,以无畏的"牺牲的精神"完成救亡图存的使命。④

---

① 陈独秀:《我们为甚么要做白话文?》,林茂生等编:《陈独秀文章选编》(上册),生活·读书·新知三联书店1984年版,第493页。
② 李大钊:《介绍哲人托尔斯泰》,《李大钊文集》(上册),人民出版社1984年版,第186—187页。
③ 李大钊:《文豪》,《李大钊文集》(上册),人民出版社1984年版,第70—71页。
④ 陈独秀:《五四运动的精神是什么?》,林茂生等编:《陈独秀文章选编》(上册),生活·读书·新知三联书店1984年版,第518页。

陈独秀的人生价值标准带有明显的不断奋斗色彩。因此，尽管他的"人"的目标里不乏价值意义（个人本位的自由精神），但在两者之间，功利的意识还是占了上风。具体说来，陈独秀除却有着与"激进派"其他人士同声相应的启民智、开民心的文化通融外，还有着"武化"的特异处。他在《新青年》上"尚文"又"尚武"，培养的是文武双全之"新青年"。与纯粹从文学、文化视角出发的胡适、鲁迅专事文化运动相对，陈"兼做两类的事"。①

同样是将白话文奉为至高的胡适（"国语的文学，文学的国语"），在陈独秀将白话文说成是"反对一切不平等的阶级特权"的同时，却从"历史的文学观念"去寻求文学本身的特质，并身体力行地进行了创作实践。②

应该说，胡适们的文学理论少了一种急功近利的"工具"色彩，弥补了前者对文学自身"情感"面相、精神体验的忽视的不足。如果说胡适的新文学理论更多地带有哲人风度，那么我们借助周作人的五四文学观念则可以将他们（包括鲁迅）与陈、李们（包括毛泽东）的文学意识和观念作一必要的分野。

周作人在事隔多年后还坚持自己当初的主张，一味强调文学的无目的性："凡在另有积极方法可施，还不至于没有办法或不可能时，如政治上的腐败等，当然可去实际地参加政治改革运动。而不必借文学发牢骚了。"在他看来，文学的定义（不管是新的还是旧的，只要是文学）就该叫"精神上的体操"。③ 或许，理论的灰色需要我们进一步借助鲁迅的"创作实绩"进行评估。鲁

---

① 陈独秀：《文化运动与社会运动》，林茂生等编：《陈独秀文章选编》（中册），生活·读书·新知三联书店1984年版，第119页。
② 胡适：《历史的文学观念论》，《新青年》第3卷3号，1917年5月1日。
③ 周作人：《中国新文学的源流》，华东师范大学出版社1995年版，第15页—16页。

迅之所以抱定文艺这一"引导国民精神的前途的灯火"不放①，原因就在于他有自己深刻的触动和感悟："凡是愚弱的国民，即使体格如何健全，如何茁壮，也只能做毫无意义的示众的材料和看客，病死多少是不必以为不幸的。所以我们的第一要著，是在改变他们的精神，而善于改变精神的是，我那时以为当然要推文艺，于是想提倡文艺运动了。"②"弃医从文"是对体力、武力的一个侧面否定。充其量，这是一个过激的"恨铁"心理。毋庸说是医科学校的学生，即使是一个常人也懂得没有健康的身体意味着什么。不过有一点可以肯定，鲁迅的"改造国民性"绝对是在精神上的功夫、心灵的觉悟占据了首要或说大局。直到1933年谈起《自己怎么做起小说》时，他仍带有那股一意孤行的韧劲："说到'为什么'做小说罢，我仍抱着十多年前的'启蒙主义'，以为必须是'为人生'，而且要改良这人生。"③

到了延安时期，为大众、为工农兵服务的"服务"观念与倡导之声不绝于耳。虽然"鲁迅"不断出台，但五四精神以及五四文学传统不断"空壳化"，纪念五四也已经是"拉过门"。及此已无须赘笔，因为以后的历史提供了铁的佐证。

五四文学传统在血与火的考验中注定会走向陌生的角落。也许，（也但愿）这只是历史短暂的误会。

3. "人"学传统：五四文学探源的当代意义

文学是人学——这是一句文学圈里的行话。在五四时期，这个行话表演得极其充分。

---

① 鲁迅：《论睁了眼看》，《鲁迅全集》（第1卷），人民文学出版社1981年版，第240页。
② 鲁迅：《呐喊·自序》，《鲁迅全集》（第1卷），人民文学出版社1981年版，第417页。
③ 鲁迅：《我怎么做起小说来》，《鲁迅全集》（第4卷），人民文学出版社1981年版，第512页。

就五四文学传统里"人"学观念而言,"人"的形象高举,达到了历史上从未有过的高度。"人"的重新发现,无论是在陈独秀、李大钊,还是在胡适、鲁迅、周作人,都是"个人本位"。在中外思想史上,个人与社会冲突时该怎么办的话题是一个永恒的话题。而五四思想家对这个"怎么办"问题的回答则是一致的,构成了特定时代的"同一首歌"。然而必须看到,在这些谐和的同唱里,并不是没有不和谐的因子存在。就"工具"与"价值"的冲突与对垒就大有文章可做①。在崇高的道德理想支配下,陈独秀、李大钊等的"人"会在一夜之间"崇高"起来,充当革命的先锋队。在"砍头不要紧,只要主义真"的理想关怀下,他们"启蒙"起来的"人",人人都群情激愤。踊跃起来的大众,抱着不是先解放自己,而是要"先解放别人"的崇高而又伟大的道德使命,使人人都在"工具"意识的状态下走向了赴汤蹈火的道路。当然,若是在成熟的条件下不是不要这样的壮举,只是以五四的精神审视之,未免有些夹生的早熟,或说"外熟内生"。

在这种工具、功利思想的左右下,原有的"怎么办"两端的砝码会很快倾斜向"社会"一面。从专造"个人的伟大"、主张"先觉哲人""力抗群言"②,到走向大众、全身心地依靠大众,陈独秀们不能不在个人主义与社会主义之间做了失去砝码的天平:"我们既然不能否认社会的力量比个人大,我们便应当知道改革教育底注重点在社会不在个人了。"③撇开陈独秀后期思想的转变不

---

① 德国思想家马克斯·韦伯对理性的划分是二元对立的,即"价值理性"与"工具理性"。鉴于这样的理论运用在学术界引用甚广,而且容易混乱,因此笔者这里只用"工具"与"价值"。参见《一苇集》,杭之著,生活·读书·新知三联书店1991年版。

② 陈独秀:《抵抗力》,《回眸〈新青年〉·哲学思潮卷》,张宝明、王中江主编,河南文艺出版社1998年版,第296页。

③ 陈独秀:《新教育是什么?》,林茂生等编:《陈独秀文章选编》(中卷),生活·读书·新知三联书店1984年版,第77页。

论,这是不是对五四精神的曲解呢？五四精神是否就是这样走向了式微呢？

评价五四的先驱是不容易的,也是不逊的,所以只能疑问了。请原谅我的不恭,我甚至怀疑五四文学传统的源头能否从陈独秀身上去追寻(不是否认其自身应有的价值)。相比之下,鲁迅、胡适、周作人的"个人"地位保持得更坚挺、更持久、更具有永恒的价值意义。正是在这一点上,我对这样具有原创色彩的文学理论及其创作传统才表示由衷的赞叹！胡适等人的注重价值自身、淡化工具意识、拥戴人的尊严,一一显示出"文艺复兴"的本色。也正是在这个意义上,我矢口否认将五四说成是"全面反传统"的意识形态。对此,我曾在拙著里有专门论述。①

其次,笔者要说的是,中国五四启蒙从一开始就带有倾斜的倾向。他们"把人当人看"的口号,包括人的发现、人的觉醒、人的独立与觉悟,都是建立在对穷人、社会地位低下者、劳动者(尤其是体力劳动者)、弱者的同情上,而不是"全人"的觉悟,即使是马克思所说的解放全人类,也只是解放那些被压迫者。新人意识、新文化倾向都是新旧对垒、阶级划分、激发仇恨的内在因素。对此,胡适、周作人都是清醒的。胡适在"问题与主义之争"中已经警告说,"激起阶级仇恨心"有不良的后果。周作人在《人的文学》里也一再叙说了"思想无所谓新旧"的道理。他们都充分注意到五四思想可能有"和平演化"的危险,并说这样的演化在造成完全"对立"的阶层之后就不可收拾,而且有"这次轮不到你,下次就可能轮到你"的忠告。

的确,今天被同情的人、所扶持的人明天就有可能转变成被

---

① 张宝明:《启蒙与革命——五四激进派的两难》,学林出版社,1998年版。1999年第10期《江汉论坛》发表的钭小东的文章中的观点,系抄袭本人之作。

仇恨的人,今天你专别人的政,明天别人就可能专你的政。"文革"的教训是深刻的。"造反派"自以为有了自由,其实你在造别人反的同时,别人也在同样的造反。真可以说是一个"在劫难逃"的逻辑。难怪时任北京大学教授的梁漱溟先生对五四的激情的指归并不满意:"我的意思很平常,我愿意学生事件付法庭办理,愿意检厅去提起公诉,审厅去审理判罪,学生去遵判服罪。"这与那些支持学生运动的激进分子何其不同!道理何在呢?因为"在道理上讲,打伤人是现行犯……纵然曹、章罪大恶极,在罪名未成立时,他仍有他的自由。我们纵然是爱国急公的行为……也不能横行……绝不能说我们所作的都对,就犯法也可以使得……试问这几年来那一件不是借着国民意思四个大字不受法律的制裁才闹到今天这个地步?"①"文化大革命"中的造反派抄家、打人、搜身,无不显示着这样一个历史悲剧。以各种惨无人道的方式伤害人的尊严、打倒所谓的牛鬼蛇神,这也正是陈独秀当年所说的"以感情为本位"压倒了"以法治为本位"。

由此可见,胡适、周作人为维护五四原创精神传统所作的努力是十分到位的,值得的!胡适从1917年开始倾向于将新文化运动看成是一场"文艺复兴",到晚年仍然坚持自己的见解,并将"五四运动"说成是对新文化运动(文艺复兴)的"一场不幸的政治干扰"②,都是在弹心中曲。

如果给五四文学传统的追求下一个定义,可能我们今天更多的要反思它与政治暧昧的畸形走向。毋庸讳言,五四新文学在很大程度上是新思想的文学,这个新思想讲求的是"个性自由""个人解放"。文学是造作的矫情还是情感真诚的宣泄与流

---

① 梁漱溟:《论学生事件》,《梁漱溟全集》(第4卷),山东人民出版社2005年版,第576页。
② 参见张宝明:《启蒙与革命——"五四"激进派的两难》,学林出版社1998年版,第142—143页。

露？是不是"用美妙的形式，将作者独特的思想和感情传达出来，使看的人能因而得到愉快的一种东西"？① 一言以蔽之，文学，每一篇作品都应该是"独特"性的体现。没有个性就没有灵魂。五四文学理论是自由、多元、个性化的理论，五四文学作品是充满自我生命意识与生命体验的个人文学，用鲁迅的话说即是没有"金和真的指挥刀"操纵。只有这样，文学精神传统才有可能放射出永不消失的精神电波。

笔者在《回眸〈新青年〉·社会思想卷》的解读里这样说过：谁要读懂20世纪的中国，谁就不能不从读五四开始。今天在我们读过五四文学传统之后，是不是为历史而历史呢？如果不是，敢问路在何方？

在反思时下当代文学所面临的困境的时候，我们不禁为我们自己在传统里的两个极致表示遗憾——"盲目的乐观与轻率的悲观"都不幸被阿伦特女士言中。② 20世纪是一个不平凡的世纪。再大的风雨我们都经历过，再苦的日子我们都熬过。无数的痛苦与辛酸给我们留下了遍体伤痕。但面对伤痕，我们是将痛苦转化为恩怨、转化为激昂、转化为抑郁呢？还是将其激活为宽恕、转化为容忍、转化为慈爱呢？在这个意义上，笔者呼唤文学里诞生悲壮、崇高、诗化的宗教情感，人类多一份虔诚、友爱、宽宥的精神。自由的品性、独立的个性、真诚的关怀与呵护，都与爱结下了不解之缘。"新文化运动是什么？"答曰："新文化运动是主张教人把爱情扩充，不主张教人把爱情缩小。"③当然，

---

① 周作人：《中国新文学的源流》，华东师范大学出版社1995年版，第2页。
② 〔美〕汉娜·阿伦特；林骧华译：《极权主义的起源》，时报文化出版公司1997年版，第2页。
③ 陈独秀：《新文化运动是什么？》，《新青年》第7卷5号，1920年4月1日。

这里的"爱情"不是狭义上的。他一再主张用个人主义思想去发扬"爱情"的"公共心",可以说是对新文学的精彩之论。古人云:"听其言,观其行。"陈独秀虽然没有能用文学实践去履行新文学的责任,但在这一点上还是值得首肯的。

回眸五四文学,探讨百年文学的发展历程,展望当代文学的未来走向,可以这样说:文学作品只有跳出恩恩怨怨的思维形式,把人从痛苦的精神世界里提升到更高的层次,才有可能生产出深刻的精神产品。人类需要爱,文学作品是对爱的最高体现,作家用如椽的笔去净化、升华人类爱意纷飞的灵魂,并将生活中的痛苦转化为爱,用"痛并宽恕着"(而非"痛并快乐着")的质朴之心感化他人,我们的文学未来就不再是梦。中国,尤其是近代中华民族,是一个失去爱太久太久的国度,"痛苦的宽恕"要比"深刻的片面"灵秀得多。这样,连诺贝尔的在天之灵也会感动的。

"痛苦的宽恕"是个人主义文学的幽灵,从思想史意义上观照五四文学的"来龙去脉",在真正的文学大师出世之前,我们更需要胡适(不是陈独秀)这样的理论大师"拖四十二生的大炮为之前驱"①。

二、"人之历史":五四文学观念的世纪末回眸

论及20世纪新文学的孕育、脱胎、成长,我们不能不从五四讲起,而讲这个文学论题,我个人首先想到了三个倡导文学观念最力的精英:陈独秀、胡适、周作人。当然,在行文中我们为了进一步证实本文的论题,诸如鲁迅、李大钊这样的当事者也是不能缺席的。这里,笔者重在说明:五四文学观念发生前的胎动期至少有三重精神气质。这就是执意功利化、适意功利化和一意个

---

① 陈独秀:《文学革命论》,《新青年》第2卷6号,1917年2月1日。

性化的基本路径。追溯并爬梳五四文学的思想渊源,对今天跨入新世纪的作家来说,无疑具有重要的启迪意义。

1. "个人本位":文学启蒙共执的思想平台

一个时代文学观念的形成与该时代思想文化界的情形息息相关。五四这个特定的时代也不例外。众所周知,如果回溯20世纪中国新文学的萌芽、发育与成熟,我们无法避开《新青年》这个体现着世纪情怀的文化载体。就这个载体上揭橥一个时代文学开端的文化精英而言,又离不开她的创办者、支持者与投稿者。

1915年9月,陈独秀在上海创办《新青年》。很快,这棵散发着浓厚思想文化气息的梧桐就引来了"凤凰"。胡适就是其中的一员。尽管他们合作之初在"谈政治"与"不谈政治"的问题上有着根本的差异,但本着求同存异的开放心态,还是在那高低起伏的音符中唱出了不和谐的谐音。① 后来李大钊、鲁迅、周作人等的参与更是精彩纷呈,一改中国思想文化界的万马齐喑、阴云密布的气象。值得注意的是,一批靠《新青年》起家的思想、文化精英都在同一片蓝天下唱出了同一首歌:个人本位。

这是对传统的一次富有魄力的挑战。如果说千年的文学传统对人有什么特殊关怀的话,那就是从来不把人当人看。悠久的文化传统并没有发展出一个真正的"人"字。孔子的"仁"看起来是对人的关爱,但在终极意义上他老夫子说的不外乎怎样抑制私欲、克己复礼与如何修身齐家、一味奉公。为了社会的稳定,自我就是一截可有可无的盲肠。人的个性、独立性都被个体之外的"圣道"消解得一干二净。时临五四,陈独秀早在《新青年》的创刊号上就声嘶力竭地吆喝起"脱离夫奴隶之羁绊,以完

---

① 张宝明:《启蒙与革命——"五四"激进派的两难》,学林出版社1998年版,第23—27页。

其自主自由之人格之谓也"的买卖:"我有手足,自谋温饱;我有口舌,自陈好恶;我有心思,自崇所信。绝不认他人之越俎,亦不应主我而奴他人。盖自认为独立自主之人格,以上一切操行,一切权利,一切信仰,唯有听命各自固有之智能,断无盲从隶属他人之理。"①这即是"个人本位"的雏形。时至同卷4号,主编更是将卖点热化:"思想言论之自由,谋个性之发展也。……国家利益、社会利益,名与个人主义相冲突,实以巩固个人利益为本因也。"进而,他公然将拍卖的槌声落定:"以个人本位主义,易家族本位主义。"②语气率直有力、掷地有声,不乏"义勇"之气。与陈独秀的义勇之气形成对比的是胡适的绅士"风情"。胡适的表白自然没有陈独秀直率、大胆、鲜明。他不是在有意为之的论文里单刀直入,而是以一种优雅、温婉的方式于一篇谈"易卜生主义"的文学导论中抛出:"社会最爱专制,往往用强力摧折个人的个性(Individuality),压制个人自由独立的精神;等到个人的个性都消灭了,等到自由独立的精神都完了,社会自身也没有生气了,也不会进步了。"与同仁陈独秀的"谋个性之发展"并行不悖,针对"社会最大的罪恶莫过于摧折个人的个性,不使他自由发展"的状况,他同样"主张个人须要充分发达自己的才性,须要充分发展自己的个性。"③胡适的"易卜生主义"尽管低调,但仍是以人为本位的个人主义思想。周作人对新文学的提法一度不以为然,所以他采用"一竿子打到底"的办法:"人的文学。"审视几千年来人的资格的缺席,他说要去"辟人荒"。他为自己倡导的"个人主义的人间本位主义"开出了这样的理由:"第一,人在人类中,正如森林中的一株树木。森林盛了,各树也都茂盛。但要

---

① 陈独秀:《敬告青年》,《新青年》第1卷1号,1915年9月15日。
② 陈独秀:《东西民族根本思想之差异》,《新青年》第1卷4号,1915年12月15日。
③ 胡适:《易卜生主义》,《新青年》第4卷6号,1918年6月15日。

森林盛,却仍非靠各树各自茂盛不可。第二,个人爱人类,就只为人类中有了我、与我相关的缘故。"因此他继续引申说,爱别人必须"先知自爱",大有"自私自利"的味道。① 在这一点上,它与胡适在《易卜生主义》所讲的道理可谓"大同"。

毋庸置疑,五四精英们就是在这一思想逻辑上共同酝酿、指导并身体力行着现代文学创作的。

2."人的文学":脱胎于指归不同的文学观念

我们看到,好像是历史的有意安排,陈独秀高调、胡适低调,接踵而来的周作人甚至有些消极。这如同"新"与"旧"的对比不能一概而论一样,其实高调与低调的处理又何尝不是如此呢?质而言之,同是"以人为本"的个人本位主义论者未必能在一个锅里吃到底。这里,我们不妨就他们三位文学观念中"人本"的指归审视一下各自的人物原型之"来龙"。

就个人本位主义的说法,我们这里不妨再给个分析的说法。这个从具有分析思维传统的西方舶来的概念这次却笼统得让精英们有了"自由"发挥的机会。Humanism,在中国直到目前至少有三种与本论相关的翻译:人道主义、人文主义、人本主义。也许,这也是个人理解 Humanism 的权利。

我们还是先从《新青年》的庄家陈独秀讲起,原来人家坐庄的目的并不是一味地去谈文学,即使后来也谈文学了,那也不过是"醉翁之意"。毋庸讳言,陈独秀心中一直呼唤的是"新青年"的形象。为此,他千呼万唤,奔走呐喊,一副热火朝天的样子。在时人心目中,他俨然就是一位手执如椽大笔,风风火火闯九州的热血汉子。对这样一位从辛亥革命的丛林中走来,而万变不离其"政"的精英来说,要他充当一回文艺女神缪斯,真可以说是难煞他喽! 所以,陈独秀一在文学理论上亮相就有点"马失前

---

① 周作人:《人的文学》,《新青年》第 5 卷 6 号,1918 年 12 月 15 日。

蹄"的征兆。不客气地说，甚至有点"冒傻气"的味道。更何况他那点点滴滴的文学理论细胞，都是靠他的老乡胡适之的"星星之火"点燃的呢！主编在首卷上就拿《现代欧洲文艺史谭》当作了文艺女神的令箭，以高瞻远瞩的目光和口气对诸如什么自然主义、理想主义等数不尽的新名词、列不尽的洋作家一一查摆开来。但对中国文学的何去何从却让人如"丈二和尚"。在发表了谢无量的旧体诗后，他也曾满怀信心地评点说："文学者，国民最高精神之表现也"。并将谢无量的诗说成是"天下文章"。① 可当胡适寄来批评文字后，便没了主张："一经足下指斥，曷胜惭感"，于是还诚惶诚恐地检讨道："若来书所谓加以论断，以仆不学无文，何敢何敢！"②带着这样的精神气质去论文学，自然是将外国当代作家笼而统之地一锅煮了。接下来的"爱我所爱"自然就让人无所适从："予爱卢梭、巴士特之法兰西，予尤爱虞哥、左喇之法兰西；予爱康德、赫克尔之德意志，予尤爱桂特郝、卜特曼之德意志；予爱培根、达尔文之英吉利，予尤爱狄铿士、王尔德之英吉利。吾国文学界豪杰之士，有自负为中国之虞哥、左喇、桂特郝、卜特曼、狄铿士、王尔德者乎？有不顾迂儒之毁誉，明目张胆以与十八妖魔宣战者乎？予愿拖四十二生的大炮，为之前驱。"③不论是哲学家、思想家还是文学家，不论是古代的近代的还是现代的，也不论适合不适合中国当前文学界，一股脑儿地标榜起来，多少有些乱点文艺谱的味道。不过值得一提的是，陈独秀甘愿在文学更新上做先锋，为新文学的创作杀出一条血路，还是振聋发聩、气度非凡的。那"愿拖四十二生的大炮为之前驱"的铿锵有力之声将永远回荡在中国新文学史的上空。应该说，

---

① 陈独秀：《寄会稽山人八十四韵·附识》，《新青年》第1卷3号，1915年11月15日。
② 陈独秀：《通信》，《新青年》第2卷2号，1916年10月1日。
③ 陈独秀：《文学革命论》，《新青年》第2卷6号，1917年2月1日。

陈独秀为中国现代文学的发难功不可没。毕竟,他所主持的《新青年》为中国新文学的作家提供了前所未有的理论、创作平台。也许,我们会将陈独秀说成是一位文学观念创新的蛮干家,但应该看到,如果没有他的蛮干,也就没有这样的崭新文学时代到来。

问题的关键也在这里,陈独秀既没有创作欲望,也没有实践这个观念,为何又要这样蛮干呢?

早在《新青年》创刊之前,陈独秀曾经是中国小有名气的最早创办白话报的人物之一。1903年在上海入主《国民日日报》时就在深厚的政治情结下披上了文学创作的"虎皮"。他与苏曼殊翻译的《悲惨世界》哪里是在翻译,简直就是借雨果的"悲惨世界"述说中国国情。那法兰西的"尚海"就是上海,那狰狞的"满周苟"无疑是清朝"满洲狗"。这时的他们哪里还顾及什么艺术性,简直就是拿文学当做发泄私愤的工具、社会改良的手段。《安徽俗话报》也许对于学术界的同仁并不陌生,但陈独秀在上面发表他的第一篇小说的史料不是每个人都耳熟能详的。《黑天国》的确是主编为了吸引读者来的一个"噱头"。可就是在这个噱头的蛛丝马迹中我们却能发现与后期思想密切相关的微言大义。具有章回体形式的小说《黑天国》直接用主人公荣豪(既光荣又自豪)的语言抒发"素爱自由主义"、"唯自由万岁"的政治思想,通篇都是图解政治情怀的文字。

极度的功利化自然使他的文学观念也夹杂着政治那条甩不掉的尾巴。陈独秀唯一的一篇专论文学更新的文章《文学革命论》将"革新文学、革新政治"相提并论,并一改他当年向胡适"购稿"时的虚心,即使是凭借胡适文学思想的燎原,他也不领情似的指点江山起来:"政治界虽经三次革命,而黑暗未尝稍减。其原因之小部分,则为三次革命皆虎头蛇尾,未能充分以鲜血洗净旧污;其大部分,则为盘踞吾人精神界根深底固之伦理道德、文学、艺术诸端,莫不黑幕层张,污垢深积,并此虎头蛇尾之革命而未有焉。此单独政治革命所以于吾之社会,不生若何变化,不收若何效果也。"①

及此,总该说个"原来如此"了吧! 人家陈独秀的"人"是用来充当工具的人。那一部分人惨无人道、"黑幕层张",我们这一部分人就要起而抗争、"洗净旧污",即使流血也在所不辞。个人本位主义画地为牢,"新青年"也要戴着镣铐跳舞。谁让你是新青年呢? 是新青年就要有远大的理想、高深的主义,以及先解放他人、再解放自己的大事业情怀。按照这个逻辑,个人本位主义就是人本主义,人本就是以"人人"为本,而现实中的每个人都是个人,以人为本就是要将每个人当人看。这样,个人本位就很轻松地滑落到了"人人"的地牢里。而且人人很快就是他人的代名词,他人又很快演绎为唯名论意义上的抽象的"人民""群众""大多数""社会"等空洞概念。于是"自我"失落,个性消泯,思想阉割。这,固然是陈独秀在起初没有想到的,但实践就这么残酷地证明了这个事实与逻辑。

不言而喻,陈独秀在 Humanism 一词三维意蕴里,独独偏向了人道主义一隅。俨然是一个同情弱者、主持正义、讲求公平、劫富济贫的救世菩萨。一面是可怜人间苦难的菩萨心肠,一面是冷酷相向的血腥气息。这与中国传统的以民为本、兼爱、博爱思想不谋而合。不难发现,怨恨的主题在 20 世纪文学中频繁出现,不能不说与这种血腥的温柔和温柔的血腥息息相关。本来,人道主义是以"爱"、宽容、理解为鹄的的,如果我们的文学不以爱为本,而是将怨恨心理激起并使之经久不息,那么我们的文学将与诺贝尔奖无缘,尤其是在当今风行所谓"痛并快乐着"的时下,我们不禁长叹:新文学为此付出的代价太沉重了。

---

① 陈独秀:《文学革命论》,《新青年》第 2 卷 6 号,1917 年 2 月 1 日。

当功利化的人道主义文学观念一步一步走向"可怜平民的哭声"的时候,陈独秀开始关心多数,而对"军国主义和金力主义"大加斥喝,并希望世界上充满"友爱互助情谊",追求"美的、善的、和平的、相爱互助的、劳动而愉快的、全社会幸福的"生活。① 为了迎合主编之意,李大钊、周建人、高砜石等一批作者也都从人道主义的角度在《新青年》上大谈特谈"生存竞争与互助"问题。李大钊的《阶级竞争与互助》就要求把"协和、友谊、互助、博爱的精神""推及于四海,推及于人类全体的生活的精神"。② 这完全是伦理、道德之人道主义的克隆者。深究该提法的原动力,不外乎对人(更准确地说是人类)的关爱。李大钊介绍文豪托尔斯泰不是因为他的文学艺术审美价值,而是因为托氏"为文字字皆含血泪"。③ 他心目中的文豪之职能也是个个都像杰尔邦德士,"少年投笔,荷戈从军","洒一滴墨,使天地改观,山河易色者,文豪之本领也"④。他与陈独秀的"人道"一唱一和,就不是什么功利不功利了,而是不折不扣的极度膨胀型号的大功利。

同样是出于对人的关爱,胡适的 Humanism 则是一副温和、收敛的姿态。固然,文学的完全超功利并不现实,但在胡适身上我们看到的"功利"则是"功夫在诗外"的功利(以下我将之称为适意功利)。至少,他不是与政治暧昧、缠绵的那类。早在1917年刚刚回国之时,他就与主编陈独秀彻夜长谈,并达成了"二十

---

① 陈独秀:《本志宣言》,《新青年》第7卷1号,1919年12月1日。
② 李大钊:《阶级竞争和互助》,《每周评论》第29号,1919年7月6日。
③ 李大钊:《介绍哲人托尔斯泰》,《李大钊文集》(上卷),人民出版社1984版,第186页。
④ 李大钊:《文豪》,《李大钊文集》(上卷),人民出版社1984版,第70—71页。

年不谈政治的默契",用胡适自己的话就是决意要在"非政治的因子上建设政治基础。"这个非政治的基础也包括了"在思想文艺上替中国政治建筑一个革新的基础"。打个迂回,适意而为,无为而无不为,这就是胡适。从他的言谈举止中,我们能领略到的是一种扑面而来的人文主义气息。这种人文气息充分得力于西方文艺复兴以来的人文传统。

胡适的人文主义精神气质可以用彼得拉克通俗的语言来理解:"我不想变成上帝……我是凡人,只要凡人的幸福。""人文主义者主张人的全面发展",只要是个性的全面发展。① 胡适的注重社会人生而远离政治,正迎合了这一传统。那篇文学革命的发难之作《文学改良刍议》实属中国新文学史上第一篇将文学与人生之密切关系攫拔出来的文字。他既不同意"文以载道",也对"游戏消闲"嗤之以鼻。在美国曾经将浪漫与现实两个主义并列,到回国后则倒向了现实主义。当时人称的写实主义文学观念就是日后现实主义的雏形。当然,胡适的文学观念的形成无疑得力于他那易卜生式的人文主义思想。值得注意的是,他沿袭着中国传统的"独善其身"的人文精神,但又对斯铎曼医生的警世名言"世上最强有力的人就是那个最孤立的人"至为推崇。可见,在胡适追求现世平凡人生的同时,他并没有庸俗化,而是时刻小心翼翼地端持着绅士的架子、上流的风度。毕竟,他是居住在较高平台上的启蒙精英。

胡适"主义"的人文气息还充分体现在他多次述说中国五四新文化运动的"文艺复兴"性质。直到晚年他在回忆往事时还在喋喋不休地唠叨中国当时(五四)的"文艺的问题……也就是中国文艺复兴问题",而且他还将五四运动看作是对中国文艺复兴

---

① 〔意〕加林:李玉成译:《意大利人文主义·译序》,生活·读书·新知三联书店 1998 版,第 2—3 页。

的"一项历史性的政治干扰"。① 还在加盟《新青年》之前,他就在一篇名为《论"文学"》的论文中无疑而问道:"然文学之优劣,果在其能'济用'与否乎?"显然,即使是没有"济用"冲动的文学也不能说就是不好的文学,反之亦然。文学的意义是:"美感之外,兼及济用"。当然他反对文学的执意功利化是为了对文学自身个性和规律的尊重,但与此同时,他又不主张超然于功利,将文学变成文学家自我手淫。在对文学作"有所为"与"无所为"的两种区分后又进一步补充说,"无所为而为之之文学,非真无所为也"②。把文学的本性放在第一位,由此实现对人性、人心、人情的陶冶作用,这正是他以人为本的要义:"吾又以为文学不当与人事全无关系。凡世界有永久价值之文学,皆尝有大影响于世道人心者也。"但这"影响"万万不是"高头讲章之流"。显而易见,直接服务、言说政治不是胡适文学观念的初衷,但间接地影响则又是不可缺少的。

来自欧洲的文艺复兴情怀,与胡适留学美国受到的杜威实验主义教育有机地统一在了一起。试验的、实验的、渐进的、点滴的、改良的思想与文学追求互为表里:"杜威哲学的最大目的,只是怎样能使人类养成那种'创造的智慧'(Creative Intelligence),使人应付种种环境充分满意。"③看,这"养成"与文艺复兴传统之注重实效的人文哲学是多么的相似!应该说,胡适是文学观念的骨干家,没有他的介入,新文学运动远远不似那么精彩。

---

① 〔美〕唐德刚译注:《胡适口述自传》,华东师范大学出版社1983版,第183页。
② 胡适:《论"文学"》,姜义华主编:《胡适学术文集·新文学运动》,中华书局1993年版,第323—325页。
③ 胡适:《实验主义》,葛懋春、李兴芝编:《胡适哲学思想资料选》(上),华东师范大学出版社1981年版,第72页。

与陈独秀的笼统相比,胡适有了较为具体的文学观念。但我以为这个观念真正的"落定"还是在周作人的《人的文学》上。固然,我们不能否认周氏兄弟的文学观念乃至创作都不同程度受到过胡适《易卜生主义》的影响,而且他们与胡适的观念更为接近,但从周作人之"知行合一"来看,他堪称是一位文学观念的实干家。

周作人没有停滞于胡适的"易卜生主义",他将个人本位思想与文学的个人性相提并论:个人和文学的独立价值是任何社会、国家、家族、集体都不能抹杀的。为了避免众人的误解,他特意诠释"人的文学"说:"我所说的人道主义,并非世间所谓'悲天悯人'或'博施济众'的慈善主义,乃是一种个人主义的人间本位主义。"针对几千年来"人格"的丧失,他要重新发现"人"。重新发现人就是要一切"从个人做起"。周作人简略而又得当地说出了人的存在本质:"兽性与神性,合起来便只是人性。"①在这个基础上他给新文学提出的要求也显得较为实在:"文学是人性的,不是兽性的,也不是神性的","文学是人类的,也是个人的"。容易看出,五四时期的周作人,既是一位人本主义思想家,也是一位人本主义文学家。他的"人"既是平凡的,也是平民的。比胡适的单单"平凡"又多了一份细小和琐碎,也多了一份平易和清淡。在某种意义上,他的 Humanism 更多地带有典型的存在主义哲学里的非理性主义和人本主义色调。

"人的文学"的首倡者周作人敢于说"文艺只是自己的表现"已经很不简单。他反对有形的功利、提倡无形的功利更是高人一筹。1920年初的一次关于文学与人生的演讲则揭破了文学的底牌:"人生派"的毛病在于"容易讲到功利里边去,以文艺为

---

① 周作人:《人的文学》,《新青年》第5卷6号,1918年12月15日。

伦理的工具,变成一种坛上的说教"①。他完全反对工具论的文学观念:"文学既不被人利用去做工具,也不再被干涉,有了这种自由他的生命就该稳固一点了。"②尤其是他对因阶级差异而来的文学欣赏趣味的差异之说的评判,更是表现了他卓越超前的见识:"艺术是人人需要的,没有什么阶级性别等等差异。"③顺理成章,一位人本主义观念指导下的作家自然就有了"自己的园地"。

在"自己的园地"里,我们才真正阅读了"真正的文学"。

Humanism 花开三朵,这固然离不开三位的个性气质。毋庸置疑的是,他们都对中国新文学的发展产生了或多或少的影响。

3."人的发现":观念的差异是最大的差异

当新文学的先行者放出了手中的响箭之后,中国现代文学从此便一发而不可收了。对人的认识之不同,以及不同观念、态度造成的觉悟给我们带来了无穷的追问与困惑,尤其是还有对中国未来文学走向的影响,总是纠缠着我们自己。这里笔者要对两个问题发难:一是态度对"人"的冲击,二是它们分别对文学的影响。

文学是人学。文学是宽容的。宽容的态度使文学精神博大、厚重,宽容的态度也使文学拥有了意义上的人文关怀。这,首先需要文学观念和作家具有这样的信仰和情怀。也许,这是出给五四文化精英们的一个难题。但在文学界日益浮躁的今

---

① 周作人:《新文学的要求》,(1920 年 1 月 6 日在北平少年学会演讲),载赵家璧主编:《中国新文学大系》(第二集),上海良友图书公司 1935 年版,第 141—142 页。

② 周作人:《文学的未来》,李晓明、高长春主编:《周作人散文》,吉林文史出版社 2012 年版,第 128 页。

③ 周作人:《儿童的书》,钟叔河编:《周作人文类编》(5),湖南文艺出版社 1998 版,第 710 页。

天,连同新文学滥觞的五四理论家、作家一起拷问一次并不多余。

陈独秀的执意确定性与胡适的适意不确定性形成了鲜明的比较。如果说陈独秀在文学酝酿开始之时还对胡适客气有加,可当胡适抛出"改良刍议"后就不是那么一回事了,好像胡适的"抛砖引玉"中的"砖"俨然都是自己的。

可以理解,前者是一个充满政治情结、活跃在时代前列的精英分子。凭他的学识,不是作不了头头是道的论文,而是无法消停下来!所以当文学更新大张旗鼓地进行而胡适以温和、优柔、唯诺、谦逊的口气询问时,他可是火冒三丈了:"鄙意容纳异议,自由讨论,固为学术发达之原则;独至改良中国文学,当以白话为文学正宗之说,其是非甚明,必不容反对者有讨论之余地,必以吾辈所主张者为绝对之是,而不容他人之匡正也。"①陈独秀不是不知道讨论的需要,而是偏偏在这个时候不需要、不容忍了。他所谓的"绝对之是"不过是自己蛮横的一面之词。一副"急症等不得慢郎中"的表情。说穿了,还是急功近利的心理使他恨不能"立等可取"。不难理解,一个执意于政治功利的"死硬派革命人物"哪里会有一颗平常心在能不能上从容扯皮!要知道,他谈文学、讲人生、论文化、批孔教、告青年,尽管立足点不停地转移,可有一点永恒不变:国家政体和现实救亡。

时至辛亥革命到来前后,他一度成为拥有秘密社会性质、富有敢死队精神之组织岳王会的首领,在辛亥革命中他不乏"义勇军"的豪爽与魂魄。

这也就难怪他心目中的"人"尽是"困兽犹斗"型的热血青年了。1915 年 11 月 15 日,陈独秀在《抵抗力》一文中道出他孜孜

---

① 陈独秀:《答胡适之〈文学革命〉》,林茂生等编:《陈独秀文章选编》(上),生活·读书·新知三联书店 1984 版,第 208 页。

以求的人生取向："幸福事功,莫由幸致。世界一战场,人生一恶斗。一息尚存,决无逃遁苟安之余地。"①从这种将人生当"战场"的"恶斗"激情中,我们已经约莫闻到了陈独秀人生意趣中硝烟弥漫的火药味。

于是,我们看到的陈独秀之"新青年"个个长于战斗,带有明显的"武化"特征。对困难不退缩,身临恶境勇向前,这就是陈独秀要塑造的中国"猛男"写照。他希望那生龙活虎式的猛男成熟后,"用那最不和平的手段,将那顾全饭碗阻碍和平的武人、议员、政客扫荡一空不可"。② 在"五四"运动爆发之前,陈独秀已从欧、美、日等政府对"社会革命"的未雨绸缪中得到鼓舞,并断言说:"中国的文武官……那里知道什么社会革命!他们那里听见什么贫民的哭声!……我想这可怜的哭声,早晚就要叫他们听见,叫他们注意,叫他们头痛,最后还要叫他们发出同样的哭声!"③这与鲁迅的"凡是愚弱的国民,即使体格如何健全,如何茁壮,也只能做毫无意义的示众的材料和看客"的判断形成了明显不同的路径对照。④

容易理解,在如此这般的"人"之路径下,他与胡适"二十年不谈政治"的默契自然就很快进入末期了。胡适的宽厚、周到反映了他内在的自由主义气质。这种气质在思想上的表现就是个人主义。与其在文学改良意见上的支支吾吾、调和宽容、"犹未定草"和"匡纠是正"相统一,胡适对人的独立性、个性化主张也达到了一定的高度。他对儿子的要求是"不要你做我的孝顺儿

---

① 陈独秀:《抵抗力》,《新青年》第1卷3号,1915年11月15日。
② 陈独秀:《南北代表有什么用处?》,林茂生等编:《陈独秀文章选编》(上),生活·读书·新知三联书店1984年版,第391页。
③ 陈独秀:《贫民的哭声》,同上,第385—386页。
④ 鲁迅:《呐喊·自序》,《鲁迅全集》(第1卷),人民文学出版社1981年版,第417页。

子",只要"你做一个堂堂的人"。① 胡适的这些个人独立的思想情怀与其宽容精神息息相关,用他自己的话就是"这个态度,叫做容忍的态度。"②宽容是自由精神的体现,自由秩序原理的实质就是:因为我们无知,所以需要自由。正是出于对自己知识有限性的怀疑,他才少了一份舍我其谁、指点江山、唯我独醒的自大和专断。他"不敢以吾辈所主张为必是而不容他人之匡正"的平和语气,应验了"我不同意你的观点,但我拼死捍卫你说话的权利"的人文主义思想逻辑。

胡适视野里的人是易卜生式的"健全的个人主义"。这种个人主义的核心是自救的、内倾的、收敛的、权利的、平等为主但又兼带责任的:"我所最期望于你的,是一种真正纯粹的为我主义,要使你有时觉得天下只有关于我的事最要紧,其余的都算不得什么……你要想有意于社会,最好的法子莫如把你自己这块材料铸造成器……有的时候我真觉得全世界都像海上撞沉了船,最要紧的还是救出自己。"③凡此种种,都是多角度地肯定人的价值与不可复制、不可利用、不可御用的独立性。必须说明的是,胡适的思想底气却是很足的,他的人格意识也是清醒的,从他关于娜拉的"担当家庭责任"的人格分析中就不难看出这一点。

不但与陈独秀,就是与胡适的性情也有差异的周作人简直就是消极的个人主义。他对人的独立性和自我价值的强调不但放弃了胡适难以割舍的绅士风情,而且低调到了随意、闲适、淡泊的地步。与陈独秀和鲁迅对尼采的推崇不同,他对文学和人

---

① 胡适:《我的儿子》,《胡适文存》(第4卷),黄山书社1996年版,第498页。

② 胡适:《〈蕙的风〉序》,姜义华主编:《胡适学术文集·新文学运动》,中华书局1993年版,第459页。

③ 胡适:《易卜生主义》,《新青年》第4卷6号,1918年6月15日。

的态度都是中庸、平和、均衡,他还曾坦率承认尼采"那种格调与文章就不大合我的胃口"①。他一再强调"要讲人道、爱人类,便须先使自己有人的资格,占得人的位置"。理由是"个人爱人类,就只为人类中有了我,与我相关的缘故"。他不但有了胡适的担忧:"以暴易暴",而且更进一步:"文艺的生命是自由而非平等。"②

与此同时,我们还看到了周作人与胡适不同的名士心理。胡适自幼受到慈母的严教,非常珍视自家名声,1917年回国后就"暴得大名"。周作人则在平静的"独善"中走向了另一极:退隐。他一反鲁迅那种尼采式的"偏于一极",却在不自觉中由追求个人人格独立、反对无条件的献身滑落到了不可救药的地步。在20年代末年提出"闭户读书论""乱世苟活论"与胡适倡导的青年要有敢于正视现实的勇气的主张形成了反差。如果说胡适的个人自由气质带有消极成分,只止于"正视"而对"社会摧残个人"一筹莫展,那么周作人则连正视的勇气都没有,索性沉沦。显然,他在人本主义的思想下掺杂了虚无主义的成分,在"苟全性命于乱世是第一要紧"的遁世归隐心态下自然就难有什么社会担当,更不用说什么道义责任了。不必赘言,周作人的"人"在关键时候只有保全身家性命的份儿,而不可能义正词严地站出来伸张正义。更何谈什么气节和人格!周作人在现代思想史上脆弱无力的原因也正在这里。

周作人屈从于现实、随波逐流、苟且过活、退葸萎缩的过度个人关怀不可能还有什么人的独立可言,更谈不上什么高雅的人格品位。这,至少给我们一个重要启示:无论是社会担当、人

---

① 周作人:《关于鲁迅之二》,张菊香编:《周作人代表作》,河南人民出版社1987年版,第323页。

② 周作人:《文艺的统一》,赵家璧主编:《中国新文学大系》(第7集),上海良友图书公司1935年版,第106页。

生责任膨胀过了度,还是个性独立、自由权利强调过了头都将是一根藤上的两个苦果。它们的"偏于一极"——无论是哪一极,都无二致。

在这里,我还是喜欢那位充满人文气息的自由主义者胡适。他的不偏不倚的适意态度展示了一个具有永恒意义的内涵。

4. 后五四时代:文学症候与历史反思

孩童时候,我们每每听大人讲完故事,总要问:后来呢?后来呢?今天我们讲的不是孩童时代的故事,我们的后五四时代也已经有近百年的历史。当我们在"百花齐放,百家争鸣"中走过了一年又一年之后,当我们在"汲取精华,弃其糟粕"中一无所汲、一无所弃之后,当我们在"继承五四、超越五四"的轮回中转了一圈又一圈之后,我们不免扪心自问:究竟我们的故事是不是还在路上?

我们已经迈向新世纪,而就在这一个"故事"里,却有着三个"传统"。陈独秀们的思想路径无疑是将文学变成了政治的传声筒。他们在20年代中后期和30年代文学论争中的后遗症隐约可见。鲁迅在后期没有创作"遵命文学",只涉足杂文。当有人好意让他写一部描写红军的小说时,他以没有生活体验而拒绝。完全可以设想,如果有了这一素材的鲁迅会怎样。郭沫若更不在话下,他的革命文学创作完全失去了早期的"女神"气质,无论是文学观念还是实际作品,已经完全沦落为御用的工具、服务的手段。茅盾则在煽情方面做得很成功。至少,他对阶级怨恨的"唤起"不亚于太阳社的无产阶级红色作家蒋光赤,只不过艺术性高出一筹而已。他虽然没有"冲出云围的月亮"和"咆哮的土地"这样"大风起兮云飞扬"的气势,但在"服务"之工具意识方面却只有"五十步"与"一百步"的关系。鲁、郭、茅都是我们现代文学史上号称一流的作家。当然,这与我们多年的政治标准不无关系。但遗憾的是,我们的文学史很难摆脱这样一个观念,而且一拖再拖,已经把我们拖得疲惫不堪。也许,谁也不会忘记我们的文学史上还有一个尽管功利化十足,但还允许暴露黑暗、批判现实的时期,令人心酸的是:我们竟有只许"歌颂光明",不准"暴露黑暗"的时期。而一位名叫王实味的作家就死于文学过度功利化的非命中!

再说巴金、老舍、曹禺。我们曾习惯称之为巴、老、曹。这是我们喜爱的作家,但他们一直是在第二位的。应该说在紧跟形势和围绕政治主题方面不是那么露骨、直接、赤裸。如果说有一定的功利性的话,那也只是适意功利的泛化色彩。接着我们还可以往下认识徐志摩、沈从文、戴望舒、张爱玲、钱钟书、师陀等一大批作家。当然,我绝不是说越往下越有价值。否则这又落进了周作人那个窠臼。但这里我们至少可以本着"精华"与"糟粕"的原则对过度担当予以切除,对过分个人化予以制止。如果防止走老路,还可以从周作人对奴婢艺术观念的批判、对"主张信教自由的宣言"、对"用了什么名义,强迫人牺牲了个性去侍奉白痴的社会"①的阐述里找到文学创作可资借鉴的意义资源。假如我们不以他后期的附逆而抹杀他前期的贡献,那真应该铭记:"君师的统一思想,定于一尊,固然应该反对,民众的统一思想,定于一尊,也是应该反对的……文艺本是著者感情生活的表现,感人乃其自然的效用。"②这样的文艺思想资源我们不去"汲取",那我们还在那里狂喊滥叫什么!当然,笔者绝对没有将李金发、沈从文、梁实秋、朱光潜、张爱玲拔高到与鲁迅、巴金、曹禺、老舍地位的意思。直到现在我仍然对那些在"蜗牛庐"里蜷缩着的性情不能表示格外的尊重。笔者始终认为,缺少民族大

---

① 周作人:《自己的园地》,张菊香编:《周作人代表作》,河南人民出版社 1987 版,第 45 页。

② 周作人:《诗的效用》,《晨报副刊》,1922 年 2 月 26 日。

气精神和普世价值的文学经不起历史的考验,不是我们一个泱泱大国的作家们所应光顾的羊肠小道。

从陈独秀那里我们找到了社会担当,从周作人那里我们发现了文学的本性和审美价值。二者的合一将是当今文学的胸怀。胡适的适意功利理应是中国新文学继续前行的方向。超功利的文学只有在天国,纯功利的文学只有在地狱。而我们,恰恰生活在可怜的人间。别无选择!

文到尾处,不妨让我们解剖一下陈独秀、胡适、周作人各自的"人"体。也许这会使我们的眼界更开阔。

五四时期的陈独秀在论及"教育方针"时曾经将他心目中要塑造的人分成两截。上半截是"十岁以前",运用的是"兽性主义教育方针"。"十岁以后,方以人性主义"。这是他信奉的日本思想先驱福泽谕吉的警言。虽然他赞成"人性,兽性,同时发展"的观念,但为了道义的速成,在其内心深处还是将兽性提了前:"余每见吾国曾受教育之青年,手无搏鸡之力,心无一夫之雄;白面纤腰,妩媚若处子;畏寒怯热,柔弱若病夫;以如此心身薄弱之国民,将何以任重而致远乎?"针对此弊,他提出令人心惊胆颤的"兽性主义"教育方针:"兽性之特长谓何?曰意志顽狠,善斗不屈也;曰体魄强健,力抗自然也;曰信赖本能,不依他为活也;曰顺性率真,不饰伪自文也。哲种之人,殖民事业遍于大地,唯此兽性故;日本称霸亚洲,唯此兽性故。"[①]将人性中威猛、野蛮的兽性挖潜出来并以此洗心革面一直是他的夙愿。工具意识的作祟想必也难有"人"体的开放性和个性化。

与此不同,周作人则将二者合而为一。本来,他的"人是一种动物",又是"进化的动物"与陈独秀的认识并没有什么两样。

---

① 陈独秀:《今日之教育方针》,林茂生等编:《陈独秀文章选编》(上),生活·读书·新知三联书店1984年版,第88—89页。

但他将人的"肉"与"灵"的两面性有机嫁接:"兽性与神性,合起来便只是人性"。周作人强调文学既"不是兽性的,也不是神性的",这就使他的"人"体解剖对文学产生了重要影响。对此,胡适并没有太多的阐述,不过从他的言说中我们能感受到他重视心灵解剖,相对轻视"肉体"解剖的成分。在这一点上,胡适与鲁迅更为相近。注重了心灵,就会对人的精神品格作一定的关注,而对那些苟全性命的做法不以为然。胡适的"救国千万事,造人为最要。但得百十人,故国可重造"的诗词(《送叔永之行并寄杏佛》),同样是与鲁迅式的"病死多少是不必以为不幸的"、"第一要著是在改变他们精神"的不约而同。为此,我们才有了"没有丝毫奴颜和媚骨"的鲁迅,也才有了在民族大义之事上清醒自爱的胡适。至于50年代的批胡之词,那不过是一个民族情绪非理性的标志,充其量算是一场文化灾难。遗憾的是,周作人没有能在"两性"之间把握好自己,他的颓唐和沉沦只能由他自己负责,不可转嫁于他的前期思想上。否则,那将更是我们整个民族的悲哀。"从前有个庙,庙里住着一个老和尚;老和尚给小和尚讲故事。故事讲的是什么呢:从前有个庙。庙里有个老和尚,老和尚给小和尚讲故事⋯⋯"这是一个循环往复以致无穷的故事。

五四,是一个讲了近一个世纪的故事。面对每年一小纪、五年一大纪的"纪念五四""超越五四",我们是否应该反省:是不是在拉过门?是不是在走过场?年复一年、日复一日的生命轮回是否也在重复着一个古老而又传统的故事呢?如果我们在新的世纪仍然没有跳出过去的掌心,我们又怎能不是在唠唠叨叨地讲那个连童话都够不上的哄孺子入睡的无聊故事呢!

三、"人之异化":"五四"新文化运动中的尚武倾向

归根结底,在质的内在规定性上,"五四"新文化运动是一场

思想解放运动,属于思想文化层面的潮流。但是研读"五四"思想史时却发现,"五四"的文化性里却充满了活泼的"武化"倾向,尚武的内在因子在文化表象的背后呼之欲出。

众所周知,在终极意义上,与西方文化的外倾性格相比,中华传统文化还是一种内倾型的文化。陈独秀这位"五四"新文化运动领袖的文化判断还是十分到位的:西方民族好战、乐斗、崇尚"战争"与血性,东方文化厌战、恶斗、爱好"安息"与和平。① 尽管中华武功美名远扬,中国传统里不乏弃文从戎、战死沙场的壮举,也有《孙子兵法》《孙膑兵法》等武训典章,但是在文化积淀的深层,华夏民族还是一个沿袭儒教之"不尚力争"、喜爱老庄雅柔、主张墨家兼爱的文化社会。在一个习惯以"道义"入世的传统社会里,士大夫或说知识分子"借思想、文化以解决问题之方法"一脉相传②,及至"五四"时期仍是香火浓烟不断。但是在"整体性"的认识方式里,"五四"除却那股传统文化浓烈的批判与破坏意识之外,却也涌起了一股不小的"尚武"情怀,而且白纸黑字地流布在历史的载体上。这,对于从事历史研究的学者来说,就成了一个不可忽视的现象。

1. 背景:被近代以降的民族屈辱激活

必须首先说明的是,本文注重的是近代以来思想文化界对尚武的提倡。它不是对"习武团保"的考察,也不是对近代武馆的历史研究,更不是对洋务运动中"师夷长技以制夷"军事设施的关注。不过有一点可以肯定的是,文化界先驱武化倾向的形成也与那一特定时代的大气候息息相关,都是从历史现实的刺激中萌发的思想观念。

---

① 陈独秀:《东西民族根本思想之差异》,《新青年》第 1 卷 4 号,1915 年 12 月 15 日。
② 林毓生:《中国传统的创造性转化》,生活·读书·新知三联书店 1988 版,第 182 页。

从19世纪40年代起,中外战争中的一次次挨打、一次次失败、一次次丧权辱国的条约构成了伤痕累累的记忆。拥有五千年灿烂文化的仁人志士面对无法修补、平衡的惨痛,在为文化创新、国民性改造奔走呼喊的同时,不能不对起码能"立竿见影"的武化效果多飞几个媚眼,暗送几次秋波。

近代以降,受洋务运动"求强"思想的影响。诸如思想文化界的先驱都从西方与邻国的强大与崛起中预见了民族的未来。在这些先哲中,尤以留学归国的思想家最为着力。而在这群思想部落里,东渡日本的文化先哲更是底气十足。继严复以"民力"为首的"德智体"标签贴在了"自强之本"的块垒上后,之后的思想先驱可以说是纷至沓来。在甲午海战的一系列惨痛的刺激下,他们从后起之秀日本的强大找到了振兴民族精神的路径。多次赴日的启蒙思想家梁启超在外人对"中国人是不武之民族,孱弱之病夫"的讥讽里涕泪涟涟。他在立足于国民素质改造的专著里专辟《论尚武》一章道:"重文轻武之习既成,于是武事废堕,民气柔糜,二千年之腐气败习,深入于国民之脑,遂使群国之人,奄奄如病夫,冉冉如弱女,温温如菩萨,戢戢如驯羊。"① 重文轻武的习俗已经把纤纤细手、白面素腰当成了审美情趣。泱泱大国尽是这类国民,又岂有振兴之日?

留日的青年志士在异国屡罹了强大的精神刺激。西方列强在中国土地的肆意践踏已经使他们心忧如焚,日人的趁火打劫以及在甲午战争后的如狼似虎更令每一个有血性的国人孰不可忍。应该说,文化先驱是在"东亚病夫"的蔑称与民族尊严里"奋起直追"的。尚武精神也正是其"直追"过程中的重要一"槌"。

19世纪末年与20世纪初年,包括英国人1894年创办的《字

---

① 梁启超:《新民说·论尚武》,《梁启超全集》,北京出版社1999年版,第711页。

林西报》以及日本的报纸都对一度自尊自强、以"东方巨人"自居的中国人持一种满不在乎的态度。以"东亚病夫"之类的名称呼之即是最无礼的藐视。1895 年,严复的《原强》中自我疑问道:"今之中国,非犹是病夫也耶?"①1896 年 11 月,梁启超将《字林西报》上发表的由英人撰写的将中国称为"东亚病夫"、"麻木不仁久矣"的评论译成中文,并转载于《时务报》上。从 1901 年,在日本出版的《国民报》已经以《东方病夫》为题将中国人的形象糟蹋得不成样子。20 世纪初的前十年,这类文章屡见不鲜。1908年 12 月第十八号《初等教育杂志》上更有"日人似铁"、"支那人似铅"的直接指点。在这样的历史背景下,身处异国的莘莘学子不可能无动于衷。动物尚有最基本的"刺激—反应",更何况作为时代精神晴雨表的先驱呢?

于是,辛亥前后文化阵营里的"武化"尖角不断脱颖。戊戌前后的严复、梁启超看到了"力"与"武"的重要性,辛亥革命的领导人更是急不可待,直接用暴力去与旧政权较量。连相信教育救国的蔡元培先生也在 1905 年前后成为"军国民教育会"的活跃分子,与此同时的"拒俄义勇队"则是留日学生尚武、从戎的先遣队。这些行动里,都凝聚着诸如陈天华投海自杀者等留日学生的血泪,也暴露出他们急不可耐的心声:"中国呀中国,你怎么不强大起来!"②时至"五四"时期,留学日本并多次参加过武化行动的思想先驱陈独秀等人尽管彻底反思过——需要从思想文化入手为民主共和的救国方案肇基,但是武化的思想还是余音绕梁。

一言以蔽之,1840 年的近百年的外国列强入侵史以及一千

---

① 严复:《原强》,王栻主编:《严复集》(第一册),中华书局 1986 年版,第 26 页。

② 郁达夫:《沉沦》,《郁达夫小说集》,新疆人民出版社 2001 年版,第 31 页。

多个硬性条约的签订构成了外在的刺激,从而让国人反省我们文化传统里重文轻武的思想积淀。面对手持洋枪洋炮的武装者他们欲以有力的尚武路径说"不"。

2."五四":文化设计中的武化人格

"五四"新文化运动的开始是以1915年9月《新青年》杂志在上海的创刊为标志的。在这次影响深远的文化启蒙事件里,陈独秀成为当之无愧的精神领袖。正是在这样一场众口一词的"文化"定论里,陈独秀的思想地位奠定了。从"五四"的历史文献资料中,尤其是《新青年》的宣言与章程里,文化先驱那副"君子动口不动手"的斯文使我们没有更多的理由怀疑它的文化内在规定性。作为"领导"的陈独秀在总结文化运动的路径时也还一再强调:"文化是对军事、政治、产业而言。"①为了掩饰新文化运动具有功利性,陈独秀甚至这样在《文化运动与社会运动》里说:"一班人并且把政治、实业、交通都拉到文化里面了。我不知道他们因为何种心理看得文化如此广泛至于无所不包?若再进一步,连军事也拉进去,那便成了武化运动了,岂非怪之又怪吗!"②尽管陈独秀一再声言他的运动不是功利的、实际的、力量型的,而是思想、观念、舆论的,但是他的表白只不过是"此地无银三百两"。从"文化运动与社会运动"的"兼职",以及从间接影响到直接操作的角色转换过程来看,陈独秀无法耐住寂寞。这从他主编《新青年》的意图就可略见一斑。陈独秀在杂志的创刊号上曾三番五次地声明"辅导青年"为"本志之天职"。这样的声明出自主编之手,颇能使人信以为真。其实,与间接文化启蒙同步,那颗不安定的直接行动之心早已按捺不住了。注重培养具

---

① 陈独秀:《新文化运动是什么?》,《新青年》第7卷5号,1920年4月1日。

② 张宝明、王中江:《回眸〈新青年〉·社会思想卷》,河南文艺出版社1998年版,第133页。

有主动思想意识的"人",希望他们能在思想枷锁中解放出来后,迅速担负起"直接行动"的历史重任,以无畏的"牺牲的精神"完成救亡图存的使命,是陈独秀的由衷夙愿。① 在这一问题上,他与李大钊连成了一体。陈独秀在《人生真义》一文中对个人奋斗、努力进取的价值大加赞扬和渲染。在他笔下,幸福就蕴藏在艰苦的奋斗追求中。他说:"人生幸福,是人生自身出力造成的,非上帝所赐,也不是听其自然所能成就的。"② 该文批评了"孔孟所说的正心、修身"之偏颇人生观后,认定人生在世,"个人生存的时候,当努力造成幸福。"1915 年 11 月 15 日,陈独秀在《抵抗力》一文中道出他孜孜以求的人生取向:"幸福事功,莫由幸致。世界一战场,人生一恶斗。一息尚存,决无逃遁苟安之余地。"③ 从这种于"战场"中"恶斗"的人生意趣中,我们已经约莫闻到了硝烟弥漫的火药味。

开拓进取,长于战斗,就必须有刚强的意志和坚强的体魄双重因素。陈独秀在文化群落里显示出了"武化"的特色。④ 在力倡"人间个性之自由活动力"的文化运动背后,他还不时流露出对"晳族勇武可钦"的仰慕。1915 年 10 月 15 日,陈独秀在《今日之教育方针》一文中表达了以"唯民主义"为方针让人民"自觉自重"的教育思想后,也深表对国人"病夫"之躯的忧虑:"余每见吾国曾受教育之青年,手无搏鸡之力,心无一夫之雄;白面纤腰,

---

① 陈独秀:《五四运动的精神是什么?》,林茂生等编:《陈独秀文章选编》(上),生活·读书·新知三联书店 1984 版,第 518 页。
② 陈独秀:《人生真义》,同上,第 240 页。
③ 陈独秀:《抵抗力》,同上,第 94 页。
④ 1920 年 5 月 1 日,陈独秀在一篇文章中将"文化运动与社会运动"作了界定,并说:"最不幸的是一班有速成癖性的,拿文化运动当作改良政治及社会的直接工具"。不难看出,这一方面是对"文化"作为直接工具的自我否定,另一方面也暴露了他一直注重"社会活动"的动因。参见《文化运动与社会运动》,《陈独秀文章选编》(中),同上。

妩媚若处子;畏寒怯热,柔弱若病夫;以如此心身薄弱之国民,将何以任重而致远乎?"针对此弊,他提出令人心惊胆颤的"兽性主义"教育方针:"兽性之特长谓何? 曰,意志顽狠,善斗不屈也;曰,体魄强健,力抗自然也;曰,信赖本能,不依他为活也;曰,顺性率真,不饰伪自文也。皙种之人,殖民事业遍于大地,唯此兽性故;日本称霸亚洲,唯此兽性故。"①对困难不退缩,身临恶境勇向前,这就是陈独秀"回头之草弗啮,不峻之坂弗上"的刚毅秉性的写照。② 他在《青年杂志》创刊号上曾呐喊着"自觉奋斗""新鲜活泼之青年"的出现。这样的"新青年"兼具"自主的""进步的""进取的""世界的""实利的""科学的"六种人格,起而运动国民,"用那最不和平的手段,将那顾全饭碗阻碍和平的武人、议员、政客扫荡一空不可"。③ 在"五四"运动爆发之前,陈独秀已从欧、美、日等政府对"社会革命"的未雨绸缪中得到鼓舞,并断言说:"中国的文武官……那里知道什么社会革命!他们那里听见什么贫民的哭声! ……我想这可怜的哭声,早晚就要叫他们听见,叫他们注意,叫他们头痛,最后还要叫他们发出同样的哭声!"④容易理解,陈独秀心目中的"人"无疑是反帝反封建革命的中坚。可以肯定,他是带着"文化运动与社会运动"的双重使命创办《新青年》的,而且由于其兴奋点始终倾向社会运动,因而"五四"新文化运动就在舆论(思想)上、人力(干部)上为中国现代革命奠定了坚实的基础。后来,《新青年》之所以打破了预先

---

① 陈独秀:林茂生等编:《陈独秀文章选编》(上),生活·读书·新知三联书店1984版,第89页。
② 孤桐:《吴敬恒—梁启超—陈独秀》,《甲寅周刊》第1卷30号,1926年1月30日。
③ 陈独秀:《南北代表有什么用处?》,同上,第391页。
④ 陈独秀:《贫民的哭声》,林茂生等编:《陈独秀文章选编》(上),生活·读书·新知三联书店1984版,第385—386页。

"悉由同仁撰稿""不另购稿"的规定,而且破天荒地采用一位无名小卒毛润之的文章,原因就在于来稿《体育之研究》恰恰迎合了主编的尚武思想。① 请看,毛润之"国风恭弱,武风不振,民族之体质日趋轻细"的论述与严复"民力已苶,民智已卑,民德已薄",中国已堕入"无兵文化""病国"深渊的语言何其相似!② 陈独秀喋喋不休提倡"兽性主义"之教育方针的原因与梁启超一再论述的"奄奄如病夫,冉冉如弱女"现象以及"尚武者国民之元气,国家所恃以成立"更是如出一辙。

原来,他们尚武思想点燃者乃出自一师:日本著名近代思想先驱福泽谕吉。在19世纪末、20世纪初的数十年间,福泽谕吉的声望在日本如日中天,尤其是在他1901年逝世后,思想界更是将他的思想抬到了无上的地位。那时,旅居日本的中国学生几乎无不受其影响。他的"文明论"既有"文明其精神"的雅语,也有"野蛮其体魄"的质语。梁启超的很多启蒙教育文章都是"言必称"福泽。除了在《清议报》《新民丛报》上做思想介绍外,梁启超还翻译了福泽的生平和语录转载。1917年4月1日,深受陈独秀《今日之教育方针》影响的毛泽东发表了《体育之研究》一文。从《新青年》用稿的标准来看,主编能采拟这位无名小卒的稿件足见其用心的良苦了。文章一开始就与陈独秀的"教育方针"情投意合,表现出对"国力恭弱,武风不振"的深忧。在行文过程中他反复强调了陈独秀"兽性主义"教育方针的论点,赞成"十岁以前,当以兽性主义;十岁以后,方以人性主义"③的程式。他说:"小学之时,宜专注重于身体之发育,而知识之增进,

---

① 二十八画生:《体育之研究》,《新青年》第3卷2号,1917年4月1日。
② 严复:《原强》,《严复集》(第一册),中华书局1986年版,第26页。
③ 陈独秀:《今日之教育方针》,林茂生等编:《陈独秀文章选编》(上卷),生活·读书·新知三联书店1984版,第88页。

道德之养成次之。"①青年毛泽东在《新青年》上与陈独秀的唱和充分说明尚武思潮已经在舆论界成为一股难以压抑的潮流。随后刘叔雅的《军国主义》等专门倡导武化、军国、尚力的文章在《新青年》上的不断发表则无疑是20世纪初年"养成尚武精神,实行爱国主义"之"军国民教育会"宗旨的延续(1903年5月,日本东京"军国民教育会"宣言)。

随着时间的推移,尤其是1919年5月4日之后及其后来的日子里,直接行动的"尚武"思想自然就尽显英雄本色了。

3. 尚武:手段与目的的关系命题

应该看到,在"五四"这一时段,不光是《新青年》存在着这样的思想倾向,就是其他诸如《东方杂志》《少年中国》等杂志都在时代思潮的影响下流布出不同程度的尚武倾向。

撇开文化阵营"立人"思想的分歧,还值得说明的是,"五四"时期的"尚武"精神在内涵上比此前已经大有改观。

众所周知,在"五四"前夕,"尚武"思想一度成为主导社会的一股狂潮:"朝野上下竞言尚武,而所谓无人不学,通国皆兵之说尤为当时所尚,有訾议者必罪以阻止。"②具体实施起来就是:"无人不尚武,无人不当兵,男子有男子军,女子有妇女军。"③一位自称"忧患余子"的先生甚至在一份名为《云南》的杂志上宣称"宁为武愚,勿为文弱"。

这样,本来以正义面目出现,以自卫为宗旨的"尚武"工具,就可能发展成尚武主义,甚至是军国主义。杨度先生的《湖南少年歌》中说:"我家数世皆武夫,只知霸道不知儒"。试想,如此这

---

① 二十八画生:《体育之研究》,《新青年》第3卷2号,1917年4月1日。
② 《清朝文献通考·学校十六》,浙江古籍出版社1988年,总第8677页。
③ 公言:《黄金时代之望》,《民吁日报》,1909年11月6日。

般的尚武痴情又怎能不将"愚武"之状带入胡同！当精神的启蒙被看成是一截可有可无的盲肠时，也势必给民族、国家、社会带来无声的悲剧。在某种意义上，日本以及西洋人之所以将中国人说成是"东亚病夫"以及猪狗不如的动物，并非单单是指体力削薄，一个很重要的原因还在于精神的愚昧无知。一个国家的国民处于懵懵懂懂、麻木昏睡状态，即使体格再健壮，又焉有与外人抗衡之力！正是在一股浓烈的尚武主义的涛声里，鲁迅从"军国民教育"思想激发出的尚武思潮里看到了"武愚"的可怕！这也是他在日本观看幻灯片后"弃医从文"的根本原因。鲁迅之所以抱定文艺这一"引导国民精神的前途的灯火"不放，[①]原因就在于他有自己深刻的触动和感悟："凡是愚弱的国民，即使体格如何健全，如何茁壮，也只能做毫无意义的示众的材料和看客，病死多少是不必以为不幸的。所以我们的第一要著，是在改变他们的精神，而善于改变精神的是，我那时以为当然要推文艺，于是想提倡文艺运动了。"[②]看来，鲁迅的"改造国民性"决意是在精神上下功夫，完全注重心灵的觉悟。不过，鲁迅先生从尚武的主潮走向了一个纯粹尚文的畛域里。

　　与20世纪初仁人志士容易走向武化乃至军国主义（也即是易把手段与目的混淆）不同，陈独秀与毛泽东等人已经意识到"文明"与"体魄"的双重重要性，尤其是对一个弱国子民来说。所以他们力倡的是文武并全，反对的是"身心不可并完"。毛泽东在《体育之研究》中论述的"文明其精神""野蛮其体魄"之身心发达互补并立、相辅相成的观点，乃是陈独秀接受的福泽谕吉之"教育方针"的进一步发挥和深化。他那"人之心力与体力合行

[①] 鲁迅：《论睁了眼看》，《鲁迅全集》（第1卷），人民文学出版社1981年版，第240页。

[②] 鲁迅：《呐喊·自序》，《鲁迅全集》（第1卷），人民文学出版社1981年版，第417页。

一事,事未有难成者"的理论①,正合于"养成健全的人格,煎涤不良的习惯,为革新社会的准备"之理想。

"五四"的精神领袖们既没有偏执武力的孤行,也没有一意文化的偏执。他们在倡导文化启蒙的同时,也在引导国民身体力行,以特有的精神风貌与外国列强抗争。在这一意义上,我们既不同意一个"洋说法",也不能不反对一个"土说法"。

根据"洋说法"的归纳,中国近代"尚武主义是达到目标的手段,军国主义本身并不是目的。"②可能性是有的,但是近代的现实告诉我们,这个归纳要从"五四"以后才是。动机是一种可能性,而结果才是现实性。因此尽管我们始终没有完全陷入军国主义的泥淖,但是教训并不是没有,潜在的思想导向危机也不是不存在。军阀混战、枪声连连,辛亥革命后中国历史上惨痛的经历起码让我们无法对单单"野蛮其体魄"的尚武军阀独表格外的尊重,尽管他们也曾英勇好战、悲壮不屈过。也许,我们说军阀混战的原因并不单单是"尚武主义"思潮导致的,但有一点是可以肯定的,尚武带来的军国民主义精神自觉不自觉地蛊惑或说诱导了国人。

历史呼唤"文明其精神"的时代先驱与英雄出现。

一个"土说法"是,"陈独秀在比较东西文明和检讨中国文化时以功利主义为基点,所以他完全摒弃价值理性的标准……变成一个战争与鲜血的崇拜者"。③ 诚然,陈独秀的功利目的很浓、好战心理也切合历史实际,并且有"兽行"推崇之嫌。譬如,他在比较中西文明时这样出言不逊地说:"西洋诸民族好战健

---

① 张昆弟:《张昆弟日记》,1917年9月16日。
② 〔澳大利亚〕冯兆基;郭太风译:《军事近代化与中国革命》,上海人民出版社1994版,第123页。
③ 陈来:《人文主义的视界》,广西教育出版社1997年版,第85页。

斗,根诸天性……德意志人以鲜血造成今日之荣誉。"①也有"皙种之人殖民事业遍于大地,唯此兽性故;日本人称霸亚洲,唯此性故"的判断,②但是也必须指出,此时此景的陈独秀是虽然有尚武的功利倾向,也有推崇西洋人不怕死的血气,但只不过是一种情绪的倾向,而不是"完全摒弃"了价值理性,更不是将白种人与日本人的殖民事业当成了偶像。这从这位"偶像破坏论"者创办《新青年》、力倡启蒙、唤醒国民精神觉醒的努力中就可见一斑。较为真实的潜在动机是:"西洋民族性,恶侮辱、宁斗死;东洋民族性,恶斗死、宁侮辱。民族而具如斯卑劣无耻之根性,尚有何颜面,高谈礼教文明而不羞愧!"③当陈独秀骂出"爱和平、尚安息、雍容文雅之劣等东洋民族"之言时,我们当能理解他那种"恨铁不成钢"的急切心理。毕竟,他是在"恶斗死、宁忍辱"(主要是"宁忍辱")的前提下咒骂"高谈"者的。言下之意,"高谈"事小,如果是在"恶侮辱、宁斗死"的前提下高谈,又有何不妥? 不言而喻,这种说法也只能适用于"五四"之前的中国尚武境况。

综上,"五四"新文化运动里的尚武倾向是一个值得注意的历史事实。也许,在文化群落尚武不易被人理解,也容易显得游离。可不能忽略的事实是,没有"五四"这样"文""武"并驰的运动,就很难发生历史上已经出现的奇迹。

---

①③ 陈独秀:《东西民族思想根本之差异》,《新青年》第1卷4号,1915年12月15日。

② 陈独秀:《今日之教育方针》,《新青年》第1卷2号,1915年10月15日。

第二章　人文与启蒙的张力(上)

一、"人道主义"的两副面孔——中国新文学内在气质的歧义

论及中国新文学的发生,"新青年派"同仁围绕《新青年》杂志所进行的一系列原创性工作为我们提供了确切的证词。这从《中国新文学大系·建设理论集》和《中国新文学大系·文学论争集》中可以略见一斑。洋洋十卷本的"大系"不必一一列举,单说《建设理论集》所收录的关于文艺意识或说文学观念的定位目次,算起来就有 50 篇,而且这还是经过编纂者胡适精心遴选的。必须看到,关于中国新文学运动的发生、发展以及流变的资料编选,并不止一个版本。在每一种选本的背后,无疑都凝结着编选者独有的个性、气质与文化关怀。赵家璧主编的这套十卷本的新文学理论、作品选集和 1979 年以北京大学为首编选的《中国现代文学史参考资料》系列中的《文学运动史料选》构成了两个值得玩味、思考的文本。尽管后一个版本不包括作品,但在"原

初"意义上比较新文学诞生之初的内在气质却饶有情趣。① 值得注意的是,前者是当事人的"描述",后者则是后来者的"策划"。初观其貌,它们在主体资料的编选上还不曾出现大相径庭的体例。然而,若是解读内在的编选标准,我们却不难从作者、文章等资料(哪怕是些许的调整和删减)的安排中寻觅到内在纹理与气质的差异。不必讳言,中国现代文学研究领域迄今为止对此重视不够,即使是刚刚出版的《〈中国新文学大系〉研究》也没有给予必要的阐述。② 这,不能不说是现代文学研究的一个遗憾。

我们知道,中国现代文学的发生是伴随着"思想革命"而孕生的。新文学创生伊始,便在精神气质上有着明确的定位并呈现出鲜明的个性。以"新青年派"同仁为主体的文学运动的倡导者和制造者虽然在个人的游学经历、知识背景以及性情气质上有着种种主体性和客体性的歧向,但在文艺意识的观念定位上却是齐声呐喊、同气相求:"人道主义"构成了新文学"气运"的内在灵魂。这里,我们需要进一步追问的是:究竟中国新文学的"人道主义"是不是一个均质化的、透明性的概念? 如果存在着

---

① 赵家璧主编的《中国新文学大系》是由胡适、鲁迅、茅盾等编选的中国新文学运动1917—1927十年理论、作品的选集,全书十大卷。按建设理论、文学论争、小说、散文、诗歌、戏剧、史料索引分类编选。蔡元培作总序,这部文学总集1935—1936年由上海良友图书出版公司出版,上海文艺出版社1980年影印时又推出以文学社团资料的大系,并以"甲种"名之,以与赵家璧的"乙种"相区别。目前,该丛书已经成为中国新文学的经典文献。1979年,北京大学、北京师范大学等高校联袂编选了《中国现代文学史参考资料》(上海教育出版社出版),计有《文学运动史料选》、《短篇小说选》、《新诗选》、《散文选》、《独幕剧选》五种,其中《文学运动史料选》(5册)的第1册主要搜集了有关文学运动、文学论争的材料,与胡适编选的《中国新文学大系·建设理论集》形成了对比和呼应。

② 徐鹏绪等:《〈中国新文学大系〉研究》,社会科学文献出版社2007年5月版。

差异性和流动性,那么其主旨的歧化又是在何种意义上运作的?本文正是针对中国新文学人道主义诉求所呈现出的两副面孔,进行一次历史追溯,以此来把梳新文学发生之初气质的同构与异构,并通过后来对于新文学不同版本的演绎和描述,让20世纪文艺意识形态的原始基因得以清晰流布。

1. 同气相求:"人"的呼唤

如上所述,中国新文学的发生是"五四新文化运动"的产儿。这个产儿的孕育又是从酝酿新文化运动的元典《新青年》杂志怀胎的。诚如鲁迅在《小说二集·导言》中开宗明义说的那样:"凡是关心现代中国文学的人,谁都知道《新青年》是提倡'文学改良',后来更进一步而号召'文学革命'的发难者。"① "文学改良"和"文学革命"的言辞,分别是新文化领军人物胡适和陈独秀的基本态度,两位主将的哼哈互动将一场文学建设"理论"与文学观念的"论争"推到了历史的浪尖。对文学态度与观念的基本格局,笔者已经有过论述,不再赘言。② 这里,本文关注的重点还是"新青年派"同仁关于"人道主义"的同气相求以及背后的张力。

文学运动总是伴随着思想的启蒙潮流而动,在五四时期,"人"成为最富有历史激情的"发现",这里的"人"不再是蛰伏于传统礼教纲网中"为臣、为子、为妻"的附庸式、奴隶式的存在物,而是具有现代独立价值的"我"。郁达夫在《中国新文学大系·散文二集·导言》中曾说:"五四运动的最大的成功,第一要算

---

① 鲁迅:《中国新文学大系·小说二集·导言》,赵家璧主编《中国新文学大系·建设理论集》(《中国现代文学史资料丛书(乙种)》),上海良友图书公司1935—1936年出版,上海文艺出版社1980年影印本。

② 张宝明:《"文白不争"引发的历史悲情——从文化社会学的视角看现代性的两副面孔》,《学术界》2005年第2期;《中国社会科学文摘》2005年第4期转载。

'个人'的发见,从前的人,是为君而存在,为道而存在,为父母而存在,现在的人才晓得为自我而存在了。"可以说,"个人本位"成为五四同仁的同一首歌,在这一历史的主旋律下,陈独秀、胡适、李大钊、周作人纷纷登场同唱。对于显然源自西方人文主义思潮的"个人本位"思想,新文化运动的骨干们一开始就有着一拍即合、异口同声的默契。这种默契和共鸣反映在新文学运动中就是以"人道主义"思潮为主线的思想预设,这一主张在文字的具体表述中最具煽动性的当然首推周作人的"人的文学"。① 依次类推,便产生了这样几个需要剖析的问题:五四初期的"人道主义"的源头何在? 被"五四"思想家兼文学理论家舶来的"人道主义"移植到中国后发生了怎样的精神变异? 在众生喧哗的"人道主义"诉求中他们各自有着怎样的倚重和关怀?

我们看到,"五四"时期陈独秀的"个人本位主义"、胡适的"健全的个人主义"、周作人的"人间本位主义"、鲁迅的"个人的自大",都源自西方文艺复兴和启蒙运动这条线索下"人"的发现与诉求。"个人主义"的哲学思潮在"五四"新文化运动初期构成了时代的最强音。个人主体意识以前所未有的姿态占据了时代文学理论家和思想家的头脑。

Humanism 这就是人道主义的原版长相。舶来中国之后,它又有人本主义、人文主义、人性主义等不同的别号。其实,在西方,这也是一个至今也没有人能够成功地做出令别人满意的定义的词汇,因此,研究西方人文主义传统的英国学者阿伦·布洛克也慨叹这个名词"使得辞典和百科全书的编纂者伤透脑筋。"因此,他主张"不把人文主义当作一种思想派别或者哲学学说,

---

① 周作人:《人的文学》,选自赵家璧主编:《中国新文学大系·建设理论集》(《中国现代文学史资料丛书(乙种)》),上海良友图书公司1935—1936年出版,上海文艺出版社1980年影印本,第193页。

而是当作一种宽泛的倾向,一个思想和信仰的维度,一场持续不断的辩论。在这场辩论中,任何时候都会有非常不同的,有时是互相对立的观点出现,它们不是由一个统一的结构维系在一起的,而是由某些共同的假设和对于某些具有代表性的、因时而异的共同关心所维系在一起的。"①不难看出,尽管关于这一名词的定义充满了歧义与争吵,但这并非意味着它没有明确的源头和基本的精神指向。它来自拉丁文 humanitas,原指人道精神。追溯源头,可在公元前 100 多年的古罗马哲学家 M. T. 西塞罗那里找到根据:对人的才能发展具有宽容意义、对人的精神世界具有关怀意义,发扬那些纯粹属于人和人性的品质的途径等等。14 至 16 世纪,发源于意大利的文艺复兴将这种人文关怀精神发扬光大,具体说来就是肯定人的尊严、呵护人的个性、追求个人的幸福、坚守人间自由。一个以"人"为中心的现代性诉求一发而不可收,经过 18 世纪的启蒙运动,更一举演绎为席卷整个欧洲乃至世界的人文潮流。作为人道旗帜的"自由、平等、博爱"这些充满爱意的字眼激活并感动了世界至少"三分之二的受苦人"。这个思潮最容易为普天下的劳苦大众所欢迎,尤其是在中国这样一个拥有本本血泪账的"苦大仇深"之民族中。② 鉴于人道主义作为一种具有启蒙意义的思潮在反对封建意识形态的过程中举足轻重,因此它一开始就天然地受到了新文化运动始作俑者的欢迎和拥戴。一时间,人道主义成为文学革新运动中最为坚挺的主心骨,也是新文学家和思想先驱"言必称"的启蒙工具和理论武器。

就中国人道主义思想谱系的源头而言,解铃还须系铃人。

---

① 〔英〕阿伦·布洛克:《西方人文主义传统·绪论》,董乐山译:生活·读书·新知三联书店 1997 年版,第 2—3 页。
② 张宝明:《越位的人道主义:"五四"启蒙残缺性的再反思》,《文史哲》2002 年第 5 期。

既然舶来西方,那么还是以白皙人种的解释作为"据典"。西方研究人道主义哲学的大师拉蒙特这样引述爱德华的观点说:人道主义包容性极强,"它可以是早期人道主义者在希腊人中所发现的生活的合理平衡;它可以仅仅是对人文学科或纯文学的研究;它可以是伊丽莎白女王或本杰明·富兰克林一类的人物从宗教禁锢中的解脱和对生活的一切方面所表现的强烈的兴趣;它可以是莎士比亚或歌德一类人物对人类一切情感的描述;或者,它可以是一种以人为中心和准则的哲学,而自从16世纪以来,正是在最后这个捉摸不定的含义上,人道主义获得了它的可能是最重大的意义。"以此为基准,这位人道主义哲学家给出了一个比较全面而确切的定义:"如果要给20世纪的人道主义下一个简短的定义,那么可以说它是一种乐意为这个自然世界中一切人类的更大利益提供服务,提倡理性、科学和民主方法的哲学。虽然这一阐述有许多深刻的内涵,但它并不难把握。一般意义上的人道主义不仅仅是专业哲学家们的一种思想方式,而且也是企求过上幸福和有益的生活的普通人们的信经。"①结合这一明晰而全面的定义,人道主义可以概括为以下几点特征:首先是它的包容性和经典性,它是人类有史以来最为核心的文明之源;其次是它的广泛性和博爱性,它波及并惠泽每一个民族和每一个人;最后是理性和情感的统一性,这在人类文明发展史上尤为突出,它强调理性要给情感一定的空间并期冀把"情感从狭隘窄的、不合理的限制中解脱出来"。如果说这就是原旨意义上的人道主义思潮,那么就让我们回到历史现场,一起审视一下中国新文学发轫之际的"学术思想艺文的改造"(胡适语)的意识状态吧!

---

① 〔美〕科利斯·拉蒙特:《人道主义哲学》,贾高建等译:华夏出版社1990年版,第11页。

2. "人道主义"：新文学的筋骨

"五四",是一个呼唤"人"的时代。思想家、文学家、艺术家无不围绕这一中心以展雄风,后人对"五四"精神的总结也基本反映了这个时代强音,诸如"人的运动"、"人的觉醒"、"人的发现"等等,不一而足。亲历了"五四"的一代文学巨匠茅盾就曾这样概括他所经历的"五四"："人的发见,即发展个性,即个人主义,成为'五四'期新文学运动的主要目标,当时的文艺批评和创作都是有意识的或下意识的向着这个目标。"①的确,"人的发见"或说"个人主义"在新文学中找到了自己的位置。对此,我们不难从新文学发生之初气质的同构中窥见一斑。

我们看到,当时的知识群体无论是激进派还是自由派抑或保守派的模板,也无论是浪漫主义的文学主张还是现实主义(当时又称"自然主义"或"写实主义")的造型,他们一方面叙写颂扬着一个充溢着激情与感伤的伟大自我,另一方面又把道德感不约而同地归结到了"爱"与"同情"上,这即是梁实秋总结并得到夏志清认可的那句话："当时的现代中国文学'到处弥漫着抒情主义'和'人道主义'。"②但是,中国苦难的历史语境并没有给以"自我"为核心的"为艺术而艺术"留下太多余地,而赋予了"为人生的艺术"以更多的历史激情,于是,以"爱与同情"为底色的"人道主义"成为引领时代文学潮流并堪与宗教情怀比拟的超验正义。"五四"时代,"什么是新文学"构成了对每一位思想先驱和文学先驱的拷问。他们从西方文学中受到了启迪,同时又有很多的无奈和尴尬。毕竟,中国传统的文学缺乏宗教感,而新文学的选择要想另辟蹊径,那就非人道主义莫属。这个判断不但真

---

① 茅盾：《茅盾文艺杂论集》,上海人民出版社1981年版,第298页。
② 夏志清：《中国现代小说史》(上集),刘绍铭、李欧梵等译,复旦大学出版社2005年版,第13页。

实"可信",而且鲜活"可爱":"大体说来,中国现代文学是揭露黑暗,讽刺社会,维护人的尊严的人道主义文学。"①在这个意义上,将人道主义的情操置入新文学的骨髓并让其流淌在作家作品的血液中就显得的弥足珍贵。

在笔者看来,对人道主义倡导并非最早、也不属于引领型"主撰"的周作人,却是后来居上、独具慧眼的一位新文学精神的担纲者。他在《新青年》杂志上发表的《人的文学》一文,将新文学的"来龙去脉"给予了相当到位的描述。值得一提的是,文学革命时期的周作人在理想情怀和现实关怀上体现出强烈的人文精神。他这样说:"欧洲关于这'人'的真理的发见,第一次是在十五世纪,于是出了宗教改革与文艺复兴两个结果。第二次成了法国大革命,第三次大约便是欧战以后将来的未知事件了。女人与小儿的发见,却迟至十九世纪,才有萌芽。古来女人的位置,不过是男子的器具与奴隶。中古时代,教会里还曾讨论女子有无灵魂,算不算得一个人呢,小儿也只是父母的所有品,又不认他是一个未长成的人,却当他作具体而微的成人,因此又不知演了多少家庭的与教育的悲剧。自从 Froebel 与 Godwin 夫人以后,才有光明出现,到了现在,造成儿童学与女子问题这两个大研究,可望长出极好的结果来。中国讲到这类问题却须从头做起,人的问题,从来未经解决,女人小儿更不必说了,如今第一步先从人说起,生了四千余年,现在却还讲人的意义,从新要发见'人',去'辟人荒',也是可笑的事。但老了再学,总比不学该胜一筹罢。我们希望从文学上起首,提倡一点人道主义思想,便是这个意思。"周作人的立意还在于要"人"过上"理想生活":"使人人能享自由真实的幸福生活。这种'人的'理想生活,实行起来,

---

① 夏志清:《中国现代小说史》(上集),刘绍铭、李欧梵等译,复旦大学出版社 2005 年版,第 13 页。

实于世上的人,无一不利。富贵的人虽然觉得不免失了他的所谓尊严,但他们因此得从非人的生活里救出,成为完全的人,岂不是绝大的幸福么?这真可说是二十世纪的新福音了。只可惜知道的人还少,不能立地实行。所以我们要在文学上略略提倡,也稍尽我们爱人类的意思。"他的总结也颇为明了:"用这人道主义为本,对于人生诸问题,加以记录研究的文字,便谓之人的文学。"更为精妙的结论或说告白还在这里:

> 但现在还须说明,我所说的人道主义,并非世间所谓"悲天悯人"或"博施济众"的慈善主义,乃是一种个人主义的人间本位主义。这理由是,第一,人在人类中,正如森林中的一株树木。森林盛了,各树也都茂盛。但要森林盛,却仍非靠各树各自茂盛不可。第二,个人爱人类,就只为人类中有了我,与我相关的缘故。墨子说兼爱的理由,因为"己亦在人中,"便是最透彻的话。上文所谓利己而又利他,利他即是利己,正是这个意思。所以我说的人道主义,是从个人做起。要讲人道,爱人类,便须先使自己有人的资格,占得人的位置。耶稣说,"爱邻如己"。如不先知自爱,怎能"如己"的爱别人呢?至于无我的爱,纯粹的利他,我以为是不可能的。人为了所爱的人,或所信的主义,能够有献身的行为。若是割肉饲鹰,投身给饿虎吃,那是超人间的道德,不是人所能为的了。①

笔者之所以长篇累牍地引述,原因是要由此全方位观察周作人文艺观的风貌,以区别他与其他同仁的路径。

综上,周作人的人道主义文学观有以下三个基本特征:一是

---

① 周作人:《人的文学》,选自赵家璧主编:《中国新文学大系·建设理论集》(《中国现代文学史资料丛书(乙种)》),上海良友图书公司1935—1936年出版,上海文艺出版社1980年影印本,第193页。

周作人也和时代同仁一样,对"女人"与"小儿"格外关爱;二是这个"爱"是平等的"博爱",是"人人能享自由真实的幸福生活"的人文关怀,不是某一类人的,哪怕是最应该首先同情的弱者,诸如"女人与小儿";三是否定"慈善主义",不做垂直式的居高临下的施舍与同情,而是以平行式的人人自爱、人格各自独立的态度来达到爱人的人道目的。

在这一点上,五四时期的周氏兄弟有着惊人的相似。当时兄弟两人同时对日本白桦派领袖武者小路实笃的剧作《一个青年的梦》产生了浓厚的兴趣,1918年周作人在《新青年》4卷5号上发表了《读武者小路君所作〈一个青年的梦〉》,对之发出由衷的赞赏,而随后鲁迅也满怀着同样的感情翻译了这部在艺术上并非精美的作品,他们都透过艺术看到了其中的思想,令周氏兄弟共同心仪的是剧作中所表现出来的一种以"个人"为基准的人道主义情怀:"人人都是人类的相待,不是国家的相待,便可得永久和平,但这事'非从民众觉醒不可'。"①五四时期鲁迅以唐俟为笔名写的随感录处处散发着人道主义的气息:

  可是东方发白,人类向各族所要的是"人"……

    可是魔鬼手上,终有漏光的处所,掩不住光明:人之子醒了;他知道了人类间应有爱情;知道了从前一班少的老的所犯的罪恶;于是起了苦闷,张口发出这叫声。②

不过,鲁迅的内在气质和道德情怀决定了他的精神走向,使他更为深刻地同情弱小,而不是关爱"自我"。这种诉求的差异也决定了周氏兄弟最终的分道扬镳,鲁迅是在关爱弱小的人道主义同情中倾向了代表广大劳苦大众的无产阶级,而周作人则

---

① 周作人:《读武者小路实笃君作〈一个青年的梦〉》,《新青年》第4卷5号,1918年5月15日。

② 鲁迅:《随感录四十》,《鲁迅全集》(第1卷),人民文学出版社1981年版,第322页。

在越来越深的"自我"陷溺中走向利己主义,在国难当头的情况下提出"闭门读书"论,把"苟全性命于乱世"①当成了人生第一要紧的事,并最终落水附逆。

周作人的"个人主义的人间本位主义"其思想源头显然是日本白桦派的"新村的道德理想",周作人本人也是日本新村运动的倾情参与者和在中国的积极倡导者。他在"五四"时期所推崇的这种"个人主义的人间本位主义"对于"人的解放"这一伟大的历史课题确实起到了不可估量的作用,但是对于所包含的危险因子,胡适一开始就看出了端倪,并及时给予了批评与警示。胡适的《非个人主义的新生活》实际正是针对周作人当时大力提倡并力图付诸实践的"新村的生活"。胡适认为:"新村的人主张'完全发展自己个性',故是一种个人主义。他们要想跳出现社会去发展自己个性,故是一种独善的个人主义。"胡适并不主张中国的有志青年仿行这种个人主义的新生活,"因为这种生活是避世的,是避开社会的。这就是让步。这便不是奋斗。我们自然不应该提倡'暴力',但是非暴力的奋斗是不可少的。"②应该说胡适对于这种个人主义的精神走向的担心并非是多余的。

而在此之前,胡适所提倡的"健全的"个人主义为底色的人道主义实际与周作人所推崇的以个人为本位的人道主义,是有着时代的最大公约数的,但是在"个人与社会"关系上又存在着不可小觑的分歧。在《易卜生主义》中,虽然他借易卜生喊出了"世上最强有力的人就是那个最孤立的人"的口号,但他始终没有忘记"社会"。他说:"等到个人的个性都消灭了,等到自由独

---

① 周作人:《闭户读书论》,《周作人自编文集·永日集》,河北教育出版社2002年版,114页。
② 胡适:《非个人主义的新生活》,欧阳哲生编:《胡适文集》(2),北京大学出版社2013年版,第512页。

立的精神都完了,社会自身也没有生气了,也不会进步了。"① 即是说,社会的生存与发展是靠个人——有充分发展的个人来完成的;另一方面,个人如果不担"干系",就会失去赖以"发展个性"的社会基础。健全的个人是社会国家改良进步的"白血轮","社会"对保障"个人主义"又是至关重要的。为此,胡适将"救出自己"的意义归于"自利利他",并将"为我主义"和"利人主义"作了统一处理。从胡适这种"个人主义"之"健全"态度来看,他与周作人的人人平等、从个人做起、爱人类的人道主义思想有着同构性,但是正是在个人对待社会的责任上,使得胡适的人道主义较之周作人的呈现出更为"健康"的面相。他在《贞操问题》中的一段话颇能说明问题。他对男女之间的那点归为"贞操"的事情一视同仁,表现出纯正的人道主义的平行等格观念:

> 贞操不是个人的事,乃是人对人的事;不是一方面的事,乃是双方面的事。女子尊重男子的爱情,心思专一,不肯再爱别人,这就是贞操。贞操是一个"人"对别一个"人"的一种态度。因为如此,男子对于女子,也该有同等的态度。若男子不能照样还敬,他就是不配受这种贞操的待遇。

不难看出,在胡适那里,其"贞操观"与其一贯的"人人"本位、对"人人"人道的"健全个人主义"一脉相承:

> 我以为贞操是男女相待的一种态度,乃是双方交互的道德,不是偏于女子一方面的。由这个前提,便生出几条引申的意见:(一)男子对于女子,丈夫对于妻子,也应有贞操的态度。(二)男子做不贞操的行为,如嫖妓娶妾之类,社会上应该用对待不贞妇女的态度来对待他。(三)妇女对于无贞操的丈夫,没有守贞操的责任。(四)社会法律既不认嫖

---

① 胡适:《易卜生主义》,《新青年》第4卷6号,1918年6月15日。

妓纳妾为不道德,便不该褒扬女子的"节烈贞操"。①

由贞操问题论及男女关系的交互"相待",这就打破了以不平等的"垂直"态度呼吁平等的虚假之不健全"个人主义"或说人道主义观念。为此,我们也就不难理解胡适何以事隔多年还在《中国新文学大系·建设理论集》"导言"中那样长篇大论的绍介《人的文学》,并把它说成是"一篇最重要的宣言",而且在引述了大段文字后还意犹未尽地称赞说:"这是一篇最平实伟大的宣言。(他的详细节目,至今还值得细读。)周先生把我们那个时代所要提倡的种种文学内容,都包括在一个中心观念里,这个观念他叫做'人的文学'。他要用这一个观念来排斥中国一切'非人的文学'(他列举了十大类),来提倡'人的文学'。他所谓'人的文学',说来极平常,只是那些主张'人情以内,人力以内'的'人的道德'的文学。"②"个人解放"的时代,也成就了五四新文学人文关怀的道德底线——"严肃的人的态度",既以"爱我之心"书写着人的自然感性,同时又"爱人之心"表达着对于不幸的非人生活的愤怒与悲哀。

毋庸讳言,以五四时期的胡适、周作人以及鲁迅为代表的文艺传统为新文学的发展奠定了纯正、健全的精神导向,但同时也必须看到,要保持这种文学姿态"原极为难"(周作人语)。周作人用来说明中国古典文学的"人道"之难不幸言中了现代文学之难。

3. "人道"异化:两种谱系的衍生

承上所述,不光周作人的人道主义最终走向了一个死胡同,鲁迅的人道主义精神也经历了一个痛苦的转变。尤其对鲁迅

---

① 胡适:《贞操问题》,《新青年》第5卷1号,1918年7月15日。
② 胡适:《中国新文学大系·建设理论集导言》,赵家璧主编《中国新文学大系·建设理论集》(《中国现代文学史资料丛书(乙种)》),上海良友图书公司1935—1936年出版,上海文艺出版社1980年影印本。

"无治的个人主义"与人道主义的关系以及向"阶级的"人道主义的靠拢,学界已经有不少论述,①因此在这里我们关注的问题就不是这些转变的"比较"。应该说,五四时期以胡适、周作人(包括早期鲁迅)为一脉的人文(人道)主义思想谱系和五四另一批主将陈独秀、李大钊们的人道(人本)主义思想谱系的差异更吸引了我们的眼球。关键在于,这两副人道主义谱系的面孔不是靠后来的"抛弃——接受"模式能自圆其说的。② 在某种意义上,五四人道主义谱系的这两副面孔一开始就为知识背景所内在规定着,尽管表象上十分相像,但如果将关口前移,我们会清晰地看到:在"同一首歌"的主旋律背后,还有不尽相同的个性化"唱法"和"技巧"。及此,笔者立意的"中国新文学内在气质的歧义"的命题得以显现,这也就是上面所说的新文学发生之初气质的异构的纹理这一命题。

撇开鲁迅这一代表"新文化方向"(毛泽东语)的个案,回到历史现场,我们会在陈独秀、李大钊们与胡适、周作人们的人本主义视角中找到各自异化(相对于对方而言)的人道气质。

陈独秀的那段"个人本位"言论我们已经耳熟能详:"思想言论之自由,谋个性之发展也……国家利益、社会利益,名与个人主义相冲突,实以巩固个人利益为本因也。"进而,他掷地有声地

---

① 近年来,海内外的学术界对这一问题都不断有研究成果出现,最早而且较为专门的研究可参见邵伯周的《人道主义与中国现代文学》(上海远东出版社 1993 年版)

② 多年来,学术界对李大钊、陈独秀、鲁迅都是以抛弃自由主义、个人主义,接受马克思主义的"转变"作为价值判断来衡定历史人物,这就是我们常见的"抛弃—接受"模式。对鲁迅来说,鉴于他代表着"中国新文化的方向",所以这里不打算将其与胡适、周作人的"从一而终"作比较。作为激进派与自由派之间的"中间"人物,鲁迅处于"不变"与"善变"的中间地带,而激进派陈独秀、李大钊的"善变"以及胡适、周作人的"不变"则是我们考察并诠释命题的重点。

宣布："以个人本位主义,易家族本位主义。"①率直、爽快的个性使得他的"爱我所爱"自然就让人无所适从："予爱卢梭巴士特之法兰西,予尤爱虞哥左喇之法兰西;予爱康德赫克尔之德意志,予尤爱桂特郝卜特曼之德意志;予爱培根达尔文之英吉利,予尤爱狄铿士王尔德之英吉利。吾国文学界豪杰之士,有自负为中国之虞哥左喇桂特郝卜特曼狄铿士王尔德者乎?有不顾迂儒之毁誉,明目张胆以与十八妖魔宣战者乎?予愿拖四十二生的大炮,为之前驱!"②不论是哲学家、思想家还是文学家,不论是古代的近代的还是现代的,也不论适合不适合中国当时文学界,更不管其合不合乎自己倡导的新文艺旨归,一股脑儿地统统标榜起来,多少有些乱点"文艺谱"的味道。从以上的引述中我们不难看出,新文学的引领者所倡导的国民文学、写实文学、社会文学并不是那么严谨。原来,这里面有内隐的深层动机在作祟。《文学革命论》里开宗明义:"政治界虽经三次革命,而黑暗未尝稍减。其原因之小部分,则为三次革命,皆虎头蛇尾,未能充分以鲜血洗净旧污。其大部分,则为盘踞吾人精神界根深底固之伦理、道德、文学、艺术诸端,莫不黑幕层张,污垢深积,并此虎头蛇尾之革命而未有焉。此单独政治革命所以于吾之社会,不生若何变化,不收若何效果也。"③在这种功利化心态的背后,不但文学成为明目张胆的"工具","人道"中的"人"也潜隐着呼之欲出的"工具"指向。

---

① 陈独秀:《东西民族思想根本之差异》,《青年杂志》第1卷4号,1915年12月15日。
② 陈独秀:《文学革命论》,选自赵家璧主编:《中国新文学大系·建设理论集》(《中国现代文学史资料丛书(乙种)》),上海良友图书公司1935—1936年出版,上海文艺出版社1980年影印本,第47页。
③ 陈独秀:《文学革命论》,选自赵家璧主编:《中国新文学理论大系·建设理论集》(《中国现代文学史资料丛书(乙种)》),上海良友图书公司1935—1936年出版,上海文艺出版社1980年影印本,第44页。

既然"他们"那一部分上层的、贵族的、权势之人惨无人道、"黑幕层张","我们"这一部分下层的、平民的、弱势的群体就要起而抗争,而且是一种不惮于流血的暴力斗争。陈独秀的文学革命和思想启蒙的深层意愿就是要达成一种"行动的"政治目的,用"兽性主义"的教育方针荡涤畏葸苶弱的国民性,激发国民的铁血精神,从而以"上下对抗"的革命形式最终达到"洗净旧污"的历史目的。陈独秀要求经过思想启蒙洗礼的"新青年"应兼具"自主的""进步的""进取的""世界的""实利的""科学的"六种现代人格,起而运动国民,"用那最不和平的手段,将那顾全饭碗阻碍和平的武人、议员、政客扫荡一空不可。"①在"五四"运动爆发之前,陈独秀已从欧、美、日等政府对"社会革命"的未雨绸缪中受到鼓舞,并断言说:"中国的文武官……那里知道什么社会革命!他们那里听见什么贫民的哭声!……我想这可怜的哭声,早晚就要叫他们听见,叫他们注意,叫他们头痛,最后还要叫他们发出同样的哭声!"②按照这个逻辑,个人本位主义虽然还是人本主义,但"人本"就不是以人人为本,而是以部分人为本的同时把另一部分人打入冷宫。这种垂直式的单线思维正是日后以"阶级论"代替"人性论"的伏笔,20世纪30年代中国现代文学界的论争不能说与此毫无干系。

不言而喻,陈独秀在 Humanism 的意蕴里,独独偏向了以(一部人)人为本的人道主义一隅,俨然是一个同情底层、主持正义、讲求公平、打富济贫的救世英雄。一面是可怜人间苦难的救世心肠,一面是要打破这苦难的热血情怀。不难发现,以阶级斗争为底色的"怨恨"主题在20世纪文学中频繁出现,不能不说与这种以"阶级"为分界的"爱恨情仇"息息相关。本来,人道主义

---

① 陈独秀:《随感录》,《每周评论》第19号,1919年4月27日。
② 陈独秀:《贫民的哭声》,《每周评论》第19号,1919年4月27日。

是以"爱""宽容""理解"为鹄的的,但是中国的文学却长久以来被阶级的怨恨所鼓荡着,正说明,无论是主动还是被动地生存其中的"人",为此所付出的历史代价也过于沉重了!

当"人以群分"(后来发展为"人以阶级分")的人道主义文学观念一步一步走向"可怜平民的哭声"的时候,尽管陈独秀以关心多数的情怀履行反对"军国主义和金力主义"的人道主义信念,但不容否认的是,这样的阶层或说阶级划分使得当时的文学不可能将"爱"均匀播撒到每一个角落,这也致使他所希望的世界上充满"友爱互助情谊"并追求"美的、善的、和平的、相爱互助的、劳动而愉快的、全社会幸福的"生活很快就会沦为泡沫。① 同样,作为陈独秀同志的李大钊介绍文豪托尔斯泰的时候,并不是因为他的文学艺术具有怎样的审美价值,而是因为托氏"为文字字皆含血泪"。② 他心目中的文豪之职能也是个个都像杰尔邦德士,"少年投笔,荷戈从军","洒一滴墨,使天地改观,山河易色者,文豪之本领也"③。他与陈独秀的"人道"一唱一和,就不是什么功利不功利了,而是不折不扣的极度膨胀型号的大功利。这个大功利的初衷还在于:先是"立人",一旦"人本"到位,那么这个"人本"后的"本人"就会将"人道"演绎为担当道义的"道人"。这种"化大众"的高高在上式的文学启蒙其实离"大众化"只有一步之遥。在这一意义上,"化大众"和"大众化"没有太多的本质性区别,在他们同情无产阶级、与平民为伍之际,启蒙者的身份实际也就变成了以宣传、号召、鼓动为能事的革命领导者了。

---

① 陈独秀:《本志宣言》,《新青年》第7卷1号,1919年12月1日。
② 李大钊:《介绍哲人托尔斯泰》,《李大钊全集》(二),河北教育出版社1999版,第374页。
③ 李大钊:《文豪》,《李大钊全集》(一),河北教育出版社1999版,第638页。

陈独秀、李大钊等实际在很大程度上正是站在启蒙的立场来动员国民的。无论是思想革命还是文学革命，都离不开平民的社会革命视野。质而言之，这个平民视野还是以人道主义谱系为内核的。在李大钊看来："无论是文学，是戏曲，是诗歌，是标语，若不导以平民主义的旗帜，他们决不能传播于现在的社会，决不能得群众的讴歌。"①从《新青年》创刊号上对"德莫克拉西"的零星鼓吹，到李大钊的集大成，一时间"平民主义"成为一切革命性启蒙运动的出发点和归宿点。青年毛泽东在《湘江评论》的创刊号上也模模糊糊地将"德莫克拉西"做了三重诠释："平民主义"又译"民本主义、民主主义、庶民主义"。② 由此可见，平民主义在当时不但深入人心，而且与人道主义环环相扣。李大钊以"人道的钟声响了"为俄罗斯革命张目，其思想根源也不外乎苏维埃式的："且其人道主义之精神，入人之深，世无伦比。数十年来，文豪辈出，各以其人道的社会的文学，与其专擅之宗教政治制度相搏战。"③在《俄罗斯文学与革命》中，他更为率直地谈论介绍其文学的原因："一为社会的色彩之浓厚；一为人道主义之发达。二者皆足以加增革命潮流之势，而为其胚胎酝酿之主因。"④这篇稿件之所以为胡适所压，主要原因还在于他们对人道主义的表意内蕴着理解的龃龉与抵牾。这种人道主义的龃龉与抵牾也体现在李大钊与周作人对于俄罗斯文学的不同理解或者取向上。同是倾心于俄罗斯的人道主义文学，李大

---

① 李大钊：《平民主义》，《李大钊全集》（四），河北教育出版社1999年版，第148页。

② 毛泽东：《〈湘江评论〉创刊宣言》，《湘江评论》创刊号，1919年7月14日。

③ 李大钊：《法俄革命之比较观》，《李大钊全集》编委会编：《李大钊全集》（三），河北教育出版社1999年版，第56页。

④ 李大钊：《俄罗斯文学与革命》，《李大钊全集》编委会编：《李大钊全集》（三），河北教育出版社1999年版，第118页。

钊和周作人从中所抽绎出来的人道主义却有极大的不同。李大钊所看重的是俄罗斯文学的社会革命性或说革命鼓动性,而周作人所心仪的是俄罗斯文学以"人"的态度同情弱小的气质,以及由此与中国文学所造成的"爱"与"恨"的本质性差别。周作人在《新青年》4卷1号中翻译了英人W. B. Tritcs著的《陀思妥夫斯奇之小说》("陀思妥夫斯奇"今译陀思妥耶夫斯基),对其思想及其文学创作特征进行了较为全面的介绍,陀氏最大的本领同时也是他给人最深刻的感动在于"他写出一个人物,无论如何堕落,如何无耻,但总能令读者看了叹道,'他是我的兄弟'"①。这种"爱与同情"并非是居高临下的"悲悯",而是一种灵魂平等的人类之爱。在周作人看来,俄国(包括波兰)作家的作品,有一个共同的基调,那就是浓厚的"人道主义"色彩,这是以托尔斯泰为代表的"人生的艺术"和以陀思妥夫斯奇为代表的对于"被侮辱与损害者"的深切的爱与同情,即使在Andrejev这样被人称为神秘派或颓废派作家的文章中,这种浓厚的人道主义色彩也丝毫没有减弱,周作人认为"这是俄国的特性,与别国不同的"②。而这样的文学,正是中国历来所缺乏的。尽管中国与俄国有着相似的历史进程和相似的文学背景,但是因为"特别的国情"而发生的国民精神的差异却最终导致了文学气质的大不同。周作人曾经详尽地比较了俄国与中国国民性的差异及由此氤氲而成的文学精神的不同:"俄国人所过的是困苦的生活,所以文学里自民歌以至诗文都含着一种阴暗悲哀的气味。但这个结果并不使他们养成憎恶怨恨或降服的心思,却只培养成了对于人类的爱与同情。他们也并非没有反抗,但这反抗也正由于爱与同情,并

---

① W. B. Tritcs著;周作人译:《陀思妥夫斯奇之小说》,《新青年》第4卷1号,1918年1月15日。

② 周作人:《齿痛·译后记》,《新青年》第7卷1号,1919年12月1日。

不是因为个人的不平。俄国的文人都爱那些'被侮辱与被损害的人'……中国的生活上的苦痛,在文艺上只引起两种影响,一是赏玩,一是怨恨。喜欢表现残酷的情景那种病理的倾向,在被迫害的国如俄国波兰的文学中,原来也是常有的事,但中国的多是一种玩世的态度,这是民族衰老,习于苦痛的征候……俄国文人努力在湿漉漉的抹布中间,寻出他的永久的人性,中国容易一笔抹杀,将兵或官僚认作特殊的族类,这样夸张的类型的描写,固然很受旧剧、旧小说的影响,但一方面也是由于思想狭隘与专制的缘故。"而于这些广博的"人道主义"所笼罩下的文学中,周作人又特别选择了那些兼具理想主义色彩的"温暖"的作品做了大量译介,这便是对于"善"——爱、真理、正直与公道的向往,让人在灰色的人生中感到希望,看到光明,这也是周作人不断在"译者附记"中提到的"理想的写实派的文学",他把近代的俄国文学特色概括为"社会的、人生的"艺术,并期盼着中国将来也有这样的"新文学"发生,由此更进一步希望文学能对中国的思想现状起到变革的作用:"因这文学的影响又同时的使这背景逐渐变化过去。"①对于俄国的"社会的人生的艺术"的译介,显然是对中国已经萌芽的新文学气质的一种期待。这种期待以"你——我"之间平等的"爱"而非以"我——他"之间的"恨"为底色。

李大钊的"启蒙——革命"立场尽管不为胡适、周作人们所首肯,但却与主撰陈独秀心有灵犀。不难发现,陈独秀的"惟民主义""兽性主义"等教育方针,②也是与其在《文学革命论》中所说的"革新文学革新政治"密不可分的。正是有了这样的呼应与

---

① 周作人:《文学上的俄国与中国》,《新青年》第8卷5号,1921年1月1日。

② 陈独秀:《今日之教育方针》,《青年杂志》第1卷2号,1915年10月15日。

互动,中国新文学的启蒙特点才有了另一种更为鲜明的精神气质!正如我们所看到的那样,中国新文学发端期的文学精品多为译著,而且以被压迫民族和富于反抗的民族为主,这也是主撰(主编)引领的结果。以《新青年》这个提倡文学革命的大本营为例,俄罗斯和北欧以及其他弱小国家或地区的文学作品占据了译介中的百分之九十以上。这绝对不是什么巧合,在很大程度上,俄罗斯人道主义文学的革命性、北欧弱小民族的反抗性都令作为思想家和文学家的"五四"先驱心仪不已,于是文学的陶冶性为工具性所取代,情意绵绵的(博)"爱"为愤愤不平的(仇)"恨"所渗透。这正是孕生于苦难深重的历史语境中的20世纪中国文学的一种宿命。可回眸新文学当年的预设以及当下的文学格局,不能不说我们的反思还是有一定的现实性和针对性的。

固然,胡适、周作人们与陈独秀、李大钊们的人道情怀都深藏浓厚的人文关怀,但这不是本文讨论的重点。问题的根本在于,胡适们是以文艺复兴以来的人文主义的思想基础从事新文化、新文学运动的,而陈独秀们则力图以开启了革命机关的启蒙哲学谱系开创一个新文化、新文学乃至新时代。需要指出的是,胡适们的人文情怀并不是站在"君临"的态度上指导下层民众去"打富济贫",而是以一种自觉的形式在机会均等的秩序中获得"自我",这也是后来他在"问题与主义之争"中与李大钊反复论争的焦点之一。在胡适那里,"问题"一直是真正的关怀,是要帮助下层民众解决一个一个的问题,不是来一个概念上的抽象的(主义)"运动"。他说:"一方面,无形之中养成一种阶级仇恨心,不但使劳动者认定资本家为不能并立的仇敌,并且使许多资本家也觉劳动者真是一种敌人。这种仇恨心的结果,使社会上本来应该互助而且可以互助的两大势力,成为两座对垒的敌营,使许多建设的救济方法成为不可能,使社会上演出许多本不须有的惨剧。"①在胡适看来,这样异化而来的人道主义乃是最大的非人道。胡适的思想谱系用在新文学建设上是一种"授之以鱼不如授之以渔"的思维,恰与周作人的所提倡的"平民文学"走到了一起:

> 平民文学决不是慈善主义的文学。在现在平民时代,所有的人都只应守着自立与互助两种道德,没有什么叫慈善。慈善这句话,乃是富贵人对贫贱人所说,正同皇帝的行仁政一样,是一种极侮辱人类的话。平民文学所说,近在研究全体的人的生活,如何能够改进,到正当的方向,决不是说施粥施棉衣的事。平民的文学者,见了一个乞丐,决不是单给他一个铜子,便安心走过。捉住了一个贼,也决不是单给他一元钞票放了,便安心睡下。他照常未必给一个铜子或一元钞票,但他有他心里的苦闷,来酬付他受苦或为非的同类的人,他所注意的,不单是这一人缺一个铜子或一元钞票的事,乃是对于他自己的与共同的人类的运命。他们用一个铜子或用一元钞票赎得心的苦闷的人,已经错了。他们用一个铜子或一元钞票,买得心的快乐的人,更是不足道了。伪善的慈善主义,根本里全藏着傲慢与私利,与平民文学的精神,绝对不能相容,所以也非排除不可。②

在周作人看来,人道主义是"全体的人的生活",不是哪一类、哪一部分人或哪几个人或多数人的生活;人道主义不是"慈善主义","慈善"形式的人道只是"一种极侮辱人类的话";真正的人道主义与居高临下、替民做主的知者、智者、能者姿态无关,

---

① 胡适:《四论问题与主义》,《每周评论》第 37 号,1919 年 8 月 31 日。

② 周作人:《平民文学》,选自赵家璧主编《中国新文学大系·建设理论集》(《中国现代文学史资料丛书(乙种)》),上海良友图书公司 1935—1936 年出版,上海文艺出版社 1980 年影印本,第 212 页。

那种施舍式的"慈善"是一种反人道的"傲慢与私利",是一种"伪善"的人道主义。一言以蔽之,他们的这种人道情怀即是英国学者 Susan Daruvala 所总结并解读出来的意念:"人的胸怀应容得下整个人类,不必区分中外。"①正是这种"大人类"的价值判断为周作人日后的流变埋下了伏笔。

如同内容决定形式一样,思想谱系决定文学气质,两副面孔下的人道主义文学也在歧义中分道扬镳。

4. 两副面孔:寻绎 20 世纪文艺意识形态的原始基因

如果说中国新文学的诞生是一个重要的精神事件,那么围绕这一精神事件,文学史研究者所要做的工作就是要竭尽全力令其还原历史发生的真相,以便在"再现过去"的意义上"观照现在",更"映照未来"。走进新文学的博物馆,笔者首先想到的不是当年的文学理论家和作家是怎样"共同"作战的,我更关心的是他们是怎样在共同的名义下把自己的个性化文学观念"借助"《新青年》这类平台"施展"出来的。也许这也是笔者业已习惯的"问题意识"吧!② 关于新文学先驱的一切,我们无法完全走进那个"现场":刀光剑影已经暗淡,鼓角铮鸣已经远去,留下的是一串串熟悉的姓名。

历史的脚印何处寻?换句话说,除却原始文字,人道主义文学两副面孔的流布在哪里还能得到求证?围绕这个以人道主义关怀为旨归的精神事件,笔者有两个问题需要说明。一是当事人与后来者(另一种意义上的当事人)的外延式佐证;一是关于人道主义文学的全盘反思。

首先,一个事件,两个版本。其实,这里说一个事件无可非

---

① Susan Daruvala, *Zhou Zuoren and an Alternative Chinese Response to Modernity*(Massachusetts: Harvad University Press,2000),204.

② 张宝明:《问题意识:在思想史与文学史的交叉点上》,《天津社会科学》2006 年第 1 期刊登;《新华文摘》2006 年第 9 期转载。

议,但是说两个版本就有点牵强。不过,这里只是说两个典型的版本而已。一个版本是赵家璧主编,1935年由上海良友图书出版公司出版的十卷本《中国新文学大系》;另一个版本是1979年北京大学为首编选、上海教育出版社出版的《中国现代文学史参考资料》中的《文学运动史料选》。对第一个版本中的《建设理论集》,我们看到的有50篇文章(不含《中国今后之文字问题》附胡适和陈独秀的答问),其中分为三大部分,即"历史的引子""发难时期的理论"和"发难后期的理论"。细分,第一大部分只有胡适自己一篇文章"逼上梁山",第二、三部分的49篇文章胡适占据19篇。这样50篇中胡适共有20篇,占40%。《新青年》的主撰陈独秀除却《文学革命论》外,还有《答胡适之》的回信,充其量只有一篇半。同仁中的钱玄同7篇,刘半农2篇,蔡元培1篇,不同意见者林琴南2篇,余下的则是多属"新青年"的后辈诸如傅斯年等。这里需要特别指出的是周作人,他的《人的文学》《思想革命》《平民文学》《日本近三十年小说之发达》,都是真知灼见、字字珠玑的文字。不难看出,胡适之外是钱玄同和周作人的文章居多,但细分之下,钱玄同的7篇中竟有书信3封,更为显眼的是,钱玄同的7篇中与胡适有关的就有4篇,它们分别是《寄胡适之》《答胡适之》《尝试集序》《中国今后之文字问题(附胡适答)》。应该说,胡适和周作人的文章才是货真价实的"建设理论"的纲领。这里,李大钊这样参与轮流编后记的《新青年》主干人物以及鲁迅这样显示了"文学革命实绩"的作者也不曾留下只言片语。在胡适自述当初赵家璧先生让其出任"建设理论集"的编纂而不能"推辞"时,他已经是胸有成竹的编选家了。不过,他在"导言"的开始就写出了这样虽属自谦但也符合历史实际的话:"中国新文学运动的历史,我们至今还不能有一种整个的叙述。为什么呢?第一,因为时间太逼近了,我们的记载与论断都免不了带着一点主观情感的成分,不容易得着客观的,严格的史的记录。"①胡适还是有先见之明的,"主观情感"不说,单就自说自话就有"老胡卖瓜"之嫌。不必讳言,这个版本上的文学思想谱系自然是"人人"式的人道主义。

对第二个版本,把"'五四'和第一次国内革命战争时期"分为若干部分,但毛泽东的《新民主主义论》《反对党八股》《论人民民主专政》,虽属"节录",但还是赫然入目。接下来的"五四新文化运动和文学革命"则是我们考察的重点,共有 34 篇。李大钊的《〈晨钟〉之使命》节录为首篇,加上《庶民的胜利》《Bolishevism 的胜利》《新旧思潮之激战》《再论问题与主义》《什么是新文学》《致胡适——关于〈新青年〉的一封信》,共 7 篇,占 25.2%。其他人物依次是,鲁迅 7 篇,胡适 4 篇,陈独秀、周作人、钱玄同、刘半农各 2 篇,蔡元培、瞿秋白、沈雁冰各 1 篇,反对派人物林纾 3 篇,其他人傅斯年等学生辈的文章若干。思想革命引领着文学革命的方向,李大钊的思想以独占鳌头的权威性言论被认定为纲领性意见,而他的文字正预见了这一"局部"(一部分人对一部分人人道或说一部分人比另一部分人更人道)人道主义的气运:"人道的警钟响了!自由的曙光现了!试看将来的环球,必是赤旗的世界!"②从局部的"桐叶"窥见了"天下惊秋",这就是远离了"五四"新文学运动又一版本的客观性。

的确,无论是自述承认主观性还是集体追求客观性,这已经显得是那样微不足道。从"文学革命"到"革命文学"再到"文学基于普遍人性"和"阶级性"等论争,这一路走来的新文学步履为本论提供了思想史的线索。

---

① 胡适:《中国新文学大系·建设理论集导言》,赵家璧主编《中国新文学大系·建设理论集》(《中国现代文学史资料丛书(乙种)》),上海良友图书公司 1935—1936 年出版,上海文艺出版社 1980 年影印本。

② 李大钊:《Bolishevism 的胜利》,《新青年》第 5 卷第 5 号,1918 年 11 月 15 日。

及此,我们不免要问,人道主义文学还有底气吗?回答是肯定的。尽管人道主义曾经被文学史家批评为廉价和浅薄,但我们还是应该看到只要人道主义的同情心不被过度使用,只要人道主义情感出自纯粹的爱心和道德感,那就不失为一种人类最为高尚的情操。尤其是在缺乏宗教情怀的国度,我们的人道情操为维护人类的尊严提供了价值判断。固然,人道主义的两副面孔可以在歧化中造就出"爱心"与"恨心",但这并不是我们拒绝人道主义的理由。"感伤的与科学的"的"人文原则"为我们暗示了路径。① 笔者是在一篇题为《越位的人道主义:"五四"启蒙残缺性的再反思》的文章中批评过人道主义的"残缺""越位""可怜",但那是在没有辨析清楚人道主义的两副面孔前的感喟。写下这篇文章是笔者希望人道主义在文学中得到原则性的承诺,我们需要的是真正的纯粹意义上"爱"的抒发的感叹。

当年,周作人在《人的文学》和《平民文学》两文的末尾同时呼吁在"举不出东西"的"近时"去"译述外国的著作,扩大读者的精神"并希望努力"翻译或造出几种有价值有生命的文学作品"。一个世纪过去了,现在的你我还在重复五四先驱们的话,未免稍嫌尴尬。看来,纯真的、求善的、诗意的人道主义文学还是不如我们想象的那样唾手可得!

二、越位的人道主义:"五四"启蒙残缺性的再反思

我曾在《思想史上的事故多发地段》中笼而统之地述说过这样一个不争的事实。近年来的阅读经历却使我不能不从五四出发进一步解读五四知识分子"带球越位"这么一个令我们诸君都感到尴尬的事实。毕竟,五四这一精神事件一直都是几代知识

---

① 美国《人文》杂志社编,多人译:《人文主义:全盘反思》,生活·读书·新知三联书店2003年版,第42—45页。

者的精神偶像。而这样一说出口,五四不是太煞风景了吗?尽管如此,笔者还是不能不说出事故的原委。笔者在这篇文字里依次所要讨论的问题是:为什么人道主义在20世纪20年代的中国成为独占鳌头的精神指归?人道主义与中国传统的"仁道"精神有何不同?人道主义在五四时期是怎样异化的?异化后的人道主义给中国社会带来了什么样的后果?

1. "人道主义"的兴起:历史与现实的催生

Humanism,这是典型意义上的人道主义。人道主义之所以在舶来中国后甚为中国知识界青睐,一个重要原因就是它与中国传统和现实有一种纠缠不清的"剪不断、理还乱"情结。

一是中国传统里从来就不乏与人道精神近似的人文情愫:民本。具体说来,民本思想在周朝就已经兴起。《尚书》里所记载的周武王的那个著名命题人们耳熟能详:"天视自我民视,天听自我民听。"①从此,将"天意"归结为"民意"的政治哲学理念产生。西周当时虽然处于奴隶社会,但民本思想的出现却散发出点滴的人文信念。《尚书》还有言曰:"民可近,不可下。民惟邦本,本固邦宁。"②就连充满文学色彩的《诗经》也如此载道曰:"天生烝民,有物有则。民之秉彝,好是懿德。"③春秋战国时期,民本思想在渴望通达的"士"那里迅速蔓延,尽管百家学说自成一家、众说纷纭,但在这一点上却几乎成为各家治国理念的"必要条件"。孔子将"务民"放在第一位,④孟子延续此理:"民为

---

① (清)阮元校刻:《尚书正义·卷十一》,《十三经注疏附校勘记》(上),中华书局1979年版,第181页。
② 同上,第156页。
③ (清)阮元校刻:《毛诗正义》,《十三经注疏附校勘记》(上),中华书局1979年版,第156页。
④ (清)阮元校刻:《论语注疏》,《十三经注疏附校勘记》(下),中华书局1980年版,第2477页。

贵,社稷次之,君为轻。"①老子直截了当地说:"圣人无常心,以百姓心为心。"②墨子则这样述说:"上之为政,得下之情则治,不得下之情则乱。"③诸如此类的民本思想在《国语》、《左传》、《战国策》里更是俯拾即是。而且在这些多记述国君大臣言行的语录中,民本思想的哲学理念已经化为国君的治国政治方略。以《战国策》里的"赵威后问齐使"为例,其中的"苟无民,何以有君"的无疑而问就已经把民本的政治哲学"化为绕指柔"了。④ 不难发现,古代思想家们的以民为本无非还是把"大众之人"的价值和作用看重。细说这个看重,又恰恰是从"仁"道的文化理念出发的。

  古代百家固然各是其是,自成一格,但在"仁"之意义上,应该说他们是"条条道路通罗马"。譬如孔子的视民为重是从"德治"和"仁政"的角度出发的:"为政以德,譬如北辰,居其所而众星共之。"⑤爱民胜于爱自己,这是孔子自己独到的政治主张,也是他所提供的治国方略。无论是"保民""裕民""爱民"从什么视角出发,他所倡导的"博施于民而能济众"都渗透着"仁者爱人"的人道精神。墨子的"兼爱"思想妇孺皆知,意味深长,但其道理却不越"博施与民"的人道之爱:"是故退睹其万民,饥即食之,寒即衣之,疾病侍养之,死丧葬埋之。"⑥悲天悯人、乐善好施,俨然一副人道的性情。孟轲十分自信地推行他的王道思想。其王道思想的核心也即是施仁政于民:"狗彘食人食而不知检,涂有饿

---

  ① (清)阮元校刻:《孟子注疏》,《十三经注疏附校勘记》(下),中华书局1980年版,第2774页。
  ② 朱谦之:《老子校释》,中华书局1984年版,第194页。
  ③ (清)孙诒让:《墨子闲诂》,中华书局1986年版,第90页。
  ④ 《文渊阁四库全书·战国策》406册,台北:商务印书馆,1996。
  ⑤ (清)阮元校刻:《论语注疏》,《十三经注疏附校勘记》(下),中华书局1980年版,第2461页。
  ⑥ (清)孙诒让:《墨子闲诂》,中华书局,1986年,第119页。

莩而不知发;人死,则曰:'非我也,岁也。'是何异于刺人而杀之,曰:'非我也,兵也?'"①这一段与梁惠王的对话说出的治国道理也还是:仁无止境。即使再"用心"也不能自我满足。老子曾义正词严地谴责统治者"以百姓为刍狗"的做法为"不仁"。尽管他是一位以退为进的"无为"哲人,但他却以自己聪明的才智看到了"爱民治国"的奥妙所在,为此他才有斗胆的底气:"治大国若烹小鲜"。

不言而喻,中国近代的知识分子与人道主义之所以有一种天然的亲和性,原因就在于在中国传统文化里有着与其似是而非的暧昧。

回头再看一看20世纪20年代前后的中国现实,答案也是明晰的。笔者以为,把中华民族称为一个多灾多难的民族并不过分,只要我们将中华民族放在人类文明进化的长河中考察比照就不难认识到这一点。尤其是世界历史的进程驰及近代后,中华儿女的命运就更是呈现出一副凄惨悲凉的图景。撇开"深受三重大山压迫"的政治术语,暂且不说饿莩遍野、民不聊生、饥寒交迫的形容,不论夏衍笔下充满血腥味道的有关"包身工"惨状的描述,有一句话可以充当我们的主题词:在世界上,我们的确可以称作那"三分之二受苦人"中的"二"字。人口众多、地大物博、命运坎坷,还有哪一个民族可以相比。一个民族在深受灾难的时候,最痛苦的要数那些生活在底层的生灵。20世纪中国民众的生存状态简直就是一块血书。这不能不令本来就有仁道情结的知识分子痛心疾首、捶胸顿足、拼命呐喊、为民请命。

在中国古代,政治哲学与人文信念从来就是暧昧不清的,而且"学而优则仕"传统更使"仕人"兼具了双重角色。在近代,当

---

① (清)阮元校刻:《孟子注疏》,《十三经注疏附校勘记》(下),中华书局1980年版,第2666页。

科举取士的道路终结后,知识分子对自己的定位愈加模糊起来。由此,传统之士的济世拯民心理就顺延了下来。从陶渊明、王维到范仲淹、顾炎武,忧患意识更多地在忧黎伤民的声声叹息中得以体现。元结有"我心与瀼人,岂有辱与荣"的诗句,①杜甫有"穷年忧黎元,叹息肠内热"的感喟,②李绅的《悯农》则把同情、怜悯的情感跃然纸上:"锄禾日当午,汗滴禾下土。谁知盘中餐,粒粒皆辛苦。"③时至近代的龚自珍,也是对屈原以来"哀民生之多艰"之掩涕叹息的继续:"我亦曾縻太仓粟,夜闻邪许泪滂沱。"④历史与现实的交织无法让社会的良心停止跳动。他们在民众日深的苦痛中不断寻求救世拯民的道路。梁启超如此,孙中山如此,参加过辛亥革命紧接着又发起新文化运动的蔡元培、陈独秀、李大钊更是如此。在历史的先觉看来,再也没有比拯救民众于水火的使命来得紧迫了。

"五四",就发生在这样一个历史的亲和与现实的迫切之中。急切的救亡心理、如焚的民族意识、声泪俱下的倒强扶弱感情,……人道主义的旗帜一时间"大风起兮云飞扬"。

2. 从"戊戌"到"五四":人道主义的递嬗

1915年9月,《新青年》杂志在上海创刊。尽管主编开篇就申宗明义:"批评时政,非其旨也。"但从其充满社会担当的潜台词里我们不难感受到浸染着忧患意识的人文关怀。

"位卑未敢忘忧国"。对国家与人民的深切关怀一直是跳动

---

① (唐)元结:《喻瀼溪乡旧游》,《文渊阁四库全书·次山集》1071册,商务印书馆1986年版。

② (唐)杜甫:《自京赴奉先县咏怀五百字》,《杜甫全集·卷四》,珠海出版社1996年版,第223页。

③ (唐)李绅:《悯农之二》,《唐诗新选》,湖北人民出版社1990年版,第99页。

④ (清)龚自珍:《乙亥杂诗》,《龚自珍全集》(下),中华书局1959年版,第517页。

在中华民族传统中具有悠久历史的主旋律。她在近代以来的演绎与传统有着"天成"的衔接：在忧患中萌芽，在求索中成长。千百年来的文化传统主题歌在这里同唱。"士不可以不弘毅，任重而道远"不断外化与衍生：民族的道义感、历史的使命感、个人的责任感化作了知识先驱千年不变的情怀：再大的风雨我们都经历过，只有中华民族的气节、责任、使命从来没断过！历代仁人志士的人文情愫从来都是伴随着深沉的忧患意识而迸发的。"五四"先驱的自尊正是在民族屈辱、国家尊严、同胞贫愚的现实基础上萌发的。人道主义思潮在这一时期的升温也正是近代以来传统情结与现实刺激双重变奏的结果。

应该说，近代以降人道主义的策源当从戊戌变法的改良伊始。康有为的"托古改制"更多的是从孔子的思想资源里挖潜"仁"与"爱"："学不外两端，为我、兼爱而已。"①在他看来，"孔子本仁，最重兼爱。"《大同书》的立论无非是博爱思想的进一步延伸："立法创教，令人有乐而无苦，善之善者也；能令人乐多苦少，善而未尽善者也。"其同时代人谭嗣同、严复、梁启超也不同程度地鼓吹起"自由、平等、博爱"的人道观念。不过，他们更多是在"博爱"上作文章。由于中国启蒙思想资源的自身贫血与匮乏，也由于中国传统文人与生俱来的相互依赖气质，他们人道主义理念里三个主要因素之位置加以置换就是可以理解的了：博爱、平等、自由。

思想启蒙先驱如此看重博爱，富有浓厚政治情怀的革命家也是将博爱当做了推销热点："博爱云者，为公爱而非私爱，即如'天下有饥者，由己饥之；天下有溺者，由己溺之'之意。"②然而，

---

① 康有为：《人我篇》，《康子内外篇》，中华书局1988年版，第21页。
② 孙中山：《军人教育精神》，《孙中山全集》（第6卷），中华书局1986年版，第22页。

我们的问题往往出在公与私、爱与恨的截然对立上。孙中山为了"博爱"可以"公"出自己,他的三民主义理论家朱执信将博爱进一步具体化,指出了"互助"的路径:"然而相爱这一事,总算是人生一件要紧的事。不特一个人对一个人是如此,就是一个民族对一个民族,也可以用相爱的精神,行互助的手段,免了国家间的轧倾……这个相爱的精神,就是国家间的人道主义。"①

省却中间烦琐的环节,时至"五四"的人道主义俨然是这一思潮的集大成。北大校长蔡元培、文科学长陈独秀、图书馆馆长李大钊身先士卒,一批文化思想精英立足北大、荟萃于《新青年》,于是一场人道主义的不清场演出高潮迭起。以思想界导师自居的陈独秀本着"造福人类"的博爱理念大谈特谈所谓的"人生真义":"个人生存的时候,当努力造成幸福,享受幸福,并且留在社会上,后来的人也能够享受。递相授受,以至无穷。"②从《新青年》创刊号上的关心国计民生到人道主义精神鼎沸,一心一意从事教育行政的蔡元培也按捺不住内心激动,辛亥革命时期的革命意识再度激活,他挥毫写下了"劳工神圣"四个大字!③如果说由同情下层民众的疾苦到崇尚民众在这里是知识分子的共同特点,那么李大钊的心路历程更值得关注。李大钊的仁道精神传统而古典不说,单就他的典型意义也算是人道主义在中国近代思想史上的一个有力注脚。他将人道置于互助与竞争的关系中考察:"人类应该相爱互助,可能依互助而生存,而进化;不可依战争而生存,不能依战争而进化。"先驱的远大理想建立在仁爱的基础上:"这基础就是协合、友谊、互助、博爱的精神。

---

① 张延华、冯东红选注:《睡的人醒了——朱执信集》,辽宁人民出版社1994年版,第5页。
② 陈独秀:《人生真义》,《新青年》第4卷2号,1918年2月15日。
③ 蔡元培:《劳工神圣》,《新青年》第5卷5号,1918年10月15日。

就是把家族的精神推及于四海,推及于人类全体的生活的精神。"①本来,我们传统的文化要素就不乏"四海之内皆兄弟"的情结。更何况本着"让世界充满爱"的理想极其容易吊起常人的胃口呢?但是,毕竟现实世界并不如歌中唱的那样:"只要人人都献出一点爱,世界就变成美好的人间。"怎么办的问题依然摆在先驱者面前。博爱是理想,个性自由单靠"博爱"一事无成,于是在万般无奈的情况下,与人道精神背道而驰的事情眼看就要发生。原来,人道主义的另一头已经等待已久、一触即发。

3. "仁道"与"人道":似是而非的暧昧

在分析中国式的人道主义为何走向自己的反面之前,我们有必要先回望传统仁道思想与西方舶来的人道主义各自质的规定性。作为一种政治学常识,中国传统的政治模式是一种典型意义上的伦理政治。政教合一在中国几千年的历史中一直占据统治地位。所谓的"教"在中国历史里可以理解为"德教""仁教""礼教"。这即是我们常说的道德的政治化。这种传统模式影响到了整个的社会生活。以我们今天讨论的论题而言,知识分子的人文关怀(无论是何"道")与政治哲学必须享有各自独立的空间,甚至保持必要的张力。换句话说"是在两股道上跑的车"。当然,两股道并不是说总是"井水不犯河水"。事实上,它们总是相互影响着、互动着的。

"学而优则仕"让知识分子在学问与仕宦的路径上不分彼此。人文关怀与学术主张总是和政治诉求打得难分难解。"入世",也就是"达",是知识分子的第一迫切愿望。而"穷"则是一个无奈的末路。这里我们看到,孔子一生没有仕宦职位不是他不愿意,而是没有被采纳。因此,他一生都疲于奔命,希望有一

---

① 李大钊:《阶级竞争与互助》,《李大钊文集》(下),人民出版社1984年版,第18页。

天"得道"。现实的他没有如愿以偿,他的学说却作为政治哲学被统治阶级一直沿袭着,可谓"传之后世"。这里我们多说了几句孔子,只是一个典型而已。在本质上,他们的学说无不是为统治者稳固自己的统治地位而设计的。孔子将德治、仁政统一在一起,是为了"修己以安百姓":"百姓足,君孰与不足?百姓不足,君孰与足?"①孟子的力劝梁惠王无非也是想让他拥有一个民富国强的局面,在安抚人心的过程中实现王道理想:"施仁政于民……仁者无敌,王请勿疑。"②老子之所以如此自信地提出"治大国若烹小鲜",原因就在于他看出了门道:"民不畏死,奈何以死惧之。"③

不必赘言,即使那些看似为民着想、以民为本之冠冕堂皇的民本思想也还只是着眼于社会、国家、群体,而不是什么个人的自由价值和个性发展。如果说真有什么价值的话,也不过是"个体"的自私自利价值——为君王一己的地位处心积虑。为民着想不过是鲁迅所说的"小青虫与细腰蜂"的关系:让老百姓不死不活,以更方便地奴隶之。以民为本不过是为民做主的代名词。直到今天,人民的包青天意识仍香火不断。"当官不为民做主,不如回家卖红薯"的格言在民间很有市场。被专家、学者奉为经典的"民为贵、君为轻"——民本思想之代表——"赵威后问齐使"里,民主就这样被我们后人简单地给阉割了。在"君"与"民"之间的关系颠了个个就万事大吉了,那民主真是来得太容易、太廉价了。这样脱胎出来的人道主义观念又怎能是人本主义的自由观念呢?由此,中国法治道路的漫长也就不难理解了。

---

① (清)阮元校刻:《论语注疏》,《十三经注疏附校勘记》(下),中华书局1980年版,第2503页。

② (清)阮元校刻:《孟子注疏》,《十三经注疏附校勘记》(下),中华书局1980年版,第2667页。

③ 朱谦之:《老子校释》,中华书局1984年版,第186页。

西方的人道主义理念是着眼于个人独立、个性自由的思想。它的目的是为保证个人权利而设计的。如果说中国式的人道主义注重的"仁道"在于"秩序",那么西方的人道主义的注重的"人道"则在于"自由"。换言之,西方的博爱等人道精神始终是与个人主义粘连在一起的。恰恰在这里,五四前后的先驱不曾把握好。尽管李大钊当时有《秩序与自由》一文出台,但似乎已经刹不住车了。

4. 真经难觅:传统情结的纠结

究竟先驱为什么会在人道主义的路段翻车?这是我们重点所要考察的内容。

众所周知,人道主义总是与启蒙思潮缠绵悱恻。西方文艺复兴、启蒙运动以来,人道主义成为占据核心地位的价值观念。20世纪中国人道主义兴起的历史也不例外。而在近代人道主义的兴起,其新鲜程度可以说令知识分子心旷神怡、如痴如醉。面对崭新的思想武器,知识分子的认识与理解都是极其浅薄的,远远没有植根于传统的仁道思想来得扎实可靠和得心应手。可以想见,在急需启蒙思想资源作为燃料,而思想武库里却几乎没有什么新式武器的匮乏状态下,他们只有依赖"近水楼台"就近取材。对人道主义精髓缺乏真切的体悟,势必如此。康有为的"博爱哲学"(梁启超语)与孔子的"仁"、墨子的"兼爱"直接挂钩,孙中山甚至提前将社会主义的博爱与传统衔接了起来:"我国古代,若尧、舜之博施济众,孔丘尚仁,墨翟兼爱,有近似博爱者也。"[①]蔡元培的言论时时把来自18世纪的自由、平等、博爱与传统的仁爱思想相提并论,甚至将禹、伊尹、孔子、孟子、张载等

---

① 孙中山:《在上海中国社会党的演说》,《孙中山全集》(第2卷),中华书局1982年版,第510页。

古代圣贤的"感思天下之苦"与"博爱"同日而语。①

五四主将们在反传统的同时也没有忘记从其深处打捞人道资源,由此足见传统情结的根深蒂固。我们发现,中国士大夫情结下的人道主义往往把其中的主音符偷换,比如人道主义的基本价值观本是个人主义,而来到中国后,个人主义渐渐消解在唯民主义的"虚构团体"里。唯民主义就是唯名主义。唯名论的要旨在于它把众多、群众、社会、家国这类缺乏独立意义、抽象虚指的名词当作了人类的中心。

究其个中原因,还是中国传统资源意蕴丰厚。必须看到,无论是来自士大夫治国的政治哲学理念还是与"达"无缘的文人墨客的人文信念,它们都在一个意义上忧国忧民。在很多情况下,即使是那些看起来"直接"忧民的文学作品,在终极意义上仍不过是在为国家、社稷忧心忡忡。继春秋战国的诸子百家的政治经营理念之后,一代又一代忠臣纷纷为君献计献策,董仲舒、王充、许衡……可谓人才辈出。可能,家喻户晓的要数唐代贤臣魏征关于"兴亡周期率"的进谏:"为君之道,必须先存百姓,若损百姓以奉其身,犹割股以啖腹,腹饱而身毙。"②还有更抢眼的说法:"君,舟也;人,水也。水能载舟,亦能覆舟。"③之后的黄宗羲、顾炎武、王夫之也在论述着同样的思想。"家事、国事、天下事,事事关心"不过是希望天下太平、民众乐业、君业不衰。

如果说以上这类知识分子的"安居乐业"是"达"的一种表现,那么"穷"的知识分子则在更鲜活的意义上述说着由同情下

---

① 蔡元培:《对于教育方针之意见》,高平叔编:《蔡元培教育论集》,湖南教育出版社1987年版,第42—48页。
② (唐)吴兢:《君道第一》,《贞观政要》,上海古籍出版社1978年版,第1页。
③ (唐)吴兢:《论政体》,《贞观政要》,上海古籍出版社1978年版,第16页。

层人民苦难的"仁道"转变为崇尚人民群众的"人道"。这个时候,知识分子容易走向自卑,从而在完全"人道"的情形下滑至最不"仁道"。

笔者以为,中国现代思想史上的民粹倾向以及理性翅膀的折断不在于那些"达子"("兼济天下"的那类),问题恰恰出在那些仕宦无门、失意忘形的知识分子身上。他们一旦贬职、流放就会在哭诉无门之中牢骚满腹,并以此寻找突破口。"同是天涯沦落人,相逢何必曾相识"的感喟成了千古追怀的咏叹调。① 是的,这是一笔富有人文关怀的精神财富。像范仲淹这样身居逆境的文人尚能"先天下之忧而忧,后天下之乐而乐",又怎能不"惊天地、泣鬼神"呢?陶渊明在失官后便放下了架子,与民间村夫打得火热。② 王维关心民瘼众疾,以及对"衣食父母"有一种情感上的亲和乃至欣赏:"田夫荷锄至,相见语依依。"③杜甫的"安得广厦千万间"乃千古名言,王禹偁在流放中曾自怨自艾地称呼自己为"冗散官",自己谴责自己是"峨冠蠹黔首"。④ 不难发现,知识分子不止是在怀才不遇时牢骚满腹,更重要的一层还有自卑自虐、自轻自贱的低人一等意识。试想,这样的民本不过是垂直式的"翻身"——先一次是在人上,后一次是在人下——又怎能取得民主自由的真经?

即使是后来的近代先驱也在梦呓般地重复着昨天的故事。以家国为中心的传统是中国士人难以割舍的情怀。与古代士人

---

① (唐)白居易:《琵琶行》,《白居易全集》,珠海出版社1986年版,第186页。

② (东晋)陶渊明:《归田园居》,《陶渊明集》,作家出版社1956年版,第35页。

③ (唐)王维:《渭川田家》,《王右丞集笺注》,中华书局1961年版,第37页。

④ (宋)王禹偁:《感流亡》,《全宋诗·卷59》,北京大学出版社1991年版,第661页。

不同的是,近代知识分子都处于边缘地位,不再有"士大夫"和"细酸"(穷措大)的区分。寄希望于科举取士的只能已经烟消云散。但是那种救世拯民的心理动因却荡漾于胸。墨翟的"万民多有勤苦冻馁,转死沟壑中者"①;庄周的"身在江海之上,心居乎魏阙之下"②;屈子的"长太息以掩涕兮,哀民生之多艰"③。到了唐宋时期的文学家那里,现实主义大手笔有"穷年忧黎元"④、"今愁古恨入丝竹"⑤的感喟,浪漫主义的诗人也不曾超脱和"浪漫":李白那"将登太行雪满山"⑥的人生感叹也无不包含着入世进取的济世情怀!顾炎武的"天下兴亡,匹夫有责"传诵到永远……历史上仁人志士书写的济世拯民、殷忧报国的悲壮颂歌一直萦绕于近代知识分子脑际。与李大钊的"桐叶落而天下惊秋,听鹃声而知气运"⑦时代呼声相辉映,文学界的鲁迅则从《一件小事》里受到了启发:"我这时突然感到一种异样的感觉,觉得他满身灰尘的后影,刹时高大了,而且愈走愈大。须仰视才见。而且他对于我,渐渐的又几乎变成一种威压,甚而至于要榨出皮袍下面藏着的'小'来。"⑧从"人力车夫"被同情到人力车夫被歌颂,启蒙先驱的思想感情在迅速发生着变化,而且是翻天覆地的

---

① (清)孙诒让:《墨子闲诂》,中华书局1986年版,第110页。
② 曹础基:《庄子浅注》,中华书局1982年版,第438页。
③ 蒋天枢:《楚辞校释》,上海古籍出版社1989年版,第20页。
④ (唐)杜甫:《自京赴奉先县咏怀五百字》,《杜甫全集·卷四》,珠海出版社1996年版,第223页。
⑤ (唐)白居易:《题灵岩诗》,《白居易全集》,珠海出版社1986年版,第372页。
⑥ (唐)李白:《行路难》,《李白全集》,珠海出版社1996年版,第145页。
⑦ 李大钊:《法俄革命之比较观》,《李大钊文集》(上),人民出版社1984年版,第575页。
⑧ 鲁迅:《一件小事》,《鲁迅全集》(第1卷),人民文学出版社1981年版,第459页。

变化。这"异样"的感觉就是对另一个"不异样"感觉的否定。另一位文学大师郭沫若则在浪漫的激情中走过了头:"想去跪在他的面前,叫他一声'我的爹'",乃至拜倒在他面前:"把他脚上的黄泥舔个干净。"①这个自卑情结已经到了不自重的地步。郁达夫的"陈二妹"不但有白居易"同是天涯沦落人"的同声相契,而且还有着"脑体倒挂"的自轻自贱倾向。②李大钊在《青年与农村》中的呐喊可以说达到了直白的高峰:"青年呵!速向农村去吧!日出而作,日入而息,耕田而食,凿井而饮。那些终年在田野工作的父老妇孺,都是你们的同心伴侣,那炊烟锄影、鸡犬相闻的境界,才是你们安身立命的地方呵!"③何以故?原来都市的生活"有许多罪恶",乡村的生活"光明一方面多","只要农村生活有了改进的效果,那社会组织就有进步了,那些掠夺农工、欺骗农民的强盗,就该销声匿迹了"。农村成了带有浓烈"乌托邦"色彩的地方。思想的"悔改"改出了可以"大有作为"的广阔天地。这预示着意志论影响下民粹倾向的来临。五四之后的知识分子常常遇到鲁迅的渺小感、无力感:"总之,思想一自由,能力要减少,民族就站不住,他的自身也站不住了!现在思想自由和生存还有冲突,这是知识阶级本身的缺点。"④承认这么一个事实,就不能不在"大众化"过程中实现自己的目标。时至30年代冰心的《分》、蹇先艾的《赶驮马的老人》都不同程度地流露出这一感觉。带着这一无力感、渺小感,加上深沉的忧患,为了祖

---

① 郭沫若:《西湖纪游·雷峰塔下》,《郭沫若全集·文学编》(第1卷),人民文学出版社1982年版,第165页。
② 郁达夫:《春风沉醉的晚上》,《郁达夫文集》,人民文学出版社1954年版,第61页。
③ 李大钊:《青年与农村》,《李大钊文集》(上),人民出版社1984年版,第651—652页。
④ 鲁迅:《关于知识阶级》,《鲁迅全集》(第8卷),人民文学出版社1981年版,第190页。

国和民族的利益,当然就会在必要的时候把"把自己当作泥土","让众人把你踩成一条道路"。① 40年代毛泽东在延安讲话之后,解放区小说里知识分子臭气熏天、劳苦大众香气袭人的迎合作品就司空见惯了。

由简单地将同情民众疾苦等同于人道主义,到进一步把人道主义的同情、慈善演绎成爱戴民众、崇尚下层,人道主义很快与民粹主义结成了近亲关系。

5. 滑向"民粹":人道主义的越位

回溯五四,具有开放意识的知识分子并不是没有认识到挣脱千年形成的政教合一之网络的必要性与可能性。陈独秀一度欲借助伦理与政治的剥离来加快中国的民主化进程。李大钊作过执意的努力,但好景不长,几乎是昙花一现:"举杯消愁愁更愁"。当时还是周作人认识的较为到位,也比较典型,因此我们摘录于下:"我所说的人道主义,并非所谓'悲天悯人'或'博施济众'的慈善主义,乃是一种个人主义的人间本位主义。"针对几千年来"人格"的丧失,他要重新发现"人"。重新发现人就是要一切"从个人做起"。② 然而诸如周作人这样清醒深刻的人士又有几个呢?这是历史的悲剧所在,也是民族的悲剧。时代需要思想家,而思想家却总是匆匆归去:"惜春长怕花开早"。从"天下为公"(孙中山)到"劳工神圣"(蔡元培),已经预示着一股适意民间大多数温暖的春风很快就会绿化满山遍野。

更为不幸的是,政治哲学理念不但没有在近代与人文信念顺利分离,反而如胶似漆、难分难舍。这种结合将启蒙者置于两难的尴尬境地:一方面化大众,另一方面又要大众化。

人道主义的越位在五四之后的知识分子身上体现得尤为分

---

① 鲁藜:《泥土》,《鲁藜诗选》,人民文学出版社1983年版,第3页。
② 周作人:《人的文学》,《新青年》第5卷6号,1918年12月15日。

明。十分明显的是,知识分子将人道主义通过博爱的中轴转向民粹主义。如上所述,人道主义的价值核心本是争取个性的自由与人格的独立。由于中国传统的"相互依赖"气质甚浓,因此在儒学注重"群"的意念里很容易把抽象的民众、群体、家国当做博爱的对象,于是中国的博爱、自由、平等的意念很难落实到具体的个人。① 而另一个悖论是,不但权利不能落定在个人,就是责任也追究不到个人。这也即是时下学术界讨论中国属于关系伦理(意图伦理)的热点问题(与责任伦理相对)。其实,中国的腐败猖獗,与关系伦理容易导致集体腐败、法人腐败息息相关。直到现在,我们可以为一桩桩、一件件冤假错案平反,但却很难找到一个真正的凶手。"文革"中杀害张志新的凶手是谁?逼死作家老舍的为何人?这些,将永远是中国文化特制的谜!难怪狂人在发狂后才敢说:"我也是吃人者。"鲁迅以狂人的姿态说出了清醒的语言:我们就生活在这样一个既是吃人者又是被吃者的历史长河里。

中国传统人文精神以"和"为要,"和为贵"的思想延续了几千年,"和"就可以把一切个性消泯。中国是一个最讲求"公"的国家,但又是一个最缺少"公共"精神的国家。自私自利之风日炽。中国还是一个最讲求"合作"精神的国度,但又是一个最没有合作精神与凝聚力的国度。相互依赖、相互推脱,"人人有责"往往是人人都不负责。人人有责任的说法弄得最后谁都没有责任。更为关键的是,人人之间不相互拆台就是好的。按照人道主义的个人本位原则,个人本位就是人人有权利享受生活,但与此同时:人人都有责任履行自己的义务。恰恰在这里,人道主义坐上了滑梯。在相信人民大众、依靠工农群众的崇尚意识里走

---

① 〔美〕墨子刻;颜世安等译:《摆脱困境——新儒学与中国政治文化的演进》,江苏人民出版社1996年版,第188—202页。

进了民粹天地。可以这样说,"唤起百万工农齐踊跃"也正是民粹倾向的进一步深化。

饶有情趣的是,中国近代人道主义与民粹倾向挂钩并不偶然。值得注意的是,人道主义借助"民粹"的支点,轻松转动社会主义倒是一个不折不扣的历史真实(当然这还牵涉到爱国主义、民族主义的命题)。

一个不容忽视的历史真实是:在李大钊、陈独秀等人接受社会主义政治哲学之前,他们是凭借着沾染中国传统气息的伦理型人道主义出山的。

这几乎是中国近代先驱的一个共性。如果陈独秀、李大钊、毛泽东之前同气相求的先哲赶上了这个时代,他们会一样地通过博爱、民粹的跳板激情飞跃,走上"人间正道"。国共第一次合作之所以不费周折、一拍即合,其根本原因就在于孙中山对博爱与社会主义关系的认同。孙中山大书特书"博爱"、大讲特讲"人道",而社会主义就最讲人道:"社会主义为人类谋幸福,普遍普及,地尽五洲,时历万世,蒸蒸芸芸,莫不被其泽惠。此社会主义之博爱,所以得博爱之精神者也。"①

至此,我们该推导一下博爱与社会主义的渊源关系了。博爱与社会主义并没有直接对话,它是通过"互助"这个媒介传导的。在先驱看来,互助就是博爱的体现与落实。在五四之前,朱执信即有触及。他把互助与博爱看成是"根于人道并体现人的本质"的要事。② 到了李大钊那里,则把博爱当做目的、理想,把"互助"看做了生存的"法则"。他说:"一切形式的社会主义的根萌,都纯粹是伦理的。协和与友谊,就是人类社会生活的普遍法

---

① 孙中山:《在上海中国社会党的演说》,《孙中山全集》(第2卷),中华书局1982年版,第510页。

② 张延华,冯东红选注:《睡的人醒了——朱执信集》,辽宁人民出版社1994年版,第5页。

则。"他接受卡尔·马克思的阶级斗争学说同样是出于伦理的爱心,因为:"在那人类历史的前史时代,互助的精神并未灭绝,但因有与互助相反的社会组织,他在世间,遂不断的被毁。人类的真历史开始以后,那自私自利的恶萌,也不敢说就全然灭尽。但是互助的社会组织既然实现,那互助精神的火光,可以烧他,使他不能发生。"①原来,主张阶级斗争的社会主义只是把它当做手段,一旦开花结果,互助精神焕发出的博爱就可以洒遍人世。正是这个原理作祟,所以无论是社会主义的互助还是无政府主义的互助、无论是马克思的互助还是克鲁泡特金式的互助都应运而生。

可以想见,在社会主义作为新潮立足中国之初,根基当然不是那么牢固。毕竟,翻译的资料有限、理解的力度不够都增加了传播社会主义的摩擦力。由此,思想先驱们又开始故伎重演,又回到"古久先生"账簿里查找瓦砾碎片,以期整合出崭新的"新时代""新纪元"。呜呼!社会主义再度与"国际"线路接轨:中国式的社会主义就要展现在马克思、恩格斯的面前。与孙中山当初为自己的民生主义"耕者有其田"的道理在古代找"说法"没有什么两样,陈独秀在接受社会主义的前几天还表情严肃、一本正经地谈论"社会经济的民治主义"与中国传统的关系。而且,他从过去狠狠批判国民性转变到很乐观地认为并相信社会民治主义在中国前途无量:"而且自古以来,就有许行的'并耕',孔子的'均无贫'种种高远理想;'限田'的讨论,是我们历史上很热闹的问题;'自食其力'是无人不知道的格言;因此可以证明我们的国民性里面,确实含着许多社会经济的民治主义的成分。我因为有这些理由,我相信政治的民治主义和社会经济的民治主义,将

---

① 李大钊:《阶级竞争与互助》,《李大钊文集》(下),人民出版社1984年版,第18页。

来都可以在中国大大地发展,所以我不灰心短气,所以我不抱悲观。"①其实,这里的什么社会、民治、主义等名词只是一个过渡带。陈独秀接受社会主义的预警信号已经拉响。缺少这样的博爱理念、互助模式的支撑平台,就断然没有后来真正社会主义内存的到来。

人道主义,很快湮没在社会主义的操作理念里,20世纪的思想先驱走上了一条逆人道主义而行的道路。这是他们无论如何在当初也不曾料到的。

这一切都源于那点可怜的爱!

三、"人"证:20世纪中国启蒙研究之再出发——以新青年派和学衡派为中心的考察

20世纪中国启蒙伴随着光荣与梦想、坎坷与沧桑走过了一百多年的历史。对启蒙的检视历来是思想史研究的焦点和热点,无论是前现代状态下的启蒙、还是辛亥革命前后的政治启蒙以及对五四时期文化启蒙抑或30年代新启蒙的回望,也还是对近30年来再度兴起的新启蒙、后启蒙的讨论以及反启蒙倾向的检视,都离不开对中国近代以来历史语境下的寻绎与言说。②审视当下对启蒙光谱的研究以及失语,笔者以为走进历史不能流于笔端或口惠。学术研究要"叶茂"就必须"根深"。因此置身于启蒙现场,从源头上把梳百年启蒙的纷纭纠结才是一次最为切实的思想探险。我们之所以选择新青年派和学衡派的启蒙理念作为考察的中心,是因为20世纪中国启蒙的谱系从这里成熟,双方从"文白"之争到"立人"之异,虽然错时但却对位,处处

---

① 陈独秀:《实行民治的基础》,《新青年》第7卷1号,1919年12月1日。
② 张宝明:《"新启蒙"与"后启蒙":两种启蒙话语系统对话的可能》,《江海学刊》2003年第4期。

彰显出先驱哲人的厚重和丰富。撇开文白之争的本末,搁置其间的"人"之想象或说"人"之寻绎的意义更是非同一般。可以这样说,这是一次思想史意义上见仁见智的论争。本文将文白之争中这样一个命题拉出来,其根本原因还在于两个文化阵营关于"人"的分庭抗礼。从人道主义与人文主义的对峙、自由意志与责任意识的颉颃、"人事之律"与"物质之律"的错位三个层次递进剖析百年中国两个文化流派的思想紧张,将为我们的启蒙思想史研究提供有力的见证。

1. 两种图谱:人道主义与人文主义的对峙

人类发展的历史就是一部人不断认识自我和自我实现的历史。我们耳熟能详的"'人的发现'是'五四'思想启蒙的显功"的说法,并不代表"五四"以前的中国历史没有"人"的存在,而是说与传统中国相比,对"人"现代意义的认识与诠释。当然,在这个诠释中,对人的现代性理解也并非铁板一块,我们仅从"Humanism"的译介来看,就有着"失之毫厘"的效果。近代尤其是20世纪以来,西方思潮携带而来的名词、概念如雨后春笋,新鲜撩人。而在这些新概念、新名词纷至沓来的同时,由于知识结构、文化背景、从学导师、思想渊源的不同,对同一个外来词的翻译包括其内涵的阐释都会有很大的不同。由于人文学科内涵的伸缩性和可塑性诸种原因,上至译名的对应、下至内容的同化,译者往往会朝着自己理解的方向去发挥。就我们论述的对象"Humanism"来说就有着"人道主义"和"人文主义""人本主义""人类主义"以及后来出现的"人类中心主义""人性主义"等等多种解释。时及"五四",通过新青年派与学衡派的各自诠释发挥,人道主义与人文主义成为其时"Humanism"两大主干译法,而新青年派与学衡派也依据"人道主义"与"人文主义"成为"五四"并峙的思想双峰。

回眸新青年派不难发现,"五四"新文化运动高潮迭起之际,陈独秀的"个人本位主义"、胡适的"健全的个人主义"、周作人的"人间本位主义"、鲁迅的"个人的自大"都是西方文艺复兴和启蒙运动这条线索下的"人"之发现与诉求。人道主义的哲学思潮在那一时段占据了思想的制高点，成为时代的最强音。个人主体意识以前所未有的姿态占据了时代文学理论家和思想家的头脑。而那个以"人"为中心的思想谱系，都不越人道主义的畛域。对此，评论家兼作家的当事人茅盾的概括足以让人信服："人的发现，即发展个性，即个人主义，成为'五四'期新文学运动的主要目标，当时的文艺批评和文艺创作都是有意识的或下意识的向着这个目标。"①当然在个"人"下面，"Individuality"呼之欲出，但这一切跃然纸上的个性后面却又是有一种厚重的底座为依托的。这个原汁原味的底座就是"Humanism"，这也是人道主义摄取或复制之底版。②

鉴于人道主义作为一种具有启蒙意义的思潮，政治上，建立"平民政治"，实行由"平民直接立法"，主持行政、立法、司法工作；经济上，"废止资本主义的生产，用一般民众，造出大家是劳动者，大家作了大家用的一个平等的经济组织"，教育上，实行"平民教育"，"把神圣的教育普及到一般神圣的平民身上"，文化

---

① 茅盾：《关于"创作"》，《茅盾文艺杂论集》（上集），上海人民出版社1981年版，第298页。
② 对于这一问题之来龙去脉的考察，有兴趣的读者可参见拙作《越位的人道主义："五四"启蒙残缺性的再反思》（《文史哲》2002年第5期）在这篇文章里，本人在文末提出了这样的观点："这一切都源于那点可怜的爱！"笔者之所以在这里论点重提，原因还在于我十年前撰写这篇文章时，还没有涉足学衡派诸君，而今天进入这块领地时，居然惊奇地发现，学衡派同仁当年对新派"同情"之人道主义钟情及其流变之担心并非杞人之忧。而这一流变也是当初新青年派同仁所不愿看到的。我们发现，20世纪思想史上很多思潮的初衷和结果都往往事与愿违，这样的错位原因纷纭繁杂。不容忽视的是，外来思潮的同化和异化不乏水土不服的因素。

上,推行社会主义,以解决"劳动问题、贫民问题、妇人问题"等,文学上,"推倒雕琢的阿谀的贵族文学,建设平易的抒情的国民文学","平民文学所说,近是在研究全体的人的生活","记载世间普通男女的悲欢成败"。① 他们相信,劳工的问题,或平民的问题,全系统治阶级对劳动者的剥削而引起的,基于这种民粹主义的人道主义一时间吹拂人间,波及了社会阶层的各个角落,新文学最初的创作实绩,如诗歌中的"人力车夫"主题以及鲁迅小说对民间苦痛的深刻揭示和温情关怀,都体现了这一价值取向。一方面是知识分子的"平民"崇信、"庶民"道德优越性的张扬与首肯;另一方面是民众的昏睡和启蒙者的极度失望。新青年派同仁就是在这一理想和现实的双重面相中承受着"人道"的煎熬。

回眸学衡派,1922年《学衡》的问世直抵对方的要害。是时,新青年派即将"散掉",同仁所依托的"金牌杂志"《新青年》也走到历史的尽头。撇开20世纪中国两个最为典型的激进与保守之流派不一而足的对峙,人道主义和人文主义这一"本是同根生"的"主义"却大相径庭、因"人"而异。我们看到,在双方极为自负的紧张中,他们同时走在了理性的钢丝上。

关于人道主义这一概念究竟是如何舶来以及是谁的中文版权,我们不欲考究。但是有一点可以肯定,在中国思想界,将"Humanism"一词翻译成"人文主义"的第一人当推学衡派的主将胡先骕。1922年,胡氏在批评胡适的《尝试集》中针对浪漫主义和写实主义文学发难,应由此引出白璧德"人文主义"思想的索引:"凡真正人文主义(Humanistic)方法之要素,必为执中于两极端。其执中也,不但须有有力之思维,且须有有力之自制,此

---

① 周作人:《平民文学》,《每周评论》第5号,1919年1月19日。

所以真正之人文主义家,从来稀见也。"①这是人文主义的标准,也是白璧德的"先生自道"。学衡派衡定并认可的艺术立身之"古典""中庸""中道""自制",带有一定的"发乎情止乎礼义"的"收放自如"之规训。这也是他们与浪漫主义、自然主义、科学主义、印象主义势不两立的根本原因。乍看起来,浪漫主义和自然主义本是两股道上的舟车,学衡派根本不可能将其相提并论,但他们还是敏感地按导师白璧德的思想谱系予以了充分的提防和规避。在守成者那里,自制、规训和收敛的"中庸之道"才是人类应该坚守的正宗的人文主义传统。真正的人文主义应该是由无差别对待同情而来的泛爱式人道主义,可是西方近代以来的文艺复兴和启蒙运动却走了偏锋。以卢梭为代表的浪漫主义和以培根为代表的自然主义是人道主义跑偏的两个典型支流。过分的信仰理性和科学的能力,唯有"功利"多壮志,以致纵情张扬、放任无序、道德沦丧、物化麻木这些工业社会的后遗症隐隐作痛,因此当务之急应该以人文主义之道,通过修身、克己、复礼、内敛等"古典"(Classicism)之策行人类文明之路。

我们看到,《学衡》诸君之所以集中思想火力猛攻《新青年》上散布的"谬陋",根本原因还在于他们受到了美国人文主义大师白璧德的启蒙。而这个深受学衡派诸君追捧的学者,由于是属于保守主义阵营的思想者,因此其名头在中国大陆远远不如卢梭、培根、杜威等人物那样声名远扬。中国思想界、文化界的"水土"似乎一开始就"不服"其人,其追随者"学衡派"的命运也对此作出了残酷的旁注。只是近年来随着学术界对激进主义和保守主义言说的需要,学衡派及其宗师白璧德才偶尔露出隐匿百年的峥嵘。欧文·白璧德从1894年起担任美国哈佛大学人文学教授,以其独树一帜的思想谱系获得了美国评论家、人文主

---

① 胡先骕:《评〈尝试集〉》(续),《学衡》第2期,1922年2月。

义（也称新人文主义）文学批评领袖的地位。与文艺复兴和启蒙运动以来，西方世界一味强调从神权走出来的个人应有张扬的个性、自由的灵魂不同，白璧德认为失去教会的钳制，从神学的禁欲缧绁下解放出来的"人"固然符合人文主义的原则，但不可毫无节制地自由、张扬和放纵。

与启蒙运动以来影响力最大的卢梭之浪漫主义及培根等人的自然主义、科学主义的倡导相对立，他过多地看到了卢梭"因为我感觉对，所以才对"的极端逻辑。如果说神权下的感觉之神学逻辑"因为对，所以我感觉对"是一种愚昧、麻木、窒息个人的枷锁，属于极端的专制主义和集权主义，那么卢梭等人的自由和解放逻辑也就属于另一极：极端的个人主义和过度放纵的浪漫主义。这种没有规训、缺乏约束的浪漫主义和人道主义很容易走向盲目的乐观、狂妄的自大、致命的自负。在白璧德看来，这属于典型的缺少群体意识、只顾个人权利、看轻社会责任的行为主义。而拯救这一偏执的办法也就是以正宗的古典主义精神来化解、消泯这个极致，走一条稳重、安息、中庸的人文幽径。这个幽径的意义在于与卢梭之辈放纵、猖狂、骄嚣、发散的扩张特征相抗衡。以自律、克制、收敛的规训特点为正宗的人文主义张目。进一步说，白璧德的思想核心是多担负责任，而卢梭们则把个人的"地盘"扩容多了些。这也是学衡派对极端的个人主义和放纵的浪漫主义不敢恭维的原因。由此，《学衡》杂志上对《新青年》的易卜生主义的微词、柏格森唯意志论的不屑也顺理成章了。加之白璧德主张的人文主义内涵里有很多对中国儒家传统的"仁"道的认同，因此这些学贯中西的"学衡"巨子很容易找到一种久违了的归属感，尤其是对那些身居国外的游子来说，浮萍般的感觉很想在顷刻间找到可以归依的深厚积淀，白璧德的中国学生梅光迪、吴宓、汤用彤、林语堂、梁实秋等等一大批追随者莫不如是，他们的中国文化传统情结终于在"彼岸"获得了难耐的"对接",因此他们的知识储备和思想武装在美国就已经就绪。箭在弦上,游子归心,当他们看到《新青年》上那激扬放浪的文字、乱点鸳鸯的文谱,还有"浅隘"、暴戾、霸气的话语,一种是可忍孰不可忍的情绪涌上心头,于是《学衡》错时但应运而生。

2. 何以"立人":自由意志与责任意识的颉颃

无论是新青年派在人道主义路径上对"Humanism"的极尽演绎,还是学衡派从人文主义维度对"Humanism"一再诠释,都是为了在思想启蒙中更好的"立人"。于是"立"什么人以及如何"立人"就成为问题的首选。康德对启蒙的诠释以及内隐着的立人理念是我们一直认同的经典:"启蒙运动就是人类脱离自己所加之于自己的不成熟状态。不成熟状态就是不经别人的引导,就对运用自己的理智无能为力。当其原因不在于缺乏理智,而在于不经别人的引导就缺乏勇气与决心去加以运用时,那么这种不成熟状态就是自己所加之于自己的了。Sapere aude! 要有勇气运用你自己的理智! 这就是启蒙运动的口号。"关键在于,这个原典还强调一直为学术界忽视的申述:启蒙的首要条件就是自由,而且真正的启蒙追求的并不单单是破除外在枷锁获得的"外在的自由",更为重要的是"摆脱了习惯的并被舆论所强化了的概念和思想方式的束缚"而获得的"内在的自由"。① 由于长久浸泡在传统三纲五常的诗书礼仪中,集体无意识已经将思维的惯性打牢。因此,激发自由意志来涤荡国民劣根就成为新青年派启蒙事件中一场独立高蹈的精神个案;与之对接的则是以提倡和张扬"个人本位"与个性解放为强音的思想诉求。如鲁

---

① 〔德〕康德著;何兆武译:《历史理性批判文集》,商务印书馆1990年版,第48页。

迅主张"任个人而排众数"①，以"个人的自大"来"对庸众宣战"。② 陈独秀强调以"个人利益"为中心的重要性："国家利益、社会利益，名与个人主义相冲突，实以巩固个人利益为本因。"③胡适高唱："个人须充分发达自己的才性；须要充分发展自己的个性。"④李亦民倡导"为我主义"，他号召青年："其速决汝大方针曰'为我'，以进于独立自主之途；其速定汝大目的曰'快乐'，以遂汝欲求意志。"⑤周作人也在同气相求的心理下义无反顾地举起了"个人本位"的大旗："我们相信人的一切生活本能，都是美的善的，应得完全满足。凡有违反人性不自然的习惯制度，都应该排斥改正。"⑥这里的逻辑就是，将人类已然状态抽尽，打扫出一块空白的起点，以此建立批判的基地，审视人类已经走过的道路是否都属必然。

"久在樊笼里，复得返自然"，然而现实并没有陶渊明描述得这样诗意浪漫。正如梁实秋所形容的那样"所谓新文学运动，处处要求扩张，要求解放，要求自由。到这时候，情感就如同铁笼里猛虎一般，不但把礼教的桎梏重重的打破，把监视情感的理性也扑倒了。"⑦如此这般，连个人自由的铁杆拥趸《新青年》主编也感慨万分："'教学者如扶醉人，扶得东来西又倒'。现在青年

---

① 鲁迅：《文化偏至论》，《鲁迅全集》（第1卷），人民文学出版社1981年版，第46页。
② 鲁迅：《随感录·三十八》，《新青年》5卷5号，1918年11月15日。
③ 陈独秀：《东西民族根本思想之差异》，《青年杂志》第1卷4号，1915年12月15日。
④ 胡适：《易卜生主义》，《新青年》第4卷6号，1918年6月15日。
⑤ 李亦民：《人生唯一之目的》，《青年杂志》第1卷2号，1915年10月15日。
⑥ 周作人：《人的文学》，《新青年》第5卷6号，1918年12月15日。
⑦ 梁实秋：《现代中国文学之浪漫的趋势》，徐静波编：《梁实秋批评文集》，珠海出版社1998年版，第40页。

底误解,也和醉人一般……你说婚姻要自由,他就专门把写情书寻异性朋友做日常重要的功课。你说要打破偶像,他就连学行值得崇拜的良师益友也蔑视了。你说学生要有自动的精神、自治的能力,他就不守规律、不受训练了。你说现在的政治法律不良,他就妄想废弃一切法律政治。你说要脱离家庭压制,他就抛弃年老无依的母亲……"①"启蒙自始至终的目标就是使人们摆脱恐惧,树立自主。但是这个彻底启蒙了的世界却笼罩在一片因胜利而招致的灾难之中。"②因为从世俗和宗教权威解放出来的人,犹如一头野兽,"在他能够适当运用他的自由之前必须加以驯化"。③学衡派并不是反对自由,他只是强调自由背后的责任问题,刘伯明曾指出:"今日吾国主新文化者,即法之百科全书派,今日之浪漫思潮,即德之理想主义运动也。其要求自由,而致意于文化之普及,藉促国民之自觉,而推翻压迫自由之制度……由是观之,新文化之运动,确有不可磨灭之价值。"但他随后提出自己的质疑:"第前之所谓自由,足以尽德谟克拉西之义蕴欤?抑仅为其初步,此外尚须有所附益欤?"他自问自答道:"自余观之,自由必与负责任合……仅有自由,谓之放肆,任意任情而行,无中心以相维相系,则分崩离析,而群体迸裂;仅负责任,而无自由,谓之屈服,此军国民之训练……",因此他呼吁人们"要自动的对于政治及社会生活负责任"④。看来,在这一问题上,新青年派与学衡派并无多大歧义。以胡适为例,他在五四初期将"个人自由"、"个人本位"的自由主义价值抬到至高无上地

---

① 陈独秀:《青年底误会》,《新青年》第9卷2号,1921年6月1日。
② 〔德〕霍克海默:《启蒙的概念》,曹卫东编选;渠东、付德根等译:《霍克海默集》,上海远东出版社2004年版,第43页。
③ 〔芬〕冯·赖特著;陈波编译:《知识之树》,生活·读书·新知三联书店2003年版,第95页。
④ 刘伯明:《共和国民之精神》,《学衡》第10期,1922年10月。

位的同时,也给出了抑制个人价值"最大化"的杠杆。他在阐述其"各个自己充分发展"的思想时,已经注意到了"自由"与"责任"的互动。他说:"发展个人的个性须要有两个条件。第一,须使个人有自由意志。第二,须使个人担干系,负责任。"①

毋庸讳言,学衡派与新青年派在自由与责任的问题上并没有太大的分歧。那么究竟学衡派何以如此抵触新青年派?两个知识群体所依据哲学谱系"内存"之质的规定性到底有什么歧义?

我们知道,学衡派一心一意要走白璧德坚守的人文主义路径。而这个路径恰恰与新青年派那林林总总的人道主义拼盘构成了一种虽有"重叠"但却难以"共识"的歧义与紧张。双方张力的生成一开始来自于他们早已了然于胸的"内存",吴宓在为白璧德《中西人文教育谈》写的译介语中说:"西洋近世物质之学大昌,而人生之道理遂晦……人不知所以为人之道。"②直到1929年,吴宓将郁积多年的块垒抒发。他这样揭秘新青年派与学衡派之分属的人道主义和人文主义的天壤之别:"人道主义主张兼爱。与人文主义 Humanism 之主张别择而注重修身克己者截然不同。"③这是作者在翻译中间以小字标出的一段"按语"。但就是这段按语简约而不简单,其中至少有两点值得我们品味其微言之大义所在:一个"别择"大有深意。这是点出了人道主义与人文主义"本是同根生"的"前世"。或者说它们是一个"知识之树"上发出的两个枝桠的"今生"。在如何抑制个人自由,如何负责任上,他们有着本质的不同。简单说,他们有着"以爱治欲"与"以理治欲"的天壤之别。

---

① 胡适:《易卜生主义》,《新青年》第4卷6号,1918年6月15日。
② 吴宓:《白璧德中西人文教育谈·按语》,《学衡》第3期,1922年3月。
③ 吴宓:《白璧德论今后诗之趋势》,《学衡》第72期,1929年9月。

新青年派的人道主义倡导博爱互助的思想,对整个人类富有同情心。由此,他们立人思想中常常在"个人"与"人类"的两极滑动。比如周作人倡导的"个人的人间本位主义",虽然其极力强调他的人道主义不是"世界所谓'悲天悯人'或'博施济众'的慈善主义",但彰显的却是以人类制衡个人的思想,正如他自己说的:"只承认大的方面有人类,小的方面有我,是真实的。"李大钊1919年7月那篇《我与世界》的全文录制如下:"我们现在所要求的,是个解放自由的我,和一个人人相爱的世界。介在我与世界中间的家国、阶级、族界,都是进化的阻障、生活的烦累,应该逐渐废除。"①这里我想用白璧德对卢梭思想的介绍来析解个人与人类之间的关系:"卢梭拒绝接受对内心欲望(libido sentiendi)的任何抑制,于是他就提出用对同类的同情来代替宗教义务,而且还把这种同情与个人权利和自由的强烈要求结合了起来。为了鼓励人们把个人权利置于个人义务之上,他还提出了这样的设想:由此导致的不加限制的个人要求将在无限的兄弟友爱中得到充分制衡。"②尽管这样的思想没有在新青年派的人道主义思想中挑明,但是认真体悟其个人与人类的言论,无不透视出以对人类之爱来制约个人欲望的理路,周作人渴慕日本的新村,他满含崇拜地述说着新村主义的"新村"构想:"在这中间,同伴的益,便是我的益;同伴的损,便是我的损;同伴的喜便是我的喜;同伴的悲也便是我的悲。"③这种同伴关系的立基点就是"爱",李大钊在阐释达科儿的"爱"观时,曾借达科儿的话表达个人心曲:"于爱之内,差别之感,全然消灭,人间之灵魂,超乎自我之樊笼,达于无限之域,而完其目的。故爱者,人间能得之最高

---

① 李大钊:《我与世界》,《每周评论》第29号,1919年7月6日。
② 〔美〕欧文·白璧德:《文学与美国的大学》,张沛、张源译:北京大学出版社2004年版,第41页。
③ 周作人:《日本的新村》,《新青年》6卷3号,1919年3月15日。

幸福也。"①在人道主义"爱"的影响下，徐志摩这位要求"彻底的来过"、"完全的再生"的想法也只有以"爱"求之："我没有别的方法，我就有爱；没有别的天才，就是爱；没有别的能耐，只是爱；没有别的动力，只是爱。"②白璧德也指出人道主义"'敞怀拥抱千万人'并给予'全世界一个吻'"，"看重学识的宽广和同情心的博大。"③一言以蔽之，让世界充满爱是新青年派共同的理想。在这个道德理想的支配下，他们努力传播着泛爱、博爱、亲爱的福音。1919年底的《本志宣言》和《精神独立宣言》中"我们理想的新时代新社会"是"相爱互助的"告白无异于同仁们的"以爱治欲"之心灵裸体。④

相对于新青年派的人道主义"以爱治欲"，人文主义关注个体的完善，而非全人类都得到提高的乌托邦理想，他们坚持同情需要判断加以训练和调节。吴宓在《我之人生观》中极力阐发了"以理制欲"的思想。这里的"理"更多指的是伦理道德原则，他们认为民国共和的失败就是因为多数人欲望横流，虞诈无诚，谲而不正，因此他们倡导"克己复礼""正心诚意"之道："夫正心诚意之事，诚吾国人生哲学之特色，其价值无论社会进至若何程度，必不因之稍减。今人之虞诈无诚，谲而不正，大可以此药之。"⑤我们知道，人道主义认为人性本善，有着天然的同情心与互助心，然而，胡先骕指出："自人种学家观之，人类为习惯的动物，而非理性的动物，至少非绝对理性的动物。"⑥不但如此，学

---

① 李大钊：《达科儿之"爱"观》，《晨钟报》1916年8月30日。
② 徐志摩：《爱眉小札》，天津人民出版社2013年版，第152页。
③ 〔美〕欧文·白璧德：《文学与美国的大学》，张沛、张源译，北京大学出版社2004年版，第7页。
④ 《本志宣言》，《新青年》第7卷1号，1919年12月1日。
⑤ 刘伯明：《共和国民之精神》，《学衡》第10期，1922年10月。
⑥ 胡先骕：《批评家之责任》，《学衡》第3期，1922年3月。

衡派并不认可以爱制欲的人道主义,而认为其是情感扩张,吴宓在《学衡》上的译文《白璧德之人文主义》下按语说:"白璧德之所攻辟者,即此种毫无管束,专务物质及感情之扩张之趋势也。"在学衡派诸君看来,无论是"物质"扩张的功利主义还是"感情"扩张的纵欲主义,都是当下"最可悲最可痛之事",因此必须严防死守。这也是他们所宗之师白璧德的口吻:"今征实言之,白璧德以为近世此种思想,实以英人培根及瑞士人卢梭分别代表之,故于二人着重研究。自歌白尼显明宇宙之大,人心为之震撼,既而渐能善自解慰,以为人苟遵从自然(物质)之律,则可凭科学之力,驱役自然(物质)以为吾用。此种新见解,以培根为其代表,故培根者,凡百科学的人道派之始祖也。其另一办法,则凭感情,以人自合于自然之中,而求安身立命。此说卢梭之最力,故卢梭者,凡主感情的人道派之始祖也。"①

3. 立人之争:"人事之律"与"物质之律"的错位

人道主义以"爱"制欲,其"爱"是一种抽象化的道德原则;人文主义以"理"制欲,其"理"追求一种具象化的道德准则。就前者而言,由于其不是建立在经验之上,因此更多是一种出于性善的推断和期待;就后者而论,鉴于其坚信传统及其道德的不可中断性,因此更注重现有道德既有的淑世价值。当然无论是"爱"还是"理",无论是抽象还是具象,从价值取向上来说并没有高下之分,都是为了新人,都是为了"放他们到宽阔光明的地方去;此后幸福的度日,合理的做人"。② 放眼"五四"乃至 20 世纪中国历史,新青年派用人道主义之"爱"点燃了无数人的激情,而学衡派人文主义之"理"问津者甚少。

---

① 吴宓:《白璧德之人文主义》,《学衡》第 19 期,1923 年 7 月。
② 鲁迅:《坟·我们现在怎样做父亲》,《鲁迅全集》(第 1 卷),人民文学出版社 1981 年版,第 140 页。

在人道主义者看来,"文明大进时代有文明大进时代之道德":"愚固深信道德为人类之最高精神作用,维持群益之最大利器,顺进化之潮流,革故更新之则可,根本取消之则不可也。"新的道德就是"平等、博爱、公共心"为代表的新觉悟,而故旧的道德则是"忠、孝、节、义"为代表的愚昧意识。① 这样两种道德究竟是怎样的一种关系呢?以陈独秀为先驱的"五四"人士在新旧道德之间极尽教唆之能事,在唤起它们之间的深沉怨恨之后,对两种道德作了"水火不容"、"取一去一"的"抽刀断水"式处理。本来,新旧道德之间的创造性转换可以说是一个社会良性循环的基本规律。而陈独秀对道德的"革故更新"完全是一种"大换血"式思路。恰恰在这里,学衡派对其有可能导致秩序失控忧心忡忡。

道德的地位决定了其在民主与科学之后成为重要的"第三者"。而道德的"大换血"又令人不禁要问:即使是在旧道德与新道德大换血的瞬间,会不会出现赖以维系社会的真空道德状态?按照如此绝对化的逻辑,道德真空的出现并非杞人忧天。若是,"平等、博爱、公共心"等觉悟何以让先驱激情放飞呢?这就要从"新"意丛生的"理想"中寻找答案了。"新青年"是已经觉悟、学贯中西、文武双全的社会栋梁,旧青年则是不可救药、腐朽没落、一无是处的社会蛀虫。事实上"新青年"觉悟的内容以及完全式的判断带有极其浪漫的乌托邦色彩。唯其如此,理想也才更容易在混沌模糊的过分膨胀中走向幻想的彼岸。道德理想的璀璨星空令先驱眼花缭乱,由此在新型的内圣式道德律令下结束了世俗与宗教、此岸与彼岸的冲突和对抗。这一逻辑的实行者在面对劣迹斑斑的不道德现实时,他们将本应"普度"的东西"引渡"到了"此岸"。在近代思想史上,借助道德的无限"心力"而

---

① 陈独秀:《答淮山逸民》,《新青年》3卷1号,1917年3月1日。

"人定胜天"者不胜枚举。谭嗣同、章太炎的道德"心力"说如此,陈独秀、李大钊、毛泽东更是有过之而无不及。对"共和的科学的无神的光明的"理想国度充满向往的陈独秀不断质问匮乏理想的国人:"理想家那里去了?"①对罪恶已经被清扫得"干干净净"之社会的向往已久的李大钊坚信未来"必是赤旗的世界"。在毛泽东,问题的根本即是怎样将一个"必是"世界改造出来。悬挂在头顶上的理想从来没有与道德结合得那样紧,不遗余力地为伦理道德立命的缘由也正在于此。

据上所论,这里的道德已经不是一般意义上的道德,而是一种用诸激活民意或民力的人化甚至神化"生命"现象。在李大钊看来,如果这种伦理道德不与民众结合起来,那它就是一个没有着落的虚设。所以他说:"我们今日所需要的道德,……乃是人的道德、美化的道德、实用的道德、大同的道德、互助的道德、创造的道德!"②究竟是什么一种道德呢? 原来,他讲的是普遍的、动力的、实践的道德。一言以蔽之,是要转换成有能量的道德。先哲们并不是不知道,靠一个两个人的道德并不足以解决问题。那只能是"独善其身"的自我设计。于是,将道德"普度",辐射到人人身上就可以在强大的民意中实现自我的意志。说穿了,道德泛化的过程也就是一个自我膨胀的过程,人人的善,积聚成为一个无限的大善,连成浑圆的一体。这就不是"人人皆可为尧舜"的问题,而是"人人必须为尧舜"的问题。在人人必须为尧舜的氛围中,20世纪中国人走向了"神化"。③

---

① 陈独秀:《理想家那里去了?》,《每周评论》第10号,1919年2月23日。

② 李大钊:《物质变动与道德变动》,《新潮》第2卷2号,1919年12月1日。

③ 张灏:《扮演上帝:20世纪中国激进思想中人的神化》,《幽暗意识与民主传统》,新星出版社2006年版,第252页。

反思人道主义的"立人"思想，他们背后的思想谱系就是卢梭的自然人思想。卢梭一直倡导自然人理论。他认为自然人和儿童一样，是非道德的，既不知道善也不知道恶，既不会去侵害别人，也不会对别人加以报复，只知道自我保存，一有危险迅速逃离，但是卢梭认为自然人具有天然的怜悯心，不忍看到其他有感觉的生物、特别是自己的同类遭受痛苦或灭亡的打击。这种怜悯心其实就是道德当中的善的表现。而且自然人的孤独也隐含着这样的含义：自然人不会去干涉、侵害其他人的自由，完全服从自己的原始的、自然的、善良的本性。新青年派的领军人物就是接受了这样的思想，从而认识到了中国国民懦弱驯顺的国民劣根性，因此想要通过用个人主义激发人的自由意志，将国人从懦弱驯顺、麻木不仁的心理惯性中解脱出来，使其回到自然人状态，感受到生生死死、爱爱恨恨、本本能能，使其生命处于一种敞开的状态。在此基础上，启蒙者唤起他们对于同伴兄弟般的爱，"不加限制的个人要求将在无限的兄弟友爱中得到充分的制衡。"①这样的设计是非常高妙的，但设计总归是设计，而并非现实，理论再完美也不能遮蔽现实践行时带来的偏至错位。胡先骕曾指出："自人种学家观之，人类为习惯的动物，而非理性的动物，至少非绝对理性的动物。"②所以要通过一种具象化的伦理规则来规训；与此相较，卢梭强调的是，"我所以不应当伤害我的同类，这似乎主要不是因为他是一个有理性的生物，而是因为他是一个有感觉的生物。"③所以他号召人们回到自然人，用一种抽象的感情来疏导人之欲望。

---

① 〔美〕欧文·白璧德：《文学与美国的大学》，北京大学出版社2004年版，张沛、张源译：第41页。
② 胡先骕：《批评家之责任》，《学衡》第3期，1922年3月。
③ 〔法〕卢梭：《论人类不平等的起源和基础》，李常山译：商务印书馆1958年版，第68页。

借剖析人道主义的"立人"之道评判百年树"人",我们需要回到学衡派当年所一再强调的"人事之律"与"物质之律"的差别上来。白璧德在《文学与美国的大学》一书的前言页引用了爱默生的这样一段话:"存在着两种法则,彼此分立而无法调和:人类法则与事物法则;后者建起城池船舰,但它肆行无度,僭据了人的王座。"①

在学衡派一方面告诫人们要"告别理性"、另一方面又要"告别浪漫"的背后,其实有着自己深藏动机。保罗·费耶阿本德的解释会有助于我们理解这一纠结的悖论:"一些科学家把科学看作是一个碾平挡在其道路上任何事情的压路机。"在他看来,这样的"科学"会被以各种口实把其他问题简单化,在唯我是尊的逻辑下进一步抢占地盘,把人类固有的文明空间以科学的名义圈占。于是,科学带来的"专制"便是"非道德和专横的"。② 不言而喻,学衡派所担心的"科学"至上是一种科学名分下的唯科学主义和唯理性主义。白璧德对浪漫主义和科学主义或说理性主义的担心来自它们对本分的不安,因为这种僭越有可能带来僭越的恶果。因此,这一意义上他们更重视传统、经验和实践,以浪漫主义和理性主义为内核的人道主义一旦成为教条或宗教的替代物,那结果将是堕落为伪科学、伪理性后的铤而走险。从人类文明发展的轨迹看,这样的惨剧屡禁不止。这也是白璧德冒天下之大不韪而坚持自我的根本理由:"我不需补充说,当科学家或浪漫主义者维持在自己适当的位置之内时,我不会与他们发生争执的。然而,只要他们尝试确定某种人道主义或宗教的替代物,不管是单独尝试,还是集体尝试,他们都立刻会受到

---

① 〔美〕欧文·白璧德:《文学与美国的大学》,张沛、张源译:北京大学出版社2004年版,引言。
② 〔美〕保罗·费耶阿本德:《告别理性》,陈健等译:江苏人民出版社2002年版,第33页。

攻击。科学家受到的攻击是：他们没有充分采用实证主义方法，批判性也不够；浪漫主义者受到的攻击是：他们的想像不正确。"①及此我们可以以布洛克的极具概括性的总结来结束本论："一般来说，西方思想分三种不同模式看待人和宇宙。第一种模式是超越自然的，即超越宇宙的模式，集焦点于上帝，把人看成是神的创造的一部分。第二种模式是自然的，即科学的模式，集焦点于自然，把人看成是自然秩序的一部分，像其他有机体一样。第三种模式是人文主义的模式，集焦点于人，以人的经验作为人对自己，对上帝，对自然了解的出发点。"关键还在于，"十七世纪以来，所有这三种模式都继续有代表，继续吸引着信奉者，它们之间的关系在竞相自称垄断真理与不同形式的共存之间摇摆。"②我们看到，作为中国之继承者的吴宓直到 1929 年还在喋喋不休地以白璧德的思想光谱启蒙国人：自此以后的"诗人""必须将彼人道主义之迷信之余毒铲除净尽。其说以为感情之虚爱与物质之互助能使人类团结巩固。又以为凭科学之魔力，能使人之自私自利之心造成物与民胞之大同世界。此皆謍言，此皆瞽说，而当摧辟之无余者也。"③遗憾的是，为之感动者寥寥。

4. 二歧融合：历史困境的突围

"一切历史都是当代史。"这是意大利历史学家克罗齐针对"一切真历史都是当代史"这一命题发难。④ 在这个判断中克氏

---

① 〔美〕欧文·白璧德：《卢梭与浪漫主义》，孙益学译：河北教育出版社 2003 年版，第 221 页。
② 〔英〕阿伦·布洛克：《西方人文主义传统》，董乐山译：生活·读书·新知三联书店 1997 年版，第 12—13 页。
③ 吴宓：《白璧德论今后诗之趋势》，《学衡》第 72 期，1929 年 9 月。
④ 〔意〕B. 克罗齐：《一切历史都是当代史》，田时纲译：《世界哲学》2002 年第 6 期。

告诉我们,前一个"史"的"历史"可以随意成型,后一个"史"却要有着"历史"之上的前瞻性。换言之,历史和历史研究并非一回事。前者可以在"过去"随心所欲,后者则需要在"当下"按图索骥。一百多年来仁人志士在学术和思想之间的启蒙担当是一段已经成型的历史。而且他们是在一代又一代仁人志士为国运奔走、为人民呐喊中落定的声音。他们的声音随着祖国和人民的命运起伏跌宕,无论是非功过,都是心灵之声的自然流泻。这就是笔者一再强调的历史之随意性、自然性、本真性。① 以我们的论述对象新青年派和学衡派为例,他们正是如此这般的历史写照。对过去已经发生过的精神事件的叙述、理解和诠释构成了历史和历史学、思想和思想史的分野。就此而言,对历史与思想的不同理解和发挥可以仁者见仁智者见智,但是又不能完全脱离那一特定的历史场域。相对于历史和思想的"任意成型",历史学家和思想史家的最为当务的使命则是如何从历史思想的"铁板"中提取关照当下、映照未来的精神资源。即是,从真相中衍发真理,在真理的指归中兑现思想史研究的前瞻性。的确,面对文本和史料,允许思想史家做不同的理解和发挥,这一切虽然同样会因人而异,甚至不乏一偏之见,但这和僵死、教条意义上的既成之见却大相径庭。对从事思想史研究的诠释者而言,随波逐流或说随风逐浪的"研究"算不上真正的历史之作,充其量只能是应时、应景的赝品。应该反省的是,20 世纪下半叶的思想史家或多或少蹉跎于这样一段岁月中。如果说,思想文化先驱将个人思考与祖国命运的捆绑在一起铸就的坎坷与沧桑有着一份属于自己的光荣和梦想,那么同样来自命运操作而为一些特殊背景所"需要"的应景之作则带有一份永远洗刷不去的悲

---

① 张宝明:《启蒙与革命——五四"激进派"的两难》,江西教育出版社 2009 年版,第 98 页。

色。思想史研究的前瞻性告诉我们,我们可以有不同属于自己主观见解的"偏见",但却不能有不属于一己之见的"成见"。唯其如此,思想史研究才可以鲜活地留存于当下或未来,从而成就其"当代"性。我们可以是一位不乏偏见的思想史家,但我们却应该力避囿于满纸成见的窠臼。是成见,而不是偏见比无知离真理更远。这里,所谓的真理就是思想史的前瞻性。如果没有前瞻性,我们的思想史研究无异于复制和克隆历史。马克斯·韦伯告诉我们:"未来如同历史。"①再现过去不是为过去而过去,而是为了观照当下、映照未来。在这个意义上,回归新青年派和学衡派对峙的历史现场,超越双方激进与保守、进步与反动、鲜活与堕落的轩轾判别,从而寻绎并引领出可资借鉴的意义资源正是我们的题中之意。

"一切历史都是思想史。"英国思想史家柯林伍德的判断之所以拥有市场,其根本原因在于他说出了思想是人类之公器的至理。"思想在任何时候任何地方 de jure(按道理)都是人们共有的财产,并且,思想是 de facto(事实上的)共同财产,无论在哪里,任何人都有能力共同思考它"。② 思想的普适性和穿透力在柯氏笔下一览无余。中国近代以来的启蒙思想图谱所展示的历史正是思考与被思考的历史:人的历史和历史的人。无论是新青年派知识群体中的"人"还是学衡派文化阵营中的"人",他们都是为中国现代性蓝图而设计的启蒙路径。他们对"人"的终极关怀有力证明了,只有透过历史的表象去甄别本相,才能从百年启蒙的历史困境中突围。鉴于手持激进法宝的新青年派之"人"(道)和怀揣守成的学衡派之"人"(文)同样是出于中国现代性动

---

① 蔡少卿主编:《再现过去:社会史的理论视野》(序言),浙江人民出版社 1988 年版,第 4 页。
② 〔英〕柯林伍德:《历史的观念(增补版)》,何兆武等译:北京大学出版社 2010 年版,第 436 页。

机设定的谱系,因此没有必要以非此即彼的思维把对方看得过于可怕,更没有必要小心设防。新青年派同仁和学衡派诸公面对的20世纪中国现实并没有什么两样,但由于立足点和着眼点不同,所以尽管归宿点(终极关怀)相同,最终还是选择了不同的路径。文化上的"激进"可以是热衷政治者的一种韬略,但是文化上的"保守"并不能囊括"激进"的全部。换个视角,无论是"保守"还是"激进",只要它具有自我的独立品格,都不失为一种拥有认识意义的方式。

作为一种出现在特定历史语境之中的文化派别,新青年派与学衡派的存在与论争恰恰形成了一种"必要的张力",这也是科学发展过程中"发散式思维"和"收敛式思维"互补的必要①。五四新文化运动的领军人物陈独秀就曾这样论述文化发展的规律说:"盖秦火以还,百家学绝。汉武独尊儒家,厥后支配中国人心而统一之者,惟孔子而已。以此原因,二千年来讫于今日,政治上社会上学术思想上遂造成如斯之果。设全中国自秦汉以来,或墨教不废,或百家并立而竞进,则晚周即当欧洲之希腊,吾国历史必与已成者不同。"②陈独秀这一多元、开放的文化心态正是五四精神的元气,至今看来不但不过时,而且有着引领当下文学和文化生长的价值。归根结底,学衡派与新青年派除却对自我的文化设计各视其是外,他们还有着许多共同的文化诉求。没有传统的现代化过去不可能,将来也不可能;反过来也是一样,一味固执传统的现代化也不可能健全。在民族性和时代性、传统和现代、激进与保守、肯定与否定的互动中,思想先哲不断寻绎着力求互补的文化方向。为此,我们也就不难理解作为新

---

① 〔美〕库恩:《必要的张力》,纪树生等译:福建人民出版社1987年版,第223页。
② 陈独秀:《通信》,《新青年》3卷1号,1917年3月1日。

青年派中坚分子的周作人何以如此从容冷静地看待学衡派诸公的所作所为:对于《学衡》"不必去太歧视他的",因为"他只是新文学的旁支,决不是敌人"。① 德国哲学家卡西尔在《人论》中的那段话颇为精辟:文化"趋向于不同的方向,遵循着不同的原则。但是这种多样性和相异性并不意味着不一致或不和谐。所有这些功能都是相辅相成的。每一种功能都开启了一个新的地平线,并且向我们展示了人性的一个新方面。不和谐者就是与它自身的相和谐;对立面并不是彼此排斥,而是互相依存:'对立造成和谐,正如弓与六弦琴'。"② 本来,差异性与谐同性并不完全对立,文化的共振、谐同离不开个性、差异。过去很长一段时间,甚至在今天,人们误以为谐同就是一致性。其实,这只是看到了问题的一面。音乐的优美和谐是在音符高低不同中体现出来的。

行走在 21 世纪,中华民族正处于一个历史上崭新的转型加速期,从传统走向现代的使命任重道远。当下的中国知识分子在民族复兴的责任上面临着前所未有抉择。时代在前进,启蒙理性的成熟为中国现代性演进准备了积极有利的条件。虽然我们今天的知识分子不可能重蹈历史的覆辙,但在超越或中或西、或新或旧、或左或右、或褒或贬等等非此即彼思维之教训层面上重新认识新青年派和学衡派的对峙和分礼,无疑将为我们民族文明的复兴打造出坚实而健全的平台。

---

① 周作人:《恶趣味的毒害》,《晨报副刊》1922 年 10 月 2 日。
② 〔德〕卡西尔:《人论》,甘阳译,上海译文出版社 2004 年版,第 313 页。

第三章 人文与启蒙的张力(下)

一、启蒙情怀的生成:还历史以真实

1.《新青年》研究者的"事后"质疑

关于《新青年》的意义,这样一个倍受赞扬的话题几乎重复了一个世纪。固然,这是《新青年》成为启蒙经典后应该享受的声誉。但是,对我这样一位长期触摸历史尤其是《新青年》文本的学者而言,在很多时候笔者会疑团层生:就当时主编陈独秀的窘迫的经济状况,他究竟有何种动力和激情才能如此这般地驱使自己?换句话说,至今无人从经济学的经营理念上去探讨这样一个辉煌杂志成功的商业奥秘。我们知道,中国有句为知识分子谙熟的心灵调节语录:"达则兼济天下,穷则独善其身。""达"字当头,这一方面反映了知识分子在任何时候、任何方面都能够"达"的意愿;另一方面也反应出尽管知识分子有"君子不言利"的文乎其文的说法,但他们也只是口中"不言"。事实上,谁都心知肚明:只有凭借或通过"达"才有可能达到"达"的目的。"达"方能"到"位——无论是思想文化启蒙还是政治治国方略。人的生存意识并不是单靠勇气和毅力所能支撑。当我们已经习惯于用高调的"理想"、"境界"去审视"新青年"派同仁时,在市场经济已经成为现实的今天,我们是不是回到历史的现场,去还原那一段因失去中心地位而"穷"得不得不在边缘地带呐喊、挣扎、奋斗声音背后的历史真实呢？在几千年的传统社会,知识分子获取文化知识资本以为"稻粱谋"的中心地位一直没有断裂过,而当新式教育取代了科举制度后,新型知识分子尤其是那些漂洋过海的知识分子如何在转型时期由"穷"而"达"或说成为独立"进款"者以获得真正的"人格独立"乃是比启蒙更重要的当务之急。① 传统中国,一提到"利"就会让"义"大打折扣。事实上,"贵义不贱利"才能真正做到双赢;"达"才能"兼济",这就是今天我们评论一个杂志的最高标准——"双效"。在此,笔者不是谈论"达"与"穷"的辩证关系,而是更关心启蒙摇篮缔造者原始的"现实"成因。

1997 年,笔者和王中江先生一同主持"新文化元典"的编纂工作。这即是我们日后成型的《回眸〈新青年〉》。如同读者看到的那样,当时远在美国纽约哥伦比亚大学的陈平原教授带着对《新青年》的敬意以及厚重老北大情结为我们"实写"了序言。陈平原先生的序言为我们描绘了一个经典杂志成功的基本轮廓:

> 作为一代名刊,《新青年》与《申报》《东方杂志》的重要区别,首先在于其同仁性质。不必付主编费用及作者稿酬,也不用考虑刊物的销路及利润,更不屑于直接、间接地"讨好"读者或当局,《新青年》方才有可能旗帜鲜明地宣传自己的主张。在 1918 年 1 月出版的四卷一号上,《新青年》杂志

---

① 1922 年,胡适在《努力周报》上大谈"好人政府"之主张,金岳霖在英国有感而发:"我开剃头店的进款比交通部秘书的进款独立多了,所以与其做官,不如开剃头店,与其在部里拍马,不如在水果摊子上唱歌。"同时,他呼吁知识分子应自行打造一个"独立的环境",有一批志同道合的同仁一起"唱歌"。其中,他反对官本位而又不反对"进款"。这种"自食其力"的经济自由、人格独立理念也正是《新青年》同仁履行的(《优秀分子与今日的社会》,《晨报·副镌》,1922 年 12 月 4、5 日)。

社宣告:"所有撰译,悉由编辑部同人共同担任,不另购稿。"文章主要由"同人公同担任",此乃同仁刊物的共同特征,之所以敢于公开声明"不另购稿",因其背靠最高学府"国立北京大学"。第三至第七卷的《新青年》,绝大部分稿件出自北大师生之手。第六卷的《新青年》,更成立了由北大教授陈独秀、钱玄同、高一涵、胡适、李大钊、沈尹默组成的编委会,轮流主编。①

老实说,当时处于匆忙编撰的我们根本没有时间考虑《新青年》自身的逶迤曲折。事后多年,在对陈先生宏观概括以及对《新青年》性情定位之描述表示认可的同时,今天笔者也有几点不敢苟同之处。一是:大体而言,《新青年》是一个"同仁"杂志。这是就广义而言,但从狭义而言,《新青年》前后的"同仁"观念是不可同日而语的。指出这一点并不是为了标新立异。笔者在此也不想对其"同仁"观念的变化展开论述(比如他们有一个明显的痕迹:伙伴——同仁——同志),主要还是为了带出与此相关的第二个需要论证的命题:"同仁性"可以用"不必付主编费用及作者稿酬,也不用考虑刊物的销路及利润,更不屑于直接、间接地'讨好'读者或当局,《新青年》方才有可能旗帜鲜明地宣传自己的主张"来概括吗?换句话说,是因为"同仁性"就可以有如此这般的不付费、不考虑的"自由"吗?试问,这样一个不考虑经营的杂志之同仁岂不是要喝西北风吗?进一步说,在"不必付主编费用及作者稿酬,也不用考虑刊物的销路及利润,更不屑于直接、间接地'讨好'读者或当局"与《新青年》方才有可能旗帜鲜明地宣传自己的主张"之间的必然逻辑关系又在哪里呢?我常常百思不得其解:究竟是"谁"在那里苦苦支撑、甘愿提供"免费

---

① 陈平原:《序三》,张宝明、王中江主编:《回眸〈新青年〉》,河南文艺出版社1998年版,第10页。

的午餐"而让《新青年》派同仁在那里指手画脚呢?要知道,《新青年》的同仁性质应该是自我独立经营占据上风,用今天的话来说,带有自负盈亏、擅自承包的意思。这样,"不屑于直接间接地'讨好'读者或当局"的人我们可以理解为"新青年派"的作者们,而"不必付主编费用及作者稿酬,也不用考虑刊物的销路及利润"的人实在是太模糊。看来,即使在这"不必"和"不用"之间也是让人心存疑虑。

不难理解,作为同仁刊物的《新青年》一开始就是带有经营性质的商业风险的。因此,主撰陈独秀要想和出版商达成协议并不那么容易。毕竟,从商业利润出发,出版商不可能提供如履薄冰的平台。即使舆论开禁,不存在政治风险,经营者也不会轻言合作。更何况《新青年》同仁并没有也不可能"背靠当局"呢?撇开当局或者说与当局无关倒是一个历史事实,但要说杂志主办方不必要考虑"销路及利润"则是违背常情和常理的,同时也是不符合历史事实的。凭借笔者的常识判断,《新青年》不是"当局"喉舌,也不是财团资助,它只能是一个边缘性质的民间刊物。我这里所谓的"民间",无非是金岳霖所说的具有独立"出卖"知识资本而自食其力(独立"进款")的经济行为。这个经济行为在很大程度上就是我们所说的与政府行为相距甚远的"市场"经济。换句话说,陈独秀等《新青年》这些舆论的经营者们只有讨好那只"看不见的手"的权利,而那个被"讨好"的对象又是无形的。事实上这才是"同仁"杂志在现代的思想文化意义和商业经济意义。原来,无论是思想文化还是商业经济,它们都是在"自由"意义上运作的。笔者之所以锁定这样一个视角来审视《新青年》在现代性焦虑中诞生的启蒙摇篮,其根本的理由就在于"知识经济学"容易回到历史现场以诠释思想史上的全新理念,而不单单是将其看做一个"文化＋政治"的纯粹舆论性杂志。① 也正是在这一意义上,从"知识经济学"视角论证《新青年》这个思想平台的出版发行动机、市场经营意识、品牌打造策略才不至显得重复和多余。

2. 名刊:在现代性焦虑中生成

上文说过,笔者一直认为《新青年》同仁尤其是陈独秀的选择是传统知识分子面临现代性困境后的无奈选择。当然,这个"无奈"包含了两个因素:一是从中心走向边缘,"学而优则仕"成为"历史"。为"稻粱谋"的模式不再是单一的,而是多元的。《新青年》的创刊即是一个残酷的证明;二是面对泱泱大国的芸芸众生,陈独秀心急如焚,当初为了能说服汪孟邹协办杂志,他就是这样激将的:"让我办十年杂志,全国思想都全改观。"②也正是在这一意义上,笔者将这个嗷嗷待哺的杂志称为"启蒙摇篮"。

应该看到,一部中国古代文化传播史,官方占据了主流。即使是近代以来兴起的报业,也无不是官方或说当局占据主导和主流。官方的观点一直占据压倒性优势。官方或说当局凭借政治上和经济上的双重优势可以左右一切舆论空间。如果古代官方以儒教为核心的传统意识形态在私塾中传播,那么晚清政府则是以报刊舆论左右人心。诸如1902年问世的《北洋官报》《湖南官报》《江西官报》以及颇富代表性的1907年创办的《政治官报》都是具有权威性的"机关"报刊。③ 时至1915年,中国自古

---

① 关于自由、市场、知识以及个人主义与经济的关系,可参见〔奥〕哈耶克著;邓正来译:《个人主义与经济秩序》,生活·读书·新知三联书店2003年版。

② 原话的另一种版本是:"他(指陈独秀)想出一本杂志,说只要十年、八年的功夫,一定会发生很大的影响。"转引自唐宝林、林茂生编:《陈独秀年谱》,上海人民出版社1988年版,第65页。

③ 陈玉申:《晚清报业史》,山东画报出版社2003年版,第288—291页。

以来的舆论空间从来没有这样"自由"和"开放"过。当几千年以来超稳定结构被解构、政治秩序分崩离析之后,中国知识分子"千军万马过独木桥"的局面被堵截,于是"出卖"(知识与思想)"方式"在20世纪最初十年纷至沓来,前有梁启超的《新民丛报》和章士钊的《甲寅》杂志,接踵而来的就是名声大振的陈独秀与《新青年》。

这一知识经济学现象如同L.J.宾克莱在《理想的冲突》中所概括的:"出卖'方式'……在最近各种运动中,有一个运动引起探求生活方式的一些人的兴趣,这就是爱因·兰德的客观主义,像那组织人一样,爱因·兰德所表现的理想的人在商业社会里找到了他的生活方式,但他的做法不是成为组织机构中的一个'唯唯诺诺'的人,却被鼓励变成一个个人主义者。"① 其实,这里的"出卖"以及所谓的"个人主义"无非就是地地道道的"市场"意识。在L.J.宾克莱看来,兰德女士的市场原则就是"自由贸易原则",而这个又可"扩大到包括人的一切关系":"理性、效用和自尊。每个人都应当有权利达到他的目的,只要这些目的是合理地想出的;社会也应当授予每个人以在自由市场上讨论他的思想的权利。可是任何人都永远没有理由试图强迫他人接受他自己的思想或价值。"② 撇开《新青年》主撰者有没有"试图强迫",或者说是有意识或无意识中暴露了"试图"或企图,至少陈独秀适逢这样一个可以相对在公共领域"自由贸易"个人思想的机遇,而且在一定程度上进至了一个"在自由市场上讨论他的思想的权利"的平台。而且,(思想)"独立"与"进款"的独立是那样的息息相关。在启蒙思想史上,无论我们怎样打造舆论,将二者

---

① 〔美〕L.J.宾克莱:《理想的冲突——西方社会中变化的价值观念》,马元德等译:商务印书馆1983年版,第36—37页。

② 同上,第38页。

截然割裂就难以打造所谓个人自由与独立的启蒙理念。过去，我们一谈启蒙就是一套纯而又纯的思想自由和个性独立理念。事实上，如果撇开市场意识，不涉思想舆论的"自由贸易原则"，那将是启蒙思想史论的一大缺憾。

首先，我们要审视的是《新青年》创办伊始的逶迤曲折。其中，主办者的生存环境又是论述的焦点。

众所周知，陈独秀一直是热衷于辛亥革命的老革命党人。1913年8月，复任独立皖省秘书(长)的陈独秀在二次革命失败后亡命上海，此后一段时间度日维艰。几度冲击中心政治舞台不成后再度陷入边缘和冷落状态。传统文人的积习在他身上重演，由"达"而"穷"，由意气风发转变为心灰意冷，由政治"兼济"走向修文"独善"。我们从他给友人——时任《甲寅》杂志主编的章士钊的信中可以窥见一斑。鉴于这篇短小的信笺颇能再现陈独秀当时的真实心迹，所以笔者将其全文摘录："记者足下：得手书，知暂缓欧洲之行，从事月刊，此举亦大佳。但不识能否持久耳，国政剧变，视去年今日，不啻相隔五六世纪。政治教育之名词，几耳无闻而目无见。仆本拟闭户读书，以编辑为生。近日书业，销路不及去年十分之一，故已阁笔，静待饿死而已。杂志销行，亦复不佳。人无读书兴趣，且复多所顾忌，故某杂志已有停刊之象。《甲寅》杂志之运命，不知将来何如也……自国会解散以来，百政俱废，失业者盈天下。又复繁刑苛税，惠及农商。此时全国人民，除官吏兵匪侦探之外，无不重足而立。生机断绝，不独党人为然也。国人唯一之希望，外人之分割耳。仆急欲习世界语，为后日谋生之计。足下能为觅一良教科书否，东京当不乏此种书，用英文解释者益好也。"①根据此信，我们至少可以

---

① CC生：《生机(致〈甲寅〉杂志记者)》，《甲寅》1卷2号，1914年6月10日。

获得三重信息。一是致信者穷困潦倒,以"生机"相命,足见其"生机断绝"、"静待饿死"的窘态。二是致信者在"党人"生机断绝的情况下只能重操旧业,在万般无奈、走投无路的状态下打发"闲居"生活,"闭户读书,以编辑为生"。当时陈独秀只好寄居亚东图书馆,为汪孟邹编辑一些销路并不理想的《字义类例》等文字,诸如《亚东图书馆开幕宣言》《新华英文教科书》都属于这一时期的脑力劳动。三是他一贯热衷报刊业这样一个自己熟悉的行业,并一直寻找转机。从 1903 年与章士钊等友人共办《国民日日报》到 1904 年独自开办《安徽俗话报》,从 1914 协助章士钊办《甲寅》杂志到 1915 年独自创办《青年杂志》(《新青年》前身),陈独秀在"失重"(政治)的情形中可以说对经营舆论情有独钟。这既是他得心应手的"谋生"、自救手段,也是他割舍不断的济世、救亡情怀。

　　1915 年 5 月,《甲寅》杂志自日本移到上海出版。不安本分的陈独秀"不愿随人尾骥"的性情再次表露出来。在协办《甲寅》同时,他已经开始筹划另立门户。自 6 月 20 日亚东图书馆为《甲寅》同仁"接风"的那一天起,陈独秀就瞄准了乡友汪孟邹。当时汪孟邹因为亚东"生意很不好""经济上很困难",加之又受托于《甲寅》杂志而以"实在没有力量做"婉言谢绝。不过,值得说明的是,当时《甲寅》已是享誉舆论界的名牌杂志,与陈独秀设想的新创刊杂志还不一样。作为老板的汪孟邹还是要考虑"销路"和"利润"的。如果不考虑,那才是真正的书生之见。即使当时陈独秀如何捶胸顿足、拍着胸脯打保票说"一定会发生很大的影响"——言下之意"销路和利润"也不在话下也无济于事。毕竟,市场的风险如同"看不见的手",难以捉摸。① 不难想像,

---

① 汪原放:《回忆亚东图书馆》,学林出版社 1983 年版,第 32—33 页。

1915年7月5日《青年杂志》事情"定夺"的过程是十分艰难的。也可以说是好事多磨,汪孟邹后来"介绍他(陈独秀——引者注)给群益书社陈子沛、子寿兄弟。他们竟同意接受,议定每月的编辑费和稿费二百元,月出一本。"①当事人在回忆中一个"竟"字可以说大有深意。它不但流露出出版者的艰难,也道出了陈独秀费尽口舌、信誓旦旦的承诺。要知道,在出版业如此萧条的年代,主撰者不与出版商精诚合作、捆绑经营、出谋划策,商家是不会免费提供"旗帜鲜明地宣传自己的主张"的平台的。进一步说,在"编辑费和稿费二百元"的"不用考虑刊物的销路及利润"历史表象背后,其实蕴藏着主编、经营合一的艰辛。"不必付主编费用及作者稿酬"不过是"二百元"名目下的一个"想像的理性"推断。究其实质,杂志的商业经营和业务经营一样惨淡,没有精力与资金的投入寸步难行。在前者,读者需要有不放弃选择阅读的理由;在后者,作者这些被主编誉为"一时名彦"的青年才俊们又焉有"白说"的理由?② 在某种意义上"不屑于直接间接地'讨好'""当局"是真,但对"读者"至少是迎合的。至于对群益书社,主撰者及其同仁可以在思想舆论、价值取向上自作主张,但在办刊策略上也是要部分"讨好"的。不然,《新青年》随时都有终止的可能,尤其是在牛刀初试阶段。

暂时抛开其经营策略,还是先印证一下陈独秀如何在"业务"(编辑)之外"僭位"的。为了获得群益书社的认同,陈独秀为得"虎子"便身先士卒地入了"虎穴"。在群益书社和亚东图书馆困难时期,陈独秀直接插手了"大书店"的经营计划。根据汪原放的回忆:"1915、1916年间,酝酿过一个'大书店'计划。起初曾有群益书社、亚东图书馆、通俗图书局三家合办之议,未果。

---

① 汪原放:《回忆亚东图书馆》,学林出版社1983年版,第32页。
② 《社告》,《青年杂志》第1卷1号,1915年9月15日。

后又打算群益、亚东合并改公司,并由此而有仲甫、孟邹北上之行。"①对此,我们从陈独秀致友人胡适的约稿信中可以得到佐证:"弟与孟邹兄为书局招股事,于去年十一月底来北京勾留月余,约可得十余万元,南方约可得数万元,有现金二十万元,合之亚东、群益旧有财产约三十余万元,亦可暂时勉强成立,大扩充尚须忍待二三年也。书局成立后,编译之事尚待足下为柱石,月费至少可有百元。……《青年》《甲寅》均求足下为文。"②看来,陈独秀从一开始酝酿《新青年》就已经成为捆绑式的"股东"之一了。汪孟邹的日记中这样写道:"九月十八日,星期一,晴。……仲甫、己振同来,根本赞成竭力相助亚东与群益合并另行改组之事,云候子寿回申,拟出'计划书',渠等二人北上一行,以便搜集资本。此事如就,关系甚大,非仅予一人之所愿也。"③上面的"仲甫"就是陈独秀。后来由于"同行必妒"的原因"没有合并成",仅从《孟邹日记》的记载来看,仲甫参与经营,而且每每谈至深夜的积极配合确是有根有据的。仅从1916年9月到11月2个月时间里,陈独秀在"日记"中就出现了7次,而且都是"合并""筹股""拟章"的挑大梁者。《青年杂志》之所以能在约略敲定后在短时间内走完7月签约、8月预告、9月发行三大步,不能不说与陈独秀的运筹帷幄、纵横捭阖息息相关。

力于言、雄于事一直是陈独秀的性情。毋庸置疑,当初陈独秀对群益书社陈氏兄弟关于"只要有十年、八年的功夫,一定会发生很大的影响"的承诺对促进《青年杂志》的早日出版还是起到了至关重要作用的。这个"很大的影响"里既有社会效益的自我张扬,对书社来说更重要还是经济效益的诱引。一言既出,问

---

①③ 汪原放:《回忆亚东图书馆》,学林出版社1983年版,第34页。
② 陈独秀:《致胡适》,林茂生等编:《陈独秀文章选编》(上),生活·读书·新知三联书店1984年版,第171页。

题在于如何履行"影响"的诺言。我们看到,陈独秀采用的是"注意力"经济的手段。他凭借的是"知识"("科学""民主"思想等)资本,靠的是"舆论"("打倒""否定""整体"解决的逆向思维等)的穿透力,走的是一条"信息化"("国内大事记""国外大事记"等)的路径。这一路径的最大秘诀就是走了一条解构"神秘主义"、反"出版大崩溃"的套路。①

对这样一个套路,《新青年》尚在腹中之时陈独秀就已经胸有成竹了。汪原放在述说《新青年》从一千本上升到一万多本的记忆时,专门联系到一个看似杂志内部业务其实乃为经营策略的出版形式:"《新青年》决定要标点、分段。标点符号的铜模,是陈子寿翁和太平洋印刷所张秉文先生商量,用外文的标点符号来做底子刻成的。子寿翁为排《新青年》而设法做标点符号铜模,大概在商务和中华之前。《新青年》愈出愈好,销数也大了,最多一个月可以印一万五六千本了(起初每期只印一千本)。"②诸如这样一个设计,还是陈独秀开版时的决策。标点符号的创意,再加上力求通俗、浅易的论说的文字。这些都是《新青年》的过人之处。从创刊号上的《敬告青年》《法兰西人与近世文明》《妇人观》《现代文明史》等著译来看,③《新青年》不但比他当时所"踩的另一只船"要明了、俗白,而且比当年的《安徽俗话报》还要俗话。尽管当时他邀来的一些文章还达不到这个效果,但可以看出陈独秀一贯的方针和自己的努力方向。《社告》不但是宗旨,也是更为市场化的广而告之。"本志以平易之文,说高尚之理"的自我定位以及"本志执笔诸君,皆一时名彦"的自我表扬真

---

① 〔日〕小林一博著,甄西译:《出版大崩溃》,上海三联书店2004年版,第8页。
② 汪原放:《回忆亚东图书馆》,学林出版社1983年版,第32页。
③ 《青年杂志》第1卷1号,1915年9月15日。

正将启蒙的效果贯彻到了商业运作中。① 在陈独秀那里,让经典成为时尚,让浓烈的苦咖啡稀释成甜丝丝的兴奋剂无不是贯穿着主撰者的心机。

《新青年》不但在形式上的创新显示出敢为人先的锐气,而且它在酝酿之初就有先声夺人的舆论创意。对此,我们可以在它首尾相连的《社告》与《投稿简章》中初见端倪:"来稿无论或撰或译,皆所欢迎。一经选登奉酬现金。每千字自二元至五元。"②其实,"投稿简章"所列举的七条条款无不带有知识经济时代的版权意识,而且体现出优稿优酬的思想。这也是《新青年》用高质量的"知识""舆论""信息"来吸引读者的又一招数。由此,"不必付主编费用及作者稿酬"的判断可以不攻自破。原来,那"二百元"是不可能由主编独自享用的。商家打了捆之后,至于作者获酬的多少就由主编作"二"至"五"元的自由签发了。除此之外,《新青年》的广告经营意识也是一卷一个变化,甚至每号都有一个细小的变化和考量。第1卷的1至6号一直保持着首"告"(社告)尾"章"(投稿简章)的广而告之方式。1号有《通信购书章程》,2号之后便有了除上海之外北京、新加坡等75个"书局"、"书馆"、"学社"、"书庄"各类名目"各埠代派处"的地址公布。③ 其中同时刊布的"广告价目"以及折扣优惠办法也是带有浓郁商业气息的市场化做法。

究竟《新青年》何以从"一千本"到了"一万五六千本"的呢?除却上面述说的原因外,陈独秀处心积虑的商业与文化并重策略充分流布在各卷各册上。正如我们看到的那样,2卷1号起,《社告》变脸为两个《通告》。其一为:"本志自出版以来,颇蒙国

---

① 《社告》,《青年杂志》第1卷1号,1915年9月15日。
② 《投稿简章》,《青年杂志》第1卷1号,1915年9月15日。
③ 《各埠代派处》,《青年杂志》第1卷2号,1915年9月15日。

人称许。第一卷六册已经完竣。自第二卷起,欲益加策励,勉副读者诸君属望,因更名为《新青年》。且得当代名流之助,如温宗尧、吴敬恒、张继、马君武、胡适、苏曼殊。诸君允许关于青年文字皆由本志发表。嗣后内容,当较前尤有精彩。此不独本志之私幸,亦读者诸君文字之缘也。"其二为:"本志第二卷第一号起,新闻《读者论坛》一栏,容纳社外文字。不问其'主张''体裁'是否与本志相合。但其所论确有研究之价值者,即皆一体登载,以便读者诸君自由发表意见。"①通告一以"名流"相标榜,通告二以"互动"相吸引,从而将杂志的"研究"性和"新闻"性有机甚至可以说是完美地结合在了一起,开创了中国现代杂志经典和通俗统一为一体的崭新格局。陈平原先生将《新青年》的风格概括为"学问家与舆论家"的"相得益彰",应该说是十分有见地的说法。② 如果说《投稿简章》与《各埠代派处》还间或轮流地在杂志后面刊登的话,而这两个替代了第一卷《社告》的《通告》则从2卷1号起,直到3卷2号才再次"变脸"。

值得一提的是,从《青年杂志》"换面"为《新青年》起始,《新青年》的封面上就有了"陈独秀先生主撰"的醒目"改头"。尤为值得注意的是3卷1号扉页上的关于《青年杂志》与《新青年》两

---

① 《通告》,《新青年》第2卷1号,1916年10月15日。

② 如果笔者没有记错的话,陈平原在将"序三"寄给我们主编的《回眸〈新青年〉》的同时,他还将序言以"学问家与舆论家"为题发表在1997年第11期的《读书》上。他原文有言曰:"舆论家(Journalist or Publicist)之倚重学问家的思想资源,与大学教授之由传媒而获得刺激与灵感,二者互惠互利,相得益彰。"他说"舆论家(Journalist or Publicist)"的说法来自胡适,并把它作为《新青年》的特点。这里,笔者更愿意把它作为一个重要或说举足轻重,将"香酒"抬出"深巷"的经营韬略。对此,我们还可以从他对亚东图书馆的经理汪孟邹的劝告中窥见的经营出版业思路:"你要死,只管还缩在弄堂里;你要活,一定要上马路。"参见汪原放:《回忆亚东图书馆》,学林出版社1983年版,第37页。

卷的全方位广而告之。这里的"全方位"除却指出版者将所有目录"挂靠"在显赫位置以哄抬"卖点"之外,"陈独秀先生主撰"和"大名家数十名执笔"的醒目参数,以及装订本"定价一元"、"邮费九分"的细节都能令我们感受到杂志出版发行者的苦心孤诣。崭新的知识信仰诱惑与市场伦理的人文关怀结合在一起,《新青年》因此获得了舆论界和出版界的双重喝彩。用今天的话语表述即是,它收到了社会效益和经济效益的"双效"。对杂志本身来说,它达到了双赢;对陈独秀与胡适这两位《新青年》双璧来说,他们的"雄心"和"学识"取长补短,"挥洒自如"。①

无论是世人将其定位为思想"猎奇"刊物②以及后人视为带有矫枉过正色彩的激进主义现代文化摇篮,③这都不能冲淡我们对《新青年》这一影响20世纪现代性演进杂志之价值趋向的评价。毕竟,其由商业上炮制的经济"晕轮效应"并由此给思想界、文化界、知识界、舆论界带来的"社会晕轮效应"是近代以来任何一个报刊都无法比拟的。④ 对此,我们还可以从那一代文化同仁为争取《新青年》这一"金字招牌"而打造自我为中心的舆

---

① 陈平原:《序三》,张宝明、王中江主编:《回眸〈新青年〉》,河南文艺出版社1998年版,第11页。
② 〔美〕魏定熙:《北京大学与中国政治文化(1898—1920)》,金安平等译:北京大学出版社1998年版,第117页。
③ 这类的评论随着林毓生《中国意识的危机》(贵州人民出版社1988年版)的出版而见诸很多涉及五四新文化运动的文字,恕不一一列举。
④ "晕轮效应"是经济学上的一个营销理念,意思是从一个极其重要的定位投石问路。如同一块石头扔进湖水一样,它激动的阵阵涟漪和波纹会不断掀起连环效应。对《新青年》来说,它就是一个不断让思想和舆论的"后浪"推进"前浪"的运作机制。

论环境之争夺战中窥见"知识"与"经济"配合的重要性。①

3."金字招牌":在文化品牌与商业品牌之间

"学术与政治"作为两种不同"志业"的歧异,这是思想史上一个重要的命题。其中马克斯·韦伯关于这个命题的两篇演讲尤其经典。②殊不知,《新青年》的分歧除却学术界论述的已经耳熟能详的学术理路和政治理路的歧异外,其中还有一个深层的隐含:"君子不言"之"经济"的纠缠。因此我们这里论述的是《新青年》文化群体在争夺上海与北京编辑权问题上暴露出的潜在"名利"因素。也许,这样的讨论更有助于我们回到历史现场,准确理解《新青年》同仁在孕育现代启蒙思想文化摇篮时的艰难纠葛。

从学术史的视角看《新青年》研究,过去我们对《新青年》时代终结的根据经历了编辑方针的分歧、文化(学术)与政治(革命)殊途、"问题"与"主义"的冲突等三个阶段。再回首,《新青年》同仁情结从门可罗雀到门庭若市的积淀不可能使它在一夜之间倾倒。1919年9月,陈独秀作为政治犯出狱。这时《新青年》同仁之间所有的纷争诸如"分歧""殊途""冲突"都已经暴露无遗。此刻陈独秀已经结束了"脚踩两只船"的春风得意时期,《新青年》"轮流主编"的同仁时代也奄奄一息。解聘于北京大学,他心灰意冷自所难免。于是,"以编辑为生"之重操旧业念头萌生,不过这时他已经不似协办《甲寅》杂志时那般"静待饿死"

---

① 这是《新青年》撰稿同仁在为杂志北留还是南迁问题上冒出的一句气头话。其中有"索性任他分裂"、"不必争《新青年》这一个名目"、"不在乎《新青年》三个字的金字招牌"等语。参见任建树等:《陈独秀著作选》(第2卷),上海人民出版社1993年版,第226—227页。

② 就这个问题的阅读和讨论,可参见钱永祥:《在纵欲与虚无之上》(生活·读书·新知三联书店2002年版,第86—93页)一书中提及的基本译著以及对这一命题的阐释。

的窘境。①

10月5日在胡适寓所举行的编辑部会议已经筹划了在北京与上海同时编辑的"两栖"导向。果不其然,11月1日问世的6卷6号《新青年》就有了封二上显赫的"启事":"凡与本报交换的月刊周刊等,请寄北京北池子箭竿胡同九号本报编辑部。各报与本报交换的广告,请寄上海棋盘街群益书社本报发行部。敬求注意!"②7卷的重心不断转移,"主义"色彩已经毫不掩饰。6号上的"劳动节纪念专号",《新青年》就基本上完全褪去"问题"色彩。在纸张猛然加厚的外表特征(计四百面)外,《新青年》一改封面上一贯的两个醒目样式,除却保留了"中华民国邮务局特准挂号认为新闻纸类"的竖排字样,那雷打不动的"上海群益书社印行"的字样横竖不见了。8号1卷上的封面果然有了突变,"上海新青年社印行"取代了读者习惯的"上海群益书社印行"。③对于这个变化,我们从陈独秀1920年给同仁的信中也可见端倪:"本卷已有结束(指7卷6号——引者注),以后拟如何办法,尚请公同讨论赐复:(1)是否接续出版?(2)倘续出,对发行部初次所定合同已满期,有无应与交涉的事?"其实这第二个问话是陈独秀"自知之明"之见,以后的《新青年》与群益书社

---

① 其实,陈独秀1914年6月10日给章士钊的信中所言"生机(自然)断绝"的境况在傅斯年的回忆中也可得到佐证:协助章士钊办《甲寅》之时,他还只能"度他那穷得只有一件汗衫,其中无数虱子的生活"(傅斯年:《陈独秀案》,《独立评论》第24号)。对这段生活的记录,陈独秀痛定思痛地转述说:"寒士卖文为生,已为天下至苦之境。"(陈独秀:《〈双枰记〉叙一》,《甲寅》第1卷第4号,1914年11月10日)由此可见,在轰轰烈烈的文化启蒙或政治议论背后,还有着更深层的知识经济内驱力呢!

② 《本报启事》,《新青年》第6卷6号,1919年11月1日。

③ 当时为《新青年》加量不加价的做法,陈独秀与群益书社经理陈子寿发生了激烈的冲突,在不可开交后,"无法调停,终于决裂,《新青年》独立了。"究其本质,还是《新青年》的翅膀硬了,实力强了。参见汪原放《回忆亚东图书馆》,学林出版社1983年版,第54页。

的分裂果然引来了群益书社起诉的官司。在这封信中,最为关键的还是第三个"编辑人问题"的询问,陈独秀的方案是:"(一)由在京诸人轮流担任;(二)由在京一人担任;(三)由弟沪担任。"这是一封写给12位同仁的信件,其间的征求意见无非是一种台前幕后的过场。① 这从其相继邀请陈望道与沈雁冰参加《新青年》编辑工作和撰稿工作的情形看,在上海的陈独秀已经胸有成竹了。②

1920年9月1日,"新青年社"成立。从此,《新青年》的编辑出版、业务经营完全以一个独立法人的形式出现。名副其实的社长兼总编于一身的陈独秀更是刚愎,"谈政治"更无忌惮。完全将《新青年》置于掌握之中的陈独秀在上海如鱼得水,他在专心经营着自己的事业。《新青年》8卷1号的首篇便是陈独秀的《谈政治》,而且以首次公开批评胡适等人"不谈政治"起头,把自己的底牌给彻底亮出来。"俄罗斯研究专号"也是由此开始的。

在《新青年》北京、上海"两栖"之时,针对杂志"色彩"问题,胡适多次写信与陈独秀交涉。然而陈独秀一改前期虚与委蛇做法,而是以一种外柔内刚的态度予以消极的应付。1920年12月16日,他在给胡适和高一涵的信中说:"《新青年》编辑部事有陈望道君可负责,发行部事有苏新甫君可负责。《新青年》色彩过于鲜明,弟近亦不以为然。"③在这样浓重的政治色彩下还是嫌不够,那到底还要怎样一种刺鼻的政治味道呢?更为关键的

---

① 陈独秀:《陈独秀致李大钊、胡适等》,水如编:《陈独秀书信集》,新华出版社1987年版,第252页。

② 当时陈独秀邀请沈雁冰写稿,主要是指关于苏联情况的资料。参见沈雁冰《回忆上海共产主义小组》,《"一大"前后》(二),转引自《陈独秀年谱》,上海人民出版社1988年版,第122页。

③ 任建树等:《陈独秀著作选》(第2卷),上海人民出版社1993年版,第223页。

是，编辑和发行都换成了素不相识的陌生人。此情此景，胡适心急火燎，针对陈独秀"不以为然"的态度马上回信说："但此是已成之事实，今虽有意抹淡，似亦非易事。北京同人抹淡的工夫决赶不上上海同人染浓的手段之神速。"①就当时《新青年》北京与上海的分歧看，上海的政治走向固令同仁们十分不快，但"另起炉灶"以及起用新人的做法更令同仁不满。北京方面以消极的态度冷战自然就顺理成章了。固然，远在上海不易组稿是实情，但陈独秀的催促却是有目共睹的。在催促鲁迅、周作人兄弟俩同做文章的同时，也不忘交待说："玄同兄总是无信来，他何以如此无兴致？无兴致是我们不应该取的态度，我无论如何挫折，总觉得很有兴致。"②陈独秀把同仁的无兴致归结于"挫折"。当然，我们不能否认这是挫折后的意气冷落，但陈独秀把《新青年》到上海后不能"趋重哲学文学为是"的原因归结为"北京同仁来文太少"，未免有点言不由衷吧。③ 可是一旦将与其政治观点对立的文章寄来发表，陈独秀多少又有点消极，甚至带有食言而肥的味道。这从他1921年1月托陈望道汇给胡适的一个明信片可以发现其中的秘密："大作已载在《新青年》八卷五号了，《新青年》内容问题，我不愿意多说话，因为八卷四号以前我纯粹是一

---

① 任建树等：《陈独秀著作选》（第2卷），上海人民出版社1993年版，第224页。
② 沈鹏年：《鲁迅和〈新青年〉关系的两个史实》，转引自《陈独秀年谱》，上海人民出版社1988年版，第123页。
③ 陈独秀认为要《新青年》"趋重哲学文学为是"，"非北京同人多做文章不可"。"近几册内容稍稍与前不同，京中同人来文太少，也是一个重大的原因，请二兄切实向京中同人催寄文章。"参见任建树等：《陈独秀著作选》第2卷，上海人民出版社1993年4月版，第223页。他在1920年12月给同仁的信中仍然怪罪一涵、孟和、玄同诸兄的"久无文章"。参见水如编：《陈独秀书信集》，新华出版社1987年版，第305页。

个读者,五卷(号——引者注)以后我也只依照多数意见进行。"①两陈之间踢皮球不说,所谓的"大作"不过是胡适的只有几行字的《梦与诗》和《礼》两首白话诗。在哲学和文学上的努力冲淡也已经是杯水车薪,不解政治之干柴烈火了。必须看到,在所谓"色彩"背后已经蕴含着专职北大、每月领着高薪的教授们所能理解的了。接下来,我们看看当时发生的实际情形吧!

针对陈独秀提出要冲淡政治色彩"非北京同人多做文章不可"的方法,其实胡适早有警惕和防范,因此才有了下文的"三个办法"。周作人、鲁迅、李大钊等联合签名,致函陈独秀希望改变《新青年》的现状。在1921年1月22日这封广为传阅征求意见的信中,胡适为改变《新青年》性质提出"三个办法":"1.听《新青年》流为一种有特别色彩之杂志,而另创一个哲学文学的杂志,篇幅不求多,而材料必求精。我秋间久有此意,因病不能做计划,故不曾对朋友说。2.若要《新青年》'改变内容',非恢复我们'不谈政治'的戒约,不能做到。但此时上海同人似不便做此一着,兄似更不便,因为不愿示人以弱,但北京同人正不妨如此宣言。故我主张趁兄离沪的机会,将《新青年》编辑部的事,自九卷一号移到北京来,由北京同人于九卷一号内发表一个新宣言,略根据七卷一号的宣言,而注重学术思想艺文的改造,声明不谈政治。孟和说,《新青年》既被邮局停寄,何不暂时停办,此是第三办法。但此法与《新青年》社的营业似有妨碍,故不如前两法。"②从胡适信件的内容看,他早就有另立门户的意思,只是"无能为力"。这里的"营业"透露出一个重要信息:《新青年》社要为生计考虑。

---

① 胡适档案:中国社会科学院存。转引自《陈独秀年谱》(第2卷),上海人民出版社1993年版,第139页。
② 鲁迅:《寄给独秀的信》,水如编:《陈独秀书信集》,新华出版社1987年版,第293—294页。

说到生计,也就是我们所说的《新青年》作为一个文化品牌同时的商业效应:"南北"之争的实质还是"新青年"这个"名利不能若浮云"的"金字招牌"。我们看到,在胡适得知陈独秀闻讯而感情用事后,他便很快向在京同仁发出紧急信件,以"征求意见"的名义联合抵制"色彩"与"分裂"。这时的"色彩"问题已经被"分裂"与否所取代,而"分裂"还是"统一"问题则是在为一个"名目",这个"名目"说穿了还是:到底是全体同仁共享"既得利益"呢,还是某一个人或让新邀的陈望道等人"坐享其成"呢?事实是,胡适们对《新青年》在上海离开同仁独立的做法还是有酸葡萄心理的(这在下面的论述中能够看出)。要知道,这毕竟是同仁在精神(也是一种生产力)"股份制"条件下打造的"双效"品牌!针对陈独秀得知"移到北京"消息的恼火,胡适在给北京同仁守常(李大钊)、豫才(鲁迅)、玄同(钱玄同)、孟和(陶履恭)、慰慈(张慰慈)、启明(周作人)、抚五(王星拱)的信中这样解释陈独秀的"误会"并故意妥协说:"第二条办法……含两层:1. 移回北京;2. 移回北京而宣言不谈政治。独秀对于后者似太生气,我很愿意取消'宣言不谈政治'之说,单提出'移回北京编辑'一法。理由是:《新青年》在北京编辑或可以多逼北京同人做点文章。否则独秀在上海时尚不易催稿,何况此时在素不相识的人的手里呢?"①这一次,胡适也对破裂有了"妥协"的表示。究竟胡适在哪些方面妥协,而在哪些方面不愿妥协呢?他在"移回北京"主意上的固执,以及"取消"自己一贯坚持的"不谈政治"的说法,足以说明他们纷争的实质已经不在于谈与不谈政治,而是《新青年》这一如日中天的"金字招牌"。至于其"理由",所谓的"催稿"无非是托词,而介意自己多年栽培的《新青年》终于落在了"素不

---

① 胡适著:《致李大钊等〈新青年〉编委》,耿云志、宋广波编:《胡适书信选》,外语教学与研究出版社、上海三联书店2012年版,第75—76页。

相识"的人手里，则是一个重要因素。这个"名目"包含着潜在的经济利益，这个经济利益的根本还在《新青年》这块著名招牌，用今天的术语表达即是文化品牌的商标权。① 对此，我们从当时胡适征求意见反馈过来的信息看也还是符合历史事实的。关于胡适要求北京同人"表决"的主题，只有一个："把《新青年》移到北京编辑。"鉴于他担心《新青年》会随时失控，于是他在陈独秀气急之中很快收回"另起炉灶"的要挟语言，立刻转变态度说"我们这一班人决不够办两个杂志"。还有，陈独秀曾在气头上表示"此事（指另起炉灶——笔者注）与《新青年》无关"，因此胡适就又换了一种要挟的口气和方式："然岂真无关吗？"这个疑问的口气中除了要挟外（无力办两个杂志），还有一种对同人多年心血的讨价意味。这里，胡适不愿意分裂的态度从来没有这样鲜明过，他改变了被迁就的主动竟然被动地迁就起陈独秀来："一个公共目的，似比较的更有把握，我们又何必另起炉灶，自取分裂的讥评呢？"结果是：包括胡适自己在内的9位北京同人，有张慰慈、高一涵、陶孟和、王星拱6人态度明确的支持"移回北京"；鲁迅、周作人、钱玄同则明确表示"索性任他分裂"、"不必争《新青年》这一个名目"、"不在乎《新青年》三个字的金字招牌"。李大钊则以"调和"的态度"主张从前的第一条办法"，就像《新青年》与《每周评论》当时的分别一样。不难看出，李大钊并不赞成《新青年》这么一个有影响的杂志停谈政治，与其前期思路一脉相

---

① 《新青年》一早就有商标注册的法人意识。《新青年》本名《青年杂志》，到了第1卷6号出版时，群益书社接到上海青年会的一封信，说该杂志和他们的上海《青年》周报名字雷同，应该改名，于是《新青年》在1916年9月1日起正式由《青年》改名为《新青年》。参见汪原放《回忆亚东图书馆》，学林出版社1983年版，第32页。

承,更何况此时的《新青年》已经成为中共机关刊物呢?①

个性和心理因素是一个人"我行我素"的一贯素质。但是在1919年底和1920年的加速分化,无疑要归结为陈独秀"无依无靠"的一种愤懑选择。这个选择说得雅一些就是"经济",说得俗一点就是"饭碗"。如同《新青年》杂志在离开北京后所作的广告词说的那样:"现在世界的大问题,差不多通是经济问题。"一个响亮的提法说:"想要自决,先要能够自给。"陈独秀在北京大学学校评议会遭到非议后的解聘,无疑成为他向外转的内因。我们可以从陈独秀离职前后的收入差距中找到确凿的根据,以证明当事人心理何以如此不平衡。与陈独秀当年入主北京大学前夕相比,主编的失落是不言而喻。尽管主编当时一再推辞,但"三百元"的薪水又是多么令人羡慕! 不过,《新青年》也是蒸蒸日上:"现金二十万元",固定资产"三十余万元",这是一个有实力的文化产业。加上"学长"入股《新青年》,"月薪"加"夜草",优裕有余,十足的小康生活。比起他前几年协助章士钊办《甲寅》杂志时食不果腹、"静待饿死"的生活有天壤之别。对此,同仁也是理解的。譬如,胡适即使是在谈到《新青年》"色彩"和"上海—北京"编辑权问题上也是网开一面,对其营业额一事深表关注。在谈到关于"第三个办法"时,胡适说:"《新青年》……暂时停办,……与'新青年社'的营业似有妨碍,故不如前两法。"②将(新青年)"社"与(编辑)"部"分开,不但显示了胡适的"城府",而且也说明胡适们对这个"营业"也很在意,只是"君子不言利"的传统心理作祟,只愿"争权",不愿意明着"夺利"而已。后来陈独秀离开上海又赴广州,这其中除却"后知"家喻户晓的宣传"主义"的

---

① 任建树等:《陈独秀著作选》(第2卷),上海人民出版社1993年版,第226—227页。

② 《胡适答陈独秀》,水如编:《陈独秀书信集》,新华出版社1987年版,第294页。

思想原因外,一个重要的主导就是要再度寻求"月薪"。陈炯明多次邀请陈独秀去广东主持教育事务,但直到1920年年底有了陈炯明"保证决以全省收入十分之一以上为教育经费",①陈独秀这才决定应聘。有"后知"评价说:"陈独秀不务虚名,既要教育的行政大权,又要财权,想在教育改革方面施展他的抱负,干出一番事业来。"②应该说,这是切中肯綮的点睛之笔。毕竟,陈独秀对"财权"的认识是刻骨铭心的。要知道,他在临行广州之前,已经开始在胡适等同仁面前叫苦不迭了:"弟在此月用编辑部薪水百元,到粤后如有收入,此款即归望道先生用,因为编辑事很多,望道境遇又不佳,不支薪水似乎不好。"③这里,一是反映了同人们以前共事时"亲兄弟明算账"的原则;二是说明"新青年社"的基金与同人们多少还有共同隶属关系;三是基金有向陌生编辑(对北京同人来说)诸如陈望道、李汉俊、李达、沈雁冰身上倾斜的倾向。

凡此种种,再次印证了《新青年》作为一代名刊也难以留存于真空,清谈那些"纯"而又"纯"的启蒙文化,传播那些"纯"而又"纯"的启蒙思想种子。

如同任何一个时代的思想家和舆论家都有过的精神事业历程一样,《新青年》的主编和同人是在追求思想自由目标的同时履行着"经济自由"的神圣职责。言其神圣,是因为:"经济自由是一切其他自由的保障,……这种体制满足了人们形形色色的愿望,不论这些愿望多么琐碎,多么粗俗。"更何况《新青年》启蒙先贤们追求的"愿望"使命呢?在这一意义上论说《新青年》思想文化启蒙的前提——经济自由或说市场意识,不但不是对《新青

---

① 《民国日报》,1920年12月18日。
② 任建树著:《陈独秀传》,上海人民出版社1989年版,第224页。
③ 《陈独秀致李大钊钱玄同等》,水如编:《陈独秀书信集》,新华出版社1987年版,第305页。

年》先驱的贬低,相反却是更为深层的肯定。毕竟,"人权"(五四时期《新青年》上最为强亮的音符)是以"财产权"和"经济自由"为依托的。①

如果我们的历史研究不是为历史而历史,那么笔者要说:20世纪最后20年所发生的思想史上形形色色的精神现象和世纪最初20年的一切思想演绎一样精彩,但是考察后段历史,还没有哪一种同仁性质的杂志有着《时务报》、《新民丛报》、《甲寅》杂志以及《新青年》的影响。至少,这一阶段杂志的主撰还少有陈独秀这样的"理想与勇气"。② 同样出自一个作者之手,陈平原对胡适于20年代的评述十分认同:"二十五年来,只有三个杂志可代表三个时代,可以说是创造了三个新时代。一是《时务报》,一是《新民丛报》,一是《新青年》,而《民报》与《甲寅》还算不上。"③撇开胡适的概括与陈平原的认同是否为"英雄所见",就20世纪最后20年以来的"文化热""新启蒙""人文精神讨论""国学热""自由主义""新左派""后现代"等等变脸式的"唱法",以及应运而生的种种同仁杂志,还真的需要回眸一下《新青年》主撰者的"理想"情怀和现实"勇气",尤其是他们在杂志运作上的文化韬略与经营策略。也许,首位的经济"体制"有别,但笔者

---

① 刘军宁:《市场经济与有限政府》,《共和·民主·宪政——自由主义思想研究》,上海三联书店1998年版,第366页。
② 陈平原:《序三》,张宝明、王中江主编:《回眸〈新青年〉》,河南文艺出版社1998年版,第11页。
③ 胡适:《致高一涵等四人关于〈努力周刊〉的停刊信》,《胡适书信集》,北京大学出版社1996年版,第320页。

以为,重要的还是"理想与勇气"的支撑。① 当《新启蒙》、《学人》、《原道》、《学术思想评论》、《青年思想家》等这些类似于《新青年》的"以书代刊"同仁性杂志在艰难困苦中踽踽独行中承担着命运多舛的责任时,难道我们这些已经休止、中止抑或正在辗转反侧的同仁不能从《新青年》的主持者那里汲取必要的人文理想养料和守望阵地的经营勇气吗?②

是的,《新青年》的影响力来自于知识理想和经营阵地的舟车两轮。这是历史的启示,也是现实的教训。唯其如此,知识分子的启蒙精神才不会失落,自由思考的启蒙才能香火不断,薪尽火传。在历史与现实之间,笔者一直围绕着几个自己关心的问

---

① 陈平原在哥伦比亚大学访问期间为《回眸〈新青年〉》写序说:"《新青年》的随陈独秀迁京,使得革命家的理想与勇气,得到学问家的性情及学识的滋养。"而同时在香港中文大学作访问学者的汪晖也在回信中说:"《读书》编辑部转来的信件已经收到,谢谢。苦于一些工作,我希望能找在以后的工作中继续关注这样一个出版工作。因为我对《新青年》一代人所作的工作是充满敬意的。"(1997年元月汪晖给笔者的信)台湾著名学者韦政通先生也在序言中对《新青年》一代人的人文理想和人格勇气评价道:"知识分子丧失理想,实是严重的危机。理由很简单,不论是了解问题或是解决问题,都需要具有智慧和创新能力的人才,这种人才必定富有理想主义的精神。自古至今,有无数的例子可以证明:要求社会进步和文化创新,理想主义的精神以及由它激发出来的奉献热忱,永远是最大的资源与动力。回看'五四'时代的理想主义者,对我们能没有一点感应和启示吗?"

② 《新启蒙》为王元化主编;《学人》曾为陈平原、汪晖、王守常主编,江苏文艺出版社出版;《原道》为陈明主编,历经坎坷,现在仍在出版,但不得不以《新原道》为代价与一家有经济实力的出版社合作。陈明最近在《中华读书报》上撰文称《原道》更像《新青年》,其中的辛酸和沧桑感流于言表;《学术思想评论》为贺照田主编,主编自述也是"筋疲力尽";《青年思想家》为贺立华、杨守森主编,近来有复活的消息,但还是"力不从心"。对上面还"存活"的同仁期刊,笔者同各位主编都有不同程度的交流与合作,并从不同的角度予以"支持"和相互勖勉。应该承认,我从知识经济学的视角写下这篇论文的起因与以上这些朋友的际遇和心情刺激不无关系。在此,笔者除对他们表示一定的敬意和感谢外,也期待他们以及他们周围的同仁能唤起《新青年》同仁的朝气、理想和勇气。

题进行着无休止的理性对话。在结束本文时,请允许笔者犯一次历史研究的顾忌——用《历史的天空》歌词作一次激情奉献:"暗淡了刀光剑影,远去了鼓角争鸣……眼前飞扬着一个个鲜活的面容……岁月啊你带不走那一串串熟悉的姓名……长江有意化作泪,长江有情起歌声。历史的天空闪烁几颗星。人间一股英雄气在驰骋纵横。"

二、失去砝码的天平:两种理性与"五四"新文化运动的走向

——以"德先生"和"赛先生"为中心的历史考察

关于理性的二分法,在中外思想史上,不乏仁智之论。西方思想史上休谟的知识之"事实"("是"与"不是"的客观判断)和"价值"("应该"与"不应该"的价值判断)的二分开启了相对理性的先河。① 之后皮亚杰的"正题法则"和"人文历史"的"科学"对待②,则是把"实践"与"规范"两种理性分庭抗礼。在这个基础上,波斯纳分别以"道德"和"经济"作为规范理性与实践理性的代表。③声名显赫的理性划分还有哈耶克经验理性和建构理性的分野,④凡此种种,不一而足。撇开理性二分的变异与纷纭,本论将引用马克斯·韦伯的"价值"和"工具"两种理性作为支援。这里,笔者从其长篇大论的丰富文字中提取的是这样一段关于"理性"的认识:"新教伦理强调勤俭和刻苦等职业道德,通

---

① 〔英〕休谟著:《人性论》,关文运译:商务印书馆1980年版。
② 〔瑞士〕皮亚杰:《人文科学认识论》,郑文彬译:中央编译出版社1999年版,第7页。
③ 〔波〕波斯纳:《性与理性》,苏力译:中国政法大学出版社2005年版。
④ 〔英〕哈耶克:《自由秩序原理》,邓正来译:生活·读书·新知三联书店1997年版。

过世俗工作的成功来荣耀上帝,以获得上帝的救赎。这一点促进了资本主义的发展,同时也使得工具理性获得了充足的发展。但是随着资本主义的发展,宗教的动力开始丧失,物质和金钱成为人们追求的直接目的,于是工具理性走向了极端化,手段成为目的,成了套在人们身上的铁的牢笼。"①如果说人类文明的历史无非是兑现"真"与"善"的面值,那么笔者以为无论理性如何从不同视角诠释与发展,工具理性的求真和价值理性的求善都将构成两个大致维度。进而言之,人文以外的客观知识、事实数据、逻辑推理这些具有物理性、原理性、是非性的判断都属于这一畛域。相反,关乎人类自身的友善、美好、良知等具有人文主体之内涵的元素属于价值范畴。

解释何谓两种理性之后,就该交待一下为何以两位"先生"为关键词或说中心词作为审视百年前那场运动的理由了。众所周知,人既是理性的动物,又是政治的动物。这话有些年头了,而且很有来头:出处在2000年前的古希腊,一个是柏拉图的思想名言,②一个是亚里士多德的哲理定义。③就此观察"五四"新文化先驱们的所作所为,我们不能不佩服古代先贤的预言:新文化元典诞生的时代,《新青年》同仁们正是将求真与求善相提并论,于是才有了代表"真"的"赛先生"和代表"善"的"德先生"——科学文明和政治文明——舟车之两轮的并立竞进。也正是因为这两位"先生"飞奔驰入,使得中华民族这一老大帝国由此焕发出无限的青春活力。与此同时,也不能不看到,两"先

---

① 〔德〕韦伯:《新教伦理与资本主义精神》,李修建、张云江译,中国社会科学出版社2009年版。
② 〔古希腊〕柏拉图:《理想国》,郭斌和、张竹明译:商务印书馆1996年版。
③ 〔古希腊〕亚里士多德:《亚里士多德选集》(政治学卷),颜一编:中国人民大学出版社1999年版。

生"冠冕堂皇地成为至高无上的国民洗礼者后,鉴于它们在人文传统与法治意识"两头不到岸"中的进退失据,也为中国现代性的演进埋下了磕磕绊绊的隐忧。

显然,两种理性并非两位"先生",更非分属和代表。于是也才有了失去砝码的天平。在这里,"理性"们和"先生"们构成了多维重叠、交互乃至错位的关系。正是这种关系的错综复杂才导致新文化运动"砝码"的错码、乱码以至于失衡的面相。在《新青年》这一孕育新文化元典并成功运作新文化运动百年之际,难免有这样一个反思的冲动。

1. 心同此"理":一本同仁杂志的"公同担任"

学术界对《新青年》杂志的"同仁性"没有什么异议。对这一历史事实的认可也是对围绕这一平台的知识群体论"道"说"理"之共识与并进的认同。我们还知道,《新青年》是在主撰陈独秀到北京大学赴任文科学长后获得"同仁性"最大化的。这个最大化既是作者队伍的数量,也包括稿源质量。"公同担任"的轮流值编,①使得背靠北大的杂志得风顺水、左右逢源,很快成为时尚并畅销的"金(字招)牌"杂志。②。在教授和编辑(也是作者,相当于自由撰稿人)的职业之间,"新青年派"的同仁们是以作为饭碗的职业为本;在学问家和舆论家的双重身份之间,他们显然将学问作为"厚积"的知识资本而倚重并发挥着"舆论家"的才

---

① 《本杂志第六卷分期编辑表》,《新青年》第 6 卷 1 号,1919 年 1 月 15 日。

② 胡适:《致李大钊等〈新青年〉编委》,耿云志、欧阳哲生编:《胡适书信集》(上),北京大学出版社 1996 年版,第 266 页。

情。①

　　这些思想同仁有着不同的家庭背景,不一样的游学经历,还有着师从学门等个体性的差异——这也是新文化运动呈现出多重思想气质和哲学谱系的原因,但文化先驱们在将近世以来西方的现代性资源作为圭臬,同心协力打造中国现代性之路的总目标上却并无二致,由此也形成了气势非凡、所向披靡的舆论攻势。进一步说,新文化运动的思想先驱在一个共执的平台上协力布阵,集中思想舆论的火力向旧文化、旧制度宣战。新文化运动倡导者以《新青年》杂志为大本营的舆论"公共空间"尽管具有(组织)松散、(撰稿)自由甚至有着天设地造、格格不入的精神气质,②但在以"妙手"著出"科学"文章、"铁肩"担当"民主"道义这一路径选择上却有着高度的一致、整齐的划一。在《新青年》创刊号上,陈独秀以头版、头条、头题"敬告青年":"国人而欲脱蒙昧时代,羞为浅化之民也,则急起直追,当以科学与人权并重。……凡此无常识之思惟,无理由之信仰,欲根治之,厥维科学。"③这里的"人权"即民主,也即所谓的"赛先生"。主撰的导向很快成为同人们的共同担当:鲁迅"采取统一步调"的"听将令",周作人、李大钊、钱玄同、刘半农、高一涵、沈尹默台前幕后、

---

　　①　陈平原在为《回眸〈新青年〉》作的序言中说:"舆论家(Journalist or Publicist)之倚重学问家的思想资源,与大学教授之由传媒而获得刺激与灵感,二者互惠互利,相得益彰。"他说"舆论家(Journalist or Publicist)"的说法来自胡适,并把它作为《新青年》的特点。张宝明、王中江主编:《回眸〈新青年〉》(序三),河南文艺出版社1998年版,第11页。

　　②　其中又以胡适和陈独秀为代表的文艺复兴和启蒙运动两种气质最为明显。这也是笔者一再将"五四"新文化运动看做具有双重气质之"运动"的原因。参见:张宝明、张光芒:《百年"五四":是"文艺复兴"还是"启蒙运动"?——关于五四新文化运动性质的对话》,《社会科学论坛》2003年第11期。同时可参见对话《中国启蒙:过去、现在和未来》,《河南社会科学》2003年第1期。

　　③　陈独秀:《敬告青年》,《青年杂志》第1卷1号,1915年9月15日。

运筹帷幄,以德、赛两位先生为矛、盾,为新文化、新思潮、新政治、新社会的到来冲锋陷阵,"狠打了几次硬仗"。对此,新文化运动的另一位中坚胡适有过这样的到位概括:"这三十年来,有一个名词在国内几乎做到了无上尊严的地位;无论懂与不懂的人,无论守旧和维新的人,都不敢公然对它表示轻视或戏侮的态度。那个名词就是'科学'。"①想当年,"赛先生"的气场就是这样一种咄咄逼人的情势。在同仁们看来,中国的愚昧、滞后、落伍统统都可以归结为缺少这两位"先生"的指引。若要救亡图存,重塑中国人的精神与人格,最终完成传统文明向现代社会的转型,就必须请进这两位"先生"。一时间,"五四"知识分子在面对国家、民族危亡时所怀抱的深沉使命感、义务感、责任感统统压在了"德先生"和"赛先生"身上。更为清晰的道理还在这里:"现在世界上有两条道路:一条是向共和的科学的无神的光明道路;一条是向专制的迷信的神权的黑暗道路。"②

如果说上述陈独秀的文字属于寻求知根知底的逻辑依据,那么下面一段针对社会围攻的"答辩"则显示出十足的防守意识和底线思维:"西洋人因为拥护德、赛两先生,闹了多少事,流了多少血,德、赛两先生才渐渐从黑暗中把他们救出,引到光明世界。我们现在认定,只有这两位先生可以救治中国政治上、道德上、学术上、思想上一切的黑暗。若因为拥护这两位先生,一切政府的迫压,社会的攻击笑骂,就是断头流血,都不推辞。"③不言而喻,"两位先生"不但是用来冲锋陷阵的"矛尖",而且还是援来遮风挡雨的"盾牌"。"德先生"和"赛先生"方法、能力、作用在陈独秀和胡适的"一唱一和"及其同仁们及时的"补台唱和"中发

---

① 胡适:《科学与人生观·序》,亚东图书馆1923年版。
② 陈独秀:《克林德碑》,《新青年》第5卷5号,1918年11月15日。
③ 陈独秀:《本志罪案之答辩书》,《新青年》第6卷1号,1919年1月15日。

挥到了淋漓尽致的地步。对此,我们可以从胡适关于科学之普世价值的言说中得到验证:"科学的根本精神在于求真理",而"只有真理可以使你打破你的环境的一切束缚",一切的一切还在于"科学的文明教人训练我们的官能智慧,一点一滴地去寻求真理,……这是求真理的唯一法门。"[1]不难理解,唯科学主义与唯民主主义的阳关大道就是在这样一种叱咤风云、舍我其谁的气势和思维下铸成的。如果承认"五四"新文化运动的启蒙气质浓郁于文艺复兴或压过其他氛围的话,那么我们说这一启蒙运动造就以"民主"与"科学"理性前驱照亮了中国现代性的前程。[2] 与此同时,以"民主"与"科学"为前驱的中国现代性演进之路并非一帆风顺,这正是我们当下需要正视并反思的学术命题。

2. 求同存"异":一个知识群体的和而不同

"和而不同"完整表述是"君子和而不同,小人同而不和"。[3]上述我们重点强调的是"新青年派"的"和",即标题昭示的"心同此理"之中的"理"。着实说来,同仁们的"同"是公心的"同",是大目标、大方向、大理想之同气相求下的"和"。同时,也不能不看到,在这个大致相同的历史背后,还有着不同家庭背景、个人游学经历、各自知识谱系的差异,这个差异在某种意义上也正是他们相互借鉴、取长补短并相得益彰的根本原因。这里,"不同"是"和"之原因,"和"是"不同"的结果。恰恰是这个"不同",也才有了20世纪思想史上为新中国、新政治、新社会之到来之鼓与

---

[1] 胡适:《我们对于西洋近代文明的态度》,《胡适文集》(3),人民文学出版社1998年版,第420—421页。

[2] 参见"启蒙运动"一款,《大不列颠百科全书》(第6卷),中国大百科全书出版社1994年版。

[3] 杨伯峻:《论语译注·子路第十三》,中华书局2006年版,第125页。

呼的"五四"新文化运动。也正因为有了这样一个如火如荼、狂飙突起的文化大格局、舆论大气势、思想大动作的铺垫和准备，近代到现代的中国转型才惊涛拍岸、翻天覆地。

众所周知，新文化运动的发轫是以《青年杂志》创刊为标志的；而其发生与发展则依赖同仁的凝神聚力。一个著名的思想史命题已经为学界所公认：胡适加盟《新青年》后曾经与"主撰"陈独秀达成一个不成文的君子协议——"二十年不谈政治"。① 尽管"二十年不谈政治"是主撰在步履维艰、等米下锅情境下为杂志延揽作者队伍而采取的妥协原则，但应该看到这个权宜之计却是陈独秀布下的一招妙棋。主撰可以遵循自己的办刊宗旨而越线甚至食言，但一个不能否认的事实是，在主撰委曲求全或说逶迤曲折地招惹"政治"的权和变之下，《新青年》杂志的舆论基本上还是按照陈胡二人达成的运作规则进行的：妥协与原则并存、让步与自我同在。这一点正如钱玄同在给朱经农、任鸿隽两人的回信中所说的那样："同人做《新青年》的文章，不过是各本其良心见解，说几句革新铲旧的话；但是各人的大目的虽然相同，而各人所想的手段方法，当然不能一致。所以彼此议论时有异同，绝不足奇，并无所设'自相矛盾'。"② 在同仁们看来，这样的思想格局不但不是障碍，反而是思想史上公共空间里的"必要的张力"。惟其如此，才能在开放、多元之平等对话的前提下实现资源的共享与科学、民主之自由平台。

---

① 胡适早年和晚年的回忆都已在表明，想当年两人刚刚携手之际，确有"不谈政治"的摊牌："在民国六年，大家办《新青年》的时候，本有一个理想，就是二十年不谈政治，二十年离开政治，而从教育思想文化等等非政治的因子上建设政治基础。"参见胡适：《陈独秀与文学革命》(1931年1月30日胡适在北大的演讲)，王树棣等编：《陈独秀评论选编》(下册)，河南人民出版社1982年版，第289页。

② 钱玄同：《通信》，《新青年》第5卷2号，1918年8月15日。

"从教育思想文化等等,非政治的因子上建设政治基础",这不但道出了胡适的初衷,也是他与陈独秀等同仁们协力谋事的底线。这从他对陈独秀一度"食言"的微词中不难窥见一斑。晚年口述自传中的追悔足见他对当年设防无效的耿耿于怀:"'五四运动'实是这整个文化运动中的,一项历史性的政治干扰。它把一个文化运动转变成一个政治运动。"因为"我们那时可能是由于一番愚忧想把这一运动,维持成一个纯粹的文化运动和文学改良运动——但是它终于不幸地被政治所阻挠而中断了!"①不过,我们也看到,一直以"后卫"身份定位的胡适对陈独秀向来的"前锋"角色还是有所牵制的。陈独秀在一些约定原则上的忍让、自律、妥协,不同程度上兑现了自己的承诺。我们看到,即使是"谈政治",他也是拐弯抹角、曲折逶迤地"谈",而且声明不是直接谈"官场"的、"行政"的"普通政治问题",而是立足于关涉国人"彻底的觉悟"、"国家民族根本存亡的政治根本问题"的舆论和学说:"国家现象,往往随学说为转移。我们中国,已经被历代悖谬的学说败坏得不成样子了。目下政治上、社会上种种暗云密布,也都有几种悖谬学说在那里作祟。慢说一班老腐败了,就是头脑不清的青年,也往往为悖谬学说所惑;我所以放胆一言,以促我青年之猛醒!"②这里,陈独秀所说的政治"根本问题",也就是他和胡适有着公约和共识的政治之"基础":"万一不安本分,妄欲建设西洋式之新国家,组织西洋式之新社会,以求适今世之生存。则根本问题,不可不首先输入西洋式社会国家之基础,所谓平等人权之新信仰。对于与此新社会、新国家、新信仰不可相容之孔教,不可不有彻底之觉悟、猛勇之决心。否则不塞

---

① 胡适:《胡适口述自传》,唐德刚译注,华东师范大学出版社1983年版,第183、186页。
② 陈独秀:《今日中国之政治问题》,《新青年》第5卷1号,1918年7月15日。

不流、不止不行。"①陈独秀的造舆论、打基础和胡适"非政治的因子"没有什么两样,"建设政治基础"和"输入西洋式社会国家基础"是同一个"基础"两个说法。为了使得这个"基础"能在新旧思潮的激战中获得话语权,陈独秀一再表述"不塞不流、不止不行"之不破不立逻辑,目的就是要将专制的政治基础存活文化土壤"孔教"连根拔起,从而让民主共和政治之新政治的基础移植中国,以期赢得"实行民治的基础"。②

在走向共和、民主的大方向上,陈独秀和胡适等"新青年派"舆论家的逻辑无非是由下而上地打牢学说的"事实"基础,以形成木已成舟之雄辩定势换得法治政治的"软着陆"。陈独秀与众不同的见解为我们做出了直接的说明:"我以为法律产生事实的力量小,事实产生法律的力量大,社会上先有一种已成的事实,政府承认他的'当然'就是法律,学者说明他的'所以然'就是学说,一切法律和学说,大概都从已成的事实产生出来的。"③这里的"事实"即是"人民创造"的事实,是社会需要的"事实"。既然中外的社会发展都无一例外地证明了"事实"的需要,那么对中国这样一个"情感"大于"法治"的国家来说,④学者有必要担当起诠释"所以然"学说的舆论家角色。从政治思想史的视角审视"五四"先驱的文化选择,这一选择是对"政治"前提与基础的文化担当。"新青年派"舆论家们的新文化运动,"运动"的是一种与传统政治文化迥异的政治文化。原来,"每个政治共同体都有自己特定的物质和精神生态环境,那么也就必然会形成与之相符合、相平衡的政治文化。每个政治共同体的成员生活在一定

---

① 陈独秀:《宪法与孔教》,《新青年》第2卷3号,1916年11月1日。
②③ 陈独秀:《实行民治的基础》,《新青年》第7卷1号,1919年12月1日。
④ 陈独秀:《东西民族根本思想之差异》,《青年杂志》第1卷4号,1916年12月15日。

的政治文化的环境之中,在这种环境中学习政治文化,培养自己的政治个性,接受政治共同体或一定阶级的政治观念,领略或继承代表一定政治生活方式的政治信念,最后成为一个'政治人',具备了大致固定的政治观念。"①对"政治人"这样一个理念,陈独秀和胡适都有清醒的认识。胡适就曾貌似恍然大悟地蓦然回首道:"我们本不愿意谈实际的政治,但是实际的政治却没有一时一刻不来妨害我们。"②还是陈独秀来得直截了当:"你谈政治也罢,不谈政治也罢,除非逃在深山人迹绝对不到的地方,政治总会寻着你的。"③

正是基于这样的理念,舆论家们开始了对中国传统政治文化全面"反动"的启蒙。他们从专制政治所依附的政治文化"旧伦理"中寻求觅渡的中轴,要为未来新中国之新政治、新制度、新信仰、新社会寻找到一种相适应、匹配、符合、平衡的文化、思想、舆论基础。陈独秀认识到,民主与专制的两种新旧政治势不两立、难以调和,因此与此相应的政治文化若不置换,必将"自家冲撞"、难有宁日。纵观世界文明史,伦理、宗教与政治的关系暧昧、勾连已成通病,俯视中国更见其剪不断、理还乱的缠绕纠结。于是,舆论家发出了振聋发聩的呐喊:"自西洋文明输入吾国,最初促吾人之觉悟者为学术,相形见绌,举国所知矣;其次为政治,年来政象所证明,已有不克守缺抱残之势。继今以往,国人所怀疑莫决者,当为伦理问题。此而不能觉悟,则前之所谓觉悟者,非彻底之觉悟,盖犹在惝恍迷离之境。吾敢断言曰:伦理的觉

---

① 王沪宁:《比较政治分析》,上海人民出版社1987年版,第157页。
② 这是1920年8月1日,由胡适执笔,蒋梦麟、陶履恭、王徵、张祖慰、李大钊、高一涵等七人联袂发表的在《晨报》上《争自由的宣言》中开宗明义的文字。该文与陈独秀写作《谈政治》的公然申明发表时间不相上下。
③ 陈独秀:《谈政治》,《新青年》第8卷1号,1920年9月1日。

悟,为吾人最后觉悟之最后觉悟。"①这"伦理的觉悟"就是"五四"一代舆论家价值诉求的核心,也是启蒙者核心价值追求。他们抒崇论、发宏议,为中国现代性的走向营造了清澈透明的舆论环境、奠定了坚实的舆论文化基础。

在"新青年派"阵营里,虽然没有具体的分工,但陈独秀的"前锋"、胡适"后卫"之布局仿佛是天造地设。尽管对"二十年不谈政治"的初衷始乱终弃,但同仁们在共约、互动与协力中呈现了新文化运动的辉煌。后"五四"时期,从"新青年派"同仁对刀光剑影之舆论环境的忆念文字不难看出鼓角争鸣时段的充实与给力。值得一提的是胡适在1935年偶然间读到汤尔和日记时的唏嘘:"独秀因此离去北大,以后中国共产党的创立及后来国中思想的左倾,《新青年》的分化,北大自由主义者的变弱,皆起于此夜之会。独秀在北大,颇受我与孟和(英美派)的影响,故不致十分左倾。独秀离开北大之后,渐渐脱离自由主义者的立场,就更左倾了。此夜之会,虽有尹默、夷初在后面捣鬼,然孑民先生最敬重先生,是夜先生之议论风生,不但决定北大的命运,实开后来十余年的政治与思想的分野。"②"此夜"是1919年3月26日决定陈独秀离开北大的晚间会议。时间已过16年,但在胡适看来往事并不如烟:"若无三月廿六夜的事,独秀尽管仍须因五月十一夜的事被捕,至少蔡、汤两公不会使我感觉他们因'头巾见解'和'小报流言'而放逐一个有主张的'不羁之才'了。"③"那一夜"的确非同小可:在宣布"同仁"时代终结的同时,两种现

---

① 陈独秀:《吾人最后之觉悟》,《青年杂志》第1卷6号,1916年2月15日。
② 《胡适致汤尔和(稿)》,中国社会科学院近代史研究所中华民国史研究室编:《胡适来往书信选》(中册),社会科学文献出版社2013年版,第600页。
③ 同上,第611页。

代性路径的分野也了了分明。

心同此"理",理出了"德先生"和"赛先生";求同存"异",以其"不同"走出,而最终在现代性的舆论空间中汇聚。问题的关键还在于,新思潮、新思想中以"伦理的觉悟"为中心的文化选择离法治思维是近还是远?

3. 进退失"据"(上):在"科学"与"人文"之间

作为舆论家,"新青年派"知识群体在启蒙思想史上的影响之大是空前的,将之誉为20世纪辉煌的一页也并不为过。同时我们也要看到,辉煌的事业总要有所附丽才不至于沦为明日黄花。进一步说,缺乏人文传统支撑之不破不立的启蒙逻辑不免马失前蹄,因为缺乏无所附丽的创造性转化平台而徒具虚名;与此同时,如果没有坐实的计划、策略和步骤,启蒙事业也只能停留在声势的"虚张"、妄言的飞沫之文化乌托邦上。文化舆论和启蒙思想的传播绝对不能以名词对名词、概念对概念形式进行。事实证明,无论是失去人文传统"砝码"还是失去法治"砝码"的启蒙运动,都将如两头不到岸的船儿一样随波逐流,永远无法停泊。换言之,只有以法治为旨归的启蒙之舟才是文明的终极归依。判断一个国家文明程度有很多指数,而且这些指数也都是透过生活于其中的"人"折射出来的。其中权重最高的无非是以下两个观测点:一个是个人所具备的人文素养;一个是个人所具备的法治意识。回到"五四"的历史现场,新文化运动的启蒙天平却如同失砝码:在前者,我们几千年的悠久文明积淀深厚,简单地以妄自菲薄而虚化乃至虚无的逻辑革新人文传统,民族之人何以依托?在后者,尽管"民主"之声不绝于耳,与共和宪法犹如"相隔一层纸",①但这"一层纸"却让我们苦苦等了几千年,默默追随了一百年。尤其是在当下依法治国理念阳光普照之际。

---

① 刘半农:《相隔一层纸》,《新青年》第4卷1号,1918年1月15日。

在此,新文化运动呈现的第一个短板就是将"舶来"的科学理念与固有的人文传统放在了一把尺子上衡量。这一时期的新旧思潮之激战是空前的:以全盘西化为目标、以全盘"打倒"传统文化为代价。最具有代表性的言论还是陈独秀的"勿依违,勿调和"的是非分明的泾渭之述。① 理由很简单,"不止不行、不塞不流":"'脚踏两只船'的办法,必至非驴非马。"②逻辑根据也不复杂:不破不立。"新青年派"同仁们与传统文化决裂的愤激心理,在他们同仇敌忾的作战方式和势不两立的过激文字中得以淋漓尽致的体现。鉴于几千年的"古家的簿子"满本都写着"吃人"两个字,③鲁迅甚至提议"最好不读中国书"。同理,胡适与陈独秀在"旧文学、旧政治、旧伦理本是一家眷属,固不得去此而取彼"的共识后,④就再也没有停止过对"吃人礼教"的批判,近乎以"百事不如人"的态度忏悔,把中国传统的罪恶一言以蔽之曰"祖宗的罪恶"。⑤ 钱玄同做法更为决绝,为了把传统文化打扫得一干二净,他甚至要把记载旧物的文字连根拔起:"中国文字不足以记载新事新理,欲使中国人智识长进,头脑清楚,非将汉字根本打消不可。"⑥直到1924年,钱玄同还在日记中对旧文化耿耿于怀、不愿放过:"旧则旧,新则新,两者调和,实在没有道理,制度是有机体,牵一发而全身动摇也。我以为真应该将东方文化

---

① 陈独秀:《孔子之道与现代生活》,《新青年》第2卷4号,1916年12月1日。
② 陈独秀:《旧思想与国体问题》,《新青年》第3卷3号,1917年5月1日。
③ 鲁迅:《狂人日记》,《新青年》第4卷5号,1918年5月15日。
④ 胡适、陈独秀:《通信》,《新青年》第5卷4号,1918年10月15日。
⑤ 胡适:《三论信心与反省》,《独立评论》第107号,1934年7月1日。
⑥ 钱玄同:《通信》,《新青年》第5卷2号,1918年8月15日。

连根拔起,西方文化全盘承受才是。"①这与其新文化运动初期发表的"选学妖孽、桐城谬种"之论同出一辙,尤其是当《学衡》这一文化复兴的杂志面世后,钱玄同更是怒火满腔,"烧毁中国书"的念头都又死灰复燃了。② 在他们那里,人文科学不但一无是处,而且是阻碍现代社会发展的绊脚石;自然科学是大获全胜的法则,完全可以压倒一切。有鉴于此,"新青年派"那种咄咄逼人、持续发酵、去一取一的态度和逻辑被海外学者定论为:"借思想文化以解决问题的途径,是受根深蒂固、其形态为一元论和唯智论思想模式的中国传统文化倾向的影响。它并未受任何西方思想源流的直接影响。"③

钱玄同作为"新青年派"同仁的代表,无论是激进态度还是反思心态都值得援引举证。在新文化运动高潮之后,钱玄同也不乏冷静、理性之墨。他就曾在给周作人的信中这样表述道:"我们以后,不要再用那'必以吾辈所主张者为绝对之是而不容他人之匡正'的态度来作'訑訑'之相了。前几年那种排斥孔教,排斥旧文学的态度狠应改变。若有人肯研究孔教与旧文学,鳃理而整治之,这是求之不可得的事。即使那整理的人,佩服孔教与旧文学,只是所佩服的确是它们的精髓的一部分,也是狠正当,狠应该的。但即使盲目的崇拜孔教与旧文学,只要是他一人的信仰,不波及社会——波及社会,亦当以有害于社会为界——也应该听其自由。"④这样的一个反思与重构,一改之前的刚愎

---

① 杨天石主编:《钱玄同日记》(中),北京大学出版社2014年版,第580页。
② 周作人:《钱玄同的复古与反复古》,参见《文史资料选辑》第94辑,文史资料出版社1984年版,第110页。
③ 〔美〕林毓生著:《中国意识的危机》,穆善培译:贵州人民出版社1988年版,第48页。
④ 《钱玄同致周作人(1932年4月8日)》,《鲁迅研究资料》(第9辑),天津人民出版社1982年版,第113页。

自用、专断跋扈,可以说是后新文化运动时期的自我矫正。

西方文明发生与发展的历史告诉我们,启蒙运动将文艺复兴以来的人文资源发挥到了极致,而"五四"新文化运动先驱自西方文明圣殿接力的"圣火"资源则以走捷径、超常规的方式进行,而撇开的那时段则是绵延了几个世纪的文艺复兴运动。这一运动强调"人的本性中的意志和感情,而不是理性方面"。就这一关乎文化素养、"个人的发展"、"人的发现"之人文精神来看,①正是"五四"新文化运动所失落的。我们说这一运动具有文艺复兴和启蒙运动双重气质也不是没有根据,但在大旨与要义上"五四"新文化运动的启蒙气质更为浓厚、纯正,文艺复兴的气质有一种来不及开始就匆匆结束的无奈和尴尬。为此,时至21世纪,还有学者一再呼吁中国需要一场文艺复兴以补"五四"之阙。"五四"先驱将"科学"、"民主"这些启蒙元素"舶来"中国确为急需,但是过分加热并散发着浓烈、刺鼻焦煳味儿的理性元典却将中国悠久、醇香的人文底蕴统统给遮蔽、湮没了。在他们那里,"科学"之真理的绝对性构成了对旧的传统的质疑和解构,由此"赛先生"担负起了"破旧立新"使命。的确,"赛先生"对人文与"德先生"(民主)的理解出现了偏差,而且在不分青红皂白的情况下的两肋插刀,显然对人文所受到的侵害难辞其咎。

陈独秀就是这样一位典型的以"科学"为利器对"人文"发难的"狙击手"。他以法兰西文明为中国启蒙模板,在《新青年》上薄积厚发,而且字里行间洋溢着对欧洲启蒙运动中心国家的服膺与膜拜之情。出于对"法兰西人之嗜爱平等博爱自由"的尊崇,他这样评价法国在欧洲文明史上的主导地位说:"欧罗巴之文明,欧罗巴各国人民皆有所贡献,而其先发主动者率为法兰西

---

① 参见"文艺复兴"一款,《大不列颠百科全书》第8卷,中国大百科全书出版社1994年版。

人。"最后的感叹更显法兰西的伟大、光明、进步之至高无上:"世界而无法兰西,今日之黑暗不识仍居何等?"①原来,早在新文化运动一开始的预设中就不曾有情感、传统这些古代固有的博雅、淑世人文关怀。《新青年》尚未创刊之前,陈独秀发表在《甲寅》杂志上的一篇谈论情感与理智的文章就已经初见端倪:"爱国心,情之属也;自觉心,智之属也。爱国者何? 爱其为保障吾人权利谋益吾人幸福之团体也。自觉者何? 觉其国家之目的与情势也。是故不知国家之目的而爱之则罔;不知国家之情势而爱之则殆;罔与殆其蔽一也。"②这里,"智识"即是理智、科学、知识等范畴的理性元素。这段文字在折射作者民族主义情感下沉、世界主义意识上升思想特征的同时,更重要的标志着作者启蒙理性的"自觉"。更为值得注意的是,在先驱们看来,古老的传统正阻碍着、破坏着当下中国人的进步和生活,必须移植西方先进的思想文化资源加以破除。为此,他们不惜牺牲自己民族丰富的精神遗产,恨不得一夜之间将积淀千年的文化资源完全、彻底地涤荡、清洗。

必须看到,"民主"的层次、起点如何,如果失去自己赖以存在的文化背景,就难以创造出高档次、高品位的民主制度。毕竟,民主的品位和层次靠的是质量而非数量。应该说,传统文化中人文精神乃是辅佐和提升民主品质的必要支援和铺垫。一人一票固然是应该称道的民主底线发明,但这并非民主的全部。著名哲学家苏格拉底之死残酷地为低品质民主作了脚注,人类历史上以正义名义进行的镇压、流血及其政变一而再、再而三地印证了"多数"同样可能产生暴政的事实。可以肯定,失去人文

---

① 陈独秀:《法兰西与近世文明》,《青年杂志》第 1 卷 1 号,1915 年 9 月 15 日。
② 陈独秀:《爱国心与自觉心》,《甲寅》1 卷 4 号,1914 年 11 月 10 日。

制衡的民主终将给文明抹黑甚至招致灾难。因此,反思"五四",就要强调"'民主'与'人文'之间的互相支援"。① 对此,美利坚相对完善的民主制度之建立与其外来移民将欧洲文艺复兴、启蒙运动之资源携带入境休戚相关之历史,成为不折不扣的他山之石。当民主没有成为一种文化习惯、一种生活方式时,我们更有理由这样说。

4. 进退失"据"(下):在"民主"与"法治"之间

承上所论,新文化运动的第二块短板就是与"德先生"与"赛先生"只有一步之遥的法治。作为操作层面的实践性命题,似乎不曾受到"新青年派"同仁的"千呼万唤"的待见,于是也就不曾"犹抱琵琶"。对此,我们不妨关口前移,追溯一下作为"政治"命题之"民主"和"法治"的微妙关系。

如上所述,一方面胡适与陈独秀的"约定"对新文化运动起到一定的规避,以至于陈独秀只好"虚与委蛇",对关涉政治的法制、法律、法治鲜有直接的评头论足。除此之外,这种"不谈政治"在很大程度上要摆脱世纪初年以来受辛亥、护国、护法等前仆后继之命运的捉弄。"五四"一代要另起炉灶,重新设定一条前所未有的现代性路径。于是我们看到,尽管主撰在1卷4号上就对西洋民族的"以法治为本位、以实利为本位"的"根本思想"推崇备至,同时对东方民族"以感情为本位、以虚文为本位"疾恶如仇,②但最终还是没有能走出传统的感情、虚文"本位"的窠臼,最终在感情用事中完成了对新一轮偶像"德先生"、"赛先生"的膜拜皈依。继"科学与人权并重"的救世处方开出后,陈独秀及其同仁们就走上了一条激情不归路。在这条激情的归途

---

① 余英时:《人文与民主》,时报文化出版企业有限公司2010年版,第102页。

② 陈独秀:《东西民族根本思想之差异》,《青年杂志》第1卷4号,1915年12月15日。

中,唯德、赛两位先生为核心的价值观念是从,堪称罢黜它家、唯其是尊、唯其是从。本来,"民主"与"科学"作为走向文明的手段和方法,是比"法治"这一保障个人自由的手段和方法更为靠前的关口,不料两位先生在关口前移的过程中独占鳌头,成了顶天立地的不二法门。当然,对此当事人不是没有自己的诠释。譬如,1920年,新文化运动高潮过后,陈独秀在南洋公学的演讲中就曾高谈新政治的"理想",阔论新政治的"组织"之未来目标,唯独对政治与"宪法"的先行做法腾挪迂回:"有人批评新文化运动的人太偏于社会方面,把政治忽略了,又有人批评我们何以不会讨论重大的宪法问题。我的回答是:我们不是忽略了政治问题,是因为十八世纪以来旧的政治已经破产,中国政治界所演的丑态,就是破产时代应有的现象,我们正要站在社会的基础上,造成新的政治,新的政治理想。不是不要宪法,是要合乎二十世纪的时代精神、能解决社会经济问题的新式宪法,而且要先在社会上造成自然需要新宪法的实质。至于凭空讨论形式的宪法条文,简直是儿戏,和实际社会没有关系。"①毋庸讳言,这样的论证即是对民国初年"约法"屡遭践踏、"制宪"一再搁置之现实政治的准确反应。在那一特定的历史时代,旧式宪法只能是"所谓"的破产宪法,此刻的重要命题不是法律问题,而是符合"时代精神"的社会改造即"革命"。因此,也才有了将法治问题视作"儿戏",将"宪法条文"看做凭空臆想、与现实没有关系的"天书"的言说。尽管这样的自我解脱与答辩只能让原本就有些朦胧的质疑者懵懂,但新文化的领衔者还是津津乐道,在《谈政治》中不但回味了这段话,而且进一步发挥:"我们不是不要宪法,是要在社会上造成自然需要新宪法底实质,凭空讨论形式的条文,是一

---

① 陈独秀:《我的解决中国政治方针》,《时事新报·学灯》,1920年5月24日。

件无益的事。"①这里所说的"自然需要新宪法底实质"与上文我们所说的民间和学者手中的"事实"一脉相承。不过需要说明的是,该文已经在宪法"和实际社会没有关系"的基础上发展成为和社会"无益"的一纸空文。

鉴于这一问题是启蒙思想史上非常重要的命题,因此还有进一步按图索骥的必要。为便于坐实,我们不妨以倒逼的形式将言行一致起来予以思想考古。1920年4月,在那场轰轰烈烈"运动"过去将近一年之后,余韵未消的"总司令"在中国公学第二次演讲会上这样一步到位地概括"五四运动的精神"说:"(一)直接行动;(二)牺牲精神。"接下来,他对"直接行动"还有更为明了的诠释:"直接行动就是人民对于社会国家的黑暗,由人民直接行动,加以制裁,不诉诸法律,不利用特殊势力,不依赖代表。因为法律是强权的护持,特殊势力是民权的仇敌,代议员是欺骗者,决不能代表公众的意见。"②不难理解,这样一种法治观念和思维下的新文化运动自然会留下与西方文艺复兴和启蒙运动都不同的痕迹。基于对法律是强权的"护持"、少数人的"后盾"这样一个心理,陈独秀1919年"五四"前夕在《新青年》姊妹刊物《每周评论》上的随感,小标题就这样义愤填膺地问道:"法律是什么东西?"③全篇尽管三言两语,但却将自己对法制的愤愤不平暴露无遗。即使是对"国内和平意见"的国会、宪法考量,他也无法以平和的心态静对这些"问题":一方面"不藐视法律",另一方面也"不迷信法律";一方面法律的"假面"常在,另一方面又不

---

① 陈独秀:《谈政治》,《新青年》第8卷1号,1920年9月1日。
② 陈独秀:《五四运动的精神是什么》,《时事新报》,1920年4月22日。
③ 陈独秀:《随感录·法律是什么东西?》,《每周评论》第19号,1919年4月27日。

能不"尊重"。① 这种纠结、矛盾和忐忑的心理一直交战于胸。如果再将时间的镜头前移,我们还会发现,主撰的法治思维一以贯之,这乃是书生革命家在特定时代产生的特殊逻辑。正是这一心理作用,他在新文化运动渐进高潮之际,在"研究室"和"监狱"之间演绎了言与行、舆论家和革命家的一幕壮举。② 当年陈独秀等"五四"先驱为参与游行、火烧与暴力行为青年学生的鼓动与欢呼,无疑也是这样一种心理逻辑暗示和外化的结果。当学生受"巴黎和会"刺激而走向激进后,针对"奋空拳、扬白手"③"火烧赵家楼""膺惩中国卖国贼"之学生们的所作所为,④梁启超曾以"感情冲动"名之,⑤蔡元培以"损失的分量突过功效"相论。⑥ 梁漱溟从法治的视角出发作出的点评堪称远见与卓识同在:"我的意思很平常,我愿意学生事件付法庭办理,愿意检厅去提起公诉,审厅去审理判罪,学生去遵判服罪。检厅如果因人多检查的不清楚,不好办理,我们尽可一一自首,就是情愿牺牲,因

---

① 陈独秀:《我的国内和平意见》,《每周评论》第11号,1919年3月2日。

② 1919年6月11日,陈独秀在北京街头散发《北京市民宣言》被捕,在入狱前他于6月8日发表随感录,以《研究室与监狱》为题说:"我们青年要立志出了研究室就入监狱,出了监狱就入研究室。"上个世纪30年代,陈独秀被国民党关押在江苏第一模范监狱,俗称老虎桥监狱。监狱有不准探监、看书、看报之规定,陈独秀针对典狱长"恶法胜于无法"的解释强烈抗议,并以"恶法就要打倒"之语反唇相讥。纵观陈独秀的生平,他六次被捕都大义凛然、毫不畏惧之态面对,足见其革命家气质。同时也为他藐视法律、不以法律为上提供了旁注。

③ 毅(罗家伦):《"五四运动"的精神》,《每周评论》第23号,1919年5月26日。

④ 李大钊:《这一周》,杨琥编:《民国时期名人谈五四》,福建教育出版社2011年版,第130页。

⑤ 梁启超:《"五四纪念日"感言》,《晨报》,1920年5月4日。

⑥ 蔡元培:《去年五月四日以来的回顾与今后的希望》,《晨报》,1920年5月4日。

为如不如此，我们所失的更大。在道理上讲，打伤人是现行犯，是无可讳的。纵然曹、章罪大恶极，在罪名未成立时，他仍有他的自由。我们纵然是爱国急公的行为，也不能侵犯他，加暴行于他。纵是国民公众的举动，也不能横行，不管不顾。绝不能说我们所作的都对，就犯法也可以使得……我以为这实是极大的毛病。什么毛病？就是专顾自己不管别人，这是几千年的专制（处处都是专制，不但政治一事）养成的。"①以平常心论不平常事件、出不平常思维，这就是那位以"新儒家"著称的保守主义者的底线思维。力推"民主"的"五四"先驱最终没有兑现"法治"的票面，反而让法治成为不合规格的空头支票。无疑，在那种非常时期，用正常的法治观念对政治上的是非问题评价难免有书生之气，但问题是，如果你一旦蔑视法治并形成了蔑视法治的习惯力量，那么当新的政治产生之后，要想再改变蔑视法治的思维而树立法治的尊严就会极其困难。历史证明，这是一道相当棘手而难以解决好的问题。与西方"启蒙运动的思想家首先讨论理智与感情的关系"，最后在"法制"问题上生根开花相比，②新文化运动倡导者的革命精神令人鼓舞，但其"以身试法"之"进取"方式从历史发展的长时段看则不免为以后留下难解之局。顺便指出，梁漱溟的所言所行也为人文与民主、法治的关系做了一个意味深长的脚注：以儒家为中心的守成主义文化资源是创建现代民主、正义、法治社会的正能量和助推器，而不是相反。

5. 虚实相"间"：在理性与理想之间

这里，虚实相间之"间"有双重的意义：一层是双方互动、互位、互补，另一层则是两种力量的较量、颉颃、错位。就本论的意

---

① 梁漱溟：《论学生事件》，《国民公报》，1919 年 5 月 18 日。
② 参见"启蒙运动"一款，《大不列颠百科全书》（第 6 卷），中国大百科全书出版社 1994 年版。

旨来说,前一层是应有之义,而后一层则是走错了房间之"离间"。需要予以说明的是,本来,理性的双重性就有多重诠释,加上本论涉及的理性既有同一的理性的两个侧面,譬如"民主"与"科学";又有两种理性集于一营的交织,譬如"新青年派"阵营中的经验与建构两重理性的叠加。细究起来,还有一种理性内部的两元或多元、两重理性在一人身上的重合与紧张等等,这一历史底座的丰富性在给思想史研究带来无限可能性的同时,也增加了无限的复杂性。在"理性"后面再加以"理想",便将本来就不简单的问题扩容,显然不合时宜。不过,这里笔者期待通过这个"理想"添加收到理想之果:归拢前言,结束本论。

通过以上对"新青年派"与新文化运动走向的观察,我们从历史和当时现实中都会得出"理解之同情"的结论。毕竟,中国传统社会是一个重情感的社会。这固然不能说毫无益处,但与世界现代性的接轨恐怕单凭这一点却远远不够,这也是那一代思想先驱对传统"全盘性""下猛药""出重拳"的一个根本原因;其次,面对辛亥革命、二次革命、护法运动之20世纪中国的社会现实,在"共和"不保、"约法"不约、"民国"不国的情势下,他们心焦如焚,从而采取了"矫枉必须过正"的策略,于是在强烈的"时代精神"感召下,从事着社会改造的工作。具体反映在现实中即是以大无畏的精神以"现代"取代"传统"、以"科学"对峙"人文"、以"民主"对抗"专制";最后,他们是在中西文化冲突的大背景下发生的深刻体认,因此将其行为置于全球视野,引进以"德先生""赛先生"为核心的西方价值观念导引中国现代适逢其时。只是,在21世纪的当下,在文明以历史的态度对其"理解之同情"的同时,也要在启蒙的立场上对先驱所作的工作做一些必要的"重构之反思"。

标题业已昭示,本论是以"德先生"和"赛先生"为中心的考察,如同解铃系铃一样,要把问题坐实,还需回到历史现场两位

"先生"那里。我们看到,两位"先生"来到中国并不是"五四"时期,只是在那一时期成了思想界唯一不二的"达人"而已。1915年9月,"德先生"、"赛先生"强势进驻新文化运动的大本营《青年杂志》。以其当年如日中天的名头来看,堪与今天青年挂在嘴边的"猛男"、"超女"相比肩,而且丝毫不逊于他或她们的时尚、华丽与光鲜。一个不能忽视的事实是,两位"先生"的如日中天要归功于两位幕后"推手",那就是作为海归派的思想界"经纪人"陈独秀和胡适。如果没有两位思想先驱的死心塌地地追随、奋不顾身的"吹捧",德、赛两位先生远远不能受如此待见、获那般礼遇。这里,也就有了本论对"五四"新文化运动之引进"科学"、"民主"的第一印象,两位"先生"是被以"两位"为角儿的先生们打造"上市"的。这样的说法无非是一个立体、形象化的比喻,不过这里有一点必须看到:被新文化运动先驱者推到巅峰的"德先生"和"赛先生"尽管大名如日中天,但时至今日这两位先生只是名头兴盛、概念兴隆,还有一种水土不服、不接地气"两张皮"的隔膜与生分。

其次,就"民主"和"科学"两者之间的关系来看,"赛先生"的名分和地位在"五四"时期是大于"德先生"的。虽然我们在《新青年》杂志同仁文章中看到两位先生的排名和座次"德先生"总是在"赛先生"之前,但具体到受待见的态度和礼遇程度,前者是逊于后者的。一个不容忽视的事实是,尽管新文化运动的先驱们言必称"德先生"和"赛先生",而且在与旧势力的维护者宣战时也每每将两者相提并论,甚至给人以"德先生"打头在前、"赛先生"陪绑在后的错觉——那"《新青年》罪案之答辩书"就是最为直观的证词,但纵观那一时期的多次论争不难发现,除却一些出镜率较高的"人权""德谟克拉西""赛先生"等自说自话笔墨,诸如像"科学与人生观"那般场面宏大、气势恢宏、时间之长的擂台还不曾有过。① 相形之下,"赛先生"在"五四"的舞台上出尽了风头,"新青年派"给足了其面子。这也就难怪胡适这样高看"赛先生"的地位了:"这三十年来,有一个名词在国内几乎做到了无上尊严的地位;无论懂与不懂的人,无论守旧和维新的人,都不敢公然对它表示轻视或戏侮的态度。那个名词就是'科学'。"②"赛先生"以其至高无上的神圣性、无可取代的权威性横刀立马、咄咄逼人。

再次,在"民主"与"科学"同等重要的历史表象背后还有着另种历史的真实:本来,在启蒙意义上的"理性"设定,两位可以分工不分家。但就两位"先生"固有的本相而言,又有各司其职的基本分工。"科学"的开放性、包容性与"民主"的多元性、透明性本应是互补的一对,即使有相应的工种也无可非议。但是我们看到的却是两位"先生"在"新青年派"的驱动下走错了房间不说,还有一种宠坏了的放纵与骄矜。"科学"将理性的"芯片"植入"文学"的肌体,让本来具有浪漫、想象、理想之情愫的活体审美艺术变性为刻板、僵硬、实用的"工具"。在"赛先生"的放纵下,科学主义过度夸大科学的功用,放之四海而皆准。新文化运动主角们不但以"科学"侵占文学的园地、剥夺文学自身的价值,而且还株连到所有传统的人文学科。这一"理性的殖民"做法,

---

① 1923年2月14日,张君劢在清华大学作了一场关于"人生观"的讲演,对"科学万能"的唯科学主义提出批评。张君劢总结道:"人生观之特点所在,曰主观的,曰直觉的,曰综合的,曰自由意志的,曰单一性的。这一切,都是与科学的特点截然不同的。"4月,丁文江在《努力周刊》上发表《玄学与科学》一文为科学辩护,并指出张君劢的"人生观决逃不出科学的范围"。之后,梁启超等人发表文章支持张君劢,胡适、吴稚晖等人则写文章批评玄学派、支持丁文江。胡适与陈独秀高度关注、积极参与,并在笔墨官司结束后分别为论战结集作序。科玄论战自1923年2月开始,一直到1924年年底才渐趋平静,历时两年之久。

② 胡适:《科学与人生观·序》,亚东图书馆1923年版。

在一定程度上造成了人文价值及其精神的下滑与失落。

与此同时,人文传统的疏离,又将导致"科学"与"民主"自身式微而孤立无援,最终使中国的现代性走向陷入困局。对此,作为当事人的钱玄同曾经客观反思道:"我近来觉得改变中国人的思想真是唯一要义。中国人'专制''一尊'的思想,用来讲孔教,讲皇帝,讲伦常,……固然是要不得;但是用它来讲德莫克拉西……安那其主义、讲赛因斯……还是一样的要不得。反之,用科学的精神(分析条理的精神),容纳的态度来讲东西,讲德先生和赛先生固佳,即讲孔教,讲伦常,只是说明它们的真相,也岂不甚好。我们从前常说'在四只眼睛的仓神菩萨面前刚刚爬起,又向柴先师的脚下跪倒',这实在是很危险的事。我在近一年来时怀杞忧,……这条'小河'一旦'洪水横流,泛滥于两岸',则我等'栗树''小草'们实在不免胆战心惊,而且这河恐怕非贾让所能治,非请教神禹不可的了。"①本来,感悟、直觉、情感、信仰这些具有精神性的质地都是人文学科的禀性,尤其是东方文化之中庸、仁道、内敛、博雅等淑世底蕴,更是人文学科不可或缺的基本元素。但是,这一切在新文化的倡导者看来却是一文不值,甚至还情绪化地"踏上一只脚":传统的文学、历史、哲学、伦理、美学等艺术、信仰之类的"玄想"都是"丑恶病态的",包括语言、文字以及由此写成的"国故"、"纸堆"都是应该灭亡的"臭东西"。② "危险的事"不仅说"科学"的独尊,也道出了"民主"的唯一。"德先生"在用来针对几千年传统专制体制下猛药、出狠招的时候,也一股脑儿将可以为我所用的人文资源统统铲除了。

"科学"没有发挥其应有的"条分缕析"精神,"民主"也没有

---

① 《钱玄同致周作人(1932年4月8日)》,《鲁迅研究资料》(第9辑),天津人民出版社1982年版,第112页。
② 吴稚晖:《箴洋八股化之理学》,《晨报副刊》,1923年7月23日。

能释放开放、包容的情怀。理性的错位与越位让它们在现代性的演进中埋下了隐忧。

一是"五四"新文化运动将"民主""科学"流于概念化的输送,还远远没有达到启蒙的效果和目的。这也是常说五四运动的任务没有完成的原因之一。在情感、理性、法治三者之间,《新青年》同仁有不同程度的哲学体认。陈独秀在《东西民族根本思想之差异》中就有"法治"("实利")、"感情"("虚文")之分。对"民主"的极力推销,也说明了对"理性"与"法治"之近亲的关系的认识到位。固然,人文情感和思想理性一样对法治不可或缺,但是就法治体制来说,民主则是其牢不可破、至关重要的直接哲学基础。"民主"作为一种法治的必要条件(不是充要条件),是法治的基本底色理念。但同时启蒙运动先驱必须认识到,现代文明的最后落定需要法治这一"实利"的载体来兑现。所以启蒙就不能停留在舆论、理念的平台上。实际说来,理性是土壤,"民主"等关键理性之念则是盛开的花朵,法治才是阳光雨露、得风顺水后结出的果实。

二是要认识到,无论是民主还是法治,抑或科学都是文明史上为人类提供福祉的手段和方法,而非目的。任何一种手段和方法都不具有唯一性和全能性。只有客观、冷静地认识"民主"、"科学"等思想史关键词作为启蒙手段和方法的相对性、互补性和自我性,才能不失时机地在现代性演进中有所为、有所不为。历史一再证明,将"德先生""赛先生"作为"德菩萨""赛菩萨"的救命主,以全知全能的"上帝"圣威膜拜,是与科学、民主精神南辕北辙的。当先知先觉以为引进了"德先生"和"赛先生"就是抓住了挽大厦于将倾的启蒙利剑、思想杠杆后,势必有一劳永逸、万事大吉的忘乎所以心态和逻辑。这样一种启蒙逻辑显然违背了人类文明发展的真实,也掩盖了启蒙中国的历史真实。对此,不但新文化运动高潮过后以悲壮色彩异军突起的"学衡派"同仁有过尖锐的批评,①就是新文化运动高潮期间"新青年派"同仁内部也有或多或少的提醒。胡适在"问题与主义之争"中对将学理的手段流于目的病灶之批评富有代表性:"我常说中国人(其实不单是中国人)有一个大毛病,这病有两种病征:一方面是'目的热',一方面是'方法盲'。"②这一"毛病"是世界启蒙思想界的通病。对此,马克斯·韦伯将这种理性分裂和错位的通病以"价值理性"和"工具理性"名之,前者相信的是出发点,强调对付出努力行为之无条件价值的承认,"价值"即是看中动机的纯正,对采取的手段和路径不计后果。与之相对,工具理性的注意力放在了功利与效果的最大化上,只要选择了理性路径,哪怕是牺牲人的情感和精神价值也要不惜一切代价地让激情携带着梦想一起飞。在"价值"合理性与"工具"合理性之间,存在着蓝图(目标)和实施(手段)的关系。一旦手段和方法成为停滞不前的唯一诉求和目的地,就会有不断激进、梦化理想甚至滑向政治浪漫主义的危险。③ 当"民主"、"科学"幻化为一种至善、至真、至美的抽象、浪漫的舆论教化后,它们往往会走向自己反面。

最后需要指出的是,无论是民主还是科学,抑或"下一步"的法治,都是手段和方法。它们之间的关系应该是并存互补的,谁也无法高于谁或取代谁。相比之下,只是法治需要坐实,是走向

---

① 1922年1月,在《新青年》行将停刊之际,《学衡》杂志在南京创刊,杂志以"论究学术,阐求真理,昌明国粹,融化新知"为宗旨,借助于该杂志,聚集于东南大学的一批海归学人开始了对曾经云集于北京大学的《新青年》杂志同仁的批评与反思。他们以白璧德的新人文主义为文化立场,从学理层面撰文反对"新青年派"所倡导的新文化运动,对科学(赛先生)包办文学、人生观、民主(德先生)僭越人文等舆论提出批评。

② 胡适:《三论问题与主义》,《每周评论》第36号,1919年8月24日。

③ 参见苏国勋:《理性化及其限制:韦伯思想引论》,上海人民出版社1988年版,第227页。

文明手段的最后一步。但也是一步,而非目的。保障公民而且是每一位公民——既不是少数也不能是多数——的自由才是法治的目的。当然,这个保障又是以守法公民为对象的。即是说,守法是公民受到保护的前提或说底线,否则将成为绳之以法的"专政"对象。法律的神圣性在于,在法治面前人人平等,谁都无法将自己置于法治之上而为所欲为。如此推理,与人有关的言论、行为都要求在符合法治范围内运作。回到现场,作为新文化运动领导者的陈独秀在"五四"时期的言论需要引起我们的警惕。他说:"世界上有一种政府,自己不守法律,还要压迫人民并不违背法律的言论,我们现在不去论他,我们要记住的正是政府一方面自己应该遵守法律,一方面不但要尊重人民法律以内的言论自由,并且不宜压迫人民'法律以外的言论自由'……法律只应拘束人民的行为,不应拘束人民的言论,因为言论要有逾越现行法律以外的绝对自由,才能够发见现在文明的弊端、法律的缺点。"①从这段话得出两个结论:一是将"民主"看成了高于"法治";二是"法律以外的言论自由"显然是一种独自享受豁免权的自由特区。《新青年》时代要求舆论的自由,也就是要求舆论家的自由,逻辑是为了创造未来的新文明,而且是为了宣传"民主"的需要,以"民主"的名义获得逾越和"绝对自由"。这样的思想论说是有那个特定的历史环境的条件的,但是,客观地说,在正常的历史条件下,法治保障的是人人,不是单独的"你"或"我",不是少数亦不是多数。法律没有例外,陈独秀所要的"违背法律的自由",当时无例,现在没有,未来也不能出现。

"五四"先驱们的法治观念尚且如此,我们的法治建设的确一直在路上。这,也是我们反思那场轰轰烈烈文化运动的理由。

---

① 陈独秀:《法律与言论自由》,《新青年》第7卷1号,1919年12月1日。

第四章 "文白之争"的历史悲情

众所周知,由《新青年》招惹的"文白之争"一直是学术界讨论的焦点话题。笔者以为,在对白话文取代文言文的认可以及对《新青年》激进同仁于现代汉语贡献的肯定几乎已经成为"定论"的今日,重新审视由那一缕由"白话文"招惹的现代性思绪带来的偏至,方是人文学者最为关切的命题。在我看来,中国传统的文言文乃是现代白话文的源泉,二者是母与子的关系。《新青年》时期,激进情绪下的同仁所做出的"抽刀断水"式的决断带有硬性的"左"性做派。① 所有的理性化启蒙色彩都为这一情绪化气质所掩盖,新旧文学传统的重新确立充分体现在文白的决裂上。传统与现代、古典与当代的人为切断为现代性焦虑提供严酷的证词。这一语言焦虑其实是一种深层的人类自我主体性的焦虑。从《新青年》同仁为寻求良性舆论环境的急切渴望中,我

---

① 1917年5月1日,《新青年》第3卷3号上刊登了胡适与陈独秀关于文学、白话问题的公开信。针对陈独秀的"不容匡正"之武断,胡适表示了异议,而陈独秀仍固执一词:"独至改良中国文学,当以白话为文学正宗之说。其是非甚明,必不容反对者有讨论之余地,必以吾辈所主张者为绝对之是,而不容他人之匡正也。"

们看到的是一代启蒙思想家对语言权力("市场")的攫取心态。① 通过语言"断裂"来实现现代性最大化的演进,昭示了《新青年》同仁在走向现代性过程中手段的残酷性。它不但导致了中华传统母语的巨大阵痛甚至是非正常死亡,而且还使得现代文学先天不足与后天失调。这个在硬性挤压状态上降生的新文学、白话文在某种意义上违背了自然生成的规律。当今语言学界所发生的文言与白话的争论,②无不与作为新文化元典的《新青年》当年催生的白话文息息相关。只有回到历史现场我们才会更好理解:今天我们作为母语的白话文还有一个外祖母。回到母亲的母亲那里,这构成了我们永恒的乡愁。母子的非自然分离充满着历史的悲情,其中的非正常死亡与非自然降生也充满着象征意味。它的激进、急切、跨越的跳跃式路径正是中国人"目的热"与"方法盲"(胡适语)的又一佐证。或许,从当事人的自道以及回来的反省中我们后人能体味到一些所未曾体验的滋味。

一、"文化"社会学:《新青年》导引的"文白之争"

1. 文化与社会

如果我们把一个社会的文化看成是历史的投影,那么文化社会学除却其当代意义外就不难理解了。如同知识社会学不是就知识论知识、文艺社会学不是为文艺而文艺、语言社会学不是

---

① 对"语言"与"权力"关系的论述,在布迪厄、福柯以及海德格尔等社会学与哲学论著中都有涉及。对此,朱国华在《语言市场与预期价值》中有所论述,参见《权力的文化逻辑》,上海三联书店2004年3月版。

② 最近一个时期关于文白之争的典型个案可见韩军《没有"文言"我们找不到回"家"的路》(《中国教育报》2004年4月22日)与西渡《文言是我们的"家"吗?》(《中华读书报》2004年7月7日)。这个争论似乎在提醒研究思想史的学者有必要重新回到历史现场。

就语言谈语言一样,文化社会学的根本目的还是要就一个文化现象的发生环境来寻根求源。这种刨根问底的求证意在表明:作为整个社会子系统之一的文化,它不过是其中的参数之一。但是又是一个具有独立性的参数。人,创造了文化并享受着"与生俱来"的文化,但无时无刻又不受其制约和束缚:"语言更是这样。语言作为人类交流思想和感情的工具,从一个社会到另一个社会,从一个阶段到另一个阶段不断地延续使用,即使有变化也是很微弱的。"[①]然而,作为一个社会、民族、地域、国家之共同体的文化,它在为满足人类各种需要提供服务功能的同时,又会时时表现出不能"随时"或者说"随心所欲"地满足人类各种需要的滞后特征。这样,每一个时代的先驱哲人就要为文化的继承与发展尽职尽责。20世纪中国《新青年》同仁为反对文言文、提倡白话文所做的努力,就是一个典型的义不容辞的举措。但是,在他们为中华民族现代性演进而不惜代价努力的同时,一个显见的事实是:为了发展,他们的"继"与"承"都勉为其难。过激的情绪和极端的姿态难以让后学对其作一味"进步"的判断。至少,他们矫枉过正的论式给民族语言文化带来的创伤和教训我们无法视而不见。因此,本论的文化社会学视角就是要在历史与价值的吊诡中寻找失去天平的文明砝码。换言之,《新青年》打造新文化元典的必然性究竟有多少"超常规"、"跨跃式"成分。笔者以为,文明的发生与发展在很多时候总带有反历史(传统)、反社会(批判)、反人类(怀疑)悖论。而反省这个悖论并由此在"重新估定一切价值"、"再造文明"的道路中减少代价乃是历史

[①] 司马云杰:《文化社会学》,中国社会科学出版社2001年版,第20页。

研究者责无旁贷的义务。①

我们知道,人类文化的进化规律有其自身的逻辑。文化的独立演进也是不言而喻的。从中华元典文明的起源、积累和发展过程来看,无论是仓颉造字还是"河图洛书"抑或《周易》出世都不是"横空"的。元典的独立性、"民间性"、自然性与新文化元典形成了鲜明对比。回到作为新文化元典文本的《新青年》的现实意义在于,激情、焦虑、急躁演绎的历史归途可能带有过于理想化甚至乌托邦的成分。《新青年》的不安分自始至终表现在其强烈而又压抑的政治冲动上。它一开始就以将新、旧作个泾渭分明的判断与断裂。这个新旧是社会性的,因此也是整体的,它包括了政治上的(专制与民主)、伦理上的(旧道德与新道德)、文化上的(旧文化与新文化)。撇开新旧划分之中介的科学性,单政治与文化诸因子的捆绑涅槃就不能不使新文化元典的诞生从呱呱坠地的那一天起就有十分浓厚的泛政治或说意识形态化因素。

《青年杂志》的"社告"是要向青年"灌输"将来"修身治国之道"。而这个"灌输"又是"以平易之文说高尚之理"。② 而"治国"又是从"修身"(伦理、道德)、文化"革命"开始的。将传统"内圣外王"之道在"一晚上"(胡适语)转换成了新"内圣外王"之道,"道统"、"政统"与"学统"的三位一体在新文化元典里得以彰显、复制和再现。其实在《社告》里,主编关于"国势陵夷"、"道衰"、"学弊"的关键词表白,已经把打造新文化元典的思维模式给落

---

① 胡适在1919年岁末将"新思潮的意义"归结为:"研究问题,输入学理;整理国故,再造文明。"如果说"白话文运动"也是一种新思潮的话,那么应该说《新青年》同仁在"研究"、"整理"上还是有胡适批评的"笼统造成"的文明进化缺失。参见胡适:《新思潮的意义》,《新青年》第7卷1号,1919年12月1日。

② 《社告》,《青年杂志》第1卷1号,1915年9月。

定了。众所周知,《新青年》打造的新文化元典是借助西方文化的引进和传统文化的隔断来进行的。而文化的阻塞又是通过"文学革命"来完成的,而"文学革命"的中心和中介最终还是立足于白话文的书写。这样新文学和白话文就有了天然的手足情。当白话文伴随着新文学成为中心的时候,笔者不禁想起了德里达在《书写与差异》中所表达的意念:"中心是开端",同时中心就是上帝的位置。他同时意味着"被劫持的言语"的生成以及"暴力与形而上学"的基因滋生。①

2.《新青年》:强势的语言势头

《新青年》将语言(意识)革命作为"权力"突破点的标志性文章,还是那篇纲领性的《文学革命论》。尽管它不完全是科学的论文,但它却是战斗性的檄文:"吾苟偷庸懦之国民,畏革命如蛇蝎,故政治界虽经三次革命,而黑暗未尝稍减。其原因之小部分,则为三次革命,皆虎头蛇尾,未能充分以鲜血洗净旧污;其大部分,则为盘踞吾人精神界根深底固之伦理道德文学艺术诸端,莫不黑幕层张,垢污深积,并此虎头蛇尾之革命而未有焉。此单独政治革命所以于吾之社会,不生若何变化,不收若何效果也。推其总因,乃在吾人疾视革命,不知其为开发文明之利器故。"②不但"革命",而且事事要"革命"。要进行捆绑式的、整体式的、完全式的社会革命。总编与主撰陈独秀可以不是行家里手,但它又为行家里手提供平台的意识。在他那里,所有的作者尽在麾下、为我所用。他可以不是语言学家,也可以不是严密的思想家,还可以不是上乘的文学家,但他却是振臂一呼、云集响应的先驱者、革命家、领路人。主编的气质和性情决定了他的主帅地

---

① 〔法〕雅克·德里达著,张宁译:《书写与差异》,生活·读书·新知三联书店2001年版,第531、305、128页。

② 陈独秀:《文学革命论》,《新青年》第2卷6号,1917年2月1日。

位。我们从他自信的表述中可以窥见一斑:"孔教问题,方喧呶于国中,此伦理道德革命之先声也。文学革命之气运,酝酿已非一日,其首举义旗之急先锋,则为吾友胡适。余甘冒全国学究之敌,高张'文化革命军'大旗,以为吾友之声援。旗上大书特书吾革命军三大主义:曰,推倒雕琢的阿谀的贵族文学,建设平易的抒情的国民文学;曰,推倒陈腐的铺张的古典文学,建设新鲜的立诚的写实文学;曰,推倒迂晦的艰涩的山林文学,建设明了的通俗的社会文学。"①自信、果断的陈独秀最后宣誓不惜生死,"愿拖四十二生的大炮为之前驱"。寻找语言存在的社会语境,主编的焦虑充满批判意识。他着力营造一个崭新的文化言语"场域"。如同任何权力都要有一个平台或说场地一样(即使杂耍也要打场),《新青年》这个舆论平台看重的是如何进一步实现"市场"运作,从而让本杂志成为独树一帜、独一无二的元典、中心、开端。这一急切的跑马占地心理,事实上是一种权力意识的体现,也是自我中心主义的反映。《新青年》杂志之所以在众多的启蒙刊物中脱颖,而且将自己同仁之外的一切观点、论述都视为异己并加以排斥、批驳,在很大程度上与我一直以来的担心再度边缘化有关。针对具有普世意义的知识界命题——隐形的权力攫取意识,法国社会学家布迪厄从文化发生论的视角将知识分子判定为"统治阶级中被统治"者:"知识分子其实是统治阶级中的被统治的一部分。他们拥有权力,并且由于占有文化资本而被授予某种特权,他们中的一些人甚至占有大量的文化资本,大到足以对文化资本施加压力,就这方面而言,他们具有统治性;但作家和艺术家相对于那些拥有政治和经济权力的人来说

---

① 陈独秀:《文学革命论》,《新青年》第2卷6号,1917年2月1日。

又是被统治者。"①一方面限于权力而流于被统治的地位,另一方面又不甘于被统治。这样,知识分子过去那一圈圈套在头顶上的所谓正义的化身、真理的使者、人民的代言人等神圣光环无疑要大打折扣。《新青年》同仁为一个独立阵地的"打硬仗"(鲁迅语)、发起集体舆论攻势、抢占"真理"控制权(文化资本)等文化行为虽然构成了现代性演进的一个知识积累过程,但是其中蕴含的"身份"(地位)争夺意识、语言("符号")暴力倾向、"主牌"("将牌")观念则驱使我们从深层结构上反思《新青年》过去被我们一再称颂的所作所为。②

对传统以及当局所占据的固有文化资本的不信任和怨恨构成了《新青年》同仁刷新文化的基本动力。当然,这是应辛亥革命以降王权社会的分崩和整体社会系统架构离析而产生的心理—文化现象。当是时,无论是经济、政治还是文化系统都有巨头辈出的广袤土壤。与其用"苍茫大地谁主沉浮"的疑问句式毋宁以"舍我其谁"的自豪判断更为准确。金融界可以巨头层出甚至民族工业资本家不穷,政治界也可以南北争霸甚至军阀林立,文化界更是"思潮"、"主义"、"方案"不绝于耳,一副唯我独尊、"你方唱罢我登场"的走马灯局面。看看《新青年》上的文白之争的论式以及过程就可以明白一二了。本来,将一个"问题"作为讨论的靶子,并以此作为中华民族文化复兴的契机和楔子都无可厚非。而且,《新青年》一开始的"抛砖"以"引玉"表示出的讨论"问题意识"还是具有思想史意义的。事情还是要从作为作者和读者的胡适说起。1916年9月,远在美国的胡适偶然读到《新青年》杂志上一段关于文学的文字,于是写信给陈独秀说:

---

① 〔法〕布迪厄著,包亚明译:《文化资本与社会炼金术:布迪厄访谈录》,上海人民出版社1997年版,第85页。
② 〔法〕布迪厄、〔美〕华康德著,李猛等译:《实践与反思——反思社会学导引》,中央编译出版社1998年版,第135页。

"今日偶翻阅旧寄之贵报,重读足下所论文学变迁之说,颇有鄙见,欲就大雅质正之。足下之言曰:'吾国文艺犹在古典主义理想主义时代。今后当趋向写实主义。'此言是也。然贵报三号登谢无量君长律一首,附有记者按语,推为'希世之音'。又曰:'子云相如而后,仅见斯篇。虽工部亦只有此工力,无此佳丽……吾国人伟大精神犹未丧失也欤。于此征之。'细检谢君此诗,至少凡用古典套语一百事。……稍读元白柳刘(禹锡)之长律者,皆将谓贵报案语之为厚诬工部而过誉谢君也,适所以不能已于言者,正以足下论文学已知古典主义之当废,而独啧啧称誉此古典主义之诗。窃谓足下难免自相矛盾之诮矣。"①陈独秀得文后将其刊登在《新青年》上并附之以回信讨论。他说:"以提倡写实主义之杂志,而录古典主义之诗,一经足下指斥,曷胜惭感。"②信中除却礼节性的客套之外,还有中间的自我辩解成分,譬如:"偶录一二诗,乃以其为写景叙情之作,非同无病而呻。"不过,最后的关键词还是落在了诚挚的约稿上:"海内外讲求改革中国文学诸君子,倘能发为宏议,以资公同讨论,敢不洗耳静听。若来书所谓加以论断,以仆不学无文,何敢何敢!"③陈独秀约稿的急切心情还可以在紧接着的追加回信中窥见:"奉读惠书,略答之《青年》,匆匆未尽欲言,乞足下恳切赐教是幸。文学改革,为吾国目前切要之事。此非戏言,更非空言,如何如何。《青年》文艺栏意在改革文艺,而实无办法。吾国无写实诗文为模范,译西文又未能直接唤起国人写实主义之观念,此事务求足下赐以所作写实文学,切实作一改良文学论文,寄登《青年》,均所至盼。"④"切实作一改良文学论文"的请求果然以《文学改良刍议》之名回应,由

---

① 胡适:《通信》,《新青年》第2卷2号,1916年10月1日。
②③ 陈独秀:《通信》,《新青年》第2卷2号,1916年10月1日。
④ 陈独秀:《致胡适》,《陈独秀文章选编》(上卷),生活·读书·新知三联书店1984年版,第143页。

此才有了借题发挥的《文学革命论》的张扬。

回头看看胡适的文学态度还是从容的。他在信中批评的《新青年》文学革命导向也即是陈独秀的"自相矛盾",是他在认真阅读杂志后得出的结论。这个"结论"来自《青年杂志》1卷3号上的谢无量的旧体诗《己酉岁未尽七日自芜湖溯江还蜀入春淹泊峡中观物叙怀辄露鄙音略不诠理奉寄会稽山人冀资噱噱》以及1卷4号上回答读者张永言的信。陈独秀不但登旧诗于《新青年》,而且作如下评语道:"文学者,国民最高精神之表现也,国人此种精神委顿久矣。谢君此作,深文余味,希世之音也。子云相如而后,仅见斯篇。虽工部亦只有此工力无此佳丽。谢君自谓天下文章尽在蜀中,非夸矣。吾国人伟大精神,犹未丧失也欤。于此征之。"①而接踵而至的4号上的《通信》在胡适看来更是画蛇添足:"吾国文艺,犹在古典主义理想主义时代,今后当趋向写实主义。"②于是,在胡适与陈独秀之间展开了"一场"似是而非的文白攻坚战。

为了说明文白之争中"不争"的命题。我们有必要弄清楚究竟胡适答应做的那篇"切实"之作是怎样一种态度。据《新青年》上的反应,正式出笼的文学打造篇章还应是《文学改良刍议》。只是,在这篇正题面世之前,胡适在信中征求过陈主编的意见,而陈主编将私人信件公开在了《新青年》上。在胡适对陈独秀的"自相矛盾"之文学观提出异议后,紧接着便提出了自己的心得(其实也是陈独秀的逗引):"年来思虑观察所得,以为今日欲言文学革命,须从八事入手:……一曰不用典;二曰不用陈套语;三曰不讲对仗(文当废骈诗当废律);四曰不避俗字俗语(不嫌以白话作诗词);五曰须讲求文法之结构(此皆形式上之革命也);六

---

① 陈独秀:《通信》,《青年杂志》第1卷3号,1915年11月15日。
② 胡适:《通信》,《青年杂志》第1卷4号,1915年11月15日。

曰不作无病之呻吟;七曰不摹仿古人(语语须有个我在);八曰须言之有物(此皆精神上之革命也)。"针对自己的心得,即使是私人信件也显得心有余悸,最后补充说:"此八事略具要领而已。其详细节目非一书所能尽,当俟诸他日再为足下详言之。"胡适不但小心翼翼地将"八事"奉上,而且还是诚惶诚恐地担责任:"以上所言,或有过激之处。然心所谓是,不敢不言。倘蒙揭之贵报,或可供当世人士之讨论。此一问题关系甚大,当有直言不讳之讨论,始可定是非。适以足下洞晓世界文学之趋势,又有文学改革之宏愿,故敢贡其一得之愚。伏乞恕其狂妄而赐以论断,则幸甚矣。"①笔者之所以几乎整篇引用了胡适的原件,是因为我们能从中领略到当初当事人的原始态度以及文白之争的原委曲折。胡适自谦是"心得"、"一得之愚",即使如此,还有"过激"的犹豫,因此主张"讨论"。更为关键的是,胡适认识到了这一命题的举足轻重,所以有"此一问题关系甚大"的提醒:不敢轻举妄动。他自己也承认,若是没有陈独秀那具有"革命"性情与勇气导引的"宏愿",自己断不敢身先士卒作"狂妄"论断。应该说,胡适这个自谦符合历史的真实:这个具有学问家的性情与学识的"书生"的确需要仰仗革命家的理想与(刚愎)自用之气。

在陈独秀的敦促和引领下,胡适不负所望,于1916年底便从大洋彼岸寄来了《文学改良刍议》。在陈独秀"以为今日中国文界之雷音"的鼓励下,胡适对陈独秀提出的异议也没有按照"指挥刀"的方式一一"听令",而是以讨论问题的学术态度进行"详其理由,指陈得失"。针对陈独秀对五、八"两事"的异议,胡适不但没有顺从,反将其提到首要位置"衍为一文,以告当世"。② 这就是后来居上的"尤盛"之"八事":"一曰须言之有物;二曰不摹仿古人;三曰须讲求文法;四曰不作无病之呻吟;五曰

---

①② 胡适:《通信》,《新青年》第2卷2号,1916年10月1日。

务去烂调套语;六曰不用典;七曰不讲对仗;八曰不避俗字俗语。"①尽管这个文学改良观是经过"再四研思"、"辅以友朋辩论"的阶段性成果,但标题还是以"刍议"出现,更有开门见山的"不文"、"何足言此"的自我叩问。即使是在"详其理由"的长篇大论之后,也还是要唯唯诺诺地加上缀语:"上述八事,乃吾年来研思此一大问题之结果。远在异国,既无读书之暇晷,又不得就国中先生长者质疑问难,其所主张容有矫枉过正之处。然此八事皆文学上根本问题,一一有研究价值。故草成此论,以为海内外留心此问题者作一草案。谓之刍议,犹云未定草也,伏唯国人同志有以匡纠是正之。"自谦不免"有矫枉过正之处",因此"伏惟国人同志有以匡纠是正之"。这就是胡适。他的"改良"、"刍议"、"未定"需要同志的"匡正"、"研究",同时他的学识更需要同乡、朋友、同志陈独秀的点拨、引导乃至推波助澜。于是《文学改良刍议》之后,陈独秀不失时机地马上"识"道:"余恒谓中国近代文学史施曹价值远在归姚之上,闻者咸大惊疑。今得胡君之论,窃喜所见不孤。白话文学将为中国文学之正宗,余亦笃信而渴望之。吾生倘亲见其成,则大幸也。元代文学美术本蔚然可观。余所最服膺者为东篱,词隽意远,又复雄富。余尝称为'中国之沙克士比亚'。质之胡君及读者诸君,以为然否?"②

继5号而来的6号《新青年》咄咄逼人,陈独秀的《文学革命论》打了十分硬气的一张"将牌":"今欲革新政治,势不得不革新盘踞于运用此政治者精神界之文学。使吾人不张目以观世界社会文学之趋势,及时代之精神,日夜埋头故纸堆中,所目注心营者,不越帝王、权贵、鬼怪、神仙与夫个人之穷通利达,以此而

---

① 胡适:《文学改良刍议》,《新青年》第2卷5号,1917年1月1日。
② 陈独秀:《文学改良刍议·识》,《新青年》2卷5号,1917年1月1日。

求革新文学、革新政治,是缚手足而敌孟贲也。"①与胡适的遮遮掩掩、犹抱琵琶不同,陈独秀不但放开手脚,而且置《文学革命论》于首篇。目标已经树起,陈独秀义无反顾,而且始终驾驭着奔驰车轮的缰辔。正如我们看到的那样,在《文学改良刍议》和《文学革命论》之后的两篇文章的所有读者来信以及讨论中,主编都要独自把关、亲笔回复,而且几乎每一篇之后都有掌控方向的附注或感想。以几篇著名的论词为例,3卷1号的钱玄同与主编的讨论虽以"通信"栏目发表,但仍然事关重大。尽管钱玄同作为学问家写出了关于文学改良与用典问题的长篇"崇论宏议",但陈独秀仍以对胡适的一贯态度在文尾自作高明地附注一番:"质之足下,以为如何?"②主持着阵地或说平台的主撰方有足够的实力与权力将讨论的方向引向"深入"。3卷2号上主撰与曾毅的关于"文以载道"的对话,专为乡人方孝岳《我之改良文学观》所作的"识"都有异曲同工之意。鉴于方孝岳在文章最后有这样的总结:"总之一国文学之改良,其事甚大,篇首所云,端赖识者倡导于政治范围之外而已。予之所陈,与胡陈二君有相发明处,有相出入处。二君倡之于先,吾人不得不论之于后。尚望国人不鄙此意,共进而从事于此。"因此陈主编见机行事:"愚意白话文学之推行,有三要件:首当有比较的统一之国语;其次则须创造国语文典;再其次国之闻人多以国语。著书立说,兹事匪易,本未可一蹴而几者,高明以为如何?"③不难看出,名为讨论,实为"总结"、总括、总揽。陈独秀不容置疑的态度和坚决到底的决心显而易见。即使到了3卷3号的刘半农这样的大力支持者那里陈独秀也不放过,他唯恐半路上逸出多余的枝杈。刘

---

① 陈独秀:《文学革命论》,《新青年》第2卷6号,1917年2月1日。
② 陈独秀:《通信》,《新青年》第3卷1号,1917年3月1日。
③ 方孝岳:《我之改良文学观》,《新青年》第3卷2号,1917年4月1日。

半农的态度先是哄抬其次才是稍微的补正。请看:"文学改良之议,既由胡君适之提倡之于前,复由陈君独秀钱君玄同赞成之于后,不佞学识谫陋,固亦为立志研究文学之一人。除于胡君所举八种改良、陈君所揭三大主义及钱君所指旧文学种种弊端绝端表示同意外。复举平时意中所欲言者,拉杂书之,草为此文。幸三君及世之留意文学改良者有以指正之。谓之'我之文学改良观'者,亦犹常君乃德所谓'见仁见智,各如其分。我之观念,未必他人亦同此观念'也。"而主编的再补正好是高人一筹、压人一头。下文便是证明:"刘君此文,最足唤起文学界注意者二事:一曰改造新韵;一曰以今语作曲。至于刘君所定文字与文学之界说,似与鄙见不甚相远。鄙意凡百文字之共名,皆谓之文。文之大别有二:一曰应用之文;一曰文学之文。刘君以诗歌戏曲小说等列入文学范围,是即余所谓文学之文也。以评论文告日记信札等列入文字范围,是即余所谓应用之文也。'文字'与'应用之文'名词虽不同,而实质似无差异。质之刘君及读者诸君以为如何。"①所谓的自由讨论是有限度的讨论,是划定了范围的"指认"或说"认定"。同意此说可以引向深入,不同意则画地为牢,完全是一种"带着镣铐跳舞"的论式。这从3卷5号钱玄同和陈独秀关于应用文改良的通信可以窥见其中的潜在规则。也就是这一次,也是陈独秀唯一的一次在这个问题上亮出完全赞同的观点:"先生所说的应用文改良十三样,弟样样赞成。"②

3. 自谦与自负:两种理性观

其实,即使是在胡适与陈独秀之间,也不是只有相互的尊重谦虚、互相的感染促进。当文学改良渐进高潮,胡适已经从文学

---

① 刘半农:《我之文学改良观》,《新青年》第3卷3号,1917年5月1日。
② 陈独秀:《通信》,《新青年》第3卷5号,1917年7月1日。

和语言自身发展与演进的规律上寻找"时代性"的依据,①这位始作俑者还是那样严谨地把玩着语言文字改良的深层意蕴。即使他为陈独秀"三大主义"叫好的同时,也没有忘记提醒同仁切勿一意孤行。他在信中说:"足下所主张之三大主义,适均极赞同。"其实这样的支持中还带有一层更深的含义,为此才有了下文的谦虚:"适前著《文学改良刍议》之私意不过欲引起国中人士之讨论,征集其意见以收切磋研究之益耳。今果不虚所愿,幸何如之。"②"私意"、"讨论"、"征集"、"切磋"、"研究",胡适的字字句句包含着不以真理压人、踩人的学术气质。尤其是最后的告诫更是暴露出一个具有自由主义思维、实验主义方法论者面对文化权力、真理权力之逻辑应有的从容与宽容的态度。他说:"钱玄同先生一书,乃已见第五号之文而作者。此后或尚有继钱先生而讨论适所主张八事及足下所主张之三主义者。此事之是非,非一朝一夕所能定,亦非一二人所能定。甚愿国中人士能平心静气与吾辈同力研究此问题。讨论既熟,是非自明。吾辈已张革命之旗,虽不容退缩,然亦决不敢以吾辈所主张为必是而不容他人之匡正也。"无论是赞同还是不赞同钱玄同,也无论是钱玄同附和自己的观点与否,胡适都主张钱玄同们层出不穷以继续讨论。在他看来,此事"关系甚大"、"是非"得靠时间和实践检验,不是少数人随意能够认定。因此需要"平心静气"地"研究"。这是胡适之一贯的态度。我们看到,即使是"顷见林琴南先生新著《论古文之不当废》一文",他都能平心静气地"喜而读之"以为"足供吾辈攻击古文者之研究"使用呢?然而,陈独秀的回信却令其大失所望:"改良文学之声,已起于国中,赞成反对者各居其

---

① 胡适:《历史的文学观念论》,《新青年》第 3 卷 3 号,1917 年 5 月 1 日。
② 胡适:《通信》,《新青年》第 3 卷 3 号,1917 年 5 月 1 日。

半。鄙意容纳异议、自由讨论,固为学术发达之原则。独至改良中国文学,当以白话为文学正宗之说,其是非甚明,必不容反对者有讨论之余地,必以吾辈所主张者为绝对之是,而不容他人之匡正也。"①陈独秀不但是唱反调,而且是完全针锋相对的反调。胡适呼唤"平心静气",他的心情却一刻也不能坦然,甚至是暴戾、霸气、急躁;胡适要求"讨论"、"研究"、斟酌以实现学术民主,而他则盛气凌人、独断专行、自是其是。从他"独至"、"正宗"、"不容反对"、"绝对之是"、"不容匡正"的专断语气中,我们看到的是中国语言文学现代化过程中充满了专制、独尊、一元的气息。陈主编的心态完全是唯我独尊。在他看来,文学改良观的提出是自己与《新青年》同仁的功劳,别人无力也无权置喙。心理依据是:这一学术思想原则的举措"一枝独秀"。而缺少了"我"(这一个),中国语言文学的现代性演进将暗无天日。或许,也正是陈独秀的强梁的手腕和从不让步的强硬态度才真正促进了这个新语言文学的诞生。换句话说,没有陈独秀当年的冲劲、蛮劲、狠劲(甚至是带有莽撞无忌的傻气),没有陈独秀的强音"发挥"、尽情"振臂",可能难有《新青年》这样呼风唤雨阵地的凸现。平心静气地说,单靠胡适的小心谨慎、瞻前顾后,中国新文化元典的现代性就会是另一副面孔。但也必须同时指出的是,陈独秀的舍我其谁的心态不但是学术霸权、思想暴力、文化专制等启蒙公敌,也是一切形式专制主义的起源。他让我们共享现代性的同时,也带给了一些难以摆脱的甚至致命的"自负"以及其他。这就是现代性的最为基本的两副面孔。

---

① 陈独秀:《通信》,《新青年》第3卷3号,1917年5月1日。

二、现代性焦虑:《新青年》"历史"叙事的发生

1. 语言:焦虑的极致

论及《新青年》杂志的现代焦虑,笔者首先想到的便是鲁迅那段名言:"许多人所怕的,是'中国人'这名目要消灭;我所怕的,是中国人要从'世界人'中挤出。"①其实,当时从进化论视角谈论中国不如何必将亡的判断论式比比皆是。而鲁迅的为现代中国焦虑,主要还是对中国人"搬动一张桌子也要流血"的滞后思维之担忧。中国人保存"国粹"的心理深厚而且持久,这也是鲁迅何以明知"矫枉"还要"过正"的原因。针对"遗老遗少"的守成,他在一篇短小的随感中将其名之为"现在的屠杀者":"四万万中国人嘴里发出来的声音,竟至总共'不值一哂',真是可怜煞人。做了人类想成仙;生在地上要上天;明明是现代人,吸着现在的空气,却偏要勒派朽腐的名教,殭死的语言,侮蔑尽现在,这都是'现在的屠杀者'。杀了'现在',也便杀了'将来',——将来是子孙的时代。"②这样一个过激的"言尤未尽"说法,后来被演绎成"汉字不灭,中国必亡"八个字。

如上所述,在中国近现代这样一个动荡的年代,知识分子曾经为国家的现代化设计了自以为是且条条皆可通"罗马"的道路。诸如"实业救国""教育救国""政治救国"等等,不一而足。即使到了以《新青年》为主导的新文化运动时期,在"文化救国(亡)"一层上也是五花八门、应有尽有。陈主编的例子是颇具代表性的,他可以在同一期杂志甚至是同一篇文章中连连打出"如果……就会"、"欲图……需"、"要……非将……不可"等类的

---

① 唐俟:《随感录〈三十六〉》,《新青年》第 5 卷 5 号,1918 年 10 月 15 日。
② 唐俟:《随感录〈五十七〉》,《新青年》第 6 卷 5 号,1919 年 5 月 1 日。

句式,以示自我观点的确定性、真理性、可信性、可行性。在《青年杂志》创刊号上,陈独秀在《抵抗力》一文中就大言不惭地自决道:"群众意识每喜从同恶德污流惰力甚大往往滔天罪恶,视为其群道德之精华,非有先觉哲人力抗群言,独标异见,则社会莫由进化。"①"非有……莫由"一类语气与神态不只是在《抵抗力》中,《敬告青年》也曾有潜在的流露:"国人而欲脱蒙昧时代,羞为浅化之民也,则急起直追,当以科学与人权并重。"②即使是叙述法兰西文明的文章,虽然没有明显的句式,但在骨子里仍是只有法兰西能够救世界(中国)的味道。③ 在 2 卷 2 号上,陈主编更是以决断的语气表达了对国民性不改变的忧心如焚:"欲图根本之救亡,所需乎国民性质行为之改善……为国捐躯之烈士,固吾人所服膺所崇拜……无所审顾,然此种爱国行为,乃一时的而非持续的,乃治标的而非治本的。吾之所谓持续的治本的爱国主义者。"④人家主编所有的创新都在于从本质上、大原上、"治本"上解决问题,所以在论辩时总是高人一筹。为了纠偏旧思想与旧国体的问题,掌舵握向的主编在一次演讲中两次运用这样的论证句式并转载于《新青年》:"如今要巩固共和,非先将国民脑子里所有反对共和的旧思想一一洗刷干净不可。"另一处就出在文章快要杀青时:"我们要诚心巩固共和国体,非将这班反对共和的伦理文学等等旧思想完全洗刷得干干净净不可。"不但有"非……不可",而且还有中间更为直截了当地独白:"万万不能

---

① 陈独秀:《抵抗力》,《青年杂志》第 1 卷 3 号,1915 年 11 月 15 日。
② 陈独秀:《敬告青年》,《青年杂志》第 1 卷 1 号,1915 年 9 月 15 日。
③ 陈独秀:《法兰西人与近世文明》,《青年杂志》第 1 卷 1 号,1915 年 9 月 15 日。
④ 陈独秀:《我之爱国主义》,《新青年》第 2 卷 2 号,1916 年 10 月 1 日。

调和"。① 这一句"万万不能调和"说出了《新青年》总领性的语言气质。进而言之,其实又何止是思想与国体、国民性与救亡、德赛两先生与国民性的关系问题呢?那《新青年》的主打歌——白话文与文言文之争,不也是以"万万不能调和"作为主编的中介的吗?

在《新青年》上,陈独秀虽然有些孤独(譬如另一位主笔胡适拥有说"理"的闲情逸致),但沉默寡言的李大钊却有着相似的精神气质。看似木讷而且具有宽容、"调和"、"协力"的思想的他却还有着非常独立坚定的"主见"。在庆祝 Bolshevism 胜利一文中,他以诗人的气质摇旗呐喊:"人道的警钟响了!自由的曙光现了!试看将来的环球,必是赤旗的世界!"②李大钊对新世界到来的信心以及对未来憧憬的自豪尽在文字中,诸如《庶民的胜利》等也都充满着强烈的目的意识和一元伦理倾向。历史是残酷的,历史又是公正的,而且也是最具解释权的。必须看到,《新青年》主编以及追随者们所作的努力完全出自一种他们理解的也是理想中的政治观念与实践模式。这种民主就是陈独秀一再称颂并追随着的"德先生"。他在《本志罪案之答辩书》中这样表述不惜代价的原委:"本志同人本来无罪,只因为拥护那德莫克拉西(Democracy)和赛因斯(Science)两位先生,才犯了这几条滔天的大罪。要拥护那德先生,便不得不反对孔教、礼法、贞节、旧伦理/旧政治。要拥护那赛先生,便不得不反对旧艺术/旧宗教。要拥护德先生又要拥护赛先生,便不得不反对国粹和旧文学。"接下来的心态描述更是把同仁们何以将语言文字改良置于首位作了不打自招的诠释:"社会上最反对的,是钱玄同先生废汉文

---

① 陈独秀:《旧思想与旧国体》,《新青年》第 3 卷 3 号,1917 年 5 月 1 日。
② 李大钊:《Bolshevism 的胜利》,《新青年》第 5 卷 5 号,1918 年 11 月 15 日。

的主张。钱先生是中国文字音韵学的专家,岂不知道语言文字自然进化的道理?(我以为只有这一个理由可以反对钱先生)他只因为自古以来汉文的书籍,几乎每本每页每行,都带着反对德赛两先生的臭味;又碰着许多老少汉学大家,开口一个国粹,闭口一个古说,不晋声明汉学是德赛两先生天造地设的对头;他愤极了才发出这种激切的议论,像钱先生这种用石条压驼背的医法,本志同人多半是不大赞成的。但是社会上有一班人,因此怒骂他,讥笑他,却不肯发表意思和他辨驳,这又是甚么道理呢?难道你们能断定汉文是永远没有废去的日子吗?"①原来,如同鲁迅认为的中国历史书上满纸都写着"吃人"一样,同仁还看到了汉文书籍"几乎每本每页每行,都带着反对德赛两先生的臭味"。由此我们不难想见文学改良、语言革命的政治工具意义。陈主撰当时理解的"德莫克拉西(Democracy)"(也就是今天我们所说的民主)是一种带有十足平民主义色彩的平等意识形态。即是说,今天的平民大众要享受到过去贵族独享的权利。因此,与真正意义上民主有别的是:它是一种以数量取胜的民主。诸如此类的民本思想在传统的《国语》《左传》《战国策》里更是俯拾即是。这里的民本哲学理念不过是将"上"与"下"、"少"与"多"、"尊"与"贱"进行了"易如反掌"的"倒个个儿"。以《战国策》里的"赵威后问齐使"为例,其中的"苟无民,何以有君"的无疑而问就已经把民本的政治哲学"化为绕指柔"了。直到现在大学语文之所以将其作为经典收录,并非因为其文学自身之价值,实在是因为它具有以民为本的民主理念。②陈独秀既是主笔也是探路者。他的民主观念宗法法兰西传统,而且将中国传统民本思想与法

---

① 陈独秀:《本志罪案之答辩书》,《新青年》第 6 卷 1 号,1919 年 1 月 15 日。
② 《战国策》(卷十一),中州古籍出版社 2007 年版,第 144 页。

兰西同情"贫民"(生计)、博爱下层"工人"进行了巧妙的亲和与转化。在一篇关于法兰西国民性的文章中,他在结尾一段竟然一咏三叹地四处论及民主的核心"自由、平等、博爱"。值得注意的是,他还有意识地将排列顺序改为中国与法兰西式的结合:"平等、博爱、自由。"①而他的一贯主张的"惟民主义"教育方针也正是其民主思想的贯彻与体现。他对"惟民主义"解释如下:"封建时代,君主专制时代,人民惟统治者之命是从,无互相连络之机缘……近世国家主义,乃民主的国家,非民奴的国家。民主国家,真国家也,国民之公产也,以人民为主人,以执政为公仆者也。"②由此不难理解,陈独秀的民主观念与李大钊的后来的"平民政治与工人政治(Democracy and Ergatocracy)"思想如出一辙,而且是他们前期合理的衍生与发展。1922年7月1日,李大钊在《新青年》上撰文说:"平民主义(democracy)的语源,系由democ与Kratia二语联缀而成。音转而为Demoeracy。Democ意为'人民'(People),Cracy意为'统治'(Rule),故Democracy一语,可直译为'民治'(People's rule or popular government)。"③引证这么多关于民主的材料,看似有游离之嫌,其实还是为了说明:《新青年》上的"文白之争"还是在为平民争取享受文化的权利,也即是"德莫克拉西"的权利。

2. 白话文:语言的Democracy

现代语言文学革命与现行民主政治的诞生一开始就有同步性。从《新青年》主编前期主办的《安徽俗话报》宗旨中可以看

---

① 陈独秀:《法兰西人与近世文明》,《青年杂志》第1卷1号,1915年9月15日。
② 陈独秀:《今日之教育方针》,《青年杂志》第1卷2号,1915年10月15日。
③ 李守常:《平民政治与工人政治》,《新青年》第9卷6号,1922年7月1日。

出,只要陈独秀能行使"主"编(《甲寅》杂志时只是助编)的职责,他就会不失时机地倡导白话或说俗话文章的写作。作为主编,他在开办《安徽俗话报》的缘故中一再述说要用"俗话写出"的理由:"现在各种日报、句报,虽然出得不少,却都是深文奥意,满纸的之、乎、也、者、矣、焉、哉字眼,没有多读书的人,那里能够看得懂呢?这样说起来,只有用最浅近最好懂的俗话,写在纸上,做成一种俗话报,才算是顶好的法子。所以各省做好事的人,可怜他们同乡不能够多多识字读书的,难以学点学问,通些时事,就做出俗话报,给他们的同乡亲戚朋友看看。现在已经出了好几种:上海有中国白话报,杭州有杭州白话报,绍兴有绍兴白话报,宁波有宁波白话报,潮州有潮州白话报,苏州有苏州白话报,我都看见过。我就想起我们安徽省,地面着实很大,念书的人也不见多,还是没有这种俗话报。"①开办这报的缘故,一是由于"可怜"同乡,二是"索性老老实实"传递"信息",三是"把各项浅近的学问,用通行的俗话演出来,好教我们安徽人无钱多读书的,看了这俗话报,也可以长点见识"。用"顶浅显"、特通俗的话语将"学问"通达给皖省乡亲,由此进行文化权利上的"分红"。简单地说,这就是《安徽俗话报》的宗旨。虽然是个地方性的小报,但其思想深处却有很大的"统一"理想、很强的文化"支配"意识。其中的一篇《国语教育》颇能说明问题。如同担心列强"瓜分中国"一样,②陈独秀认为国语的分崩离析同样不利于国家的一体化和文化的认同。他急切地"启蒙"国人:"现在各国的蒙小学堂里,顶要紧的功课,就是'国语教育'一科。什么是国语教育呢,就是教本国的话。我说出这话来,列位必定好笑,以为只有人学

---

① 三爱(陈独秀):《开办〈安徽俗话报〉的缘故》,《安徽俗话报》第1期,1904年3月31日。
② 三爱(陈独秀):《瓜分中国》,《安徽俗话报》第1期,1904年3月31日。

外国话,那里有人本国话还不会说,也要到学堂里去学的道理呢,殊不知列位这样说,便说错了。所以必定要重国语教育,有两层道理。一是小孩子不懂得深文奥义,只有把古今事体,和些人情物理,用本国通用的俗话,编成课本,给他们读。等他们知识渐渐的开了,再读有文理的书。一是全国地方大得很,若一处人说一处的话,本国人见面不懂本国人的话,便和见了外国人一样,那里还有同国亲爱的意思呢。所以必定要有国语教育,全国人才能够说一样的话。照这两层道理看起来,国语教育,一定是要紧的功课了。你看我们中国小孩子读的书,都是很深的文法,连举人秀才,也不能都懂得,漫说是小孩子了,这是第一层道理。再说起中国话来,十八省的人,十八样话,一省里各府州县说的,又是各不相同。若是再不重国语教育,还成个什么国度呢。"①在某种意义上,《安徽俗话报》上的"俗话"以及意义阐释正可以看作是《新青年》上白话文倡导以及国语"统一"、世界语"大同"之理想的雏形或说先驱。尽管当年陈独秀极力倡导在现在看来还带有乌托邦意识形态的特征,但同样是在现在看来,我们仍无法抹杀其现代性存在的意义。

　　白话文,作为象征符号的文化权力和资本市场,在陈独秀那里,它是一种不折不扣的语言学意义上的德莫克拉西。文言文以及与其一个鼻孔出气的旧文学,是一种不道德的特权阶层的语言文学。它不但为少数人所独享,而且少数人用这种权力剥夺了多数人的"信息"知情权、文化阅读权并以此欺压多数人。"文犹师古"与"文以载道"只能是单向的"代圣贤立言",而另一个方向的为下层通达民情的渠道也被堵断,从而难以真正变成

---

① 三爱(陈独秀):《国语教育》,《安徽俗话报》第3期,1904年5月15日。

民主绿色通道。① 当新文化元典的造势高潮已过而白话文不胫而走之时,陈独秀在被当局监视的情况下应邀赴武昌文华大学作关于"我们为甚么要做白话文"的演讲。他的"改良底理由"首先还是从"时代精神的价值"——"德莫克拉西"开始讲起。在一连列举了政治的(民治主义)、经济的(社会主义)、社会的(平等主义)、道德的(博爱主义)、文学的(白话文)等五个方面的"德莫克拉西"子目后,他将其归结到"反对一切不平等的阶级特权"的总纲下。② 同样是在这篇演讲中,白话文的力倡者透彻地"解释疑惑"说:"白话文与古文的区别,不是名词易解难解的关系,乃是名词及其他一切词'现代的'、'非现代的'关系。"将白话文与文言文的关系归结为现代性与非现代性的分殊,这已经不是语言自身的演变所能囊括的了。或许《新青年》7卷5号上的文章能够诠释这一文化"质变"现象:"通俗易解是新文学底一种要素,不是全体要素。现在欢迎白话文的人,大半只因为他通俗易解;主张白话文的人,也有许多只注意通俗易解。文学、美术、音乐,都是人类最高心情底表现,白话文若是只以通俗易解为止境,不注意文学的价值,那便只能算是通俗文,不配说是新文学,这也是新文化运动中一件容易误解的事。"③ "通俗"不等于"白话文"。"白话文"除却通俗、浅显一维外,还有深层的"价值"意蕴。换言之,"通俗"只是手段、工具、桥梁,最终目的还是要以此达到"价值"完成时。新文化运动注重的是"创造的精神",它要为一个新时代的到来提供足够的潜能。因此语言文学的革命需要有马前卒的精神以及锐不可当的勇气。因为只有这样的造势运动,才能将崭新的民主政治意识绑在文学与文化的战车上与

---

① 陈独秀:《文学革命论》,《新青年》第2卷6号,1917年2月1日。
② 陈独秀:《我们为甚么要做白话文》,《晨报》1920年2月12日。
③ 陈独秀:《新文化运动是什么?》,《新青年》第7卷5号,1920年4月1日。

时俱进。陈独秀最后在总结新文化运动教训时提醒诸位要将这个运动"影响到别的运动上面":"新文化运动影响到军事上,最好能令战争止住,其次也要叫他做新文化运动底朋友不是敌人。新文化运动影响到产业上,应该令劳动者觉悟他们自己的地位,令资本家要把劳动者当做同类的'人'看待,不要当做机器、牛马、奴隶看待。新文化运动影响到政治上,是要创造新的政治理想,不要受现实政治底羁绊。譬如中国底现实政治,什么护法,什么统一,都是一班没有饭吃的无聊政客在那里造谣生事,和人民生活、政治理想都无关系,不过是各派的政客拥着各派的军人争权夺利,好像狗争骨头一般罢了。他们的争夺是狗的运动,新文化运动是人的运动;我们只应该拿人的运动来轰散那狗的运动,不应该抛弃我们人的运动去加入他们狗的运动。"① 这才是新文化运动的原始的"价值"与"意义"。

也正是这个原始的"价值"与"意义"使得它一开始就在理论上和实践上都充满了历史的悲情。陈独秀作为"不容讨论"和不容怀疑其白话文价值的主儿,他的白话诗歌在《新青年》上只出现过两次。一是一名"他与我"的《丁巳除夕歌》,② 二是因散发传单出狱后回答刘半农的《D——》所作的应酬白话诗《答半农的D——诗》。③ 除外,即使是在后期教育部已经下令中小学教材实行白话文后,陈独秀也没有再做白话诗歌。我们看到,他在晚年与友人的唱和诗歌仿佛又回归了传统。他生前最后的一首白

---

① 陈独秀:《新文化运动是什么?》,《新青年》第 7 卷 5 号,1920 年 4 月 1 日。
② 陈独秀:《丁巳除夕歌》,《新青年》第 4 卷 3 号,1918 年 3 月 15 日。
③ 陈独秀:《答半农的 D——诗》,《新青年》第 7 卷 2 号,1920 年 1 月 1 日。

话诗《挽大姐》即是五言形式的旧体诗。① 对陈独秀现象的描述并非是对他的苛求,而是就此说明白话文代替文言文绝对不如陈独秀们想像的那样一蹴而就,那种乌托邦色彩的决裂和切断只能是现代性焦虑下的残酷证词。自白话文和新文学出山的那一天起,反对和异议之声就不绝于耳。由于陈独秀树起的靶子太醒目,所以难免一片哗然。朱希祖的《白话文的价值》就述说了另一种对文白之争的总体看法:"昨天遇见一位老先生与一位朋友谈天。那老先生说道:'白话的文与文言的文,皆是不可灭的。譬如着衣服:做白话的文,就如着布衣;做文言的文,就如着绫罗绸缎的衣。着得起绫罗绸缎的,就是富人;那贫人着不起绫罗绸缎,只好着布的了。'……又有几个人在那里批评白话的文的价值……'白话的文太繁秽,不如文言的文简洁;白话的文太刻露,不如文言的文含蓄;所以白话的文是毫无趣味的。'……'白话的文,今天看了,一览无余,明天就丢掉了,断不能垂诸久远:文言的文色泽又美,声音又好听,使人日日读之不厌……我们雅人,只要学古;白话的文,由他们俗人作通俗文用罢了。'"②针对以上种种不同的议论,陈独秀们的辩解多少显得苍白无力。就主编自我的实践看十分苍白;就其发表的谢无量的旧诗以及评论来看,不要说胡适这样的"同仁"都已经指出了其"自相矛盾"处,就是《青年杂志》到《新青年》过程中的文言文与白话文的交织本身就已经暴露了自身的无力。读者来信的质疑以及创作"实绩"的过于平淡连倡导者们自己都感到心绪难平。在默认"现在的白话诗文不好"的前提下,他才有了如下的回应:这些只能说"作者底艺术不精""真的白话文学年月还浅"。不过这"都

---

① 陈独秀:《挽大姐》,《陈独秀诗选》,安庆宜城文艺编辑部1986年版(内部发行)。

② 朱希祖:《白话文的价值》,《新青年》第6卷4号,1919年4月15日。

和白话文体本身没有关系"①。

应该看到,陈独秀当年对白话文取代文言文的艰难性和渐进性并不是没有心理准备和思想认识。在后来的反思中,他一再述说白话文并"非纯粹的白话文","古语"也"不全然废弃"。只要现在还"活着"的古语,可以与白话一起"通行"。② 众所周知,《青年杂志》一开始就呼唤文言文的终结、白话文的正宗,但限于人气、"物理"等条件,直到《文学革命论》发表一段时间后也未能实行诺言。为此才有了钱玄同的急不可待的质问:"我以前所说要把右行直下的汉文改用左行横迤,先生回答道'极以为然'。现在我想这个意思先生既然赞成,何妨把《新青年》从第四卷第一号起就改用横式?……我们既然绝对主张用白话体做文章,则自己在《新青年》里面做的便应该渐渐的改用白话。我从这通书信起,以后或撰文或通信一概用白话,就和适之先生做《尝试集》一样的意思,并且还要请先生、胡适之先生和刘半农先生都来尝试尝试。"对此,陈独秀多少有些"保守":"《新青年》改用左行横迤,弟个人的意思十分赞成。待同发行部和其他社友商量同意,即可实行。但是改用白话一层,似不必勉强一致。社友中倘有绝对不能做白话文章的人,即偶用文言,也可登载,尊见以为如何?"③通过对这段通信的阅读,我们可以肯定《新青年》同仁内部还有更深层的默契或说"团结"。这个"团结"的底蕴即是还有比这个"一步到位"更为关紧的要件。其实这个要紧的地方早在陈独秀回答"极以为然"(对"左行横迤")时就已经说明白了:"仆于汉文改用左行横迤及高等书籍中人名地名直用原文不取译音之说极以为然。惟多数国民不皆能受中等教育。而

---

①② 陈独秀:《我们为甚么要做白话文?》,《晨报》1920年2月12日。
③ 陈独秀:《通信》,《新青年》第3卷6号,1917年8月1日。

世界知识又急待灌输。"①这就是不能马上完全采用"横行"、"白话"的原因:虽然语言文学(包括文字)也被拉到了塑造意识形态的队伍中,但能直接填充新型"内圣外王"道德伦理的要件还应数"世界知识"。此时,距离形式与内容兼备新意义的第一篇白话小说《狂人日记》在《新青年》发表只有半年之久。

如果说陈独秀在《新青年》上有过激、浮躁、凌厉的表现,那是因为他忍不住、耐不下他那理想化、目的化、功利化的乌托邦政治设计。我们看到,学术、思想、文化问题一旦为意识形态作祟,那它就必然打上工具化的烙印。这一切又都不以当世和现世学者的意志为转移。《新青年》杂志前期发表的苏曼殊的文言小说与谢无量的旧体诗虽然瓶子是老的,但其内在的精神气质里已经灌注了中西文化冲突背景下的现代性素养。这个素养又是从冲突转向现代过程中的中间地带,具有新旧杂糅的前现代意识。这也是陈独秀在作品"附记"中评价谢诗精神为"希世之音"、苏作为"个人意志之自由""痛切者"并大加称赞的根本原因。②

现代性的演进是缓慢的,但也是焦急的。《狂人日记》的闪亮登场,标志着中国语言文学尝试着进入一个全新时期。一个不容忽视的事实是,随着语言文字的应用打破了几千年积淀的"时空"常规,亲手破坏这语言"偶像"的现代元典缔造者也出现了前所未有的心理紧张。在某种意义上,他们语言文字表现出非常自信、自豪乃至自大背后,其实蕴藏着无法排遣的无措、失落、焦虑甚至是无地自容。笔者常常在心灵深处与他们对话:在把母语打得落花流水、捉襟见肘之际,我们这些母语的操持者还能找到诗意栖居的皈依之路吗?也正是在这里,我更愿意透过

---

① 陈独秀:《通信》,《新青年》第3卷3号,1917年5月1日。
② 苏曼殊:《碎簪记》,《新青年》第2卷4号,1916年12月1日。

文字的表象来发现当事人心底的恐慌。中国有句古语（胡适也曾说过）："做了过河卒只有拼命向前"，更何况他们是捆绑在一起的"过河卒"呢！中国还有句俗语："儿不嫌母丑，狗不嫌家贫。"如果文言文是正母、宗母，那么通俗的白话就是"继母"、"后母"。不难想像，当汉语言文字的使用者反戈一击，正打中了滋润自己多年的生母后，如果痛定思痛，他还能轻松皈依到"白话"的怀抱吗？这，既是他们后来从不反悔的原因，也是他们后来不是不自觉地"回归"就是另谋归途的缘故。当心灵的皈依无法安放于精神的家园之际，他们只能寻找乌托邦式的未来寄托。过于理想化、目的化使他们走上了一条集体无意识的道路：他们宁愿也只好把希望寄托在一个不存在（子虚乌有）的地方。这就是我们常说的"乌托邦"，也是人类进化史上只注重破坏而无力建设的又一代名词。为此，他们在一心一意走世界化道路或说推动现代性演进的同时，也让民族的语言文字付出了沉重的代价。这是一个思想史常见的并行不悖之悖论。

如同《新青年》杂志整体上是从文言，到文言、白话混杂，再到白话文一样，《狂人日记》几乎是一个过渡现象的缩影。署名"鲁迅"的小说《狂人日记》就发表在《新青年》倡导白话文最力而且可以说是高潮之际。这一表面看来蹊跷的语言文学现象着实有着在颓败线上颤动的现代性焦虑。《狂人日记》上有记为证："某君昆仲，今隐其名，皆余昔日在中学时良友；分隔多年，消息渐阙。日前偶闻其一大病；适归故乡，迂道往访，则仅晤一人，言病者其弟也。劳君远道来视，然已早愈，赴某地候补矣。因大笑，出示日记二册，谓可见当日病状，不妨献诸旧友。持归阅一过，知所患盖'迫害狂'之类。语颇错杂无伦次，又多荒唐之言，亦不著月日，惟墨色字体不一，知非一时所书。间亦有略具联络者，今撮录一篇，以供医家研究。记中语误，一字不易；惟人名虽皆村人，不为世间所知，无关大体，亦悉易去。至于书名，则本人愈后所题,不复改也。七年四月二日识。"①一个白话文的缔造者与呐喊者在刻意实践之际竟然以"之乎者也"的文乎其文的开头"引人入胜",鲁迅的这个"识"除却艺术性的运用之外,多少流布出《新青年》与母语分离的历史悲情。

三、历史悲情的扩张:世界语的吊诡

1. 世界语:通向大同的路径

如上所述,《新青年》在"文白之争"的情景中陷于左右为难,在白话势在必行而白话文又不堪民族重负之际,倡导者只得将历史的悲情扩张,希望借此掩饰自我的困顿、尴尬、虚无与无奈。于是,寄托希望于世界语并将其作为废除汉字的理由构成了传统语言文学的双刃剑。究其实质,所谓的消灭汉字这种民族文化虚无主义本身就是在现代性面前无力感的证明,更是一种对现代性的逃避。鲁迅自述当年加盟语言文学革命的心境"绝望之为虚妄,正与希望相同",可以说是整个知识群落的心态症候。② 然而,作为担当道义的现代知识分子,他们不可能将自我的隐遁、逃避、失望心理公之于众,为此他们寻找到了一种聊以慰藉的"支援意识"。③ 世界语乃是他们现世所能依托的最终归宿——一个神秘、遥远、美丽的语言乌托邦。

必须看到,世界语理想的滋生是在世界主义的大同思想环境下营造的。正如我们看到的那样,当陶履恭看到《新青年》关于世界语的主张并对之执迷提出"忠告"后,陈独秀便身先士卒地予以了"全面"的回答:"'将来之世界必趋于大同',此鄙人极

---

① 鲁迅:《狂人日记》,《新青年》第 4 卷 5 号,1918 年 5 月 15 日。
② 鲁迅:《〈自选集〉自序》,《鲁迅全集》(第 4 卷),人民文学出版社 1981 年版,第 455 页。
③ 事实上,这也是一种"奇理斯玛"思维。参见〔美〕林毓生著:《中国意识的危机》,贵州人民出版社 1986 年版,第 262 页。

以为然者也。来书谓'世界主义是一事,世界语又是一事,二者未必为同一问题',此鄙人微有不以为然者也。世界语之成立,非即为世界主义之实现。"陈独秀一是表明了世界语与世界主义在自己眼中的关系;二是流布了世界语为什么要提倡的心迹——为世界大同而将关口提前。在这个"全面"中,陈独秀最后的总结陈词更为关键:"世界人类历史无尽,则人类语言之孳乳亦无尽。世界语所采用之单语,在理自不应以欧语为限。此义也,迷信世界语者当知之,务为世界之世界语,勿为欧洲之世界语尔。仆犹一言欲质诸足下者:足下轻视世界语之最大理由,谓其为人造的而非历史的也。仆则以为重历史的遗物,而轻人造的理想,是进化之障也。语言其一端耳。"①这第三层意思显然带有建构的唯理主义特征。重视"人造的理想"从"语言"开始,这也正是"积极的自由"或说激进自由主义的基本乌托邦质地。② 同时必须看到,世界语说法的出现也不是《新青年》的专利。早在1907年,当无政府主义盛行中国之际就有人把母语与世界语的"水火不容"关系给抬了出来。那时,以吴稚晖等为中心的巴黎中国留学生在《新世纪》杂志上捶胸顿足地咒骂母语,主张改用"万国新语"(即《新青年》时期所谓的"世界语")。一副

---

① 陈独秀:《通信》,《新青年》第3卷6号,1917年8月1日。
② 参见〔奥〕哈耶克著,邓正来译:《自由秩序原理》(上下册),生活·读书·新知三联书店1997年版。

"汉字不灭,中国必亡"的姿态和语气。① 历史惊人的相似在这里得到充分的证明:如果说《新世纪》是将对清政府专制的咒骂与对将语言文字的诅咒作为同一个仇恨对象加以发泄,那么《新青年》的对传统政治(包括当局)的不满、传统伦理道德的批判、对旧文学的愤恨更是全方位的开战。语言文字的政治工具情怀使得它一开始就夹杂着浓厚的意识形态化的诱因。

回到《新青年》杂志,全方位向传统社会开战一方面反映了激进知识群体对现代性向往的焦虑,另一方面也再次印证了传统思维泛起:道统、政统、学统有机统一,从而演绎出新一轮的具有综合、整体模式的新内圣外王主义。世界主义思维模式的形成正是传统乌托邦在现代的翻版。一个值得注意的思想史现象是,《新青年》一方面是极端"个人本位主义"的主张,另一方面则是打破一切阻隔之直通车式的"世界主义"理论。李大钊在《我与世界》中述说的"我"与"世界"的关系其实就是"个人主义"和"世界主义"的关系:"我们现在所要求的,是个解放自由的我,和

---

① "汉字不灭,中国必亡"的元典究竟最先出自谁之手或谁之口已经无从考证,但鲁迅在《病中答救亡情报访员》中确有这样的八个字。他说:"汉字不灭,中国必亡。因为汉字的艰深,使全中国大多数的人民,永远和前进的文化隔离,中国的人民,决不会聪明起来,理解自身所遭受的压榨,理解整个民族的危机。我是自身受汉字苦痛很深的一个人,因此我坚决主张以新文字来替代这种障碍大众进步的汉字。"今人多认为五四新文化运动时期就有这类表述,但有一点可以肯定,至少《新青年》杂志上没有原汁原味的这八个字的同时出现。至于有人认为出自钱玄同或出自赵元任,我们只能推断是口头表达或演讲流布。或许这也是很多后学对此多不引号标识的原因。根据笔者的考察,"中国必亡"在《新青年》杂志上不乏其句,但"汉字不灭"却没有连接。但从他们当事人当时的激进态度和对汉字的激愤情绪看,将其表述为这八个字却非常符合当时的精神气质和姿态。鲁迅曾在《文化偏至论》中概括世纪初的世风说:"青年之所思惟,大都归罪恶于古之文物,甚或斥言文为野蛮。"历史发展到《新青年》时期,这种将政治与文化古物一起作残余式捆绑的激进打倒情绪有过之而无不及。

一个人人相爱的世界。介在我与世界中间的家国、阶级、族界，都是进化的障碍、生活的烦累，应该逐渐废除。"①理论与事实往往就是这样微妙，看起来极其相反甚至是"风马牛"的精神现象也往往只有一步之遥。陈独秀也曾在与钱玄同讨论"中国今后之文字问题"的通信中这样说："吴先生（即吴稚晖——引者注）'中国文字，迟早必废'"之说，浅人闻之，虽必骇怪，而循之进化公例，恐终无可逃。惟仅废中国文字乎？抑并废中国言语乎？此二者关系密切，而性质不同之问题也。各国反对废国文者，皆以破灭累世文学为最大理由。然中国文字，既难传载新事新理，且为腐毒思想之巢窟，废之诚不足惜……至于废国语之说，则益为众人所疑矣。鄙意以为今日'国家''民族''家族''婚姻'等观念，皆野蛮时代狭隘之偏见所遗留，根底甚深，即先生与仆亦未必能免俗，此国语之所以不易废也。"②主编在认为国语是野蛮偏狭之物的同时，也看到了国语转换的艰难性。从陈独秀这段文字中，我们至少可以获得三重重要信息。一是世界主义背景下的世界语之说与无政府主义哲学思想有着根深蒂固的渊源关系；二是所谓废除"中国文字"的命题在本质上是以民主思想的需要或说新型意识形态的建立为依据的。在这个意义上，一切形式的语言文字革命都是意识形态更新不可或缺的一个有机组成部分；三是文字的革命比起单纯的白话文革命，陈独秀更讲求程序和步骤。这从另一个侧面印证了陈独秀对民主观念理解的偏斜——更注重下层因素和数量因素。

如上所述，早在世纪初年以吴稚晖等一批留法过来的无政府主义者就在自己的阵地《新世纪》上对国语发起了咬牙切齿的

---

① 李大钊：《我与世界》，《李大钊文集》（下册），人民出版社1984年版，第23页。

② 陈独秀：《通信》，《新青年》第4卷4号，1918年4月15日。

攻击。而经过《新民丛报》、《民报》、《甲寅》等杂志,时至《新青年》时期,关于这个世界语与国语关系的讨论几乎还是沿袭了当时的主调。区声白,一位典型的无政府主义者,他在《新青年》上与钱玄同关于世界语的积极讨论也多沿用吴稚晖当年在《新世纪》上的只言片语:"有欲将其新名词新术语嵌入于汉文中使用者,更该提倡;如此,则国人与 Esperanto 可以一日接近一日。吴稚晖先生谓'近世界之新学理,新事物,若为汉文所发挥不足者,即可搀入 Esperanto,以便渐搀渐多,将汉文渐废,即为异日径用 Esperanto 之张本。'(见《新世纪》第四十号)我以为这是提倡 Esperanto 最切要最适当的办法。"①无政府主义者凌霜在给钱玄同的信中也还是以十年前的话语为中心:"贵志同号中姚寄人先生将十年前巴黎《新世纪》周报醒先生所做的《万国新语(亦名世界语)之进步》的末段钞出来。据我的鄙见,这篇文章起头所说的'万国新语有五大特色,为各国文字所不能及'都是很好的。这篇文章,可算是中国人说 Esperanto 的先导。我记得民国元年的时候,我的朋友师复先生,创立晦鸣学舍于广州曾将他付印数万册,拿来分赠,看见的人,一定不少,我现在不必再去钞他了。"②这里老牌的无政府主义者吴稚晖、李石曾的理论以及区声白、黄凌霜都纷纷上阵,提起当年之勇。即使新文化运动渐进高潮之际,吴稚晖的"大同"学说仍是《新青年》追逐不放的权威支持。③引证这些的目的在于,对比陈独秀和李大钊关于"家国、阶级、族界"都是"野蛮时代"产物的说法,应该说《新青年》的理论的哲学

---

① 钱玄同:《通信·中国文字与 Esperanto》,《新青年》第 6 卷 1 号,1919 年 1 月 15 日。
② 凌霜:《通信·Esperanto 与现代思潮》,《新青年》第 6 卷 2 号,1919 年 2 月 15 日。
③ 吴敬恒:《机器促进大同说》,《新青年》第 5 卷 2 号,1919 年 8 月 15 日。

基础有很高程度的无政府主义性质。不难看出,《新青年》为了自己的"主义"或说意识形态的泛化是不惜一切,也不顾一切的。将无政府主义权且作为立论基础,这多少反映了《新青年》一开始追求现代性的诉求中就蕴含着残缺的因子。无政府主义的破坏、打倒(偶像)意识以及粗暴、简单逻辑给20世纪中国留下了沉重的教训。鉴于《新青年》的语言文字革命不过是借助了这个"暴力",所以在这里对其微妙之处不过多的分析。只是要特别指出,将中国传统过去所遗留之物一股脑地"社会"性完全革命,同样是无政府主义的逻辑思维。

其次,笔者要说的是,在追求现代性的价值诉求上,《新青年》一开始是将"语言"和"文学"的剥离为起点的,这在刘半农的《我之文学改良观》以及胡适、陈独秀的新文学论述文章中可以窥见其端倪。① 但是《新青年》以民主思想的需要或说新型意识形态的建立为依据的命题最终决定了不可能将这个剥离坚守到底。《新青年》杂志有一个关于世界语的讨论过程。当读者 T. M. Cheng 来信这样询问世界语一事时:"至论世界语为今日人类必要之事业,惟以习惯未成,未能完全应用。拜领教言。"主编便以"记者"身份答曰:"世界语,为今日人类必要之事业。惟以习惯未成,未能应用于华美无用之文学。而于朴质之科学,未必不能达意也。"②于是这很快遭到了钱玄同的质疑:"先生认世界语为'人类必要之事业',此说弟极表同情。至云未能应用于文学,恐非确论(文学之上加以'无用'二字,弟尤不敢赞同。然此当是先生一时之论。观大著《文学革命论》所言,知先生于文学之事固视之极重也)。日前子民先生语我,谓用世界语译撰之书,以

---

① 刘半农:《我之文学改良观》,《新青年》第3卷3号,1917年5月1日。
② 记者:《通信》,《新青年》第2卷3号,1916年11月1日。

戏曲小说之类为最多,科学书次之。是世界语非不能应用于文学也。……世界主义大昌,则此语必有长足之进步无疑。中国人虽孱弱,亦世界上之人类对于提倡此等事业,自可当仁不让。"①面对钱玄同咄咄逼人的气势,陈独秀只好束手就擒。或许是"欲纵故擒",反正这里的一阵谦逊之后还有一段不能忽视的表白,尤其是对研究《新青年》如何转移视线以突出"民主"意识主题的论题。原信如下:"仆前答某君书所谓'华美无用之文学'者,乃一时偶有一种肤浅文学观念浮于脑里,遂信笔书之,非谓全体文学皆无用也。世界语犹吾之国语,谓其今日尚未产生宏大之文学则可,谓其终不能应用于文学则不可。至于中小学校以世界语代英语,仆亦极端赞成。吾国教育界果能一致行此新理想,当使欧美人震惊失措。且吾国学界世界语果然发达,吾国所有之重要名词,亦可以世界语书之读之,输诸异域。不必限于今日欧美人所有之世界语也,高明以为如何?全部《十三经》,不容于民主国家者盖十之九九。此物不遭焚禁、孔庙不毁,共和招牌当然挂不长久。今之左袒孔教者,罔不心怀复辟。其有不心怀复辟者,更属主张不能一致贯彻之妄人也。康南海意在做大官,尊孔复辟,皆手段耳,此伧更不足论!其徒梁任公尝直其名曰康有为,深恶之也。"②一个常识性的问题却得出了相反的结论,这不能不说是陈独秀的一个致命"硬伤"。然而,"新理想"以及古典典籍百分之九十九的不容"民主国家"的说法已经让我们明白了主编的制造"硬伤"的苦心,他欲以世界语的转换来切断借以传承专制制度的中介。与此同时,当一个"硬伤"弥合了之后,一个新的"硬伤"裂缝出现了:"新理想"的输入难道能靠自己都承认的"习惯未成"且还是"乌托邦"的世界语来传导吗?也

---

① 钱玄同:《通信》,《新青年》第3卷4号,1917年6月1日。
② 陈独秀:《通信》,《新青年》第3卷4号,1917年6月1日。

难怪读者张耘在给胡适的信中将这个做法称为"思想紊乱"呢！①

再次，胡适对世界语的态度是不积极的，就是借主编对白话文为正宗以及"不容商榷"的态度在世界语问题上也出现了缓和。笔者以为，这个缓和本身充分说明了陈独秀这样激进的革命家对世界语的乌托邦色彩也是非常清醒的。就白话文取代文言文的趋势和现实而言，尽管困难重重，但毕竟其可行性举手可揽。而通过世界语来促进新型意识形态的塑造，本身就是超负荷、不可实现的唯意志论式幻想。一个不容忽视的事实是，《新青年》上的文学革命与世界语的提倡几乎是同步进行的。由于都是刚刚述说的缘故，文学革命则因为接近现实而且是从中国自身内部的改良下手，因此有近水楼台的优先性和先行性。从此，我们也可以看到"文学"与"语言（文字）"之分分合合的胶着状态——始于分离终于合一。这个超越与回归的悖论一直是伴随新文化元典运动演进的基本思想张力。当陈独秀与胡适在1916年就开始"设计"文学革命时，与之俱来的便是世界语的插科打诨。1917年8月杂志上陶履恭、钱玄同以及陈独秀的讨论已经是满"志"风雨。而随着"文学革命实绩"的显示——白话诗文的"尝试"以及白话小说《狂人日记》的问世，《新青年》自1918年5月号起关于世界语的讨论便几乎湮没了文学改良的声音。在《新青年》5卷2号上，曾有区声白、陶履恭（孟和）的争论以及钱玄同、陈独秀两人关于这"Esperanto"的"跋语"。其中无政府主义者区声白的争论引发了作为杂志编辑的钱玄同和陈独秀的参与。针对陶孟和对无政府主义者区声白的"两端"怀疑，钱玄同在公开信的结尾也有针对性地呼吁："我因为怀了这两个意

---

① 张耘：《通信·改良文学与更换文字》，《新青年》第6卷3号，1919年3月15日。

见,所以要提倡 Esperanto。声白君对于我这意见如以为然,深愿共同提倡。选学家桐城派反对新文学,我格外要振作精神去做白话文章;我们对于 Esperanto,也该用做白话文章的精神去提倡!"①的确如笔者所言,世界语与白话文在一个链条上构成文学革命的两个阶段。世界语的提倡在当事人看来则是文学革命的深化。在陈独秀与钱玄同、区声白同处一个文化场域并自爱一个思想立场之际,陈独秀最后的陈词还是要极力劝说陶孟和归依"世界语"的行列:"Esperanto 在学术上,尚属因袭的而非创造的;在言语上,尚属人为的而非自然的;孟和先生之不满意于此语也,殆以是故;余亦云尔。弟鄙意与孟和先生微有不同者:今之 Esperanto,或即无足当'世界语'之价值;而世界之将来,倘无永远保守国别之必要,则有'世界语'发生及进行之必要;以言语相通,为初民社会之一大进化;其后各民族间去小异而归大同也,语言同化乃为诸大原因之一;以此推知世界将来之去国别而归大同也虽不全以'世界语'之有无为转移,而'世界语'(非指今之 Esperanto)之流行,余确信其为利器之一,并希望孟和先生以赞同者也。"②其实陈独秀感觉到了陶孟和的观点正是对自己"人造的"进化理想的否定。这也是主编何以在跋语中"国别"的消失、"大同"的到来,以"世界语"为"利器"作为"劝降"根据的原因。希望归希望,世界语的讨论并不是能靠希望或幻想来完成的。

2. 世界语:"人造的理想"

时至 1918 年 8 月,正当《新青年》大张旗鼓地为"世界语"张目之时,一位素与胡适之交往甚密的读者朱我农来信公然打出

---

① 钱玄同:《通信·论 Esperanto》,《新青年》第 5 卷 2 号,1918 年 8 月 15 日。
② 陈独秀:《通信·论 Esperanto》,《新青年》第 5 卷 2 号,1918 年 8 月 15 日。

反对世界语的旗帜:"无论那一种语言文字,只有因为文字不合语言,把文字改了的(先生所说,意大利人废拉丁文,就是好证据)断没有用文字去改语言的。如此推想,就知道私造了一种文字(这'文字'二字是假定的称谓)要世界的人拿他当作日常应用的语言,是万万做不到的。所以,Esperanto 断不能当作世界通用的语言,简直是一个无用的东西。"宏观一轮后,接着他又微观地将钱玄同和陈独秀的观点拉来予以纠正道:"两先生又说'重历史的遗物而轻人造的理想,是进化之障也'。我又不以为然。两先生的意思是称各国语为历史的遗物,Esperanto 为人造的理想。不对不对!第一,我们中国的文字,诚然可以认作历史的遗物;但是英美德法诸国的语言文字,是日新月异,当世应用的?断不能认为历史的遗物。第二,语言文字是一种'公众应用的特别事物',决不是私造的理想;如果 Esperanto 是人造的理想,那就万万不能用作语言文字了。所以陶先生既没有重'历史的遗物'也没有轻'人造的理想'。"①鉴于钱玄同和陈独秀立场的大同小异,朱我农将陈独秀的语言合而为一了。不过,其中关于语言历史进化观念确是表达得非常明确,也与胡适之的"稳健"观点相互呼应。看看胡适的回信就可略知一二了:"老兄这两次的来信都是极有价值的讨论,我读了非常佩服。我对于世界语和 Esperanto 两个问题,虽然不曾加入《新青年》里的讨论,但我心里是狠赞成陶孟和先生的议论的。此次读了老兄的长函,我觉得增长了许多见识,没有什么附加的意见,也没有什么可以驳回的说话。"驳都驳不倒,自然佩服。这话其实无非也是说给《新青年》其他同仁听的。自己一方面声明"不曾加入《新青年》里的讨论",另一方面又说"狠赞成陶孟和先生的议论",这则表明了自

---

① 朱有昀:《通信·反对 Esperanto》,《新青年》第 5 卷 4 号,1918 年 10 月 15 日。

己的立场。胡适的一贯的(不只是在语言文字上)的"历史进化观念"再次得以彰显:"以上五条,我非常赞成。老兄讨论这个问题的根本论点只是一个历史进化观念。语言文字的问题是不能脱离历史进化的观念可以讨论的。我觉得老兄这几段议论 Esperanto 不单是讨论,竟可以推行到一切语言文字的问题,故特别把他们提出来,请大家特别注意。"①

从最早的《文学改良刍议》到《历史的文学观念论》,再到1918年《新青年》5卷5号的《文学进化观念与戏剧改良》,胡适的新文学理论都是从本体论的角度谈文学、语言、文字包括文化的渐进、自然进化观。他可以间或在文章中谈到、认可甚至支持"大同"、"世界语"以及个人本位主义抑或社会主义等观念,但在其骨子深处是不可能与其长期为伍的。胡适实验主义的方法论以及自由主义思想使他一开始就对暴戾的无政府主义、激进的集体主义、民粹的社会主义持反感态度。1919年3月15日,《新青年》读者张耘的来信可以说道出了久藏于胸的"心忧"。一个值得注意的事实上是,从张耘"《新青年》常常收到"的客套中已经可以看出胡适与这位"读者"的关系及其思想路径的默契。他说:"此报主旨似在改良文学。改良文学,今人稍具文学兴味及科学眼光者,多半赞成。惟至如何改良,则主张不一。耘不学,谬想改良应在中国文学自身以内改良,不应出此自身以外而言改良。如某君之主张用罗马拼音,某君之主张用英法文,某君之主张用世界语,均系离此自身而言改良。非改良文学也,直互换文字耳。改良文学与更换文字截为二事。为建设的革命计,吾意只应讨论改良之法。不宜涉及更换问题。《新青年》对于文学果有建设计画,似应主张其一。不应二事并提,徒乱观听,而且

---

① 朱有昀:《通信·反对 Esperanto》,《新青年》第5卷4号,1918年10月15日。

造成思想界一种极危险的 Anarchy。反对可也。革命可也。而毫无目的的 Anarchy 到无论在何时何事，均应视为大忌，君以为然否？"张耘在批评了世界语是"造成思想界一种极危险的 Anarchy"的倾向后，还批评了许多人的"好高骛远、思想不清"："我以为今人凡轻视英法德文而极力提倡世界语者，其病因有三：曰愚、懒、妄。惟愚乃信英法德文中好书籍，世界语均有译本；惟懒乃甘取此不通捷径，无所得而不辞；惟妄乃坚信世界不久必大同，大同后必有大同语，而此大同语又必为今日之所谓世界语。三问题混合为一，颇足形容今日中国人思想紊乱情形。主张脚踏实地，做建设工夫者，对于此种愚懒妄传染病，须极力扑灭之。"①正因为张耘的来信为胡适的观点张目，所以胡适的回信是柔中有刚："张君这封信有许多话未免太过，但他所说的大旨，都狠有讨论的价值，故登在此处，供大家讨论。""未免太过"为虚，"讨论价值"为实，胡适的跋语未尝不是在实施其拐弯抹角、"欲擒故纵"的文化经营策略。

Anarchy，就是温和的改良主义者担心的无政府主义倾向。一个有趣的现象是，胡适不是不赞成用拼音字母取代汉字，他是不赞成那种不经实验、尝试、讨论就粗暴地"直接"互换的武断做法。更重要的是，他信奉的是渐进、改良、稳健的"科学"程序。与鲁迅等人相同，就连素称稳健的胡适也坚信汉字必须废除。初到美国，他曾对不假思索就散发"废除汉字，取用字母"之传单者十分反感，但他毕竟不是死守传统的遗老遗少：理解并相信有一天拼音文字取代汉字。② 在文学改良取得基本的"实绩"并有稳健的发展事态后，他也有期待到来的蠢蠢欲动："如果因为白

---

① 张耘：《通信·改良文学与更换文字》，《新青年》第 6 卷 3 号，1919 年 3 月 15 日。
② 胡适：《逼上梁山——文学革命的开始》，赵家璧主编：《中国新文学大系·建设理论集》，上海良友图书公司 1935 年版，第 3 页。

话文学的奠定和古文学的权威的崩溃,音标文字在那不很辽远的将来能够替代了那方块的汉字做中国四万万人的教育工具和文学工具了,那才可以说是中国文学革命的更大的收获了。"①然而,在终极意义上,胡适不会过火,而且会和其他改良的路径一样与陈独秀们发生程度不同的冲突。世界语问题上他与陶孟和、朱我农等人为一方,陈独秀、钱玄同、刘半农等人为另一方的据理力争就充分体现了两条思路的本质区别。

如上所述,与白话文为正宗的不容商榷和讨论不同,陈独秀在世界语问题上或许是接受了白话文的粗暴"干涉"的教训或是由于胡适之的劝说与影响,他这次转向远远没有上次那样陡直,而是放慢了脚步。如果不是钱玄同跟在屁股后面一天到晚地穷追不舍,说不定陈独秀在后来还会像胡适一样漫不经心地谈论世界语甚至只是间或"加入"呢!自从文学革命发生以后,包括像诸如"华文横行"这样主编完全可以轻松决定的事情都要讨论

---

① 胡适:《中国新文学大系·建设理论集·导言》,上海良友图书公司1935年版,第32页。

再三,可见《新青年》是如何在履行"Democracy"的设计了。① 必须指出,《新青年》的"同仁"意识有不愿意分裂,有意造成一条阵线向恶势力开战的意味。对此,未免将其解释成一定阶段的权宜之计未尝不可。但是最后陈独秀与胡适在《新青年》的"色彩"与南下还是北上诸问题上的撕破脸皮则不是这个原因所能解释的(另有专论)。因此《新青年》语言文学革命后期的一些做派还有从深层次上进行思想谱系的知识考古。作为从事白话文生产

---

① 在文学革命正在如火如荼之际,钱玄同一再敦促陈独秀要"百尺竿头"、一步到位。他一方面要求《新青年》全部启用白话,不允许文言文出现;另一方面又杂志实行"左行横迤"。钱玄同信中说:"我以前所说要把右行直下的汉文改用左行横迤。先生回答道'极以为然'。现在我想这个意思先生既然赞成,何妨把《新青年》从第四卷第一号起就改用横式?"针对自己的承诺而食言,陈独秀的回信则流露出一副无奈的温和相:"《新青年》改用左行横迤,弟个人的意思十分赞成。待同发行部和其他社友商量同意即可实行。但是改用白话一层,似不必勉强一致。社友中倘有绝对不能做白话文章的人即偶用文言,也可登载,尊见以为如何?"(《通信》,《新青年》3卷6号,1917年8月1日)从"极以为然"到推脱为"个人的意思"与"其他社友"的关系,足见其处境的尴尬。这从一个侧面说明,《新青年》的团结需要有妥协、退让、共商的精神,而陈独秀此时的尴尬也正表明了他的履行主编之道。其实,《新青年》的不同意见就是胡适的个人意见。1918年8月,胡适以"小节"为由公开否定了实行"横行"的建议(由此还可见胡适与陈独秀都是不拘"小节",一心一意营造"政治"先导意识形态的主见者,只是两人同是"Democracy"的意识形态的政治导向不同而已)。为此,钱玄同在述说了"中国文字不足以记载新事新理"的观点后,直言不讳地讲出了自己憋屈于胸的牢骚:"惟《新青年》尚未改用横行的缘故,实因同人意见对于这个问题尚未能一致。将来或者有一日改用,亦未可知。朱先生之提议,在玄同个人,则绝对赞成此说也。"(《新青年》5卷2号,1918年8月15日)"朱先生"就是与胡适通信的朋友加读者朱我农,而信中胡适与其达成文字观改良观的一致,而在横行印刷上却有不同意见。为此,钱玄同在对他们的一致表示异议后,则借助朱我农的说法将胡适予以批评。其中,他将《新青年》未能改用横行的原因归咎于胡适,所谓"同人意见对于这个问题尚未能一致"的委婉不过是在说是胡适一人当道。虽说是有时会有"一人当道,万夫莫开"的局面,但钱玄同非常乐观地认为"将来或者有一日改用",而且也是针锋相对的"个人"意思。

基地的《新青年》,其经营者陈独秀从一开始就有着占领平民空间、大众市场的文化民粹主义意识。① 他主编的《新青年》走的是一条让经典成为时尚的大众化、市场化道路。在文言文当道的时代,他担心的是多数参与的大众化民主政治的孤立;在白话文时代,他希望新型的政治理念能够得以彻底的普及;在世界语时代(乌托邦),他不能不担心会不会前功尽弃?他的文化与政治之双重民粹主义观念会不会由此搁浅?毕竟,现在"功成名就"的白话文还没有完全被中国多数平民所切实接受。如果由此进行跨越式的发展,我们岂不走向一片荒芜的真空地带?世界语除却是一个带有幻想的至高目标,它还能提供(给民主政治理念)什么呢?对此,即使激进超过陈独秀的钱玄同也不能不承认:"即废文言而用白话,则在普通教育范围之内,断不必读什么'古文';发昏做梦的话,或可不至输入于青年之脑中;——新学问之输入,又因直用西文原书之故,而其观念当可正确矣。"②白话文尚能进行"普通教育"的普及,而"直用西文原书",由此进行的"观念当可正确"的"新学问"又当收效若何呢?所以,在这个问题上,尽管心急如焚,甚至欲一步到位,但还是"冷静"不少。钱玄同躁情四起:"我再大胆宣言道:欲使中国不亡,欲使中国民族为二十世纪文明之民族,必以废孔学、灭道教为根本之解决,而废记载孔门学说及道教妖言之汉文,尤为根本解决之根本解

---

① 英国学者吉姆·麦克盖根在《文化民粹主义》(桂万先译)一书中这样描述了知识分子心中的民粹主义情感:"在我们心目中,人民谱写了历史,改造了历史,也改造了他们自己。在我们心目中,存在着战斗的人民,因而也存在着一个进取的'民众'的概念。"(南京大学出版社2001年8月版,第14页)尽管当时陈独秀、李大钊们还没有这样的"觉悟",但是他在法兰西情结和俄罗斯的影响下,其中他们呼唤的综合式的"第三种文明"就是这种文化民粹主义的孪生兄弟。

② 《通信》,《新青年》第4卷4号,1918年4月15日。

决。"①然而,这一附和陈独秀"根本解决之根本解决"的句式,②并没有得到陈独秀的赞许,相反倒是一盆冷水:"惟仅废中国文字乎?抑并废中国言语乎?此二者关系密切,而性质不同之问题也。各国反对废国文者,皆以破灭累世文学为最大理由。然中国文字,既难传载新事新理,且为腐毒思想之巢窟,废之诚不足惜……至于废国语之说,则益为众人所疑矣……惟有先废汉文,且存汉语,而改用罗马字母书之;新名悉用原语,无取义译;静状介连助叹及普通名代诸词,限以今语;如此行之,虽稍费气力,而于便用进化,视固有之汉文,不可同日而语。"③除却在"中国文字,既难传载新事新理,且为腐毒思想之巢窟,废之诚不足惜"上达成了整体性思维模式的统一,陈独秀与钱玄同在语言("言语")与"文字"上的分歧、在先废"汉文"且存"汉语"的程序是一步到位还是"一步一个脚印上"的不同都使得陈独秀显得有些反常。这也是陈独秀在《新青年》上可以说是唯一的一次得到胡适附和的地方。在钱玄同和陈独秀的一番对话之后,胡适有一段跋语:"独秀先生所问'仅废中国文字乎?抑并废中国言语乎?'实是根本的问题。独秀先生主张'先废汉文,且存汉语,而改用罗马字母书之'的办法,我极赞成,凡事有个进行次序。我以为中国将来应该有拼音的文字。但是文言中单音太多,决不能变成拼音文字。所以必须先用白话文字来代文言的文字;然后把白话的文字变成拼音的文字。至于将来中国的拼音字母是否即用罗马字母,这另是一个问题,我是言语学的门外汉,不配说话了。"④"凡事有个进行次序"是胡适之的一贯主张,而陈独

---

① ③ 《通信》,《新青年》第4卷4号,1918年4月15日。

② 陈独秀在《吾人最后之觉悟》等文中爱用"为吾人最后觉悟之最后觉悟"、"根本解决之根本解决"等句式,参见《青年杂志》第1卷6号,1916年2月15日。

④ 胡适之:《通信》,《新青年》第4卷4号,1918年4月15日。

秀间或为之，此为其一例。胡适"门外汉"的自谦也不过是稳妥的说法。陈独秀的暂时不温不火和胡适之的不温不火还是有根本不同的。从实而论，陈独秀的革命家性情和激进做法在某种程度上还是受到了学问家胡适之的牵扯和抑制的。同时，胡适之学问家的性情和稳健、周全的性格又是得到了陈独秀的引导和发挥的。不然，《新青年》难成"经典"，陈独秀从而也就难以演化"时尚"。

话说及此，连笔者本人也与诸位一样，还是要追问究竟《新青年》上关于世界语的论争是如何收场的。据笔者的观察，《新青年》最后一期讨论世界语的通信是在1919年2月15日出版的6卷2号上，其中有三篇涉及世界语的文章。一是热衷于世界语的钱玄同与无政府主义者黄凌霜关于《Esperanto与现代思潮》的通信；二是黄凌霜独撰的《世界语问题》一文；三是周祜和钱玄同关于《Esperanto》的通信。至于以后《新青年》上关于语言的讨论，都多以白话文、新文学等回归前事的形式展开继续讨论。根据《新青年》随着时代发展而讨论的命题也移位变形的特点，世界语问题就此搁浅，继"易卜生专号"之后，遂被"贞操问题""马克思研究""人口问题""工读互助问题""劳动节问题""俄罗斯研究"等专号代之而起。而最关键的是，《新青年》5卷2号上集中讨论的一次意味深长。在笔者看来，那是"欲休还说"的一次终结论，但不知是何缘故，一直拖了近半年才"弃锣收兵"。那次的《通信》一栏竟然有16人次专门关于新文学和世界语展开讨论，而且都是发起者或关键人物。《新文学问题之讨论》和《论Esperanto》都是两次出现。单单跋语就有就有6人次之多。如果说这并不是重要的议题，那么他们怎样说则至关重要。当孙国璋来信询问陈独秀作为新文学的关切者何以不置一词时,①陈独秀8月6日回话如此:"诸君讨论世界语,每每出于问题自身以外,不于 Esperanto 内容价值上下评判而说闲话,闹闲气,是以鄙人不敢妄参末议也。"②"闹闲气"只是"不敢妄参末议"的理由之一。的确,自从《新青年》4卷1号上"不另购稿"的完全"同仁化"以后,轮流编辑的坐庄方法让世界语的讨论已经夹杂着义气之争的成分了。胡适之在8月7日紧紧跟上陈独秀的回话,他草签道:"我对于'世界语'和 Esperanto 两个问题,始终守中立的态度。但是现在孟和先生已说是'最末次之答辩',孙先生也说是'最后之答言'了。我这个中立国可以出来说一句中立话:我劝还有那几位交战团体中的人,也可以宣告这两个问题的'讨论终止'了。"③在孙国璋"最后之答言"、陶孟和"最末次之答辩"、陈独秀"不敢妄参末议"、胡适"讨论终止"之宣告后,本来可能暂告一个段落的争论可以终结,"但"最后的"玄同附言"似乎又带来了新的紧张:"但玄同还有一句话,几个人在《新青年》上争辩,固可不必;而对于'世界语'及 Esperanto 为学理上之讨论,仍当进行,不必讳言此问题也。"④虽然是紧张,但有陈、胡两位中坚之中坚做主,即使再延续话题,也只能算是强弩之末

---

① 孙国璋来信说:"独秀先生——余以六月份之《新青年》将为易卜生号,故对于通信栏之讨论,亦遂以他事暂搁。及今思之,余上次通信(载四卷四号,)虽感承钱、陶(指钱玄同与陶孟和的通信讨论——引者注)两先生答书,并胡先生跋语,每以未得先生一言,在在令吾人失望。"《通信·论 Esperanto》,《新青年》5卷2号,1918年8月15日》

② 陈独秀:《通信·论 Esperanto》,《新青年》第5卷2号,1918年8月15日。

③ 胡适之:《通信·论 Esperanto》,《新青年》第5卷2号,1918年8月15日。

④ 钱玄同:《通信·论 Esperanto》,《新青年》第5卷2号,1918年8月15日。

了。这也是《新青年》上世界语问题逐渐终结的原因。需要进一步注意的是，陈独秀毕竟是世界语讨论的支持者，他的少说或说不说不等于没有主见和主张。事实上，他开始的提倡十分严肃，而且与钱玄同有很多共执的成分。这从他回答陶履恭（孟和）的信中可以看到他对世界语美好"大同"理想的向往和执著。① 而钱玄同之所以倾力提倡，也不过是因为："我爱我支那人的热度，自谓较今之所谓爱国诸公，尚略过之。惟其爱他，所以要替他想法，要铲除这种'昏乱'的'历史、文字、思想'，不使复存于'将来子孙的心脑中'，要'不长进的民族'变成了长进的民族，在二十世纪的时代，算得一个文明人。要是现在自己不去想法铲除旧文字，则这种'不长进'的'中国人种'循进化公例，必有一天要给人家'灭绝'。"②钱玄同将"历史、文字、思想"归结为"昏乱"的一体，这就是五四新文化元典在情绪上全盘反传统的铁证。陈独秀回答陶孟和的信也道出了一个"不敢妄参末议"者的"良心见解"："世界语之成立，非即为世界主义之实现。且世界主义未完全实现以前，世界语亦未能完全成立。然世界人类交通，无一公同语言为之互通情愫，未始非世界主义实现之一障碍。二者虽非一事，而其互为因果之点，视为同问题亦非绝无理由。"③将世界语视为世界主义的因果姊妹，自然就会有与钱玄同不二的语言诉求。只是程序和路径上稍有差异。但，这并不耽误共同推进现代性演绎。钱玄同的一段话颇能代表《新青年》同仁的心声，笔者特录如下："还有一层，同人做《新青年》的文章，不过是各本其良心见解，说几句革新铲旧的话；但是各人的大目的虽然相同，而各人所想的手段方法当然不能一致，所以彼此议论，时

---

①③　陈独秀：《通信》，《新青年》第3卷6号，1917年8月1日
②　钱玄同：《通信·新文学问题之讨论》，《新青年》第5卷2号，1918年8月15日。

有异同,绝不足奇,并无所设'自相矛盾'。至于玄同虽主张废灭汉文然,汉文一日未废灭即一日不可不改良。譬如一所很老很破的屋子既不可久住,自须另造新屋? 新屋未曾造成以前,居此旧屋之人自不得不将旧屋东补西修以蔽风雨? 但决不能因为旧屋既经修补,便说新屋不该另造也。"① 在"旧屋"与"新屋"之间,笔者的看法是:如果画饼不能充饥,那么还是先吃下这块不算美味的土煎饼,等画饼成为现实后再吃也不晚。这不等于说不渴望画饼成为现实。只是我们人类——无论是哪一个种族的人,不可能总是活在希望或说文化的真空(既包括精神文化也包括物质文化)中。

四、现代性与传统:历史的循环

1. "理性就是语言"

语言文字,是知识分子安身立命之尊严的象征。也正是这个原因,无论是哪一个国家或民族的知识分子对语言文字问题都十分敏感。没有语言,作为人类的我们,真的找不到回家的路。在通向语言的途中,海德格尔如是讲出了两句话:"理性就是语言。"② 尽管这是他在解释哈曼"在这一深渊之上始终还是幽暗莫测的"之语言述说时总结的,但是他关于语言的结论在笔者看来还是继洪堡特《论人类语言结构的差异及其对人类精神发展的影响》③之后最为有力的论述:"我曾把语言称为'存在之家'。语言乃在场之庇护(Hut des Anwesens),因为在场之显露

---

① 钱玄同:《通信·新文学问题之讨论》,《新青年》第 5 卷 2 号,1918 年 8 月 15 日。

② 〔德〕海德格尔著,孙周兴译:《在通向语言的途中》,商务印书馆 1997 年版,第 3 页。

③ 〔德〕威廉·冯·洪堡特著,姚小平译:《论人类语言结构的差异及其对人类精神发展的影响》,商务印书馆 1999 年版。

已然委诸道说之成道着的显示了。语言是存在之家,因为作为道说的语言乃是成道的方式。"①老实说,关心语言自身的本质并非笔者的专业,倒是《新青年》一代甚至几代人通过语言文字变革来跨越现代性的历史实践勾起了我的兴趣。

当"现代性的终结""现代性的后果""现代性与矛盾性""现代性与大屠杀"之标题和结论纷至沓来的当口,②或许与20世纪世界大战的阴云相关,这些著作多出自英国学者之手,而且所说的现代性之"阴暗面"多是指20世纪"军事冲突"、政治上的种族歧视观念等,③而对民族自身内部文化开始的"断裂"(discontinuities)关注不够。可以这样说,从语言文字出发对《新青年》启蒙与现代性的关系进行审视,乃是思想史研究的一个全新尝试。对20世纪启蒙与现代性关系的检讨,笔者已经有一些初步成果,但从语言文字角度的探讨还是属于首次。我们已经形成并认可了新文化元典启蒙运动带给我们现代文明或说现代性的观点。但究竟现代性意味着什么,从现代性之后也是今天颇为时尚的史学理论后现代历史观来看,如果单凭可以努力将我们的"偶然性转变为好运"的话,那么"启蒙时代的社会科学"既是成功的也是失败的。阿格尼斯·赫勒可以这样描述启蒙时代的社会科学:"它们的的确确带来了自身知识(self-knowledge),而且

---

① 〔德〕海德格尔著,孙周兴译:《在通向语言的途中》,商务印书馆1997年版,第229页。

② 贾安尼·瓦蒂莫的《现代性的终结》笔者不曾看到中译本(Gianni Vattimo, *The End of Modernity*, Cambridge, England: Polity, 1988),目前笔者手头上现有的论著多是中译本:《现代性与大屠杀》(〔英〕齐格蒙特·鲍曼著;杨渝东等译,译林出版社2002年版)、《现代性与矛盾性》(〔英〕齐格蒙特·鲍曼著;邵迎生译,商务印书馆2003年版)、《现代性的后果》(〔英〕安东尼·吉登斯著,田禾译,译林出版社2000年版)等。

③ 〔英〕安东尼·吉登斯著,田禾译:《现代性的后果》,译林出版社2000年版,第8页。

它们从未中止提供关于现代社会的、关于一个偶性社会的、关于众多社会中的一员——即我们的社会——的自身知识。"但齐格蒙特·鲍曼更要这样说:"然而,我们要说,如果用社会科学的抱负的那些标准来判断,这种部分成功本身就是失败。无论社会科学家做了什么,他们都没能实现自己的诺言;相反,无论是知还是不知,他们反倒实现了某些未曾许诺之事;笼统地说,他们一直是在完全提供另样东西这种虚假口实之下,带给我们一种合理的产品。"① 就中国20世纪现代性的演进实际过程来看,笔者一方面不能完全苟同后现代性对所有"历史"都解构得一无是处的做法,但另一方面这也不是对现代性停止反思的理由。

2. 语言暴力的再生

当《新青年》导引的中国语言文字的革命成为一个世纪的口惠对象时,笔者倒是不由得常常想起一个看似与其相距甚远的精神事件,那就是发生在20世纪后半叶的以"文斗"而不是"武斗"闻名中外的"文化大革命"。"革命的粗野"其实正是"语言的粗野""文化的粗野"。"文革"中常用的粗暴的、泼妇骂街式的"革命"语言则是:"无产阶级文化大革命就是好,就是好!就是好!就是好!"这就是"文斗",完全是一副不可一世、永远正确、不容否定、咬牙切齿式的气势和形象。按理说,"文革"的意识形态是与传统划分界限最为明确的。所谓"破四旧立四新""不破不立",即是要从根本上完全、彻底地与传统决裂。但就在这种水火决绝的形式下面,那种"语言符号"产生的暴力幻觉直到今天还令一些身经其历的中国人心有余悸。在某种意义上,这种语言暴力是对中国语言文字的肆意糟蹋和粗暴践踏。它和《新青年》时期的语言专断构成了惊人的相似。对此,美国学者的一

---

① 〔英〕齐格蒙特·鲍曼著,邵迎生译:《现代性与矛盾性》,商务印书馆2003年版,第349页。

篇研究报告颇有见地:'文革'期间语言的一致性主要原因在于中国知识分子一千多年科举考试所牢固形成的官本位思想。他们在任何情况下说的都是一种官方语言。"①而这种新"官方语言"的形成又正是以新文化元典时期的白话文为起点的。有趣的是,无论是文言文还是白话文,它们都可以成为意识形态的依托,而白话文追求的统一性以及世界语诉诸的大同无疑又都是这种意识形态的潜在性或说"官本位"思维的再现。后现代性的思考维度告诉我们:"既然所有过往认识论的'基础'都显得不可靠,那么我们发现没有什么东西能够被确定无疑地加以认识:'历史'并不是有目的性的,因此所有关于'进步'的看法都不能得到合理的支持;随着生态问题和更一般意义上的新社会运动重要性的日益增加,一种新的社会——政治议程逐渐形成。"②除却工业化一维之现代性的"生态问题",如果今天的知识分子再论思想文化领域的现代性,启蒙者的怀疑精神和批判意识还应是公共知识分子不可推卸的天职。《新青年》承载的现代性固然为20世纪中国文明的演进点燃起了激情,但站在语言文学改良的意义上谈论这个命题,总不免有些悲壮的色彩。这个悲壮是时代精神的体现,也是民族精神的弘扬,但其精神深处又充满着无法排遣的历史悲情。

中国新文学元典的诞生出自《新青年》。陈独秀们,作为主掌新文化元典《新青年》的一代思想先驱,他们将自己熟悉的工具——语言文字——做了超负荷的尽情发挥。"生命(有)不能承受之轻",也有"不能承受之重"。当文学的陶冶性情作用在充满激情的启蒙者眼中化为惊天动地的政治功能时:"洒一滴墨,

---

① 〔美〕李逊·裴宜理:《革命的粗野——中国文革中红卫兵和工人造反派的语言符号》,《开放时代·现代与传统》(专号之二),1994年。
② 〔英〕安东尼·吉登斯著,田禾译:《现代性的后果》,译林出版社2000年版,第40—41页。

使天地改观,山河易色者,文豪之本领也。"①当"文人学士"都充当了"英雄好汉"并担当义举时,②悲壮的文学理论会异军突起。当新文学向旧文学告别,并以"言志"与传统的"载道"划清界限时,殊不知,周作人这样的新文学领路人因为自豪和得意的作家,也会在自我新旧分离的自我标榜中走向回归之途。这正如同孙福熙评论周作人《中国新文学的源流》中所预言的那样:"周先生把历来的文学分为'载道'与'言志'两种主张,依时代而互为消张。新文学的产生重在'言志',是必然的;而将来的趋势必得于人生和社会有好处的才行,而这样又是'载道'的了。"③其实,这何止是"将来"才有,从新文学诞生的那一天起就孕育于母胎之中矣。对此,胡适与周作人的弟子任访秋在事后多年也认为周先生"提出几千年来的中国文学,乃是在'言志'与'载道'两派互相消长的看法""值得商榷"。④ 近来,任访秋先生的弟子关爱和撰文同样为新旧文学之争中的"新"方辩护:"1920年,北洋政府教育部终于颁布命令,要求国民学校一二年的国文,从本秋季起,一律改用白话。在白话文成为法定国语的同时,白话文学也取得长足的进展,新文学运动如初出夔门的长江,汹涌澎湃,一泻千里。"⑤在他们学理、观点不尽相同并步步逼近的同时,他们却在一条直线上达成共识:白话文"历史"的势不可挡与文言文"时代"的必然终结。

---

① 李大钊:《文豪》,《李大钊文集》(上卷),人民出版社1984年版,第70页。
② 三爱(陈独秀):《黑天国》,《安徽俗话报》1904年9月10日。
③ 周作人:《中国新文学的源流》,华东师范大学出版社1995年版,第92页。
④ 任访秋:《中国新文学的渊源·自序》,河南人民出版社1986年版,第3页。
⑤ 关爱和:《二十世纪初文学变革中的新旧之争》,《文学评论》2004年第4期。

也许,这正是我们文化社会学对《新青年》语言文学革命反思的理由。

五、"文白之争"的百年反思

1916年10月1日,胡适与陈独秀在《新青年》2卷2号上公开了两人关于文学革命之"八事"的通信。这就是翌年初《文学改良刍议》出笼的前奏。于是,旧文学破产且被宣布为"死文学"的"讣文"不胫而走。从此,一个世纪的纠结也就成为每一位读书人挥之不去的语文情结。

从"新青年派"内部的紧张,到与"学衡派"的对峙,再到与"甲寅派"的歧异;从清末的"新文体"到五四的"白话文",再到30年代的"大众语";从40年代的"语录体"到50年代的"新闻体"转身再到80年代末90年代初"古书今译"引发的争议……时至今日,文言与白话,堪称"一个世纪的纠结":在语言形式的争论上,隐含着读书人心灵历经的沧桑、坎坷、焦虑和挣扎。借用胡适当年以"死""活"概括文言与白话之分野的说法,可以说一百年来,读书人凭借自己拥有的知识资源、思想谱系、精神信仰,将汉语的何去何从拧巴得"死"去"活"来。回眸一个世纪以来的语言诉讼,重议"公说婆说"的笔墨官司,如何面对这样一个重大的文化和思想命题,是回归还是超越,是顺应还是拣择,这是每一位读书人都无法回避的基本命题。

提及这一话题,每每会联想到一个曾经听过的传说:在亚细亚的戈尔迪乌姆卫城有一座宙斯神庙,庙内有一辆战车,车轭和车辕之间用山茱萸绳结成一个绳扣。神谕说:"谁能解开这个绳结,谁就能成为亚细亚之王。"这就是被人类广为传说的"戈尔迪乌姆之结"。各国的武士和王子都试图解开这个难结,可总是连绳头都找不到,不知从何处入手。公元前334年春天,亚历山大大帝进兵亚细亚。当听说这个绳结的预言后,他凝视绳结,没有动手去解，而是猛然之间拔出宝剑，手起剑落，绳结破碎。在场的人满眼惊讶，继而发出雷鸣般的欢呼声，齐声赞誉亚历山大思维超凡，天生的亚细亚之王。这样将复杂化为简单的神奇故事一直在传颂，被称为一种智慧的考验，甚至奉为化腐朽为神奇的思维。尽管故事可以这样理解，但从另一个角度来看，这个故事不由让我感觉有些意犹未尽，亚历山大的砍绳方式不过是一种避实就虚的讨巧行为。绳碎了，其实结还在；事情过去了，但问题仍然没有解决。这种避实就虚的解决方式看上去似乎是决断性的，但往往是避开了问题的要点，有时反倒使问题进一步恶化，甚至它会让人感到可以诉诸某种单纯而激烈的行为来解决问题，并产生可以用这样的行动一举解决问题的错觉。

1. "文白之争"：思想史的元命题

一百年来，关于"文白之争"留下的说辞不绝于耳。撇开学界同仁纷攘缤纷的理解或反思，我更愿意以自己对这一思想史元命题的理解来反思我的三段论"研究"。2005年，笔者以"'文白不争'引发的历史悲情"为题，对当年陈独秀"不容异议"之武断语气提出质疑："独至改良中国文学，当以白话为文学正宗之说。其是非甚明，必不容反对者有讨论之余地，必以吾辈所主张者为绝对之是，而不容他人之匡正也。"[①]遥想当年的学术选择，是报刊上两篇关于"文白之争"的小文招惹了我的思绪：一篇是韩军的《没有文言，我们找不到回家的路》[②]；另一篇是西渡的《文言是我们的"家"吗？》[③]。这个争论似乎在逗引并提醒着思想史研究者有必要重新回到历史现场。于是也才有了这样"在我看来"："中国传统的文言文乃是现代白话文的源泉，二者是母

---

① 《通信》，《新青年》第3卷3号，1917年5月1日。
② 韩军：《没有文言，我们找不到回家的路》，《中国教育报》2004年4月22日。
③ 西渡：《文言是我们的"家"吗？》，《中华读书报》2004年7月7日。

与子的关系。《新青年》时期,激进情绪下的同仁所做出的'抽刀断水'方式的决断带有硬性的'左'性做派……它不但导致了中华传统母语的巨大阵痛甚至是非正常死亡,而且还使得现代文学的先天不足与后天失调。这个在硬性挤压状态上降生的新文学——白话文在某种意义上违背了自然演化的规律。"①

或许,在白话文取代文言文木已成舟的今日,重新审视语言"断裂"(discontinuities)带来的现代性偏至,正反映了今人问题意识之下一种深层的人类自我主体性焦虑。为此,笔者在《中国现代性的两难——以新文化元典中的世界语吊诡为例》一文中,进一步展示了在语言走向现代性过程中"文白"撕扯的残酷性。"新青年派"同仁口口声声"要铲除这种'昏乱'的'历史、文字、思想'"②,让笔者不由自主地对民族自身内部文化开始的"断裂"产生深深的焦虑。如果单凭努力可以将我们的"偶然性转变为好运"的话,那么"启蒙时代的社会科学"既是成功的也是失败的:"无论是哪一个种族的人,不可能总是活在希望或说文化的真空中……新文化元典的同仁们为世界语打造所付出的代价为20世纪中国现代性两难的心路作了生动的历史注脚。回眸历史并眺望未来,在笔者看来,当下的我们对待现代性的态度既不是保守的拒绝,也不应是激进的超越,倒应该是'其命维新'的转换。"③

的确,语言文字从来都是知识分子安身立命之尊严的象征。也正是这个原因,无论是哪一个国家或民族的知识分子对语言

---

① 张宝明:《"文白不争"引发的历史悲情——从文化社会学的视角看现代性的两副面孔》,《学术界》2005年第2期。
② 钱玄同:《通信·新文学问题之讨论》,《新青年》第5卷2号,1918年8月15日。
③ 张宝明:《中国现代性的两难——以新文化元典中的世界语吊诡为例》,《福建论坛·人文社会科学版》2007年第5期。

文字问题都十分敏感。没有语言,作为人类的我们,就无法寻觅到回家的路。在《在通向语言的途中》一书中,海德格尔作出了"理性就是语言"①的判断,洪堡特则把语言定义为"精神的生动创造"②。老实说,关心语言自身的本质并非笔者的专业,倒是《新青年》一代甚至几代人通过语言文字变革来跨越现代性的历史悲情勾起了我的志忑。有鉴于此,笔者从《新青年》同仁的急切渴望中看到了思想家们对语言权力的攫取心态,并由此导致"文白不争"背后的文化痉挛。继前两文之后,笔者从《学衡》与《新青年》两个文本的对峙中再出发写道:"立于思想史视角审视文学、文化的生成和发展,理论和事实依据都为我们提供了文化演进的本质:坚持主次之分,在并立中互补,在互补中竞争,在竞争中发展。在学衡派看来,没有传统之'来龙',就找不到回家的路,就会迷失文化发展的方向;在新青年派看来,一张白纸才好写最新最美的文字,不掐断中国文化的'来龙',就难以把握'去脉',难以绘制中国文化的崭新蓝图。"③

综上,无论是追溯文白颠覆的"失调",还是有了主张的自然"转换",抑或在演进中"互补"的文化设计,总感觉有漂浮在历史表面的感觉,或者说还没有触摸到"文白之争"的历史命脉。

2. 回望来时路:触摸到文白之争的历史命脉

百年回眸,笔者更倾向于回到历史的现场中去寻找答案。以下我们不妨从三个着眼点来观测那场旷日持久并难下胜负判定的语言战争。

---

① 〔德〕海德格尔著,孙周兴译:《在通向语言的途中》,商务印书馆1997年版,第3页。

② 〔德〕威廉・冯・洪堡特著,姚小平译:《论人类语言结构的差异及其对人类精神发展的影响》,商务印书馆1999年版,第196页。

③ 张宝明:《新青年派与学衡派文白之争的逻辑构成及其意义》,《中国社会科学》2011年第2期。

一个是"新青年派"同仁内部之间的龃龉。在新文学如何起步的问题上，陈、胡两位既是难舍难分、相得益彰的同仁、战友，更是你推我搡、相克相生的对手与诤友。1916年中期开始的飞鸿传书，更多的是陈独秀的主动、热情打动着大洋彼岸的同乡胡适之。一个有趣的现象是，陈独秀的倾情触动一开始就有着引"郎"入室之嫌：为旧文学一怒冲冠，首当其冲招致的便是自家意见不合的互掐。《新青年》2卷2号上那封通信已经埋下了龃龉不合的种子。一个以为修辞过当，必须"讲求文法结构"，一个认为"文学之文，与应用之文不同"，不可一概而论；一个是要"言之有物"，革除"文胜质"的弊端，一个则担心"言之有物"会重落"文以载道"的窠臼。在众所周知的文学革命"八事"出台前，两位皖籍老乡很是较真，陈独秀虽礼让三先，但还是直言不讳道："窃以为文学之作品，与应用文字作用不同。其美感与伎俩，所谓文学、美术自身独立存在之价值，是否可以轻轻抹杀，岂无研究之余地？"①在不到八百字的信函中两次强调"文学之文""应用之文"的区别，而且特别点出修辞学于"文学之文"之不可忽视。正是因为对文学本体特性的充分尊重，陈独秀又专门给胡适发了一封私信垂询："鄙意文学之文必与应用之文区而为二，应用之文但求朴实说理纪事，其道甚简。"②这时的胡适为推销自己的观点摆出了一副不理不睬的样子。这也正是胡适与陈独秀未能磨合入辙留下的一大隐患。这一隐患，为日后创刊的《学衡》同仁的文诛墨伐埋下了伏笔。不过，这也恰好印证了"新青年派"发起的文学革命一开始就各有企图甚至明知故犯。

　　第二个着眼点则是《新青年》与《学衡》同仁的对峙。1922

---

①　《通信》，《新青年》第2卷2号，1916年10月1日。
②　《陈独秀答胡适之》，水如编：《陈独秀书信集》，新华出版社1987年版，第46页。

年1月,当白话文几成定局之时,《学衡》杂志便开始了对《新青年》为代表的新文化运动的发难。胡先骕的《评〈尝试集〉》指名道姓①。为此,敏感的胡适在日记中不无矜持地写道:"东南大学梅迪生等出的《学衡》,几乎专是攻击我的。"②胡适之所以这样首当其冲来接招,用今天的话来说即是敢于担当,关键还在于《学衡》同仁触摸到了软肋、击中了要害。"文字"与"文学"之"剪不断、理还乱"的纠结,具体表现在对"文学"的不同理解和诠释上:一个是"文字""文学"兼收并蓄的"杂文学"观,一个是"文字""文学"单门独户的"纯文学"观。作为"学衡派"主将的梅光迪,早在美国留学期间就对"诗文截然两途"的说法振振有词:"诗之文字与文之文字,自有诗文以来,无论中西,已分道而驰。"胡适不以为然,曾据理力争:"'诗之文字'原不异'文之文字',正如诗之文法原不异文之文法也。"这一争执分庭抗礼了很多年,直到新文化运动在国内形成鼎沸之势:"我们认定'死文字决不能产生活文学',故我们主张若要造一种活的文学,必须用白话来做文学的工具。"③正是"新青年派"的豪情与自信惹恼了学衡派。1922年出版的《学衡》锁定了在他们看来是旧病复发、高烧不退的白话文主角胡适:"言文合一,谬说也。欧西言文,何尝合一?其他无论矣。"④他举示莎士比亚、达尔文、赫胥黎、斯宾塞等人作品中"口语"和"典雅"之字词互动关系,来证明"白话全代文言"看法之不通。

---

① 胡先骕:《评〈尝试集〉》,《学衡》第1期,1922年1月。
② 《一九二二年二月四日》,中国社会科学院近代史研究所中华民国史研究室编:《胡适的日记》(上册),中华书局1985年版,第258页。
③ 胡适:《我为什么要做白话诗》,《新青年》第6卷5号,1919年5月。
④ 胡先骕:《中国文学改良论》(上),《东方杂志》第16卷3号,1919年3月15日。

进一步观测的第三个着眼点则是理论与实践的关系。如果让事实说话,我们看到的是"文白之争"伴随着"一个世纪的纠结"走过了百年的沧桑。关键在于,现代中国语言文学在为小说、戏剧打开一扇天窗的同时,却让诗歌、散文愁容满面甚至是无地自容。当然,随着文字的磨合,三十年的诗歌和散文也曾取得了一定的成就,但放在几千年长时段的文学史的视角看,能够一鸣惊人的传世之作还有待于时间的检验。

以第一个吃螃蟹者胡适的"尝试"为例,他的第一首白话诗《朋友》在倾尽才力后仍是一副费劲的表情显露在《新青年》2卷6号上:"两个黄蝴蝶,双双飞上天。不知为什么,一个忽飞远。剩下那一个,孤单怪可怜。也无心上天,天上太孤单。"①胡适信誓旦旦地表态是"自古成功在尝试"②,但纵观他为了配合并映证的"国语的文学,文学的国语"之理论,他那费尽九牛二虎之力的《尝试集》还是缺少让人过目成诵、经久不衰的佳句绝章。尽管在后来的创作中,新诗不乏佳作,但在新文学的草创期,这确是实情。

对此,胡适却总是自我感觉良好,甚至可以说踌躇满志。这里有他自信的断言作证:"现在反对白话的人,到了不得已的时候,只好承认白话的用处,于是分出'应用文'与'美文'两种,以为'应用文'可用白话,但是'美文'还应该用文言。这种区别含有两层意义。第一,他承认白话的应用能力,但不承认白话可以作'美文'。白话不能作'美文',是我们不能承认的。但是这个问题和本文无关,姑且不谈。第二,他承认文言没有应用的能力,只可以拿来做无用的'美文',即此一端,便是文言报丧的讣

---

① 胡适:《白话诗八首——朋友》,《新青年》第2卷6号,1917年2月1日。
② 胡适:《尝试篇(代序二)》,胡适著:《尝试集》,中国文联出版公司1998年版,序言第2页。

闻,便是文言死刑判决书的主文!"①在不愿"承认什么'纯文'与'杂文'"的"两项"区别所隐含的文学审美背后,一个基本的文学意念支撑着"新青年派"与"学衡派"的对垒:"达意表情""明白清楚""容易懂得""不会误解"等关键词都是为追求语言表达的清晰化、理性化、科学化而设计的。而在"学衡派"那里,"美文"与文言密不可分,白话文所谓的一体两翼之"美文"只是纸上谈兵,不但永远无法与文言比肩,而且将随着白话文的兴起而消失殆尽。吴宓就曾这样质询对方:"总之,文章之格调可变且易变,然文字之体制不可变,亦不能强变也。自汉唐迄今,文字之体制不变,而各朝各大家之诗文,其格调各不同。"②言下之意,对文体自身的特点没有给予必要的关照和对待,不能"因'体'制宜",不但会招惹理论上的是非,而且还会在"事实胜于雄辩"的公式中一败涂地。

正是因为胡适对五年来白话文学的观察下了"白话诗可以算是上了成功的路"③的乐观判断,所以焦点才聚集在了胡适的《尝试集》上。1922年3月10日,当胡适为自己白话诗的开篇之作《尝试集》第四版撰写序言的时候,学衡派主将胡先骕将其精心撰写的《评〈尝试集〉》隆重推出,对胡适的得意之作展开了激烈批评:"胡君之《尝试集》,死文学也。以其必死必朽也。不以其用活文字之故,而遂得不死不朽也。物之将死,必精神失其常度,言动出于常轨。胡君辈之诗歌之卤莽灭裂趋于极端,正其必死之征耳。"④胡适高兴得太早,自鸣得意的白话诗歌被认为未生先死、即生即死,这不能不让给古文发过讣告、判过死刑的胡

---

① 胡适:《国语的进化》,《新青年》第7卷3号,1920年2月1日。
② 吴宓:《论新文化运动》,《学衡》第4期,1922年4月。
③ 胡适:《文学革命运动》,帕米尔书店编辑部编:《新文学运动史料》,帕米尔书店1980年版,第24页。
④ 胡先骕:《评〈尝试集〉》,《学衡》第1期,1922年1月。

适愤愤不平。"两胡"为此一个"捶胸",一个"顿足";一个"你死",一个"我活"。

暂且撇开白话文学的"死活"问题,一个连"新青年派"内部也不能不承认的事实是:"'新文学'、'文学革命'之声浪虽然闹了四五年,毕竟'什么是文学'这个问题,像我这样徘徊彷徨的人一定很多。"①饶有趣味的是,也许"新青年派"同仁不愿这样的自打嘴巴的"内讧"出现在"萧墙",因此一贯以"通信"栏目点拨话题的《新青年》并没有发表胡适和钱玄同的热切讨论,这个高端对话还是作为私人话语被历史珍藏了起来。

口说无凭,服众需要先服己。对此,胡适不是没有努力过,他说白话"过去是为小百姓做,现在是为自己做"②都是真人真唱,都是为了证明"美文"的指日可待、胜于雄辩而为。但是,面对"提倡有心而创作无力"的尴尬,胡适不能不以"但开风气不为师"为开脱,与此同时也对此有着真诚的面对:"我以为现在国内新起的一班'文人',受病最深的所在,只在没有高明的文学方法。"在他看来,新文学的目标需要三步走,即工具、方法、创造。更有自知之明的说辞还在这里:"工具用得纯熟自然了,方法也懂了,方才可以创造中国的新文学。至于创造新文学是怎样一回事,我可不配开口了。我以为现在的中国,还没有做到实行预备创造新文学的地步,尽可不必空谈创造的方法和创造的手段。我们现在且先去努力做那第一第二两步预备的工夫罢!"③这并不是胡适的自谦,其中自有"创作乏术"的自认。他这里将自己

---

① 钱玄同:《致胡适》,《钱玄同文集》(第6卷),中国人民大学出版社2000年版,第95—96页。
② 参见胡适:《国语运动的历史》,《教育杂志》第13卷11号,1921年11月20日。
③ 胡适:《建设的文学革命论》,《新青年》第4卷4号,1918年4月15日。

定位为理论倡导者,而不是实践创造者,这多少反映出胡适的力不从心而无可奈何。这等于说是,白话文创作还处于新文学的初级阶段,至于什么时候才能成熟为令人爱不释手的"美文",那还有很长很长的路要走。因为他自己心里清楚:"人们要用你结的果子来评判你……文学革命产生出来的新文学不能满足我们赞成革命者的期望,就如同政治革命不能产生更满意的社会秩序一样,虽有最圆满的革命理论,都只好算作不兑现的纸币了。"①应该看到,《新青年》同仁中除却胡适尝试多多外,鲁迅、陈独秀等人莫不以旧体诗创作为主,表现出无法抗拒的回归引力;而《学衡》同仁在小说、戏剧体裁上几乎空白,而在诗歌创作方面不但成果颇丰,而且造诣甚高。1934年,也是正当"中国新文学大系"纷纷上马之际,蔡元培以十分平和的心境回忆当年对文言与白话的胶着时说:"白话文必要盛行,我也常常作白话文,也替白话文鼓吹;然而我也声明:作美术文,用白话也好,用文言也好。"②这里的"美术文"指的就是带有很高艺术性譬如诗歌、小品之类的美文创作。但必须看到,用文言作的我们看到了,而用白话作的还在不断的尝试中,这也是作为教育家的蔡元培之所以在支持新派的同时,也对文言报以"兼容并包"态度的根本原因。及此,笔者不由得望文生义,中国传统的国画、书法创作可以说是"美术文"的另类,我们只有在心底流淌心灵的诉求,至于其"载体"所用的画法——也是一种文字,只是抽象的流布而已——则不是我们能用文言或白话来判定的了。

历史学家郑师渠这样总结说:"从总体上看,学衡派于小说

---

① 胡适:《中国新文学大系·建设理论集》导言,朱正编选:《胡适文集》(第4卷),花城出版社2013年版,第53页。
② 蔡元培:《我在北京大学的经历》,《东方杂志》第31卷1号,1934年1月1日。

少有创作的实践,但是却多能诗。"①对此,语言学家周有光在判定白话文运动的百年成就时说:"白话文运动的最大成功表现在小说和话剧上。小说可说是达到了'语体文'的要求。话剧可说是达到了'文体语'的要求。但是还剩一些遗留的文言角落。"②这可以说是对"文白之争"理论与实践成就之关系符合历史事实的客观判断。周先生的那"文言角落"的委婉说法不言而喻,大凡关心现代文学与语言运动的同仁都能懂得这个命题所指,这也是"新青年派"和"学衡派"文白之争的焦点:除却小说和话剧,诗词歌赋本来就应该别具天地,从而别具洞天。

就连当事人陈独秀在30年代不还对古典诗歌频频回首且亲力亲为吗?上个世纪30年代,濮德治清楚地记得到南京老虎桥监狱看望老友陈独秀时的对话:"对诗歌应采白话还是文言,他没有肯定。""现在看起来,白话诗还不能证明它已建立起来,可以取古体诗而代之。我(即陈独秀——引者注)看了许多新诗,还没有看到优秀的作品,能使人诵吟不厌的。"③引述这段备忘录,笔者不由得想起陈独秀诗作中《灵隐寺前》那段名句:"垂柳飞花村路香,酒旗风暖少年狂;桥头日系青骢马,惆怅当年萧九娘。"④如此的豪迈,又是何等的潇洒、风流!

应该说,20世纪上半叶的理论倡导不但为同仁之间留下了空白想象,同时也为下半叶的"来者"留下无限的想象空白。

---

① 郑师渠:《在欧化与国粹之间——学衡派文化思想研究》,北京师范大学出版社2001年版,第202页。
② 周有光:《21世纪的华语和华文》,生活·读书·新知三联书店2002年版,第84页。
③ 濮清泉:《我所知道的陈独秀》,中国人民政治协商会议全国委员会文史资料工作委员会编:《文史资料选辑》(第71辑),中华书局1980年版,第59页。
④ 陈独秀:《灵隐寺前》,安庆市陈独秀学术研究会编注:《陈独秀诗存》,安徽教育出版社2006年版,第46页。

1962年，在《诗刊》社举行的一次诗歌座谈会上，作为新诗创作举足轻重的人物郭沫若就曾有这样的感叹："'五四'时期对旧的一概反对，我的观点也有个逐渐转变的过程。特别是看了毛主席的诗词以后，根本上有个改变，主席的诗词不能说是旧的。不能从形式上来看新旧，而应从内容、思想、感情、语汇上来判断新旧。"①这不是简单的回潮与跟风，而是过来人的真切感悟和反思。对此，陈毅也感同身受地说："有个时候，不知道什么人决定的，开过什么代表大会，许多报纸杂志都不登旧体诗。我就不懂它犯了什么罪，违反了哪条宪法。我主张新诗可以做，旧诗也可以做，新旧糅合的也可以做；完全按词谱填也可以，就是说写一些长短句，也不妨试试。'五四'以来把词当作新体诗，或诗体的新发展，这是最通达的见解，我想赞成的人一定很多。"②胡适曾认为共产党内白话文写得最好的是毛泽东。我们也还看到，毛泽东的古典诗词同样具有大气磅礴、一咏三叹的意境。不无吊诡的是，作为诗人的毛泽东在对白话文认可的同时还是对新诗有所保留的："用白话写诗，几十年来，迄无成功。"③凡此种种，茅盾、郁达夫都颇有微词，不一而足。

穿越时光隧道，历史的车轮碾过世纪末年，当中国现代文学即将走完20世纪，离"新青年派"同仁为古文发布"讣文"80余年之际，一份以"悼词"命名的文章将"鲁迅的涩、周作人的枯、巴金的嫩、郭沫若的粗、赵树理的俗、张爱玲的直"一并打入冷宫："总之，我无法找到真正文质彬彬的语感。现代汉语到底应当有一种什么样的语感质地呢？中国作家还没有什么人把握得好

---

① 诗刊记者：《诗座谈记盛》，《诗刊》1962年第3期，第14页。
② 同上，第12页。
③ 《毛主席给陈毅同志谈诗的一封信》，《诗刊》1978年1月，第4页。

的。"①尽管"悼词"的盖棺论定读后凄凄惨惨、于心不忍,但却难免让人产生心有戚戚、愁肠百结之感。

今天,也许不能用"早知如此何必当初"的怨言来苛求新文学的先驱,我们也不可能完全回到过去,但至少我们在回望"来时的路"后能更好地走向未来。的确,当下,回眸"文白之争"世纪历程,该是走出这一语言窘境的时候了。

3. 回归与超越:重塑中国语言文化的基因

过去,我们太熟悉并习惯于新旧、中西、传统与现代以及由此带来的文白分野。一个显见的真实还在这里,凡是普世核心价值的观念都具有跨越古今、东西、种族之"超验"特征。"新青年派"骨干之一的周作人之所以一再劝告同人对《学衡》"不必去太歧视他",因为"他只是新文学的旁枝,决不是敌人"②,其根本原因还在于双方在诗词歌赋体裁的认识有着"情真意切"的通识。在学衡派那里,"诗无新旧、只有真伪"。缪凤林的话今天看来仍然值得回味:"岂知文学之可贵端在其永久性,本无新旧之可分。古人文学之佳者,光焰万丈长,行且与天壤共存。"③针对"一个时代有一个时代的文学"的直线式思维,吴芳吉打破砂锅问到底:"我们的感情既没有文话感情与白话感情,我们的诗,要是按着感情来的,又焉有那些鬼话?"④在这一意义上,"学衡派"关于文章之体制不能走直线路径的提议,就点中了"新青年派"僵化、教条的命门。即是说,不但要"诗文两途",即使是在"诗"之一体中也要有不同的制礼:具体的文学体裁和样式完全可以

---

① 葛红兵:《为二十世纪中国文学写一份悼词》,《芙蓉》1999年第6期。
② 周作人:《恶趣味的毒害》,《晨报副刊》1922年10月2日。
③ 缪凤林:《文德篇》,《学衡》第3期,1922年3月。
④ 吴芳吉:《提倡诗的自然文学》,贺远明等选编:《吴芳吉集》,巴蜀书社1994年版,第380页。

根据其需要发挥得最好。胡先骕在评论《尝试集》的文章中也表达了文学本体之意："且文学之死活，以其自身之价值而定，而不以其所用之文字之今古为死活。"①环顾当今汉语诗歌大会的赛场，那些能广为传颂、经久不衰的诗歌作品，总还是要以思想情感和艺术形式的绝配而获得不胫而走的生命力的。大浪淘沙，再过几个世纪或几千年，再拿我们的古诗和新诗较量，究竟鹿死谁手，绝对不是我们能用专断跋扈和刚愎自用的语气能定调的。

如果说过去很长一段时间"文白"博弈有着"话语权"的逻辑构成，那么，当下则更应该进一步去深究"话语权"背后隐含的内在动机。回想起陈独秀当年心理动机的坦白不难看出，那是一个"德先生"至上的时代，在"赛先生"走红并以"唯科学主义"显现时，"民主"也以"平民主义""贫民主义"的旗帜大行其道。究竟白话文和新文化运动高举的"民主"和"科学"有着怎样的关系呢？除却"明晰""经济""直白"的科学性之外，一个重要的理由还是其具有几千年从未有过的"开放"之民主性质。陈独秀在武昌文华大学的一次演讲中一语道破天机。在"改用底理由"中，他从"时代精神的价值"——"德莫克拉西"开始讲起，一连列举了政治的（民治主义）、经济的（社会主义）、社会的（平等主义）、道德的（博爱主义）、文学的（白话文）等五个方面的"德莫克拉西"子目后，最后一言以蔽之曰"反对一切不平等的阶级特权"②。显而易见，民主还是专制，乃是文白之间一条泾渭分明的分界线。

这里的问题在于，以自由和平等为关键词的民主权利，是不是应该通过以"打倒"文言文、"建立"白话文的方式来买单？我们知道，民主向来不是靠让渡权力来实现的，自由也不是靠博爱

---

① 胡先骕：《评〈尝试集〉》，《学衡》第 1 期，1922 年 1 月。
② 陈独秀：《我们为甚么要做白话文？》，《晨报》1920 年 2 月 12 日。

式的怜悯或自上而下的施舍式的可怜赋予的。《赵威后问齐使》中的"民贵君轻"只能是一种以"多数"取代"少数"的翻烧饼式的垂直"民主"（统治），这种串联式的"翻身"不是从根本上改变了固有的格局，唯有以并联式的人人平等才是真正的民主。没有阶级之分，也没有阶层的差异，有的只是人人享受的机会平等、人格平等、权利平等。换言之，是没有特权的规则平等、法律平等。争取自由和平等，首先应该免于被社会干预、强迫为实现自由的条件（be freedom from），而不是"有……自由"（be free to do）。对此，伯林、哈耶克等思想家都对此有深入的分析和论证。以大众书写体取代精英书写体并不能换来真正的自由、平等和独立，有时候还反倒容易走向其反面。民主需要素质和能力，这也即是胡适为什么一再强调一个现代国家不是一群奴才可以建立起来的根本原因。鲁迅之所以将阿Q式的"看客"形象地表述为"想做奴隶而不得的时代"和"暂时做稳了奴隶的时代"[①]，不能不说是"哀其不幸怒其不争"的急切心理使然。胡适在《易卜生主义》中呼吁的个人是这样的一种思维："社会最大的罪恶莫过于摧折个人的个性，不使他自由发展。"而自己要摆脱、免于这样的局面必须具备两个条件："第一，须使个人有自由意志。第二，须使个人担干系、负责任。"惟其如此，才能把自己"铸造成器"，方才可以希望"有益于社会"[②]。在文化遗产的分享上，尤其是具体到语言文字上，如何打造一种人人有受教育的机会和权力的良性运转方是上策。"打富济贫"式的文化均衡无非是将传统中日积月累的人文积淀人为地下调、降档，甚至是迎合、屈就于本来就不能代表文化品位的层次。这样不但会使得整个文

---

① 鲁迅：《灯下漫笔》，《鲁迅全集》（第1卷），人民文学出版社1981年版，第213页。

② 胡适：《易卜生主义》，《新青年》第4卷6号，1918年6月15日。

化趋向的平庸化,而且还会在无形中给泥沙俱下的"沙子"、鱼龙混杂的"杂鱼"制造了不劳而获的可乘之机。

"新青年派"以简单、粗暴甚至专断的态度对待古典文学,遭到"学衡派"的反对乃是情理之中的事。五千年的文明是生生不息的脉搏,古典的诗词歌赋中承载着中华文化里含蓄、深沉、博大的人文传统,需要"条分"、"缕析"、"拣择",而不是抽刀断水、横加挞伐。中国人五千年来孕育出的纯真心灵和深沉理智充分蕴涵在悠久的文化艺术中,尤其体现在以语言为载体的赋格上。因为它是经过规训、拣择、浪淘的文化基因。在人类文明发展史上,它兼具着审美个性和道德深度。如果文化尤其是承载着这样一个厚重人文传统的语言文字随意间走向放纵和粗暴,那我们必将在平庸、浅薄中走向低俗,由此那一抹人类文明中不可多得的"深度"和"趣味"也将与之一起凋零、式微[1]。所以,对待这个人文传统,"应该研究它""热爱它,而不是忽视它、轻视它,甚至试图去毁灭它"[2]。毕竟,"语言"虽然是文化底座上最为表层的"形式",但却是一个民族文化架构中最为深层的内蕴表征[3]。

进而言之,语言结构的复杂不亚于任何一种生物组织或说社会组织。面对核心的核心,随意用"一刀切"的方式进行粗暴的干涉和折腾,都将制造无穷的困惑,留下无法规避的遗患。"我们之所以为我们,乃是由于我们有历史。或者说得更确切些,正如在思想史的领域里,过去的东西只是一方面,所以构成我们现在的,那个有共同性和永久性的成分,与我们的历史性也

---

[1] 〔美〕欧文·白璧德:《性格与文化:论东方与西方》,孙宜学译:上海三联书店2010年版,第43页。

[2] 辜鸿铭著;李晨曦译:《中国人的精神》,北京理工大学出版社2010年版,第45页。

[3] 〔美〕爱德华·萨丕尔著;陆卓元译:《语言论——言语研究导论》,商务印书馆1964年版,第136页。

是不可分离地结合着的。……各民族带着感激的心情,很乐意地把曾经增进他们生活的东西,和他们在自然和心灵的深处所赢得的东西保存起来。接受这份遗产,同时就是掌握这份遗产。它就构成了每个下一代的灵魂"①。在这一意义上,一方面谁都无法剥夺我们继承前辈先知创造并馈赠给我们的文化遗产;另一方面由于我们永远处于有机物进化的链条上、只能以中间物的身份出现,因此并不具备强制其突然之间发生剧烈震动或说深刻变革的智力和能力。历史地看,就算拥有几千年文明,我们人类还年轻得可怜,生活在浩瀚无垠的宇宙中,充其量只能算是小而又小、名曰为我的"微物主义"者。面对列祖列宗留下的文化大餐和精神盛宴,我们在小心翼翼的尊崇和呵护之外,谁都没有权力随随便便的造次和折腾。

不必讳言,每当知识分子"不再坚持真理的价值是不以时间为转移的"之信念时,就会出现关于东方与西方之地域、过去与未来之时间以及新与旧之性质的"动态"判断。在"永恒"和"动态"之间的选择,是知识分子文化悲情发生的宿命。这是法国知识分子朱利安·班达在《知识分子的背叛》一书中的一段表白②。它也是告诫我们,当语言作为最深层的底座——超稳定的文化结构——坍塌之后,还需要做耐心细致的清盘工作,而不是将话语内存一股脑地删除。细细想来,这又岂止语言文字!

---

① 〔德〕黑格尔著;贺麟、王太庆译:《历史哲学讲演录(第一卷)》·导言,商务印书馆2009年版,第8—9页。
② 〔法〕朱利安·班达:《知识分子的背叛》,佘碧平译,上海人民出版社2005年版,第59页。

第五章　文学、道德与启蒙（上）

本书主要以20世纪中国文学史与思想史上的启蒙主义与人文思想为中心，进行纵向的历史的描述与反思，这是本书前四章线性的论述脉络。本章以横向的人文论争现场为线索展开具有社会责任感与人文担当的场景。这段论争发生的现场其实也已经过去了很多年，"现场"也变作历史，成为人文反思不可或缺的组成部分，以供观者与反思者入乎其内，又出乎其外，也正反映了人文启蒙百年反思的坚持与坚守。以下几篇文字是发生在2002年至2004年间关于新启蒙与道德问题的异常激烈而富有成果的思想论证产生的成果，生动反映了新世纪初期中国文学思想界活泼的思想碰撞的现场氛围。今天读来依然能够感受到当时的争论的火药味和思想散发出的张力。

就目前学术界对启蒙话语系统阐释和多重歧义而言，"新启蒙"和"后启蒙"可以说是众多话语中的两个关于启蒙的关键词。关于启蒙的历史，我们可以追溯到20世纪的第一个十年，但就新启蒙和后启蒙的对峙或说双峰并立而言，则是20世纪后十年的事情。但，正是上个世纪将要结束的时候，我们习以为常的启蒙主义并未能寿终正寝。它被突如其来的后启蒙话语重新激活，从而为未来启蒙的建构奠定了坚实的理论基础。在正统启蒙主义者眼里,后启蒙算是一个贰臣逆子,但如果站在启蒙发生、发展和演绎的视角看待两种启蒙的分庭抗礼,我们会发现:新启蒙和后启蒙或许不如我们想像的那样水火不容,它们完全有可能在理性的学术平台上构筑一个互补、圆融的启蒙思想系统。

一、两个启蒙文本①的交锋

1. 解构抑或建构:对一位新启蒙主义者的质疑

〔题记〕"我批评的就是我自己!"

——张宝明

思想史的阅读,就我个人的体会而言,在终极意义上还是"启蒙"的解读。回顾我在思想史领域多年来的摸爬滚打,思想史的魅力归根结底还在于众多令我迷茫、纠缠不清的命题。毫不夸张地说,我的思想史研究绝对不是一种为政治、为学术或为其他什么外在的"条件",它的诱惑来自我本人内心的感动、冲动与激动。其实,在很多情况下,我已经把自我的内心感动、生命体验、激情感悟化作了灌注于著作之中的理性执着。可能我的"思想史写法"会遭到来自不同声音的批评,但我要说:无怨无悔。

以上的敏感,来自近来对张光芒先生《启蒙论》的阅读。不揣冒昧,先生的大作与我的《自由神话的终结》已经"叫上板"了。对此,我是"一则亦喜,一则亦忧"。"喜"的是:确有值得欣赏之处;"忧"的是:我不能同意其中关于近现代"启蒙"的结论。这绝对不是司空见惯书评的褒贬各半,而是一次真诚的心灵对白。事实上,我一直认为光芒先生"启蒙论"的思想光芒正闪耀在其

---

① 可参见张宝明:《自由福话的终结》,上海三联书店2002年版;张光芒:《启蒙论》,上海三联书店2002年版。

最需要、也是最值得商榷之处。或许,正如一枚硬币只有正面与背面的难分难解、有机组成才有"价值"一样,我的"解剖"对准的正是我认为的最有原创意义的部分。

在"启蒙论"的逻辑建构里,光芒先生将近代以来的启蒙演变置于"长时段"的历史背景之中考察。他这样比较新老启蒙的逻辑图式:"相互和谐"与"相互激荡"。其中,他饶有情趣地用阴阳太极图和吴作人的"无尽无极"图来形象地表达自己对"新启蒙"的理解。① 从"情"与"理"的双重"对撞"视角,新启蒙者宣告:"康德与休谟的理论虽属于两个极端,但有一个共同的特点,即在某种程度上将情与理对立起来。显而易见,中国现代启蒙主义系介于二者的经验论与超验论之间,其思想重心在于强调从前者到后者的提升过程,追求的是从形而下到形而上的动态建构,理趣意旨确实大不相同。"作为一个启蒙逻辑建构,这不只是对中国近现代启蒙主义的一个重大发现,也还是对西方启蒙主义理论的一个重要补充。

不必讳言,作为一位多年从事思想史的学者,初出茅庐的博士论文《启蒙与革命》虽然也提出了"情理"平衡的问题,但对"激荡""互动"并没有清醒的认识,即使是后来的思考中也没有能"解决"。于是,我只好用"偏执""偏至""残缺"来概括、批评20世纪先驱所走过的百年心路。其实,在很多情况下,"我批评的就是我自己"。在很多时候,笔者更多的是一种困惑:有时候,干脆想,也许面对这样的"摇摆",就是我们"士人"的命运。毕竟,这不仅是西方启蒙主义思想系统里失语的话题,也是中国启蒙思想史研究者缺席的位子。光芒的"启蒙"使我看到了一线希望,也提供了更好地解剖近现代启蒙思想的崭新参照框架。不过,恕我直言,光芒的启蒙建构虽"新",但这个"新启蒙"在中国

---

① 张光芒:《启蒙论》,上海三联书店2002年版,第79—80页。

近现代还没有真正出现过,退一步说,即使出现过,也是昙花一现,命题有是有,但却一直没有解决好。据此,我认为,"启蒙论"的建构在很大程度上是一种虚拟的历史"现实"。进一步说,如果说启蒙的任务没有完成,中国需要新的启蒙的话,光芒先生的建构正是我们所要选择的逻辑起点。需要提醒"同志"的是:将手段与目的混淆、将历史与意义颠倒、将起点与终点倒置一直是中国近现代思想史上的事故多发地段,我们不可再用一张过期的旧船票去登那理想的客船啊!

首先,笔者不敢同意《启蒙论》先声夺人的预设基调:"从某种意义上说,传统思想资源是对中国近现代启蒙的启蒙。"光芒先生的原文如下:

> 民族传统对启蒙发展的内在推动力表现在三个大的方面:一是形形色色的非儒学派为启蒙文化提供了内在的逻辑生长点;二是对儒学思想本身进行价值重估和重构,使其发生现代性转换;三是承续并扬弃明末以来以"主情反理"为核心的人文主义文学精神。它们分别从精英文化与民间文化、主流文化与非主流文化的各个层面改变了传统文化的解构,构成了现代启蒙的思想资源,并表现出从"托古改制"到"以复古为解放"的运动规律。从某种意义上说,传统思想资源是对中国近现代启蒙的启蒙。①

这是一个新颖的结论,也是一个大胆的结论。胡适先生说:治学要有创新,必须"大胆假设小心求证"。若是按照这个方法去求证这个大胆的结论,笔者不免要问:既然中西文化、中西启蒙思想都讲求情理关系,何以中国到了近代才有启蒙的飘然而至?

在光芒先生看来,中西启蒙家都很关注如何处理理性与情

---

① 张光芒:《启蒙论》,上海三联书店 2002 年版,第 4 页。

感之间的关系问题。不过,相对而言,西方启蒙更重理性,中国启蒙更重情感一些。而且他认为:中国启蒙主义之情理"激荡"(指二者之间既非相互排斥,又非相互压抑,而是相互促进的关系)——情感愈强,理性亦随之愈强,反之亦然,一度达到这种状态。若是按照这个逻辑追溯并推理,我们容易得出中国近现代启蒙"古已有之",而且能很轻松地找到理论论据。孔老夫子不是早就说过这样的话吗:"发乎情,止乎礼义。"这不是典型的情理并生、情理不悖、情理互动、情理紧张又是什么?依据"启蒙论"的判断,中西启蒙的偏至都在不同程度的层次上上演过,即是中国有中国的不足,西方有西方的偏差。这样,各有千秋的论断自然就会有"各打五十大板"的嫌疑。租赁"激荡"论作为中介,无论如何我们都无法解释这个所谓的新启蒙主义的体系是一个"新式"的建构。

其次,对儒学思想本身进行价值重估和重构以及"现代性转换"不是近代才有的事情,自从儒学出现以来就不知轮番上演过多少遍了。试问,自命儒家嫡传或说正宗的"复兴"还要我们一一列举吗?"承续并扬弃明末以来以'主情反理'为核心的人文主义文学精神"究竟是在文学精神上的"一帜"还是在哲学领域的"独树"呢?应该说,光芒先生的论述很有执其一点、不顾其余的偏至。毕竟,光芒的文学训练阅历使然,而非学术训练使然。就我个人的思想史文本阅读而言,我和光芒先生有很大的差异。据我所知,就近现代文学作品的启蒙意义而论,无论是哪一派的作家,在"主情反理"的功夫上都可谓"训练有素";而观察文化思想先驱的启蒙论述,他们"反情主理"的能耐却又技高一筹。问题出现了,我们论述的启蒙架构是将特定"历史"时段的先驱有机结合在一起呢?还是将文学、哲学领域的先驱分述离论呢?如果我们反对割裂,认为"离则两伤",那么我可以肯定地说:文学启蒙的主情和文化哲学意义上启蒙精神的架构完全不是一回事,世纪先驱在各执其是、各非其非、舍我其谁、一瘸一拐的偏执中走完了"抱残守缺"的心路历程。

其实,回过头来看看西方启蒙的历程是不难理解我们的"历史"的。从意大利蔓延开来的"文艺复兴"不是在演绎着"主情"的音符吗?为此,才有了那一个特定时段文学创作的繁荣:那是一个诗人辈出、作家纷至、艺术家沓来、浪漫和激情占据主流的时代。而后来居上的18世纪的启蒙运动则在科学、理性的呼唤中涌现出了大批的哲学家、思想家、科学家。当然,我并不否认光芒先生在论著所说的激情与理性互动、情感与创新成正比的新鲜观点,但这正应验了我在《启蒙与革命》和《自由神话的终结》中一再提及的观点:

> 一位大名鼎鼎的列文森教授的著名思想史"公式"让很多人大开眼界:"价值"(理性)上倾向西方,"情感"上回归传统。① 这个"公式"一度红遍大陆学术界,成为大陆学者研究思想史、文学史、哲学史必备的"工具"。不过,我还是率先指出了这里的问题:"列文森(Joseph R. Levenson)将他们的心理张力归结为理智上趋向西方,情感上缅怀传统,的确道出了一定的历史真实。只是需要特别指出的是,对这些知识分子来说,理智与情感并非任何时候都颉颃齐飞的。"②

需要补充的是,不但某一个知识分子并非如此,即使是一个群体、一个思潮、一个主义的联袂者也不是这样,更何况不同畛域的先觉呢?在这个意义上,《启蒙论》的"状态"带有非常浪漫

---

① Joseph R. Levenson: *Confucian China and Its Modern Fate*, University of California Press 1965。

② 张宝明:《自由神话的终结》,上海三联书店 2002 年版,第 25 页。《启蒙与革命——"五四"激进派的两难》,学林出版社 1998 年版,第 202 页。

和天真的乌托邦色彩。这，未尝不是自由和启蒙神话终结的另一折射！

很是有幸，光芒先生的《启蒙论》和《自由神话的终结》一个时间、一个出版社，而且出自一个编辑之手。这，不单单是历史的巧合，更是历史或说"天意"的安排。《自由神话的终结》采用了"20世纪启蒙阙失探解"的副题，不言而喻，这就是对启蒙陷阱、启蒙偏执的解构与批判。用光芒先生的话来说：我以"后启蒙主义"的立场出现。老实说，对这样的称谓我是没有想到的。实际上，我是从中国近现代启蒙的问题出发，力图解构近代以来的启蒙思想框架，并希冀在为中国走向现代性的过程中提供一次历史注脚的同时，也为新启蒙找到一个全新的逻辑起点。在某种程度上说，我的启蒙立场与霍克海姆与阿多尔诺的"启蒙辩证法"没有多少必然的联系。说穿了，我不是在否定启蒙，而是在启蒙的使命感中寻找失落的人文关怀，也是为自己寻找一个充实的角色定位。在我读完光芒先生的《启蒙论》之后，他从"形而上"到"形而下"的关怀对我触动很大。他对中国启蒙主义的架构图式在正反的双向逆动中寻觅到了自己的"出路"：

```
          自律的创造    自由    理性    本能
立人——
          生命的自我    意志    情感    欲望
```

其中的任何连接都可以用箭头来表示。正着读，是一个"形而上"的立意；逆着读，是一个"形而下"的立意。由此，他这样推导出中国近现代启蒙主义的逻辑路径："释放弘扬"与"疏导改造"是中国启蒙运作的基本向度。唯其如此，才能通向自由理想的最高境界。

如果我没有读错的话，光芒先生的着眼点是在"欲"的提升上去"摆平"情感与理性的关系的。如果不愿意与"释放弘扬"与"疏导改造""他者启蒙"与"自我启蒙""理性的非理性化"与"非理性的理性化"等等连篇累牍概念继续陌生的话，我这里不妨一语道破"文机"：激情既没有压倒理性，理性也没有压倒激情，由此演绎的"合力"锻造出了自由意志主义，而且中国现在正沿着这个锻造继续走着启蒙主义的自我特色道路。至少在中国一度出现过，而且构成了中外启蒙历史上最耀眼的亮点。

应该说，光芒的这个敏感反映在学术研究中有其独到的视野，也是一个具有创新意义的"设计"，但设计毕竟是设计。如果我们将倾向、意向甚至是短暂的火花当作一个永久的"历史"内在规定性，那就不是笔者敢于苟同的了。从《启蒙论》中，我们已经领略到作者关于中西启蒙在"情感"与"理性"趋向上的倚重。如同我在上面所指出的那样，作者的文学研究素养使他"别无选择"，创造社同人的"出庭作证"，尤其是成仿吾的"直言指认"为其中国启蒙富有激情但却没有压抑理性的"设计"作了脆弱的辩解。不过，我还是得承认：张光芒先生将激情与创造的关系的"摆平"以及将激情不加掩饰地置于启蒙的天平上予以全方位的"扶正"，在中国目前的启蒙研究领域达到了一个新的起点。毋庸讳言，缺乏历史感的研究难免遗憾，但没有遗憾的创新在中外思想史上至今还没有出现。

"激情"在启蒙阵营中的位置或说其现代性为光芒先生找到了学术创造的突破口，但这也正是其矛盾的症结所在。试问：一个承认中国启蒙"主情"者何以一再否认对理性的忽视？哪怕是相对的"忽视"，是不是应该承认呢？如果单单援用文学领域的语言或创造口实为中国近现代启蒙"辩护"的话，能够"摆平"作者自我个性化的启蒙设计吗？再者，中国近现代启蒙思想的集大成者远远不是文学唱的主角。当然我们可以拿出鲁迅作后盾，但必须看到，无论是梁启超、陈独秀、胡适还是鲁迅，他们的文学创作在当初（租赁光芒的话）都是"批判的工具"而非"工具的批判"。

光芒先生用了大量篇幅去论述、摆正情理关系。这也是笔者在研究近现代思想史时避不开、绕不掉、剪不断、理还乱的启蒙命题。"情理激荡""情理两极崇拜"从不同侧面展示了情理需要激荡,从而才有情感理性主义与理性情感主义的"说法"。读到这个"说法"和理论框架后,我很是后悔当初我在《启蒙与革命》那本论述"五四激进派两难"的著作中没有找到这样的架构,若是当时有这样的"想法",我以为论文会更透彻些。现在想来,"悔少作"也无意义了。但当时我却有关于"理性天平倾斜"的感悟,还有对五四时期启蒙思想界对"情感"排斥的引证。基于对"启蒙运动的思想家首先讨论理智与其情感的关系"(《大不列颠百科全书》)的认同,我用陈独秀《爱国心与自觉心》一文中抑情感重理智的倾向,并拉出李大钊"以感情为主,不以理性为主"的国民性检讨①,对近现代启蒙的成熟作了"理性"的判断。老实说,这也多少犯了光芒先生所说的单纯以理性主义为尺度的"单向度"思维症。这也是我曾多次在我的文章和论著中强调"我批评的就是我自己"的原因。与此同时,我还说过:"五四先驱就是那离我远去的神经末梢。"的确,我对近现代思想启蒙先驱的研究既灌注了我的情感,也渗透了我生命的感悟和心灵的投入。我常常想:所谓的五四的"启蒙现代性的残缺""理性天平的倾斜""理性的偏执""激情的偏至"等出自自我之手的"炮制",说的不就是自己吗?难怪昆德拉说人们一思考上帝就发笑呢!

"发笑"也得思考,因为我们平庸的人如果不想方设法去摆脱平庸,那会让上帝觉得更可笑。最后,我还是要指出光芒先生自我的困惑与"彷徨"。他在《启蒙论》中为了给自己的"平衡"机制找到台阶,不惜以近代和现代的串联牵强自己的预设。不幸的是,他下面的硬性"摆平"让自我的立论付出了沉重的代价:

---

① 张宝明:《启蒙与革命——"五四"激进派的两难》,学林出版社1998年版,第153—155页。

作为一种本质性关联,近代启蒙与五四启蒙都表现出以伦理解放与国民性格重塑为核心的一致性,但仔细回顾世纪初的这两次启蒙运动高潮,我们会发现在情感与理性问题上,前者与五四启蒙思想家从事文化启蒙所凭借和倚重的出发点形成了一个鲜明的对比:前者极力强调情感解放的决定性作用,后者则通过对科学与民主的高扬以理性的觉醒为统摄启蒙精神的制高点。尽管前者也有对理性问题的深微探求,后者亦表现出浓厚的感情化气质,并且都曾试图在二者之间创造一种平衡的文化机制,但这种区别仍是较为明显的。①

　　这绝对不是什么"言多必失",其实光芒先生的架构一开始就注定要倾斜。当《启蒙论》用很长的篇幅去关注这种"关联"的时候,难道说的不就是西方从"文艺复兴"到"启蒙运动"主情与主理的"时段"现象吗?恕吾直言,光芒先生在"结论"中的"结论"也是模糊而缺乏自信的。究其个中缘故,还是因为他过早地预支了启蒙的"支票",今天花费了明天的货币,颇似现实中时髦的住房、汽车按揭。用我给光芒先生的一封信中的原话即是:"现代没有解决好的问题你以为已经出现,我认为要出现的话还是你的虚拟。"毫不夸张地说,我们有一笔思想的账还没有理清,但却不能用有限的"统计"去泰然流布我们的账单。思想史上的"事故多发"与我们的"报表""假账"不无关联啊!

　　最后我要满怀深情、也满怀歉意地告知光芒先生,鲁迅说过:"我在解剖别人的时候也更严厉地解剖我自己。"他还说:"当我沉默的时候我感到充实,当我开口的时候我感到空虚。"其实我又何尝不是如此呢?可能,对近代人物、对五四先驱、对五四后人的解剖,更是对我自己的解剖。我可能在解剖别人的同时

---

①　张光芒:《启蒙论》,上海三联书店2002年版,第153页。

双手已经鲜血淋漓了。我在与先驱心灵互动的时候心灵已经震颤过无数次了。我与《启蒙论》作者光芒先生的直面交锋的时候也已经汗颜不已了。面对你我各执的情理激荡或情理失衡,也许我们并没有根本的分歧。光芒坚持的不能完全用西方现代理论术语来言说中国问题,与我认为中国"启蒙的现代性"没有完成、需要持续发展的论点并没有什么两样:你我都不是那种简单的"回归五四""超越五四"的空头支票持有者。毕竟,你我作为中国有着相同生活背景、有着美好期待和良知的知识分子,都希望走向现代的启蒙能在传承过去、开拓未来的崭新逻辑起点上运作。

还有,就我个人的阅历、观察、思考与体验,启蒙现代性过程中那个"情"与"理"的思想指针,将是一个永远的摆。我们只能趋向于无穷接近,但绝对不可能像数学公式、物理图表一样"摆平"放正。对坚守这块罗盘阵地的我们而言,悖论、矛盾和吊诡必定纷至沓来。我们只要"与时(针)俱进"了,我们就不失作为一位人文知识分子的天职;我们只要经历过、痛苦过、彷徨过、撕裂过、承担过,我们就无怨无悔。我们也不能因为永远无法"完成""接近"就自暴自弃。我们不求最好,只求更好。或许,面对情理、歧路的摇摆与彷徨将是一个我们永远无法揭开的谜,也是我们永远无法摆脱的成命!

最后,祈祷我们一路走好!

2. 建构抑或解构:对一位后启蒙主义者的回应

张光芒

当笔者将拙作《启蒙论》与张宝明先生的《自由神话的终结》摆到一起的时候,的确有些震惊:为什么同一段文化思想历史、同一个研究对象在二人的笔下却是如此的大相径庭乃至截然相反?这是否也正是当下学术界惯于自说自话、缺乏对话与交流的思想平台的一个表现？若我们继续"自说自话"下去，这样的研究还有多大的思想价值呢？正当我困惑的时候，收到了宝明先生的《解构抑或建构？》一文，该文质疑拙作，直陈己见，涉及了如何从整体上评估中国启蒙运动、如何看待现代启蒙与传统文化的关系及有关启蒙研究的方法论等一系列关键性话题。从宝明先生前几年出版的《启蒙与革命》所宣扬的启蒙"两难论"到其新作的启蒙"终结论"来看，他所笃持的主要是一种"后启蒙主义"的解构立场，对拙作重构中国近现代启蒙思想体系的做法深表不满可谓是如箭在弦，不得不发。古人讲究"慎思明辨"，此言甚是。该文充满激情的语调、犀利泼辣的辩论及对我的一些质疑与批判的确引起了我进一步的思考与自我反思；但同时在一些基本问题上，宝明先生强加于人的指责及自我流露的逻辑漏洞却恰恰坚定了我对自己观点的信心，对此笔者亦如鲠在喉，不吐不快。

宝明先生一开首就给笔者抛过来一顶"新启蒙"者的帽子，该说法容易引起误解，岂是随便就可以套到头上去的。说起"新启蒙"，早在30年代中期就有一场新启蒙运动，发起者有陈伯达、张申府、何干之等，那场新启蒙运动与当时的救亡运动有直接关联，再加上政治力量的干预，很快夭折，不了了之，后来就被人们淡忘了。现在所说的"新启蒙"多指80年代中后期一部分知识分子在较小范围内进行的新启蒙思想探索，得名于王元化主编的《新启蒙》论丛。据笔者的管窥之见，这次运动仍然是基于时代的内在需要，讨论的重心在于思想解放运动与中国改革开放的关系问题，思想资源则取"五四"新文化运动的科学与民主精神。以此观之，这些学者才是货真价实的"新启蒙"者。一方面，笔者不够资格跻身于此行列；另一方面，笔者启蒙研究的思路与出发点与前者差异尤甚。如果说现代、当代史上的新启蒙运动总是从时代与选择的角度，侧重于探求启蒙精神之"用"

的一面,即民主、科学与自由的社会/政治学意义及价值;那么笔者则将思考的重心定位于从启蒙的内在哲学精神上重读重构思想史,侧重的是人文精神的层面。旨趣所在,兴趣使然,因此笔者的观点无力涉及他者,只能代表自己。假如宝明先生硬要以"新启蒙"称之,则需说明这只是个无确指意义的笼统说法,换言之,仅仅是个人化的"新"而已。

如果宝明先生仅仅是用"新"启蒙的说法指称笔者的观点,而且注意到笔者观点论述的自身逻辑框架,然后在此基础上将这个框架的自身逻辑戳破,那么笔者似乎也无话可说。问题是宝明先生恰恰是用他本人对传统"新启蒙"的社会/政治学立场的理解方式,来批判笔者对启蒙思想运动的人文精神层面的阐释;同时运用他自己将思想史与历史实际进程相混淆的推论方式,来驳斥纯粹思想领域的深度价值。这样就难免脱离了具体问题的具体语境,走上了思想史上的历史虚无主义道路。从宝明先生的质疑文章看,我们的最大分歧集中在中国近现代有没有一个"中国化"的启蒙思想体系这一问题上,他之所以持否定态度,理由有三层:其一,笔者所论述的形而上与形而下的互动系统性运作虽"新",但这个"新启蒙"在中国近现代还没有真正出现过。其二,退一步说,"即使出现过,也是昙花一现,命题有是有,但却一直没有解决好"。他自称之所以将启蒙的阙失归结为"自由神话的终结",根本原因还在于无法避开戊戌变法、辛亥革命乃至"五四"新文化运动的种种拷问:理想与现实、手段与目的、"个人自由"与"群体合力"的吊诡足以让启蒙的神话破灭。其三,进一步说,"如果说启蒙的任务没有完成,中国需要新的启蒙的话,光芒先生的建构正是我们所要选择的逻辑起点。需要提醒'同志'的是:将手段与目的混淆、将历史与意义颠倒、将起点与终点倒置一直是中国近现代思想史上的事故多发地段,我们不可再用一张过期的旧船票去登那理想的客船啊"。据此,他认为,"启蒙论"的建构在很大程度上是一种虚拟的历史"现实"。我想指出的是,从研究者的角度来看,所谓"真正出现过"应该有两种所指:一种是社会历史的实际进程,一种是思想文化的实际进程。二者既具有同一性的一面,同时也有着相对独立性的一面,如果将二者完全混为一谈,那就很难将问题说清楚。

首先,关于启蒙与救亡(或革命)的关系。比如,有这样一种非常典型的研究思路:梁启超将"新民"看成是当时中国社会改革的"第一急务",鼓吹"苟有新民,何患无新制度,无新政府,无新国家",然而中国当时的"第一急务"恰恰是只有在推翻旧制度的斗争中,才能进行有效的思想启蒙;只有建立新制度、新国家,才能发挥新型国家制度、社会制度的优越性,造就一代代的新民。离开中国历史发展的这一基本特点,一种相当深邃的启蒙意识,就滑向了平庸的教育救国论。这是严复、梁启超的文化探索滋养了一大批革命民主派,而他们本人则逐渐落伍于时代的原因之一①。这种观点将"革命"提到优先于"启蒙"的第一位的位置,不但影响了对梁启超等思想评价的公正客观性,即使在价值尺度上也存在着极大的偏颇。

这正是宝明先生反思中国启蒙运动时常常流露出的问题,他多次强调:"列文森(Joseph R. Levenson)将他们的心理张力归结为理智上取向西方,情感上缅怀传统,的确道出了一定的历史真实。只是需要特别指出的是,对这些知识分子来说,理智与情感并非任何时候都颉颃齐飞的。"②理智与情感的矛盾其实是任何时代的思想家难免的文化心理状态,并非是中国启蒙家的"专利",而他们的思想贡献恰恰就在这种矛盾的运动当中,历史

---

① 彭明等:《近代中国的思想历程》,中国人民大学出版社1999年版,第265页。

② 张宝明:《启蒙与革命——"五四"激进派的两难》,学林出版社1998年版,第202页。

叙述者只有从他们的"两难"中探寻到历史发展的内在脉络才能既"入乎其中"而又"出乎其外"。为此,我认为作为针对中国启蒙的思想方法,"启蒙家"不是固定不变的思想单元,不具备独立的思想价值,在言说中只有启蒙思想质素才具有独立的意义。

其次,关于启蒙运动与新文化运动的关系。较之"启蒙与救亡相互变奏"的关系论,这一对范畴的关系的复杂性更为隐蔽,因而尤易被人们忽视。不少研究者习惯于将"启蒙运动"与"新文化运动"等量齐观,互换使用。在许多人那里(当然包括宝明先生)"五四"新文化运动与"五四"启蒙运动是同一个现象、同一个概念。笔者认为,新文化运动与启蒙运动虽然有着密切的关联,也有许多重合的方面,但绝不能将其视为同一个运动。其一,中国的启蒙是一场复杂的理论建构与实践过程及理论建构与实践过程二者之间的复杂的互动过程,但中国的新文化运动较之启蒙运动却更为复杂,甚至极其杂乱。后者自身内部包含着大量的不相容的思想运动与思想成分,启蒙运动可以被纳入整个新文化运动的一个组成部分,它与新文化运动的其他部分(比如反启蒙运动、非启蒙运动等)有时是相互配合的,但更多的情况下是相悖的。由于新文化的建设运动包含着多种非启蒙性运动,如政治性运动、农民运动、民族战争等等,这就使它不可能与启蒙运动完全同一步调。这与西方18世纪的启蒙运动差别极大。后者作为一场声势浩大的思想文化运动,既集中了各个领域许许多多的精英知识分子,又扩展至广泛的社会阶层,使艺术、道德、政治、法律、公共生活较为一致地配合起来。这样,启蒙运动便成为该世纪西方文化运动的核心内容。而中国的启蒙显然没有在文化运动中取得这样突出的位置。其二,在中国,二者的逻辑中心与思想侧重点也不一样,启蒙侧重于文化心理、思维方式的革命,文化运动则侧重于文化建设与思想的实践。因此,近现代的启蒙运动在文学、艺术、美学诸领域较之在政治、法律、社会制度等方面表现得更为集中一些,而非宝明先生所断定的"中国近现代启蒙思想的集大成远远不是文学唱的主角"。同时,如拙作所强调的,"启蒙文学思潮"与"新文学思潮"当然不是一回事;同样,"五四启蒙文学"与"五四新文学"也有较大的差异。后者的范畴远远地大于前者,是一个含混的"家族概念"。

指出研究界熟视无睹的这一现象并不是没有意义的,因为将启蒙运动与新文化运动、启蒙文学思潮与新文学思潮混同起来的做法,存在着一些不可忽视的理论缺陷。其一,它很容易将研究对象简单化、绝对化,比如既可以将新文化运动具体实践的失误归罪于启蒙运动本身,也可以用新文化运动的成绩证明启蒙运动的伟大;反之亦然。其二,这也自然会造成公说公有理、婆说婆有理的混乱局面,不同的研究者与观点、话语之间无法建立起一个公共的对话平台,无法沟通,只能是自说自话、各自为政。其三,概念与方法的混乱使人们面对的总是一团无法理清的矛盾,使人们的研究总是从分析矛盾始,到揭示矛盾终。可以说在研究的逻辑起点上就决定了这种局面的不可避免。确立这样的逻辑前提是为了指出,中国新文化运动的失误固然有来自启蒙运动自身的理性缺失的原因,但另一个根源尤其不能忽视,那就是新文化运动没有和启蒙运动很好地结合起来,造成了更大的理性缺陷。同样,中国新文学也没有与启蒙文学思潮很好地结合起来。如拙作《中国近现代启蒙文学思潮论》所述,中国近现代的启蒙从形而上与形而下两个层面、理论与实践两个向度建构起了自己的思想体系及启蒙动力系统,但这个体系与新文化运动之间有着复杂的关系,前者经常被后者有意无意地或疏离或抛弃或反对,这十分集中地表现在理性问题上。而宝明先生的启蒙批判论一方面认为"五四"启蒙太政治化了,应该将重心放在"伦理觉悟"之上;另一方面又认为"五四"的道德追求缺乏"政治的配合",不能从抽象的形而上层面真正"外化"①,这样就难免自相矛盾。不要忘记,"启蒙运动主要不是一个政治运动,而是一个思想运动。""正如启蒙运动主要不是政治性质的一样,法国革命也主要不是意识形态性质的。革命是许多因素结合的结果,有经济上的、财政上的、政治上的因素;还有国家破产、贵族造反、农民不满及对土地的要求等。"②阿伦·布洛克对法国大革命与启蒙运动的研究思路确实值得我们借鉴。

由此可以说,中国启蒙的系统性结构虽系笔者"首创",但绝非出自"虚拟",只能说是尚未成功的并被思想言说者盲视的那一系列思想资源被我揭示出来。宝明先生将作为社会/文化实践的新文化运动与侧重于思想层面的启蒙运动混为一谈,这就决定了他在近现代思想/文化史的矛盾中走不出来,因为很明显的事实是,随便拿出处于悖论的矛盾冲突中的一方,都能将另一方否定。比如《自由神话的终结》的"原民"一章在否定近代启蒙的思想价值时之所以振振有辞,其秘密就在于作者主要以梁启超、严复乃至孙中山等先驱者强调"国民"的群体性的言论为材料,以证明他们的启蒙仅仅是立足于"国民"而非"个人"。而梁、严等启蒙家的思想既充满矛盾,又屡有变化发展,其重"群体"轻"个人"的观点仅仅代表一时一地而非其全部思想实质。对此,宝明先生就有所回避;至于当时鲁迅的《摩罗诗力说》《文化偏至论》等"重个人而排众数"的伟大思想,作者干脆避而不谈。不过,要是将这些相反的思想材料都摆出来,宝明先生的"原民"论与"原人"观又怎能站得住脚呢?

对于宝明先生以笔者将"虚拟"认作"事实"的指责以及他本

---

① 张宝明:《自由神话的终结——20世纪启蒙阙失探解》,上海三联书店2002年版,第115页。
② 〔英〕阿伦·布洛克:《西方人文主义传统》,董乐山译,生活·读书·新知三联书店1997年版,第124页。

人的研究方法,其实早在黑格尔那里就对此种思路提出了警告:"现实与思想(或确切点说理念)常常很可笑地被认作彼此对立。我们时常听见人说,对于某种思想的真理性和正确性诚然无可反对,但在现实里却找不着,或者再也无法在现实里得到实现。说这样的话的人,只表明他们既不了解思想的性质,也没有适当地了解现实的性质。""可能性首先与具体的现实相反,只是一种自身同一的单纯形式,所以关于可能性这一范畴的规则就只应是:'一切不自相矛盾的东西都是可能的';而照这样讲来,便可说,一切都是可能的;因为抽象思想可以给予这种同一性的形式以任何内容。"所以,"明智的和有实践经验的人","坚持要掌握现实,不过所谓现实并不是指当前的此时此地的特定存在而言"。① 宝明先生一方面自称"并没有否认启蒙的必要性",另一方面又始终坚持"只是在特殊国情下,在缺乏制约资源、忏悔意识、宪章原理的国度中,将空洞的自由、民主、共和等好听的词汇说得再圆滑也只能是一种流于形式的口惠。不但不能为民造福,反而会以人民的名义使人民饮鸩止渴"。② 显然,作者没有在黑格尔所说的"可能性"与"现实性"的辩证关系上下功夫。照其推论,只有社会条件"万事俱备,只欠东风"时,启蒙才有可能;否则,启蒙不过是一张"空头支票"、一个"口惠"而已。而这样的现实是永远等不来的,于是启蒙的必要性在实际上被作者否决了,"自由神话"尚未展开就"终结了"。

如果说浪漫主义者善于在幻想的乌托邦中思想,那么后启蒙主义者恰恰相反,他总是以为自己是站在一片文化的废墟上,前无古人后无来者,既无视历史的思想资源,更无法从历史的矛

---

① 〔德〕黑格尔著:《小逻辑》,杨一之译,商务印书馆1997版,第295—299页。
② 张宝明:《自由神话的终结——20世纪启蒙阙失探解》,上海三联书店2002年版,第59页。

盾中找到出路，只能令思想的勇气渐渐消失殆尽，直至坠落为彻头彻尾的历史虚无主义者。这当然不是宝明先生一个人的悲剧，而是一代"后启蒙主义"者的宿命。——这正是笔者要拒绝的。

二、新启蒙与后启蒙：两种启蒙话语系统对话的可能

1. 新启蒙和后启蒙："本是同根生"

论及新启蒙和后启蒙的话语，不能不拉出原始意义上的启蒙一词。启蒙，作为中国近现代崛起的文化范式，乃是近代欧风美雨洗刷的曲折思想路径。从19世纪末、20世纪初来到中国以后，直到今天它仍然是中国本土化启蒙话语的重要"支援"系统和参照体系。今天，伴随现代性话语的走向深入，启蒙思想命题的梳理也随之迈出了新的一步。

关于启蒙的定义，我们在平常的学术对话中并不涉及，一般都是开门见山的。这里，尽管启蒙的概念我们已经觉得妇孺皆知，但为了能给下文的论述从理念上提供一个基线，笔者还是要先勾勒出一个关于启蒙的最基本轮廓。在论述启蒙的观念时，我们最常见的引述是德国著名哲学家康德的《答复这个问题："什么是启蒙运动？"》一文。应该说，这篇文章迄今为止仍是研究启蒙之学者不可绕过的定义。笔者之所以认为它重要，而且还要引述这一学术界已经熟悉的段落，是因为它已经成为中外之启蒙思想史的不同流派、不同立场之学者研究路径的共同起点和基线。即使是后来另立门户的法兰克福学派以及当代思想大师福柯也还是无法回避。回到原典："启蒙运动就是人类脱离自己所加之于自己的不成熟状态。不成熟状态就是不经别人的引导，就对运用自己的理智无能为力。当其原因不在于缺乏理智，而在于不经别人的引导就缺乏勇气与决心去加以运用时，那

么这种不成熟状态就是自己所加之于自己的了。Sapere aude! 要有勇气运用你自己的理智！这就是启蒙运动的口号。""Sapere aude"就是说"要敢于认识"。康德在提出"敢于认识"的启蒙口号的同时，也已经警惕到偏见（而不是"无知"）对人的愚昧和戕害是何等残酷，因此接下来他说："种下偏见是那么有害，因为他们终于报复了本来是他们的教唆者或者是他们教唆者的先行者的那些人。因而公众只能是很缓慢地获得启蒙。通过一场革命或许很可以实现推翻个人专制以及贪婪心和权势欲的压迫，但却绝不能实现思想方式的真正改革；而新的偏见也正如旧的一样，将会成为驾驭缺少思想的广大人群的圈套。"①康德将启蒙与自由、法治等现代性关键词紧密连接在了一起。于是我们看到，中西方近现代数百来年来文化启蒙的发展史，关于启蒙的诠释"万变不离其宗"，直到新近在中国出笼的福柯之《什么是启蒙？》也还是对康德的守成与回归。不过，值得一提的是，福柯已经对几个世纪以来的启蒙理念提出了建设性的反思意见："我不知道是否在今天必须说，批判的任务仍然包含对启蒙的信念；我继续认为，这个任务需要研究我们的限度，这是一种耐心的工作，它赋予我们对自由的渴望以形式。"②尽管是"形式"，但却有着积极的构建意义。福柯对康德有回归、承接，也有反思、质询。在肯定了康德以来的启蒙哲学气质、批判精神之后，福柯"醉翁之意不在酒"似的质询起启蒙先驱文本中的三个例子。在从"不成熟"黑洞引到成熟"出路"的设计上③，康德给出了所谓"启蒙"

---

① 〔德〕康德：《答复这个问题："什么是启蒙运动？"》，《历史理性批判文集》，何兆武译，商务印书馆1990年版，第22—24页。
② 〔法〕福柯：《什么是启蒙？》，汪晖、陈燕谷主编：《文化与公共性》，生活·读书·新知三联书店1998年版，第442页。
③ 参见《什么是启蒙？》一文，福柯称这是"整个20世纪一再重复的制造新人的计划"。

过程中接受"权威"的范例:一本书取代了我们的理解后,假如它是一本劣书怎么办;一个精神导师在取代了我们的意志或信仰后,假如他是一个邪教头头怎么办;我们吃了一个医生设计的饮食,假如他是一个庸医怎么办。从笔者列出的这三个"怎么办"来看,哲人康德一方面有着"敢于认识"的智性,另一方面也有着对"种下偏见"的思想警惕。当福柯总结近几百年来以各种形态出现的启蒙问题时,我们不能不说:无论是黑格尔、马克思、尼采,还是愈来愈近的霍克海姆、阿多诺、韦伯、哈贝马斯都未能成功地解决思想史上的这样一个命题。在这个意义上说,我们这个时代对启蒙的信念还应该坚守:批判的永恒与永恒的批判。从康德到福柯,也就是从启蒙到后启蒙的过程转换。着眼于中国启蒙尤其是当代启蒙,也就是新启蒙和后启蒙的分属。

哲学的基本问题还是启蒙命题的解决,而启蒙的内在质地根本上还是哲学化的精神气质。将上面两种说法结合起来看,启蒙的精神也就是一种批判精神、反思态度和理性智慧。从中国近现代启蒙以西方 18 世纪的精神资源作为参照体系的历史真实来看,中国 20 世纪启蒙史上的严复、梁启超、康有为、孙中山、陈独秀、胡适、鲁迅、李大钊、毛泽东都具有"敢于认识"的理性勇气和启蒙气魄,但是他们却对启蒙自身局限性可能造成的"种下偏见"没有给予足够的注意和提防(不是没有提防,而是没有足够的提防)。西方现代性的智慧在 20 世纪先驱身上总是以自由、平等、博爱、科学、民主、公正等字眼的形式体现出来,而在这些字眼背后的相关资源联结与延伸则是不被他们注意的。换句话说,"多少罪名假其名而行"的潜在(负面)资源则是一代又一代思想先驱"无暇顾及"的。

从 20 世纪中国启蒙历史哲学化进程出发,戊戌变法和五四新文化运动构成中国启蒙的原始建构形态。这两个时段的历史重叠主要暴露在启蒙与革命的必然逻辑关系中。戊戌变法后的中国爆发了辛亥革命。按照我们常规的历史观点,辛亥革命的失败是由于它没有充分发动群众,没有充足的启蒙酝酿。其实,在启蒙历史的视角上,辛亥革命正是启蒙所引导的。不要以为《新民丛报》与《民报》的论战就是"改良"与"革命"的分野,其实那恰恰是最有力的启蒙形式。之后的五四新文化运动以辛亥革命"启蒙"缺席为由,一批包括革命家的知识分子也都故作深沉起来,一股脑儿地干起不熟悉的工作:耐着性子进行文化启蒙和塑造新人。于是这场带有深厚政治意识、强烈功利色彩的启蒙再度引渡到革命。当政党意识生成、国共合作完成、国民革命发生后,启蒙于是"大功告成"般地躲到了角落里。鉴于这个问题笔者已经有过详细的描述①,这里我们重点要交待的是:时至30年代,一批人文知识分子在蓦然回首之际发现在五四过去十余年后,原典的启蒙精神流失了。究竟在民族危亡关头如何完成未尽的使命,于是有了以正本清源为启蒙指归的新启蒙运动。1936年底,以"还原五四启蒙精神、承传五四民主传统为主旨"的新启蒙运动在艾思奇、陈伯达、张申府、胡绳等进取的知识分子中间展开。针对新启蒙运动的内涵和外延,他们仁者见仁、智者见智。张申府在《什么是新启蒙运动》中说:"就字面说,启蒙就是开明的意思。再分别说,启蒙就是打破欺蒙,扫除蒙蔽,廓清蒙昧。因此,在字典上,所谓启蒙就是脱离迷信,破除成见等等的意思。凡是启蒙运动都必要三个特性。一是理性的主宰;二是思想的解放;三是新知识新思想的普及。"②艾思奇在同题文章中解释说:"为什么叫做新启蒙运动呢?因为中国过去的新文化运动(以五四为最高峰)是一种启蒙运动,而现在的这一个

---

① 张宝明:《解构与突围:启蒙的历史与历史的启蒙》,《郑州大学学报》2003年第4期。
② 张申府:《什么是新启蒙运动》,丁守和主编:《中国近代启蒙思潮》(下卷),社会科学文献出版社1999年版,第168页。

文化运动和它有共同的地方,所以叫做新启蒙运动。"至于为什么还需要来一个新启蒙运动,作者的回答是:"因为旧的启蒙运动没有把它所要做的事完成。"①固然,我们不难从中窥见"思想是自由与自发"与"民族的自觉与自信"中流露出的戊戌启蒙和五四启蒙的后遗症。但从关于"新、旧"启蒙的区别来看,除却前后时间上的差异外,他们所作的充满现代性的"启蒙方案"(Enlightenment Project)——也就是哈贝马斯所说的"现代方案"(Project of modernity)——可以说无论是内容、目标、路径都如出一辙。"戊戌—五四—新启蒙",这个思想链条构成了具有源流关系、一脉相承的思想谱系。

撇开20世纪40—60年代走过的坎坷和风雨,70年代末80年代初云散雾开之后所见到的彩虹则预示着新一轮启蒙时代的到来。就当时借助来自上层的"解放思想"的东风而蔓延开来的"思想解放"潮流而言,不只在精神气质上与五四启蒙暗合,就是公开发表的林林总总的言论,也是"言必称"那样一个令知识分子神往的"百家争鸣"时代。知识分子处于时代的中心。知识分子有了话语权力,也就有了用武之地。他们被一种乐观向上的情绪所感染。尽管当时有人道主义与异化问题的歧义、也有对"自由化"的批评,但他们完全沉醉于历史的自由言说中。"反传统"与启蒙朝夕相处,甘做五四"传人"的呼声一浪高过一浪。五四以来凝聚、契合而成的启蒙传统被"传人"们发挥得淋漓尽致,甚至到了白热化的程度。当时以王元化为龙头的"新启蒙"就是

---

① 艾思奇:《什么是新启蒙运动》,丁守和主编:《中国近代启蒙思潮》(下卷),社会科学文献出版社1999年版,第170—171页。

在这个时期顺应潮流,并被推到浪尖上的。① 1988年中后期,那是一个启蒙的新时代。历史逻辑的循环在这里呈现出"惊人的相似"。在《新启蒙》的创刊号上,王元化的《为五四精神一辩》、许纪霖的《知识分子独立人格》等文章力图通过对传统文化的再检讨来承继五四以来的人文精神,将"独立之人格,自由之个性"的思想情怀发扬光大。

如同我们看到的那样,知识分子的盲目乐观情怀使得他们坚定而自信。即使是对当时一种从海外涌入大陆的解构五四、反思启蒙的话语也不屑一顾,一副五四独尊、舍我其谁的架势。自尊、乐观和自信、自大一贯是一枚硬币的两个侧面。若不是80年代末的激情归途把他们从理想的彼岸拉到了现实的此岸,不知道他们要自我膨胀到何种程度。伴随着他们无边无际的浩瀚胸怀的延伸、蔓延和膨胀,他们真的走向了无法挽回的边缘。90年代迸发的人文精神讨论,以及关于建构抑或解构的"跑马占地",一方面说明他们对并不习惯的非主流地位无奈,另一方面也把知识分子不甘被边缘化的心态暴露得一览无余。也正是在这个关口,80年代后期批判五四以来激进主义、全面反传统主义的启蒙的潜流与"后学"(后现代主义)思潮"一拍即合"。一时间,无论是对五四持何种具体的思路和态度,只要是对"五四"启蒙的残缺性进行反思和批评,一不小心就会被冠之以后启蒙主义之名。以笔者《自由神话的终结——20世纪启蒙阙失探解》一书出版后在思想界的反响而论,它之所以遭到新启蒙主义者的批评,原因还在于笔者对五四以来的启蒙进行了切实的反思和

---

① 《新启蒙》杂志自1988年10月创刊,先后由湖南教育出版社出版发行了4期,分别为《时代与选择》《危机与改革》《论异化概念》《庐山会议教训》。王元化在第1期"编后"中说:"理论的生命在于勇敢和真诚,不屈服于权势,不媚时阿世。"《新启蒙》于1989年4月停刊。

批评。① 不过,笔者的本意并不在于否定启蒙,更没有什么"启蒙死了""过时了"的结论。我只是更想强调,启蒙在中国还有"另一种"路径:反思、批判抑或解构是为了更好地启蒙。也正是在这个意义上,我不但不否认启蒙的现代性,更不愿意放弃作为一位知识分子的启蒙天职。② 关于新启蒙和后启蒙的争论之来龙去脉并不是本文的目的。因为这在当前学术界已经够热闹的了。③ 在此,笔者只是想梳理一个从"知识考古"方法而来的说法:新启蒙和后启蒙"本是同根生"。

2. 新启蒙与后启蒙:"相煎何太急"

对启蒙的理解和诠释,上面我们已经有所铺垫,这里笔者更想借助于钱永祥对启蒙原则的归纳来说明新启蒙和后启蒙何以在内在质地的规定上处于同一个思想平台:"(1)启蒙肯定理性,是因为认定一己以及共同生活的安排,需要由自我引导而非外在(传统、教会、成见、社会)强加;至于理性这个概念是否适当地表述了人的自主与反思,那是另外一个问题,要看我们如何发展出一套后而形上时代的理性概念。(2)启蒙肯定个人,是因为认定个人不仅是道德选择与道德责任的终极单位,更是承受痛苦与追求幸福的最基本单位;至于这种个人是否一定沦为抽象、原子、普遍式的个人,从而忽略了社会脉络与集体身份的主张,也是另外的问题,要看我们关于个人之构成的理论是否层次丰富。(3)启蒙肯定平等,是因为认定每个人自主性的选择,所得到的

---

① 与笔者1998年在学林出版社出版的《启蒙与革命——"五四"激进派的两难》一书相比,《自由神话的终结》批评力度更大,因此受到学术界的批评也更多。

② 张光芒,张宝明:《中国启蒙:历史、现状与未来——"新启蒙"与"后启蒙"的对话》,《河南社会科学》2003年第1期。

③ 读者有兴趣可参见李世涛主编的《知识分子立场——自由主义之争与中国思想界的分化》一书中关于这方面的讨论与争鸣。该书由时代文艺出版社于2000年出版。

结果,具有一样的道德地位;至于这种道德地位的平等,涵蕴着什么样的政治、经济、社会条件的平等,又是另外一个问题,要看我们对于'待人为平等的主体'发展出了什么样的政治理论和资源分配原则。(4)最后,启蒙肯定多元,因为所谓自主的选择,预设了能够在其间选择、调整的众多选项,也涵蕴着不同的选择与修正结果;至于选择有没有限制的必要与可能、多元是否涵蕴着相对主义、怀疑主义,又是另外的问题,要看我们准备给多元主义什么样的道德限制。"①笔者之所以这样"完整"地引用了启蒙原则,除了要说明"新""后"的内在规定性,还想给在新启蒙和后启蒙之间火并得你死我活的同人们降一降温。应该说,这个启蒙原则并非信口开河,而是在认真研读基础上的浓缩。说实话,也许是本人木讷,即使是在"启蒙主义日益处于一种暧昧不明的状态,也逐渐丧失批判和诊断当代中国社会问题的能力"的话语中我仍然看不出拒绝启蒙的痕迹。② 如果说这样的判断还嫌笼统的话,那么我们可以继续追问的是:在新启蒙和后启蒙的分野中,若以"理性""个人""平等""多元"等四重原则作为价值尺度,那么究竟是新启蒙违反了启蒙原则呢还是后启蒙(姑且这样称)在造次呢?看来,启蒙原则的分歧并不如我们想像的那样简单。既不是"新"或"后"的名词官司,也不如有人总结的是"捍卫启蒙"还是"反对(放弃)启蒙"的分属。

启蒙运动"没有最后一幕:如果人类的思想要解放的话,这是一场世世代代都要重新开始的战斗"。这是阿伦·布洛克在

---

① 钱永祥:《纵欲与虚无之上——现代情境里的政治伦理》,生活·读书·新知三联书店 2002 年 10 月版,第 358—359 页。
② 汪晖:《当代中国的思想状况与现代性问题》,《天涯》1997 年第 5 期。

《西方人文主义传统》中的最终表述。① 的确,启蒙是永恒的,启蒙授予我们的批判权力也是永恒的。谁拒绝批判,谁就等于拒绝反思,谁就等于选择了对启蒙的放弃或说拒绝。在这个意义上,我们千万不要忘记了苏格拉底在"认识你自己"(的无知)之余的另一句提醒:"反省过的,才是有价值的。"当后现代学者抱着对现实社会的真诚关怀去为启蒙寻找新的话语资源,尤其是对启蒙领域的霸权进行解构时,有谁能武断地就把对传统的、被奉为正宗的启蒙自身的批判统统划归为启蒙的"终结"呢?20世纪接近尾声之际,自由主义与"新左派"的争论让双方都心绪难平。如果回眸一下启蒙先驱的百年心路,如果我们冷静思考一下中国现代性演进途中的坎坷,可能我们对启蒙目前的格局和困境就应该有一种豁然之感:现代性面临的考验应该是"特殊主义与普遍主义"的格局。② 这是一个关于普世价值和殊别价值常说常新的命题。也许,多年来大陆学术界围绕着有关启蒙思想史命题的各种争论有"只缘身在此山中"的狭隘,就打破这块思想的壁垒而言,我们就可以在"多元"原则上把后启蒙主义看作启蒙或说新启蒙的合理延伸与繁衍。诸位也千万不要误以为笔者援引特殊主义与普遍主义的二元对立就把新启蒙和后启蒙的并立给笼统化约了。同时这也并不代表我同意这样一个分析模式。事实上,笔者只是借机取巧:如果很多持解构观点的后启蒙主义者以特殊主义的民族、社群、文化等字眼来抗拒自由、民主、个性等具有普遍主义的价值,这是笔者万万不能同意的;反过来,假如新启蒙主义者动辄拿那些已经像"拉过门"一样循环了一个世纪的、美丽而带有幻想甚至神话色彩的字眼来"要

---

① 〔英〕阿伦·布洛克:《西方人文主义传统》,董乐山译,生活·读书·新知三联书店1997年版,第127页。
② 钱永祥:《纵欲与虚无之上——现代情境里的政治伦理》,生活·读书·新知三联书店2002年10月版,第362页。

挟"后启蒙主义者,也是笔者不希望的。就启蒙体系的架构方向而言,普世性和殊别性、普遍性和特殊性、时代性和民族性乃是中国启蒙理论框架不可或缺的纵横坐标。

正如我们看到的那样,新启蒙和后启蒙的分歧于外在形式上表现为各执其是的偏颇,在内容质地上则还是启蒙研究范式的歧异。五四前后的启蒙思潮以及五四以后中国演绎出的所谓"新启蒙",在很大程度上可以说是作为单纯的理想、单向度的理念乃至神话化的文化诉求而盘踞思想界的,也就是对康德启蒙定义之"敢于认识"的偏执,因此也就很容易在乐观的精神和自信的性格下造成简约化、片面化、印象化甚至笼统化。这种把启蒙内涵简单化的思考模式每每援引一些诸如启蒙系统中浮于表面,诸如自由、民主、理性、个性独立、思想解放等关键字眼或话语,从而在缺乏整体观念的历史片段断章中提取为己所需的依据,在剥离和抽象的方法论中将启蒙引向单一。这一范式忽视了启蒙的另一个思想面向:反思与不断反思的必要性,也就是上文已述的"种下偏见"的可能性局限和可怕的后果。

众所周知,根据启蒙发生学的原理,这种"种下偏见"的可能性多发在信仰危机的社会急剧转型的环境中。从而,它形成了一种弱势权威体制下的非主流思想话语。从中外历史的演绎过程来看,它往往是"革命"的先导。同时,从启蒙运动酝酿萌芽的那一天起,它就面临着分别来自两个方面的威胁:一是外部公然压制的"反启蒙";一是内部祸起萧墙式的"负启蒙"。这一明一暗的两种威胁随时都可以中断雷霆万钧的启蒙。就前一个威胁而言,它构成了新启蒙和后启蒙的共同公开对手;就后一个威胁而言,它乃是新启蒙的隐形杀手。梳理后启蒙的路径,我们不难发现其"负启蒙"意识的用心良苦。所谓"负启蒙",它关注启蒙的另一个带有焦点性质的思想面向:启蒙的神圣化有可能在乌托邦色彩不断染浓的情景中从理性走向非理性。理性流变为上帝，无知演变成全知，怀疑的科学性变脸为科学的唯一性、伪科学，这在中外历史尤其法国大革命和20世纪中国启蒙与革命的时段中已经见怪不怪了。① 启蒙的负面效应已表明，启蒙携带着现代性降生的一刹那就夹杂着残缺的、遗憾的、幽暗的、恐怖的病灶。正是在这个为启蒙和新启蒙不曾留意的空隙之间，后启蒙发现并弥补了体系内部家族成员的罅漏。后启蒙主义立意解构、反思、批判自我体系的平台构成了启蒙涵蕴的另一个思想面向，从而也使得启蒙以前所未有的姿态获得了一个完整的面相。也许，正是从这里，我们可以走向新启蒙和后启蒙并行不悖之路。

在旷日持久的新启蒙和后启蒙的对话或说论战中，怎样在一个共执的平台上形成实质性的互动乃是当务之急。就其思想内涵上，新启蒙和后启蒙并没有本质的差异。新启蒙既不需要对后启蒙大惊小怪，后启蒙也不需要对新启蒙一味提防。新启蒙更多的是从中国近现代以来启蒙历史的正面效应看待其价值和理想，而后启蒙则更多的是从自身的负面不足和缺陷"自找难堪"。前者是积极的、向上的、自信的———一种乐观心态；后者则是消极的、冷静的、审视的———一种忧患意识。如果说前者立意将自我坚守的价值推向发展、深入，而相对忽略了自身向"负启蒙"（而非"反启蒙"）方向的潜移转化，那么后者则是立意防备启蒙自身可能防不胜防的"作茧自缚"，从而转向"反启蒙"（而非"负启蒙"）之新一轮的式微。当新启蒙一再重复并有可能再度重复由道德理想化到意识形态化的老路时，截断这个去路的工具唯有携带于自身———后启蒙身上———的那把利剑。

"后启蒙"的出现为避免新启蒙建立在反启蒙的地基上的潜

---

① 张宝明：《启蒙与革命———"五四"激进派的两难》，学林出版社1998年版。

在危险找到了借鉴资源。它与新启蒙的分庭抗礼恰恰形成了一正一负、一左一右的比翼双飞之势、车之两轮之局。这个相互制衡文化启蒙资源的形成,既承诺了五四启蒙先驱陈独秀寄予厚望的"并立而竞进"的理想设计①,也实践了李大钊等一代又一代思想先驱未能履行的启蒙"诺言":"宇宙进化的机轴,全由两种精神运之以行,正如车有两轮,鸟有两翼,一个是新的,一个是旧的。但这两种精神活动的方向,必须是代谢的,不是固定的;是合体的,不是分立的,才能于进化有益。"②本来社会进步就是在无所谓新不新、旧不旧中前行的。这正如我们不能在打倒(旧)什么、建立(新)什么的模式上运用真空平台一样。社会文明的发展与演进必须是在矛盾、交织、对抗中进化。这个文明进化原则有着深厚的哲学道理。社会进步的方向是唯一的,但过程却是必须由多重不和谐谐音(至少两个以上)在"分立""对抗""竞进"的同奏法则中来完成的。过程与结果是两回事儿,但没有过程,尤其是没有符合文明进化原理的过程作地基,其结果只能是"异化",而不是"益化"。以新启蒙和后启蒙的并立、分庭、对立、"抗礼"而言,新启蒙是"旧"的,后启蒙是"新"的。但这"两个精神活动的方向"却是要在对峙凝成的"合力"中、在代谢中前行的。到了一定的火候,后启蒙之"新"可能就会"沦落"为"旧",随时"后补"(也是"候补")进来的资源会不失时机地供给启蒙运作需要的营养。正负互补、左右互动、阴阳圆融、忧乐圆融乃为启蒙走向成熟的正道。新启蒙的乐观是必需的,但不能"盲目乐观";后启蒙的悲观也是必要的,但不能"轻率悲观"。③ 否则就

---

① 《通信》,《新青年》第3卷1号,1917年3月1日。
② 李大钊:《新的!旧的!》,张宝明、王中江主编:《回眸〈新青年〉·哲学思潮卷》,河南文艺出版社1998年版,第326页。
③ 〔美〕汉娜·阿伦特:《极权主义的起源》,林骧华译,台北时报文化出版公司1995年版,第2页。

会有时刻面临中断或夭折的危险。呐喊了一个多世纪的启蒙之所以说任重道远,之所以说翅膀沉重,之所以时时中断(被压倒),其根本原因还在于两支理性翅膀总是"非此即彼"式的折断,总有偏执与偏至的残缺。

不过,这里笔者还要进一步对新启蒙和后启蒙实施"互补""圆融"的方案作必要的诠释。必须看到,一正一负、一左一右两种启蒙资源的共享绝对不是让两者中的任何一方失去本真、消泯个性,从而沦落为依附对方或说被对方异化的"赝品"。在通常意义上,资源"共享"是说多种资源中的任何一维都不失为一种富有独立个性、自成一体的话语系统,才可以"互享其成"的。在真正拥有"理性"、体现"多元"、履行"平等"、善待"个人"的开放启蒙系统中,讲求"调和""宽容""中庸"之道则是学术民主与思想自由的基本前提。以时过境迁但却将永远构成中国20世纪学术史公案的新左派与自由主义以"长江读书奖"为由头进行的那场持久的意气用事的"指桑骂槐"而言①,我们有必要对诸如新启蒙和后启蒙以及诸如什么什么的论争予以必要的设防。

就"互补"而言,我们说的是"各自为政""舍我其谁"式的互补,不是将两种资源搅和在一起;就"圆融"来说,并不是收拢、融化、消解甚至吃掉对方,而是给予对方以必要的尊重和宽容,最终实现在"协力"的作用下前行。具体说来,就是以"调和"思想为关键词的思想设定。这里,笔者颇为看好李大钊那深受英国传统影响的绅士笔墨。首先,"调和"是一种言论自由的境界,它

---

① 汪晖先生以《读书》执行主编的名义,以此次评奖学术委员会召集人之一的身份,以《汪晖自选集》一书获得香港李嘉诚基金会资助、《读书》杂志承办的首届长江读书奖之著作奖,成为前一阶段学者们议论纷纷的话题之一。参与者之多、关注者之多也是空前的。为此,有心的"中华读书网"还将这次论争中有代表性的文章结集出版。参见《学术权力与民主:"长江〈读书〉奖"论争备忘》,鹭江出版社2000年版。

不是以"第三者""第三种人"或是折中的"第三条道路"的面目出现,最终"杂交"成"非驴非马"的样子。其法则是"自他两存""并立竞进";其目的也不是媚人自毁、"牺牲自我",而是"肇于两让""保于两存"。这完全是一种以"宽容"为特质的思想理路。其次,"调和"不以中西、新旧、老少取人取事,近代学者黄远生说:"新旧异同,其要不在枪炮工艺以及政法制度等等,若是者犹滴滴之水,青青之叶,非其本源。本源何在?在其思想。"抛开形式、区域、年龄等一切漂浮的外在表象,撇开取一去一的非此即彼思路,这即是"调和"一贯的"相倚相峙、相攻相搏"的卓然之处。再次,"调和"的诉求不在"情感",而在"思想"。人与人之间的感情冲突可以通过第三者出面调停,但个人与个人之间的思想冲突不是情面上的事情,不可有他者的插足(伪调和),必须有"自为"的宽容和"涵纳"(真调和)。①

最后,需要强调的是,笔者言"调和",与当下学术界动辄的理论设计"超越"不同。"超越"简直成了一种癖好,譬如一遇到不能走通的路径时就要超越,诸如超越改良与革命、超越保守与激进、超越问题与主义等等。我所说的超越不是自我超然于两者之外,而是以必居其一的角色置身其间。笔者不但不以第三种人的"局外"身份自居,而且需要站在自我言说的立场上给予对方以必要的宽容和理解。以后启蒙的角色而言,笔者不但不会故意冲淡自身的立场而变得不伦不类,而且还会不断修订和完善自己的话语系统。我可以和对方进行激烈的唇枪舌剑,但我却拼命捍卫他们说话的权利。否则,我们所谓的启蒙——无论是新启蒙还是后启蒙,都会与启蒙的要求南辕北辙,走向反启蒙的深渊。及此,不能不重提那位诺贝尔文学奖得主那句关于启蒙的对话:启蒙就是"思考已经思考过的东西,直到只有怀疑

---

① 李大钊:《调和之法则》,《言治》季刊(第3册),1918年7月1日。

还是确信无疑的"。①

根据我个人的观察,一个多世纪以来的启蒙从来没有像今天这样"成熟"过,也从来没有像现在这样复杂过,如果轻易放弃新启蒙和后启蒙互补性的整合"提案",必定会为眼界所限。这就如同我们不能以康德为理由拒绝哈贝马斯,也不能以哈贝马斯为根据否定康德一样,至少目前笔者还看不出有什么其他选择。

---

① 〔德〕君特·格拉斯、〔德〕哈罗·齐默尔曼,《启蒙的冒险:与诺贝尔文学奖得主君特·格拉斯对话》,周惠译,浙江人民出版社2001年版,第278页。

第六章　文学、道德与启蒙（下）

　　学术界一度围绕道德形而上与形而下主义展开了激烈的争鸣，参与讨论者之多、之广应该说呈现出一个不断蔓延的趋势。其中讨论者包括文学、史学、哲学等人文学科。应该说，道德形而上与形而下（主义）问题是学术史上的一个元命题，也是思想界、文学界历来关心的问题。这个问题的重要性充分表现在：它于每一个时代都有其独特的话语，而且与我们时代的精神状况息息相关。对这个学术命题的关心，其实早在 2002 年 7 月张宝明《自由神话的终结——20 世纪启蒙阙失探解》与张光芒《启蒙论》出版后就开始初露端倪了。这两本专著考察的对象虽然都是中国百年来的启蒙运动，但是由于方法论的不同，使得它们得出的结论也是截然相反的。为此 2003 年张宝明和张光芒两位先生专就中国启蒙的历史、现状与未来做了一次对话。由于那时的对话只关涉启蒙方法论问题，因此参与者不多。目前，随着问题的深入，学术界的争鸣气氛愈来愈浓，关心和参与者也日趋增多，《启蒙，启蒙，启蒙：启蒙的恐怖——我为什么不是一个道德形而上主义者》一文便应运而生。

一、道德形而上的终结:对一个启蒙与反启蒙命题的破解

首先,我得承认,这篇文章的写作冲动来自对张光芒先生那篇《道德形而上主义与百年中国新文学》的欣赏和阅读。① 但恕吾直言,其中作者关于百年来的启蒙与反启蒙的概论不能令人满意:建构于"道德形而上"与"道德形而下"比较基础上的"启蒙"与"反启蒙"结论已经不是一个单单文学"审美精神"命题,尤其是"恰恰是'反启蒙'文学起到了'启蒙'作用,且启蒙效果要大得多,而功利性极强的启蒙文学反而尴尬地陷于启蒙功能的无效缺失状态"的描述有点让人心惊胆战。尽管,在长文结尾处作者"为避免不必要的误解,不妨画蛇添足两句——我不是封建道德形而上主义者,我只是纯粹的道德形而上主义者。我不是红色道德形而上主义者,我只是建构道德形而上主义的追求者。"但我以为其论证过程已经将我们的"启蒙"命题给彻底模糊并搅浑了。

1. 启蒙:怎一个"道德"了得?

在关于"道德形而上与形而下之辨"的板块里,光芒先生开篇便显示出康德道德哲学思想的影响以及作者的推崇。借助"灿烂星光在我上空,道德律令在我心中"的名言,作者发挥道:"人需要一种道德形而上精神就像肉体需要阳光和钙一样。这种精神诉求意味着:个人终其一生恪守某种源于情感意志与价值理性的道德律令,甚至为之献身都是无条件的,其追求是永恒的,是比保持肉体生命更高一层的精神欲望,是更为本质的人之为人的灵魂的归宿。它的最大价值在于能够赋予人生以终极意

---

① 张光芒:《道德形而上主义与百年中国新文学》,《当代作家评论》2002 年第 3 期。

义。"为了加强自己的论证,作者举出了大名鼎鼎的江姐作为例证,而且认为:江姐宁愿牺牲也不屈服,对她来说,这一行为更为本质的动力并非"解放全中国""解放全人类"之美好愿望本身,而在于这种崇高的理想已内化为她一切幸福感、荣誉感、自尊自爱的源泉,随着血液循环而在体内流淌、沸腾、提纯、凝结为个体性的主动追求。从某种意义上说,为此而献身便是其"个人主义"的自我实现,是她自我价值的最高意义的确认。光芒先生从主体论的视角来肯定审美道德形而上主义并进一步批评"五四"说:"我认为缘于五四新旧道德之争在逻辑上犯了一个严重的失误,那就是以道德实用主义(新)来反对道德形而上主义(旧),而前者作为道德形而下的层面来冲击后者时,不但缺乏颠覆性力量,也是不得要领的。"

这里,笔者颇为困惑:难道"五四"需要首先准备好一套完整、正确、光明、伟大的道德形而上主义才可以"安营扎寨"吗?以旧的道德形而上主义而言,它那一套已经沦为僵化、固执的深层心理积淀的结构难道一开始就是"上"而非"下"的吗?所谓人生的"终极意义"难道只体现在道德的"自律"(而不是外化)上吗?

如果不这样发难,那么我们又如何面对历史与现实交织而成的社会命题?张光芒先生把道德的命题列在了现代性的首位,从而"孤注一掷",将道德说成了集大成的文学性情。他在对"道德革命"似乎成为五四启蒙文学思潮最深层的动因和根本追求做出判断后,毅然认为五四的道德革命不得要领。这个不得要领的结论来自道德形而下的诉求或说涤荡战胜不了道德形而上的超稳定建构。撇开光芒先生的判断准确与否,我以为这里不但不能以成败论英雄,更不能拿两类毫不相干的东西作比较,否则就会得出荒唐的结论。以本论为例,启蒙和反启蒙是不可拧在一起强加比较的。毕竟,"五四"以及光芒先生所说的百年中的80年代都是思想解放、个性自由的"春天",而它们所共同面对的却都是没有解冻的严寒"冬天"。"春天"的使命是化解"冬天"。将春天和冬天捏在一起问哪一个温暖,不是无疑而问就是不着边际。事实上,这不是一个真问题。旧的道德形而上主义是一种严加封闭、桎梏心灵、缧绁思想的"蛊惑",与开放心灵、解放个性、自由思想的"启蒙"针锋相对。

将"蛊惑"人心的手段说成极大程度地发挥了启蒙作用,将"启蒙"作用的微薄说成是不自量力的"盲区"。这是笔者无论如何也不能接受的。我们能因为茨威格《异端的权利——卡斯特利奥对抗加尔文》中"苍蝇战大象"的行为而否定其精神吗?[①]一部人类文明发展史就是一部正义与邪恶斗争并不断战胜邪恶的历史。人类科学、理性、民主、自由的进步和换得是用沉重的代价作为砝码的。我们能够因此否定"明知山有虎,偏向虎上行"的知难而进精神吗?任何一种新型道德或价值观念在对抗旧有的道德和价值观念之初总是以萌芽、稚嫩、脆弱的形式出现。而且它在强大的心理(形而上)定势包围下随时随地都有夭折的可能。当作者对五四以及80年代的"道德实用主义"大加鞭挞之时(道德不用来自律又用来干什么?),为什么不去追问传统或说旧有的道德形而上主义究竟在与权威政治结合后干了哪些实用而卑鄙的勾当?对着正义的守成者,我们难道是站在旁边说三道四:"打不过就不要硬打""鸡蛋碰石头""好汉不吃眼前亏"。这类市侩的作风除却让社会和人格都变得庸俗,又能为社会文明的进步带来什么呢?要知道,社会每一次进步无不是弱小(正义)对强大(非正义)的胜利。尽管如此,这个进步的过程有时非常缓慢。它是渐进、点滴、逐步的改良。"冰冻三尺非一

[①] 〔奥〕斯蒂芬·茨威格:《异端的权利》,赵台安、赵振尧译,生活·读书·新知三联书店1986年版,第1页。

日之寒"。在这个意义上,"道德形而上主义(旧)"的形成和固化则是几千年架构的结果。因此,"五四"启蒙先驱即使有万丈豪情、亿度高温也不能在一朝一夕中营造出"春天"。毕竟,形成与之对垒的"内化"结构不会一蹴而就。从这一视角透视"五四"与80年代思想解放的启蒙运动,不是更有力地证明了启蒙的意义重大以及中国启蒙的必要性吗?我不是不理解光芒先生那愤世嫉俗的性情、那知识分子使命感的沉重,但冷静地想一想:当祥林嫂们死死不愿意改变"自我"的命运,而子君们要求改变自己的命运而不得,害得环小姐(茅盾《自杀》)在经历了追求个性解放不成而用死来"宣布那一些骗人的解放自由光明的罪恶"时,毋宁说"五四"时期的知识分子,就是现在的"我们"又能援来立竿见影的"道德形而上"武器予以彻底解决吗?在此,请原谅我的迟钝,我真不知道"一头撞在香案角上"的"幸福感、荣誉感、自尊自爱"感之解读会给现代社会带来怎样的有益启迪?历史恰恰证明,"五四"启蒙以及 80 年代对五四的继续可谓"路漫漫其修远兮",持续解构那些"随着血液循环而在体内流淌、沸腾、提纯、凝结为个体性的主动追求"的形而上源泉乃是目下启蒙学者最为"形而下"的担待。

也许,光芒先生已经说过"我不是什么而是什么"之类的话,但其论述过程,尤其是对"独特的精神价值"的认同、对"道德革命"的盲点的批评以及以下对激进主义与保守主义的价值判断,都在言说着启蒙低潮的"发人深思的价值",而又在展示着启蒙高潮的"纸上谈兵"和"昙花一现"。推而言之,正如上面我已涉及的:抛开"是否缺乏自由民主、个性解放精神之类的问题","仅仅有一个堪以献身的目标和精神"的道德诉求标准,难道就可以称为至高无上、唯一不二的启蒙法门?

事实上,光芒先生的文章已经告诉了我们,下文的"激进主义与保守主义之辨"不但没有"抛开""道德革命",反而紧紧将其与诸如"自由民主、个性解放"等敏感的政治命题联袂出笼了。

2. 启蒙:道德又岂可脱离干系?

就在光芒先生让"道德包办"之后,文章的第二部分很快又包办起道德来。当道德诉求成为不二法门后,作者便摇身一变,从"道德包办"走向了"包办道德"。从下面这段话我们可以清楚地找到作者的逶迤曲折:"保守主义者的深层文化逻辑……实际上,他们也确实并不从根本上反对民主、共和、个性解放,只不过反对道德沦丧的'个性解放';他们更不反对以新的道德主义取代传统道德主义,只不过反对解构道德形而上的新的道德实用主义。他们清醒地意识到,新的道德体系、新的道德形而上岂是靠一朝一夕能够建立起来的,何况激进主义者所借以取代传统的西方价值观念、道德准则不但在西方业已没落,到中国来更难见其本色。"作者将道德的中心地位予以抹去,不自觉地让道德走向了边缘。这里我仍然疑问重重:文化保守主义的价值体系能从"道德"之外寻找吗? 保守主义难道真的如先生所说——比激进主义的价值取向更高明? 是不是可以这样理解——保守主义和激进主义在文化与政治、伦理道德与政治模式、信仰与程序上都是不划边界的呢?

与上文不同的是,光芒先生已经将"新的道德体系、新的道德形而上"不是一朝一夕所能建立的认识提到重要日程上。但他的这个"认识"显然是建立在自我立论的需要上。事实上,这是在为保守主义辩护,是在数落激进主义的"不是"。言下之意,激进主义远不如保守主义高明,放着道德形而上的稳定结构不用,偏偏去"费尽九牛二虎之力"寻找"靠不住"的道德准则、价值观念,岂不是舍本逐末、不得要领? 要是这样立论,就没有什么好讨论的了:因为思想文化先驱都会一个主义、一个调子地"一边倒",哪还会有保守/激进、改良/革命、民主/专制之分呢? 问题的关键其实还不在这里:在对新道德的悖论发难的时候,难道旧道德就给了灿烂的个人空间和光明的自由大道？

作者用鲁迅先生所说的娜拉结局——"不是堕落，就是回来"来诘难："典型地透露出新道德革命的内在悖谬。"他幽默风趣地说在这个问题上还应该有第三条道路：除却涓生"不是还有张生、李生吗"？如果说这两条道路并不如意，那第三条、第四条道路以及第N条道路也正是新道德主义者所要继续寻求的。要知道，在旧的道德形而上主义的囹圄里，不允许出走是第一位的，你连"堕落""回来"的权利和机会都无从谈起。固有的道德形而上情结（"父母之命""从一而终"）会把你"一"之外的道路断送得干干净净！而鲁迅先生所总结的娜拉现象也正反映了一位启蒙主义者为寻找个性自由、婚姻自主的执着和理性。

我还注意到，光芒先生一再批评"新道德庸俗主义化"。在他看来凡是非形而上的、实用的道德诉求就是庸俗、低级、逊色的体系。按照这个逻辑，那种被蛊惑的人心、被愚昧封闭的智慧、被专制抹杀的个性都可以是高尚、伟大、光荣、闪光的理路。但是，若是按照这样的逻辑推理，"形而上"的启蒙主义心态很可能变成一种放置四海的"迷魂药"。它会容易走向"蛊惑"，可以轻易背离启蒙的宗旨。旧有的道德形而上已经使无数青年男女成为婚姻悲剧"木乃伊"。法轮功可以制造出无数的为自己的"师傅"牺牲的祭品。希特勒难道不也已经让我们眼见了数以万计的炮灰么？光芒先生的用意是清楚的：在批判新道德架构者的启蒙路径时，尽量想让旧道德脱离干系，降低其"不道德"因子。不然，有关费希特、黑格尔、康德的那些"形而上"经典性引证等于白搭了。在光芒先生看来，旧的道德形而上不但不是个性自由的障碍，反而是"共和"、民主的价值辅佐支架。由此演绎下去，那"'新左派'的某种红色情结也不是没有价值的"的结论也就顺理成章了。

然而，正如我们所看到的那样，光芒先生在这个论证框架下很难自圆其说。他所着意批评的"新道德实用主义在思维方式上的典型特点是将道德与知识、信仰与功效、灵魂与人生不加分离,不划'边界'",其实正点中了旧道德形而上主义的要害。陈独秀在"五四"时期就一针见血地道出了历史真相:"伦理思想,影响于政治,各国皆然,吾华尤甚。儒者三纲之说,为吾伦理政治之大原,其贯同条,莫可偏废。三纲之根本义,阶级制度是也。所谓名教,所谓孔教,皆以拥护此别尊卑、明贵贱制度者也。近世代西洋之道德政治,乃以自由、平等、独立之说为大原,与阶级制度极端相反,此东西文明之一大分水岭也。"①应该说,这才是我们立论的共同基础。从有意突出道德的"独特精神审美价值"到彰显道德形而上的非"实用性"(与新道德的实用性相对),光芒先生走的是一条"剥离"的学术路径,不,准确地说是"硬性剥离"。将个性解放的启蒙意义与文化审美进行硬性剥离的同时,这会将你我本来稍有清晰的启蒙、反启蒙边界愈加模糊、混淆起来。就像模糊数学,模糊的目的是为了明确,但有时候完全可以反过来,明了的剥离却会使得文学创作和理论更为混淆。即是说,这样做不但不好远离意识形态,反而更加意识形态化。对作家以及后来的研究者来说,结果很可能是莫衷一是。以光芒先生文中的那位"用宗教发起信心,用国粹激动种性"的章太炎为例,他在文化道德上是一个十足的、彻底的保守主义者,而在政治上又是一个九死一生、永不改悔的激进主义者。如此说来,如果将其文化道德主义和政治功利主义硬性剥离,那么我们在中国近代思想史上是根本找不到章太炎这个人的!

3. 吊诡:在启蒙与反启蒙之间

就学术研究的一般情形而言,一旦基调或说"预设"确定,那

---

① 陈独秀:《吾人最后之觉悟》,《青年杂志》第1卷6号,1916年2月15日。

它由此展开的论证就是不可回头的。对"立论者"来说,"回头是岸"的警告也无济于事。在光芒先生那里,这终于应验了:我解读他着意关心的启蒙与反启蒙问题上,似乎感觉到了他"刹不住车"的潜在危险。光芒先生在回到文学启蒙的本题时如是说:

> 反启蒙文学思潮不仅不是对启蒙文学的反动,在某种程度上它恰恰是后者自身发展的结果。1940—1970年代的主流文学既然被视为"反启蒙"思潮,那么就应该有一个正题,也就是"正启蒙",后者的追求被前者反其道而行之。而实际上这个严格的"正题"是不存在的,所以"反题"一说亦是虚无缥缈的。①

这一切,仍源于他对道德形而上主义的充分认可。令笔者十分困惑的是:如果没有这个正题和反题,那么我们的讨论是虚无缥缈还是真实存在呢?(这涉及一个光芒先生命题的真伪问题)如果是伪问题,那么为什么要拉出来?如果不是,为什么会有启蒙与反启蒙视角下的连篇累牍?问题也远远不是那么简单:既然开头作者已经承认启蒙与反启蒙的历史,而且也将"五四"、80年代的启蒙与"20年代末以后""十七年文学"作了"相对"处理,那么何以又有后者是前者"自身发展的结果"的结论呢?换句话说,如果反启蒙是启蒙逻辑的必然,为何不可以将"五四"与80年代的启蒙理解为:在实用道德主义表象的背后就有潜在的"形而上主义"的因子呢?反启蒙是五四以来启蒙逻辑的必然发展,而五四启蒙是道德实用主义的和形而下的,那么"十七年"至"文革"文学自然也应该是形而下的。可文章的中心观点却在于认定"十七年"至"文革"文学是道德形而上主义的。这样不是自相矛盾吗?反过来推论,如果认定"十七年"至"文

---

① 张光芒:《道德形而上主义与百年中国新文学》,《当代作家评论》2002年第3期。

革"文学是道德形而上主义的,那么五四启蒙岂不也潜在着道德形而上的因子?

老实说,我一直这么认为:"五四"的道德理想王国的"招牌"潜存着很大的"形而上"因子。这一点不幸在光芒先生关于新/旧道德、"形而上"/"形而下"的比较中消失殆尽。这也是我提笔与作者讨论的主要原因。不料到了中间,忽然又半路杀出个意想不到的"刀客"。前者与后者、启蒙与反启蒙竟然存在必然的逻辑关系。这是我希望的,也是我不希望的。这不但否定了正题和反题的对立以及论证的必要性,而且将道德形而上和道德实用主义的高下(这是光芒先生的基本判断)也给模糊了。历史已经表明,五四以后的现实为其"形而上"潜在因子提供了足够的证据。道德王国理想的覆灭也证明了新启蒙和后启蒙主义者的敏锐和智慧。我不是不同意这个"前因后果"的判断,而是借此说明将前后"形而上"和"形而下"作出"相形见绌"的判断隐含着深刻的矛盾和困惑。

也许,光芒先生会这样解释:我说的从启蒙自然过渡到反启蒙指的是一个逐渐嬗变和异化的过程。开始时,由于五四启蒙在实践的层面上带有实用主义的功利性,渐渐地功利性越来越强。等到道德实用主义与形而下已完成了自己的历史使命,此时便摇身一变,变成目的,于是实用主义为乌托邦所取代,形而下为形而上所取代,就像手段变成目的一样。所以说,"十七年"文学的道德形而上主义并不是因为五四启蒙潜藏着形而上的因子,而是因为后者的形而下实践发展的结果。即使是这样充满理性逻辑的解释仍然不能令人满意。这里有两个问题值得注意:一是,面对渐变并且一定会变成道德形而上(目的)的实用道德(工具),我们是一开始就把它扼杀在摇篮中呢,还是"拔苗助长",任其疯长呢?要知道,一旦扼杀,启蒙就会大伤元气;一旦放纵,它随时有可能与新权威主义联袂演绎成一种新型的意识形态。在光芒先生那里，说不定会在"信其有还是信其无"中继续两难下去。光芒先生一方面鄙视"手段"、看重目的，另一方面又对手段演绎成目的忧心忡忡。按照他的推理，乌托邦取代实用主义是一件值得赞许的事情，可他对五四形而下的实践结果却牢骚满腹。这样，莫非让两者都不死不活才好！二是值得提醒光芒先生注意的乃是，除却手段会"上升"为目的一条道路之外，还有一条道路：那就是可以逆向而动，"目的"同样可以"沦为"手段。我们看到，在古今中外的人类的历史上都不乏可以互动、互换、"变脸"的例证。所谓旧权威主义、新权威主义，所谓"你方唱罢我登场"，"形而上"与政治功利结合不但在儒教和皇权那里如胶似漆，就是在近现代的社会中我们也充分领教了。至于光芒先生的论述——"实际上，由于五四启蒙主义对新道德自觉不自觉地采取了实用主义的理解和应用，个性解放与阶级解放、个人主义与民族主义之间那种词源学上的对立意义已被打乱，被重新整合为一种混沌的价值结构。在现代作家这里，前者与后者往往彼此阐释、互为证明、循环引征，在某种程度上个性解放与集体解放、个人主义与民族主义趋于统一"，这乃是我立论的最好论据。

值得庆幸的是，光芒先生并不是没有意识到对道德形而上一味推崇造成的后果，所以他才说："道德形而上只有在被政治实用主义利用的情况之下才是'不道德'的，正所谓'启蒙，启蒙，多少罪恶假汝之名'；但在与政治保持相对独立的前提下，它则是必不可少的。"但似乎作者并没有给出一个怎样"保持相对独立"的思想谱系和明确答案。相反，我们在文章中解读到的话语时时散发着"道德形而上"必须和政治实用主义结合才有用武之地的气息。事实上也是如此，"道德形而上"和政治实用主义结合是"当事人"两厢情愿的事情，从古到今，"道德形而上"的持有者周游列国不就是为了让其"沾亲带故"吗？而"政治实用主义"

者招贤纳士也不就是为了"愿者上钩"吗? 看来,结合是必然——只要有就会诱人,就会有人想方设法去"撮合"。问题的关键是如何让它们两者"并立而竞进""井水不犯河水"。①

4. 启蒙:文学生命的底线

光芒先生对启蒙的"正题"作了一番考察后,毅然得出了这样一个结论:"1949—1976年文学的伦理审美遗产也被新时期的作家们十分情感化地断然拒绝。结果,从'废墟'上重新站立起来的文学再度染上道德实用主义的软骨症。"这还是其"剥离"的结果,但这个颇有新意的"剥离"结果却带来了致命的问题。难道我们能永远活在"样板戏"的审美"情趣"中? 如果说审美情趣和精神带有强烈的个人化感悟成分,那么当我们带着历史和民族的创伤去"欣赏""样板戏"时,审美情趣能和非理性的疯狂相"剥离"吗? 在专制横行、草菅人命、人人自危的乱世,还有什么心情去欣赏那独特的审美精神呢? 如果不能,在理性的"实用主义的软骨症"和具有"灵魂支撑的超越性的意象"之间,哪一个更可靠呢?

不错,我得承认,光芒先生指出了一个非常值得注意的历史现象:"70年代末80年代初的新时期文学思潮与自上而下的思想解放运动取同一步调,没有从政治上的防'左'反'左'、拨乱反正中独立出来,就像当年五四先驱将古典文学一律斥为'死文学'一样。"当然这个"过于'脚踏实地'"是有着与"五四"相似的思维逻辑的。但必须看到:"五四"是"自下而上"的思想解放运动,而80年代则是"自上而下"的启蒙运动。"五四"无依无靠,只有思想界、文化界的舆论,而80年代的舆论气候则是上下连成了一气。我进一步指出这个区别的目的在于:前者更容易走向道德形而上主义,后者则会在一步又一步的"解构"中走向"现

―――――――――――
① 陈独秀:《答俞颂华》,《新青年》第3卷1号,1917年3月1日。

代"。如果"五四"的实用主义是对传统的"解构",那么时至80年代的思想启蒙就是对"五四"的延伸与深入。在某种意义上说,它也是对"五四"以来"日臻成熟"、逐渐增长的意识形态的("形而上")解构。解构是一元中心主义的解构,是对重新"整合"后的"主义"的解构,是对钳制人心意识的松绑和解放。从"形而上"走向"形而下",这还是从一元到多元的,从一个中心到注重"边缘"的启蒙。这就是道德实用主义"软骨症"的意义。

与光芒先生不同,我欣赏并奉行"形而下"的所作所为,而不欣赏故意"牢化"的"形而上"诉求。我可以认同"形而下"与"形而上"之间"水到渠成"的自然转换或说互换,但却难以忍受故作姿态的"高调""染色"的精神撒娇。要知道,在看似"纯洁""高尚""伟大"的动机背后掩藏着很深的非理性"意志""冲动""莽撞"甚至是"愚昧"。在他们对"形而下"做出"实用""庸俗""琐碎""渺小"判断的同时,他们也在暴露着自我"道德说教"的本质(这种本性是不可避免的)。他们作为启蒙的反面出现,本身就是亟待被"启蒙"的对象。正是基于这个原因,我断然否认光芒先生的判断:"从这个意义上说,红色道德主义应属于新古典主义范畴,称其为'反启蒙'主义思潮在这一层面上是合理的。"更不敢苟同他石破天惊的推论:"这样,'反启蒙'文学思潮的优长是建构起了道德形而上主义。"

光芒先生一定会说:我已经指出了"其非理性主义的恶性循环机制也是极大的缺陷"。有时候,问题的本质并不在于有没有指出和得出辩证的结论。在我,思维方式和逻辑过程比什么都重要。试想:当一种意识形态已经成为不自觉、无意识的手段被运用时,难道我们不是更加深刻地认识到"启蒙"的艰巨与使命的沉重吗?在作者立论的最后一个部分,"道德主义的理性与非理性之辨"之所以显得那样苍白无力,其根本原因还在于在"非理性的理性化"与"理性的非理性化"的辩证中模糊了"神性"与

"人性"("此岸"与"彼岸")的界限。你可以为"'纯洁的意义'与'拒绝宽容'的精神有一千个不合时宜之处"辩护",但无论如何你不能断然拒绝"诗意的栖居"。不必举更多的例子,试问:有谁会对舒婷诗中"与其在悬崖上展览千年,不如在爱人肩头痛哭一晚"之"脚踏实地"的人文关怀"外化"排斥呢?①"在爱人肩头痛哭"是一种被呵护、被安慰的人文关怀,是现实的心灵需要,是符合人性的"因地制宜"。如果文学失去了这个,而大谈特谈"灵魂支撑的超越性的"之类"死不见尸、活不见人"的"意象",那要不被人称为"活见鬼"才怪呢? 如此这般,文学启蒙的方向不走歪才怪呢?

我们人文学者爱谈"人文精神",我以为人文精神应该是具体的、看得见的、摸得着的、活生生的,而不是抽象的、意象的、观念的、僵死的、教条的。不然的话,这个本来文学就失落的时代还会继续失落下去。现在,读者不愿意再欣赏"小说"的原因不与我们近年来"新世纪中国文学的方向"的导向无关吗? 毕竟,今天的读者已经不是那捧着"红色"着迷、抱着"英雄"痛哭的时代了。

最后我要说的是,我的这篇文章比起光芒先生的"文本",有些"形而下"的味道。光芒先生引用歌德的话说——"理论是灰色的,生命之树常青。"也许,我的文章可以反过来理解:"不一定常青,因为它不够灰色。"但不管怎么样,在我祈求光芒先生对我的措词、判断多有不当予以批评性"回应"的同时,也祈祷新世纪的中国文学一路走好!

---

① 舒婷:《神女峰》,《舒婷的诗》,人民文学出版社1994年版,第219页。

二、文学、道德与良知:知识分子的角色、权力及使命

我与张光芒争论的发生已经将近一年了。而由此引发的一系列后续争论以及在学术界的影响是我本人始料未及的。回忆当初我写这篇文章的动机,可以说完全是一个偶然。这个偶然如同张光芒曾经在一篇文章中概括的,他的观点可能会引起"一些人的生气"。我,就是这个生气者中较为典型的一个。如果说当初有些激情或说冲动的话,我必须承认,这个冲动并非是有别的目的,因为这个命题真正触动了我的神经。对于一个由现当代文学研究转向思想史研究的学者来说,我套用鲁迅先生的一句话:"我冲动得有理。"今天在这里,笔者毫不谦虚地说,我的思想史研究是在追问当下学术与现实相互衔接的"问题",意在"为什么",而非为了外在的什么。就这一点而言,我不是什么作家自我谦虚过头的"码字工"。的确,在我所目击的周边世界,"码字工"的确不少,但我以为那种缺乏道义担当和角色意识的"工人"是缺乏起码的职业道德的。由此,我觉得这个命题还有延伸的必要,尤其是在我读了后续的一些回应文章后。

1. 道德的时代性:何谓成熟的道德观念

就在我的文章发表在《河北学刊》2003年第3期的同时,张光芒也有一篇应邀的《道德实用主义的陷阱》紧随。① 在这篇文章里作者针对我在那篇文章里对道德形而上主义的解构尤其是对启蒙与反启蒙命题的"破解"②,展开了激烈的反质疑。而且,

---

① 张光芒:《道德实用主义的陷阱——对张宝明的质疑与反质疑》,《河北学刊》2003年第3期。
② 张宝明:《从"五四"到"文革":道德形而上主义的终结》,《河北学刊》2003年第3期。

作者把我和陈晓明那篇对"道德可以拯救文学"的质疑绑架在一起①，开始了全面的扫描。暂撇开我和陈晓明的分歧，先让笔者针对张光芒批评我的意见作一个回应。我和张光芒的分歧根本在什么地方？这是问题症结所在。笔者以为，我们的分歧并不在文学需要不需要道德，而是如何摆正道德的位置！关键在于，张光芒既有对笔者的理解也有对笔者的误读。在他对我"浓厚人文主义精神以及对知识分子立场的守护"表示双手赞成的时候，他还有这样的概括："文学上的道德探讨在今天之所以显得有些不合时宜，除了源于对道德中心主义传统的反感之外，更重要的一个原因则在于有些学者对道德主义、道德传统存有先天的偏见，无意于去追求道德本身的文化结构与理性价值。"

应该看到，就学术研究而言，只有不合时宜的思想，没有不合时宜的命题。就道德形而上主义的精神诉求本身而言，我没有阻止你发言的权力，而且还会捍卫对方发言的权力。回到本题，对方的论述从一个侧面告诉我们：道德是具有时代性的文化结构或说价值体系。既然道德有新旧，有"新的道德形而上建构"，那么我们就绝对没有权力阻止道德精神诉求的发生，更不能对文学与道德的关系视而不见。说到这个问题，我们不能不回到一个传统命题的轨道上来：那就是"道"与"势"的问题。在中国几千年的历史传统中，"道"与"势"的暧昧关系是众所周知的。对士人来说，他们一方面要守护自己的精神岗位，把"道"高举于自己的头顶，另一方面又要与不可抵挡的"势"周旋。"道"的天道、道义色彩使得每一个知识分子找到了永恒的真理和良知，因此他们在守道上有一种九死未悔的担当精神。但是他们对体制的依附从来就是半推半就的。因此尽管中国文明发展史

---

① 陈晓明：《道德可以拯救文学吗？——对当前一种流行观点的质疑》，《长城》2002 年第 4 期。

上不乏以"道"抗"势"的特立独行之人,但多数最终都是在"道"与"势"的夹缝中生活。当历史的车轮行驶到"五四"的山前,"道"路出现了,也许这就是新一代知识分子"车到山前必有路"的无奈选择。面对历史,我们对"五四"新文化运动所引发的现代性的讨论已经不少。但究其实质,其现代性究竟在什么地方?积极的资源和消极的资源有没有梳理清楚?在笔者看来,到现在这还是一个悬案。与现在手头上这个话题有关联的内容就是:五四新文化运动关于道德的时代性的论证以及新道德主义的推演。在五四时期,陈独秀和李大钊是具有典型意义的"特立独行""力抗群言""铁肩担道义"的思想先驱。经过辛亥革命、二次革命等不断革命后,中国几千年的政统或说"势"崩溃后,"道统"也随之分崩离析。起码当时的知识分子已经无道可依、无政可恃。于是士人摇身一变,成为新型士人——具有现代意识的知识分子。名词变了、概念换了,但具有学统传统的身份并没有变,因此在失去道统与政统这两个曾经为士人进退自如、游刃有余的最后依据后,知识分子以打倒旧文化、提倡新文化,打倒旧道德、提倡新道德换取了世人的尊重。陈独秀、李大钊、蔡元培这个时期对道德的时代性都有较为精当的论述。传统中国文化不是把具有是非意义的真理作为神圣尺度,而是将具有善恶、好坏意义的道德奉为最高的砝码。这也是陈独秀将伦理的觉悟断言为"为吾人最后觉悟之最后觉悟"的根本原因。① 他这样论说道德时代性:"自古圣哲之立说,宗教属出世法,其根本教义,不易随世间差别相而变迁,故其支配人心也较久。其他世法诸宗,则不得不以社会组织、生活状态之变迁为兴废。一种学说,可产生一种社会;一种社会,亦产生一种学说。影响复杂,随时变迁。

---

① 陈独秀:《吾人最后之觉悟》,《青年杂志》第1卷6号,1916年2月15日。

其变迁愈复杂而期间愈速者,其进化之程度乃愈高。其欲独尊一说,以为空间上人人必由之道,时间上万代不易之宗,此于理论上决为必不可能之妄望,而事实上惟于较长期间不进化之社会见之耳。若夫文明进化之社会,其学说之兴废,恒时时视其社会之生活状态为变迁。故欧美今日之人心,不但不为其古代圣人亚里斯多德所拘囚,且并不为其近代圣人康德所支配。以其生活状态有异于前也。"①李大钊在《孔子与宪法》中不但论述了道德的时代性,而且也对道德的模糊、相对以及道统与政统应予分离作出精辟地表述:"孔子之道者,含混无界之辞也。宪法者,一文一字均有极确之意义、极强之效力者也。"②

我们知道,在中国文化传统中,道统、政统与学统都是非常暧昧、不分彼此的。在所谓的格物、致知、诚意、正心、修身、齐家、治国、平天下等17个字中,三位一体地凝聚着知识分子的一揽子解决问题、担当所有的包打天下情怀。即使是在像五四新文化运动这样在思想史上值得重视的精神现象,我们也不能不说:这些"精神界之战士"在自觉向传统、社会、家族进行启蒙宣战时,又不自觉地陷入了传统思维模式的窠臼。如果说中国传统知识分子对"内圣外王"的伦理(道德)政治有着一种无怨无悔、毫无疑义的认同,那么在其精神实质上,这一思维模式就如同与生俱来的基因一样,渗透进了文化载体的灵魂深处。即使是幡然悔悟的"五四"新型知识分子也不例外。正如事实表明的那样,在五四先驱认识到伦理与政治的纠缠不清后,他们还是无法摆脱那思维模式梦魇般的纠缠。陈独秀这位与传统文化决裂意识最为鲜明,甚至以"打倒"之辞相向的新文化、新道德的领衔

---

① 陈独秀:《孔子之道与现代生活》,《新青年》第2卷4号,1916年12月1日。
② 李大钊:《孔子与宪法》,《甲寅》日刊,1917年1月30日。

人物,也在转型中暴露出在超越中频频回归的紧张:"伦理思想,影响于政治,各国皆然,吾华尤甚。儒者三纲之说,为吾伦理政治之大原,共贯同条,莫可偏废。三纲之根本义,阶级制度是也。所谓名教,所谓礼教,皆以拥护此别尊卑、明贵贱制度者也。近世西洋之道德政治,乃以自由、平等、独立之说为大原,与阶级制度极端相反。此东西文明之一大分水岭也。"①对"伦理政治"的政教合一,陈独秀不以为然,但对以"自由平等独立"作为道德和政治共同价值趋向的"近世西洋"却表现出极大的兴趣。这并非近世西方文明的特色,而是陈独秀在一开始就把"自由平等独立"作为伦理来进行"启蒙"了。他那"伦理之觉悟"的呐喊,无不显示出"道德政治"的"新内圣外王"的潜在思维。凡此种种,无论是新道德还是旧道德,在走向现代性的道路上都不是值得我们孤注一掷的救命稻草。更何况,在新旧道德的时代性背后还有普适性的共同信念呢!道德的包办或说无孔不入只能落得个"道学家"的称号,而道学家又是和"伪"联系在一起的。从思想史的角度来看,知识分子没有必要再把自己打扮成道德的形而上主义者。一方面道德不同于真理,另一方面道德的时代性也是一个"与时俱进"的命题。

2. 权宜之计:道德的相对性

应该说,与张光芒首先发生争论的不是我,只是我与他的思想论辩更直接、更尖锐、更犀利而已。陈晓明与张光芒的争论是关于道德是不是可以拯救文学的命题,而表面看来我和陈站在一个立场上与张光芒对垒,但在实质上我们与陈晓明的分歧也是很明显的。②

---

① 陈独秀:《吾人最后之觉悟》,《青年杂志》第1卷6号,1916年2月15日。
② 陈晓明:《道德可以拯救文学吗?——对当前一种流行观点的质疑》,《长城》2002年第4期。

在陈晓明认为道德对文学不具有拯救作用的同时,他又在不自觉地重复着一个老路:道德在文学中的首选。就在文学评论家按照道德谱系学的标准将作家分为有道德的、具有精神价值的和缺乏道德的、没有精神价值的两类之后,我仿佛遇见了故知。中国传统的非此即彼和取一否一的思维模式再现于我们的眼前。所谓具有精神价值的,无非是那些具有高调情结的、怀疑理想主义的作家。他们那高亢、激越的声音试图压倒一切,天下唯有我的道德最纯净、最高尚、最不可怀疑。而那些市场化的作家,不言而喻,他们(她们)肮脏、龌龊、卑鄙、下流。根据文坛上这个粗野的划分,陈晓明的文章《道德可以拯救文学吗?》从柏拉图、康德以来的启蒙哲学开始寻根问底,以宏观的理论视野将我们带入了道德追问中。

必须坦言,我非常赞同陈晓明关于道德与文本以及作家的关系的辩证。实际上,这也是一个古老的论题。历史上已经有很多事实能够证明不少具有优秀道德的作家并没有多少优秀道德教化作品,同时也还有些有才无德的文学大师。他们的作品散发出的道德感化力量以及带来的道德升华境界随时勾起读者对道德理想王国的幻想。这在陈文中关于雪莱等作家的例子中已经雄辩地证明了这一点。对此,陈文为我们揭示了文本与作者道德的错位和不对称。与此同时,陈文还揭示了很多优秀作品问世时的被禁或不认可。例如我们耳熟能详的中国古典名著《西厢记》和《红楼梦》,还有西方的《安娜·卡列尼娜》《复活》《尤里西斯》以及《红字》等。进一步说,这里不仅有道德的时代性,还能说明道德的相对性,譬如在西方畅销的作品在中国很长一段时间都属于被禁的。① 这些无疑对理解当下文学创作中的种

---

① 陈晓明:《道德可以拯救文学吗?——对当前一种流行观点的质疑》,《长城》2002年第4期。

种道德高下问题有着很大的帮助。

不过,在赞同的同时,我们也得看到,陈晓明关于文学道德的判断还是值得商榷的。他说:"对于文学来说,写得好不好,不是一个文学的道德问题,而是一个人的职业道德问题、一个人的艺术表现能力问题。"问题的关键还在于:"用道德来理解中国现代当代文学史,来重新规划当代文学史,这是一个伪问题。"①对于陈晓明的这两个贯穿全文的基本判断,至少在逻辑上存在着自相矛盾。

首先,他一方面指出作家本人与作品的道德错位,而另一方面又指出文学作品的道德问题是作家的职业道德问题,是艺术能力问题,未免有些让人忍俊不禁。这里,幸亏他没有点明文学作品的道德问题是指道德形而上的崇高还是道德形而下的卑鄙。不然他马上就会陷入自己设定逻辑的两难。毕竟,他一方面对道德形而上还是抱有充分的警惕的,而另一方面对道德流于批评家所说的低级趣味又是抱着理解的态度的。当然,这些都是为他的"用道德来理解中国现代当代文学史"是个"伪问题"作铺垫。就当陈晓明可以用"我思故我在"为自我辩护时,同是出自笛卡尔的那句"我崇高所以我卑鄙"也接踵而来。这也是无法对作家写什么、怎么写进行限定的原因。事实上,对作家的各式各样的道德诉求硬性作一个简单划分既不科学也不实际。由此看来,文学与道德的不可分割并不可怕。作家是写崇高还是写世俗也并不重要,这是作家创作的自由。在这一点上,道德只要不被泛意识心态的伦理政治所挟持,作家只要本着心灵上的自由去创作就不失为一种值得肯定的精神活动。也正是在这个意义上,笔者不同意陈晓明那个判断。我们只能说道德并不是

---

① 陈晓明:《道德可以拯救文学吗?——对当前一种流行观点的质疑》,《长城》2002年第4期。

判断或说写作文学史的唯一尺度,但也可以是众多观察视角中的一个。但用泛政治意识的道德形而上主义来作为理解百年中国的尺度并倡导之则是我还会坚持认定的"伪命题"。①

其次,让我们分析一下陈晓明何以会得出如此这般的判断。他在原文中这样说:"历史被完全合理化了,存在就是合理的,合理的就应该存在。这就是在历史之外对历史进行强加。在概念的领域完成的逻辑推论,被重述为历史的客观的运行轨迹,并且获得了客观的真理性。这样一个逻辑,不仅是严密的、环环相扣的,同时(更重要的)也是历史本身发展出的必然性。从中国的本土传统历史中找到根源,启蒙/反启蒙,反革命/革命,摧毁/新生……这些都按照铁的必然性向着历史的高处与完满,向着道德形而上的天国升华。不断地激进化的历史固然有其合理性,有其历史的必然性,但历史决不是以理想而完满的形式展开的,并不都是永恒的正义的胜利。只要想一想农村合作化运动在中国历史中的实际意义,'大跃进'给中国农村留下的灾难,无论如何不会推导出一个如此圆满自足的道德形而上的历史怪圈。"显然,他对道德形而上造成的精神失落也是记忆犹新的。这是一个有体验的学者痛定思痛后得出的结论。但是,这里他忽视了两个概念的区别:道德与道德形而上。我们知道,历史的发展由于我们后人无法把握,所以有其无法抗拒的必然性。作为一个历史存在,我们后人不但要正视它,而且要反省它。然而,这里也有一个历史哲学逻辑不可逆反:有必然性的东西不一定就有合理性。存在、必然、合理混搅在一起加以推理、认定,势必造成理论言说的东倒西歪。若是由此论定,张光芒所提到的"政治伦理化"与"伦理的政治化"倒是我们应该予以充分提防的。至于

---

① 张宝明:《从"五四"到"文革":道德形而上主义的终结》,《河北学刊》2003年第3期。

道德本身如何与文学搭配、组合，那是我们应该撒手的环节。

再次，道德的相对性有两个方面的含意。一是道德在文化载体上的主观性；二是道德在不同民族和不同地域的孤立性。但是，道德的相对性或说殊别性并不代表其不具有普适性。比如说，今天我们呼唤的诚信、宽容、博爱等具有明显道德内涵的东西就具有人类意义。再进一步，我们必须明白一个人类文明进化史上的常识：人类文明的发展和延续从来都不是以否定前期成果为前提的。无论中外，人类文明自发生的那一天起，都经历了日积月累、点滴进化的过程。道德，作为人类历史上的一个文化因子，如果总是以"打倒"的形式求发展，那么我们的文明也就屈指可数了，更不用奢谈什么古老与灿烂、辉煌与厚重。如果单以新文化为标准，忙于厚今薄古，不但文明就剩下一点泡沫，而且这也是人类文化史的灾难。事实证明，无论是"五四"的打倒"旧文化""旧道德"还是"文化大革命"的"破四旧、立四新"，都是不可取的文化韬略。当"五四"的道德革命使得新文化、新道德没有"立"起来，而一批刚刚觉悟的新人又没有可资依据的文化资源时，这个由道德缺氧造成的病灶直到今天还隐隐作痛呢。在这个意义上，笔者很难同意陈晓明的另一个判断："在很大程度上，革命本身就是反伦理道德的，革命历来就是伦理道德的天敌，革命总是首先被认为不道德的——特别是从既定的传统伦理秩序来看就是如此。"①陈文举出了法国大革命的例子。当然为此我们还可以举出 20 世纪中国的例子。在对革命对伦理道德的承接性人为断裂进行批判分析的时候，事实上我们已经在叙述道德的时代性和相对性。可就在我们讨论这个命题的时候，我们有没有思考过讨论的意义究竟何在呢？笔者以为，人

---

① 陈晓明：《道德可以拯救文学吗？——对当前一种流行观点的质疑》，《长城》2002 年第 4 期。

类历史上的道德"真空"给文明发展带来的灾害足以让我们懂得一个基本教训:革命不可有意扫荡文化、道德。往者不可追,来者需铭记。除却"抽刀断水"的不可能性外,历史上英国那绅士、淑女般的"光荣革命"已经为我们提供了经典的范式。"光荣革命"的守成、传统、保守、矜持不但没有妨碍英国现代性的确立,而且成就了一个现代化强国。一言以蔽之,革命本身并非如陈文所说总是"反伦理道德的"。人类历史上有反伦理道德的革命,也有不反伦理道德的革命;有故意制造伦理道德终结的革命,也有无意损益伦理道德的革命。法国大革命对美德(新道德)的追随是在与所谓传统道德有罪的逻辑下进行的,当"美德激起了暴力……仁慈成了叛逆,干劲转为复仇,民主变成专制"时,文明与理性其实早已就范。① 回眸文学与历史,聆听阿克顿公爵"企图把民众带进天堂者往往把民众带进地狱"的警告,我们是要走进充满诱惑的道德理想王国②,还是要走进无情相向的法治理想国呢?③ 这,既是笔者对陈晓明含混不清叙述的补充,也是对张光芒文学道德形而上情结的根本质问。毕竟,知识分子的角色是人类文明的传承者,而且首席使命就是反省。

3. 道德、理性与良知:公共知识分子的责任

从张光芒的最近回应的文章看,他对道德的认同还是情有独钟的。"除了道德,还有什么可以拯救文学"的质问显得他非常委屈,也非常不服:"单凭'个人化生活、感性经验、快感写作'

---

① 〔美〕苏珊·邓恩:《姊妹革命:美国革命与法国革命启示录》,杨小刚译,上海文艺出版社 2003 版,第 137 页。
② 朱学勤:《道德理想王国的覆灭》,上海三联书店 1994 年版。
③ 周天玮:《法治理想国——苏格拉底与孟子的虚拟对话》,商务印书馆 1999 年版。

只会导致文学精神的日趋堕落。"①幸亏这里还有"单凭",而且提到了"文学精神"。应该说这里反映出张光芒的道德感和良知的共存。但是道德不等于理性,或说至少不完全等于理性。如果冷静反思则不难发现,正是张光芒所积极追求的道德形而上主义有时会导致比"出卖隐私""下半身写作"更不道德、更堕落甚至更卑鄙下流的事情。道学家的流氓以及政治家的欺世盗名在古今中外都不乏其例,而那些作为恰恰又是通过道德形而上主义的中介完成的。"群体比个人更自私。"②这是何怀宏阅读莱茵霍尔德·尼布尔《道德的人与不道德的社会》一书后所得到的最大体悟。在尼布尔看来,个人自爱与人类群体的自私被看作不可避免时,为防止过头就必须通过维护利益的合理竞争加以制止。回顾历史并环顾现实,政治家慷慨陈词与道德家义正辞严的说教都会煽动并蛊惑爱国者和民族主义者的激情。无独有偶,在宗教信徒狂热背后,都有潜在的不可告人的秘密。③

张光芒在批评他人走向自己反面的同时,必须提防自己苦苦追求的道德拯救文学或其他有可能违背自己的初衷。尽管他的动机非常美丽、动人,乍看也具有理性意义。

道德,一个理性与非理性并在的精神现象。关于其理性说,在张光芒引述的一系列的康德的论述中就可窥见一斑。这里我们不妨借助张光芒的文章再复习一遍康德的律令:"我们是有理性的存在物,我们的内心道德律使我们独立于动物性,甚至独立于感性世界,追求崇高的道德理想,摆脱尘世的限制,向往无限

---

① 张光芒:《再论道德形而上主义与百年中国新文学》,《当代作家评论》2003 年 第 4 期。
② 何怀宏:《群体比个人更自私》,《中国图书商报·书评周刊》,1999 年 11 月 16 日。
③ 〔美〕莱茵霍尔德·尼布尔:《道德的人与不道德的社会》,蒋庆等译,贵州人民出版社 1998 版。

的自由世界。这才真正体现了我们作为人类的价值和尊严。"①关于其非理性说,我们在许多哲学家那里都可以找到"答案",单休谟所坚持的道德在理性和情感中共建的论证就足以支撑。本来,休谟是强调理性服从情感的哲学家,但是从他那关于"理性辨析事实真相,情感断定善与恶"的论述中,我们却能感到道德的非理性因素(尽管这可能不是休谟的本意)。② 对此,尤其是当我看到2003年第5期《河北学刊》上关于"百年中国新文学的道德形而上与形而下的问题争鸣"一组文章后,更坚定了笔者的信心。其中刘士林自鸣得意的"谁也不要说谁"的命题更是令我感到了道德的模糊性。原文如下:

> 平心而论,尽管"为学术而学术"的呼声在中国已回荡了一个世纪之久,但由于理性启蒙环节的残缺和科学精神的严重不足,在中国学术的日常世界中,我们目之所见更多的只能是"为政治而学术""为市场而学术",甚至还有为一些不足挂齿的卑微之物而学术。也正是由于这个原因,我们实际上不可能对当代学术制定更高的目标和规划,只是希望人们能够稍微有些自律意识和道德上的自觉,为遥远未来的中国学术多保留一点儿学术种子和干净的土壤而已。说得再通俗一点儿,笔者觉得一个比较好的观念就是"谁也不要说谁",笔者曾经在逻辑上这样论证过"谁也不要说谁"的道理……"谁也不要说谁"当然不是什么上策或出于发展的理想和需要,它本身只是一种不得已而为之的举措而已,但鉴于当代人、当代学术在知识框架与价值观念等

---

① 〔德〕康德:《形而上学专论》,商务印书馆1990年版,第163页。转引自张光芒《道德形而上主义与百年中国新文学》,载《当代作家评论》2002年第3期。

② 〔英〕大卫·休谟:《道德原理探究》,王淑芹译,中国社会科学出版社1999年版。

方面的四分五裂和无法统合,所以笔者还固执地以为这已是在所有可能的经验学术中最好的一种了。①

暂时撇开理性和非理性的纠缠,我现在所关心的是"谁也不要说谁"命题的优越性。"谁也不要说谁"是不是已经超越了理性和非理性的畛域呢？对这个问题的关心,还来自我对刘士林关于"新道德主义"主张的阅读,我记得不止一次地在自己的论著或是文章中这样自我张扬道:"我是聪明,但是我更有道德。"于是知识与道德或说理性与道德的关系再度拉出。对此,刘士林的解释是:过去,他曾经追随"知识高于道德"的主题,自从有了与友人谈话这个神圣的细节后,他从此被"纯粹道德意识激活"。② 如果说这就是刘士林从"经验学术"中得出的所谓的道德至上的结论,老实说,本人毋宁不要这纯粹的"道德"。真理愈辩愈明是学者的基本职业道德,不争论,有时候可能显得非常深沉,有时候还会显得很智慧,但是在这个"谁也不要说谁"的背后除却担当意识的匮乏,更重要的还有不道德的逃避倾向。

缺少担当意识和怀疑激情的学者如同一位英国哲学家说的情形:"一个从未体会过庸医滋味的现代哲学家,其思想会是相当浅薄的,乃至其作品也可能不值一读。"③由此,我想到了知识分子应该干什么这一带有"良知"意义的话题。最后,让我们在拉塞尔·雅各比的诠释中结束本文:"最终当知识分子在炫耀知识的深奥时,不仅让公众们迷惑了,同时也迷失了自己。他们的工作变得越发沉闷,不仅观点非常单薄,而且灵魂逐渐掏空。知性生活,就如同生活本身一样,生命力来自对熟悉和安全感的诱

---

① 刘士林:《如何拯救学术本身》,《河北学刊》2003 年第 5 期。
② 刘士林:《一种资源与两个细节》,《社会科学论坛》2003 年第 11 期。
③ 〔英〕莱斯泽克·柯拉柯夫斯基:《形而上学的恐怖》,唐少杰等译,生活·读书·新知三联书店 1999 年版,第 1 页。

惑的反省和抵制。"租赁这位公共知识分子的话:"回归公共生活。"①这也是笔者何以关心"形而下"道德或其他的理由所在。

三、启蒙的恐怖:我为什么不是一个道德形而上主义者

启蒙作为文学史和思想史上的关键词,一直是学术界的重点和焦点,同时也是热点和难点。近一个时期文化界围绕启蒙问题展开的一场关于道德"形而上"与"形而下"命题的争论就颇为发人深思。作为真正挑起这场论争的当事人,我在对理论界

---

① 〔美〕拉塞尔·雅各比,许纪霖主编:《公共性与公共知识分子》,成庆译、刘擎校,江苏人民出版社2003年版,第7页。

同人为此提供学术争鸣擂台表示感谢的同时①,还想对这个已经引起学术界人文领域学者共同关注的话语作一个交待。平实而论,我对张光芒的那篇文章的"质疑"完全是出于一种对学术认真和对社会负责的态度②,其唇枪舌剑、尖刻激烈的程度与后果是不曾顾及的。或许也正是这个真性情才引起了更多同人的参与和关注。如同启蒙的后果是先驱始料及未的一样,所不同的是,这个争鸣倒是使得一个多世纪以来的思想史和文学史上

---

① 思想史上或说学术史上的"无心插柳"也如广告学上所说的"晕轮效应"一样。就本题而论,当初我只是想对这个问题表达自己的一点见解和不能接受的部分。不料这个"质疑"却在学术界引发了一系列的反应。就在《河北学刊》自去年为我和张光芒以及参与者提供了争鸣擂台和舞台后,敏锐的《中华读书报》于2004年2月4日的"学术双周刊"一版以《道德形而上主义!?》为题综述了这场正在衍发的学术争鸣。编者按说:"启蒙,在中国近现代历史上是一个不可回避的命题。最近,在学术界围绕着道德形而上主义展开的一场关于启蒙研究的论争,就是研究者从不同的视角,以自己的理解对中国启蒙运动的不同想象。这次论争从一开始就接触到启蒙研究的方法论,随着论争的展开,有关启蒙哲学的形式、原则,甚至论争本身都成为论争的焦点,因而这是一场深入到研究对象和学术内部的论争。"总结者徐仲佳写道:"在此之前,也就是在2002年7月,随着张光芒的《启蒙论》和张宝明的《自由神话的终结》这两本考察中国百年启蒙运动的专著由同一家出版社的出版,论争就已隐然开始了。这两本专著考察的对象虽然都是中国百年来的启蒙运动,但是由于方法论的不同,使得它们得出的结论也是截然相反的。两位研究者也自觉地意识到他们之间的方法论的差异。因此在最近这场引人注目的有关"道德形而上主义"的启蒙研究论争之前,他们已经就启蒙研究的方法论展开了一次论争。这次论争因为是由于两位作者之间关于研究方法的歧异而产生的,所以主要局限在他们二人之间,论争的文章也较少。"同样是在这场争论爆发之前,2003年初《河南省社会科学》就已经邀请我们对启蒙的方法论等问题做了一次对话(《中国启蒙:历史、现状与未来——"新启蒙"与"后启蒙"的对话》,《河南社会科学》2003年第1期),而这组应邀的稿件在某种意义上也是上一次的延续和深化。

② 张宝明:《从"五四"到"文革":道德形而上主义的终结——对一个"启蒙"与"反启蒙"命题的破解》,《河北学刊》2003年第3期。

的中国启蒙历史途径更清晰了,轮廓也更鲜明了。同时必须说明,由于时间关系,一些观点既不尽如人意也不尽如己意。以下,则是我对此前观点的进一步阐发。

1. 启蒙与道德:思想史上的元命题

可以这样说,论及启蒙思想史这个老生常谈的话题,没有人能避开对道德的叙述。说得直白些,启蒙与道德的关系是思想史永恒的研究主题。这在中外古今都无例外。具体到近代以来尤其是以五四为龙头的启蒙运动,两者的关系显示出了典型的意义。

说到笔者对道德与启蒙关系的认识,说起来实在是惭愧得很。不过,"以学问为人生"的我还是喜欢说真话:过去,本人一度在"道德"问题上犯过三重错误。一是对道德与启蒙的关系避而不谈,甚至轻率地认为,启蒙原则与道德无关;二是对道德的理性与非理性问题有偏见,直到近期发表的《文学、道德与知识分子的良知及使命》(《河北学刊》2004年第1期)一文才将这个观点补正;三是对道德的反感,这充分表现在我对"法治"与"道德"的极端对立态度上。这个思想的产生源于对道德与"伪道德"这一"形而上"主义后的"非道德"倾向的模糊不清。① 似乎,在这个问题上,我重蹈了五四先哲们的覆辙。追根溯源,五四先哲们所走过的一瘸一拐的启蒙道路也是西方启蒙大师们曾经走过的逶迤曲径。也正是在这个意义上,以反思、解构、批判的态度对待逝去的启蒙并继续打造新的启蒙道路不但是"后启蒙"的

---

① 对自我学术思想的检讨绝对不是谦虚,而是真正地在走学问人生的道路。《启蒙与革命——"五四"激进派的两难》(学林出版社1998年版)在学术界固然有一定影响,但其中关于道德与启蒙等关系的论述在今天看来多少有些不尽如人意。

使命,也应该是"新启蒙"的担当。① 西方伊始的启蒙运动自始至终都离不开对道德问题的阐发,无论它对道德作怎样的理解,也无论它对道德采取什么态度。一位美国学者在诠释道德与启蒙的关系时说:"启蒙运动的道德论,起初是试图将理性代替宗教。康德的努力在于从理性法则出发推演出互尊和互爱的义务。但是,他将尊与爱的基础建立在了外乎于物质利益和武力的其他什么东西之上,其努力被证明是一种似是而非、不能长久和仅仅流于布道式和情感化的形式。"② 以理性代替宗教,以科学包办包括情感在内的一切问题。科学主义、理性主义可以越俎代庖,用这"唯一"的办法去解决一切的一切。无论是道德被整合还是道德被夸大,启蒙为此付出了沉重的代价。尼采的例子更能说明这个"道德论"。他以最具革命性的修辞手法说出"上帝死了"的言语,同时他还在1884年的新版本中矫正了自己的"这个人":"决心:我要说话,再也没有查拉图斯特拉了。"③ 对"尼采疯了"的判断,我们只能从其"强力意志"是一种"混沌真理"的视角去理解。如果说是误解,那他的矫正则是一种启蒙困境的残酷证明。

然而,也必须看到,尽管启蒙会带来很多意想不到的尴尬和无奈,但无论是西方文明史还是中国文明史,无论是要走出中世纪漫长的冬夜、摆脱宗教的桎梏,还是要冲决儒教的网罗、改变几千年因袭的封建专制传统,都不能不援用启蒙的思想利器。这也是著名社会学家贝克一再强调启蒙重要性的缘故。面对教

---

① 张宝明:《"新启蒙"与"后启蒙":两种启蒙话语系统对话的可能》,《江海学刊》2003年第3期。
② 〔美〕田辰山,李泉译:《启蒙运动、辩证法和哈贝马斯》,《差异》(第1辑),河南大学出版社2003年版,第129页。
③ 〔美〕斯坦利·罗森;吴松江、陈卫斌译:《启蒙的面具》,辽宁教育出版社2003年版,第24页。

条、僵化的"恐龙",他说:"打破僵局的出路在于启蒙,启蒙,启蒙"。① 在他看来,"后现代化是启蒙的启蒙。它将自己的利刃磨得更为锋利,对第一次启蒙的苛求与普遍主义进行鞭策,并在这个意义上成为第二次启蒙。"②进而言之,唯其如此,韦伯对新教伦理与资本主义关系的论述才那样令人信服。以中国近代以来的启蒙途径为例,无论是严复的启蒙思想还是梁启超的启蒙理念,都在道德的元命题上落脚。尤其是五四新文化运动的发起者,他们更是把伦理、道德的觉悟作为启蒙的关键词举上头顶。

2. "戊戌"与"五四":近代中国启蒙态势的架构

考察近代以来的中国启蒙,不能绕开两个极具代表性的"精神事件"。那就是"戊戌"和"五四"。作为世纪之交的两个精神个案,它们相距的时间并不算长,但却构成了百年启蒙的精神渊源和遗传基因。可以这样说,直到今天,世纪初年启蒙先驱荡起的思想资源仍若隐若现地萦绕在我们"周边"。

就中国近代以来思想界的状况而言,真正的启蒙应该说是从戊戌变法开始的。就其个性解放的程度而言,"五四"新文化运动达到了高潮。审视这两个具有代表性的启蒙时段不难发现,自西方"舶来"的启蒙到中国后有着鲜明的"地域化"特点。这里,我倾向于说这些特点是西方思想资源与固有文化传统相互激荡的结果,是一种"自然"的流布,而不是"人为"的架构。

近代中国启蒙与西方自文艺复兴到启蒙运动的发展态势相通,但又不尽相同。它是浓缩了的思想文化启蒙。人家走了几千年,而中国几年的时间就要把所有的资源都派上用场。这也

---

① 〔德〕乌尔里希·贝克,路国林译:《自由与资本主义》,浙江人民出版社2001年版,第188页。

② 同上,第218页。

是有些学者更愿意把"五四"看成是文艺复兴而笔者更愿意把它说成是启蒙运动性质的缘故。① 除却这一特征,浪漫化、理想化、工具化则是近代启蒙态势的基本架构。而这个架构的最终归宿还是以道德为指归的"内圣外王"逻辑。

中国的启蒙一开始就与文学有着"浓得化不开"的浪漫情结。以百日维新的思想先驱梁启超为例,变法失败后他便在《新小说》中激情洋溢地宣扬说:"欲新一国之民,不可不先新一国之小说。"②也许是传统的"文以济世"思维模式作祟,以文艺作为启蒙思想的"利器"在五四之前的启蒙先驱那里成为一种时尚。正是受这种导向的影响,所以在日本留学的鲁迅"弃医从文"、郭沫若"投医从艺",如同今天学者"弃文从经(济)"一样,就连学习货币经济的郁达夫也成了小说家。正是这些具有高尚动机的"文艺种子"选手,为五四新文化运动平添了激情、理想和高调的浪漫。这个时段的启蒙思想家多亲近法国作家卢梭也就成了情理之中的事情。陈独秀在《新青年》上极力推崇卢梭,并以《文学革命论》推动思想启蒙的深入,表示愿意"以四十二生的大炮为之前驱",无不是这种心态的流露。因为他们有着"小说有不可思议之力""洒一滴墨能使山河变色"的心理定势。戊戌变法的思想巨头如是,五四新文化的"主将"也如是,鲁迅同样以"听将令"的方式了却着自己的心愿:"凡是愚弱的国民,即使体格如何健全,如何茁壮,也只能做毫无意义的示众的材料和看客,病死多少是不必以为不幸的。所以我们的第一要著,是在改变他们的精神,而善于改变精神的是,我那时以为当然要推文艺,于是

---

① 张宝明、张光芒:《百年"五四":是"文艺复兴"还是"启蒙运动"》,《社会科学论坛》2003年第11期。
② 梁启超:《论小说与群治之关系》,李华兴、吴嘉勋编:《梁启超选集》,上海人民出版社1984年版,第349页。

想提倡文艺运动了。"①文学的激情介入构成了中国近现代启蒙不可或缺的佐料。仿佛不加入这个佐料,枯燥、干涩的理性启蒙就难以下咽。

别以为一场"舶来"的启蒙就是湛蓝湛蓝的。舞台背景的"炎黄"使得活跃于其间的角色总是跳不出"历史"的掌心。梁启超的"道德"关怀足以用伦理的"群"将政治意义上的"己"打得落花流水。在其著名的启蒙力作《新民说》中,他对"公德"与"私德"的言说不遗余力。而且其道德注解仍然更偏向于"利群"。从他"本论以后各子目,殆皆可以'利群'二字为纲"的告白中,我们已经不难窥见他那与传统伦理思想息息相关的"新民"理路。即使是他那深受西方自由主义思想影响的"说法"也还是显露着传统基因克隆出的"尾骨":"自由云者,团体之自由,非个人之自由也。野蛮时代,个人之自由胜,而团体之自由亡;文明时代,团体之自由强,而个人自由减。"②当"伪共和"成为现实后,以《新青年》为阵营的一场文化革命轰轰烈烈地展开了。"主将"以"辅导青年修养"为鹄的,仍然导演着无声的"内圣外王"哑剧:"继今以往,国人所怀疑莫决者,当为伦理问题。此而不能觉悟,则前之所谓觉悟者,非彻底之觉悟,盖犹在倘恍迷离之境。吾敢断言曰:伦理的觉悟,为吾人最后觉悟之最后觉悟。"③用道德伦理情结来"解决"而且是"根本解决"中国的痼疾,以为"新"与"旧"的颠覆便万事大吉,把一切的一切都孤注一掷地押在"伦理"的骰子上。这个赌注的风险未免太大了。从五四前夕的"道德启蒙"

---

① 鲁迅:《呐喊·自序》,《鲁迅全集》(第1卷),人民文学出版社1981年版,第417页。
② 梁启超:《新民说·论自由》,李华兴、吴嘉勋编:《梁启超选集》,上海人民出版社1984年版,第227页。
③ 陈独秀:《吾人最后之觉悟》,《青年杂志》第1卷6号,1916年2月15日。

到五四时期的"伦理革命",再到五四后期如火如荼的"人道主义"。

本来,如果按照"上帝的事情归上帝,凯撒的事情归凯撒"的理论,就不会有这种一边倒的思维和激情了。中国近代启蒙之所以在政治热情上"长江后浪推前浪"并必然导致"革命",其根本原因还是在于传统的政教合一的"伦理政治"模式在起作用。由来已久的"内圣外王"逻辑在道德理想王国的建构中走向新一轮的"内圣外王"。

3. 无为与有为:道德形而上与形而下的定位

以上笔者已经对道德与启蒙以及与中国百年启蒙的关系做了一个整体概观,无非是想借此进一步说明,启蒙与道德的关系是不可分割的,同时道德在世纪启蒙中的身份也是显赫的。这些,对道德自身而言没有什么过错,道德本来就应该在启蒙中占有一席之地。问题的关键在于,一旦道德在启蒙思潮中越位和膨胀,结果就会事与愿违,走向新的道德理想主义偏执。历史证明,从麻木的道德王国走向激情的理想王国,只有一步之遥。

《新青年》的主笔陈独秀就曾为启蒙这样设计道:"伦理学者所谓利他主义,宗教家所谓博爱主义,非世人目为金科玉律莫敢废置者乎?而梅特尼廓甫氏,乃谓利他博爱非永久不可缺欠之道德,冒危险,供牺牲,舍己济人之善行,当随文明之进步,日益减少而至于无。此实梅氏创获之见解,惊倒一世者也。"[①]在陈独秀看来,不但新道德应该取代旧道德,而且还将伦理学上的道德问题归结为阻碍知识进步的坎限。他呼吁道德进步的本质"正是要彻底发达人类本能上光明方面,彻底消灭本能上黑暗方

---

① 陈独秀:《当代二大科学家之思想》,《新青年》第2卷1号,1916年9月1日。

面,来救济全社会悲惨不安的状态,旧道德是我们不能满足的了。"①道德问题不是要不要的问题,这一点陈独秀的认识要比同时代人更深刻,但对于道德与现代性的关系,陈独秀则有着明显的启蒙道德化倾向。他甚至将启蒙原理中的个性、理性、独立、自由原则安放在了道德的麾下。在解释梅特尼廓甫的"道德意见"时,他竟然撇开了自己对道德的时代性和相对性的认同,把个人主义与伦理道德牵扯在了一起。他说:"由上之言,梅氏道德见解,乃以个人之完全发展,为人类文明进步之大的。博爱利他非究竟义,其说视自来主张个人主义者,设词缓而树义坚矣。然梅氏虽主张个人主义,而生平行事,决非绝对利己之人,虽不以博爱、利他为究竟义,而所行多博爱、利他之事。自表面观之,似为矛盾之见解,其实梅氏乃笃行者而非幻想者,乃科学家而非哲学家,乃不以博爱、利他为究竟义,非恶夫博爱、利他有害于今之社会也。犹之氏之重身命,说长生,乃乐天家而非厌世家,胡为轻身东来,乐与极酷至险之鼠疫为伍耶。盖其个人精神之伟大,无论若何博施济众,而非以博爱、利他为动机也。其重惜生命,乃了解人生存顺殁宁之真正价值。阴暗怯弱之厌世家,固彼所不为,庸懦苟偷之乐天家,亦彼所不取,以矛盾议之者浅矣。"②道德作为工具,作为"内圣"的新伦理,开始了与新的政治文化的合作。

这也是笔者为什么不同意对近代以来的启蒙态势采取建构观点的根本原因。近代启蒙思潮中国化以后的致命自负在于,它以道德启蒙的强势话语来不断换取支配意识,并不断挤压其他与自我话语相抵牾的话语。对近代启蒙传统的解构,就是要

---

① 陈独秀:《调和论与旧道德》,《新青年》第7卷1号,1919年12月1日。
② 陈独秀:《当代二大科学家之思想》,《新青年》第2卷1号,1916年9月1日。

把道德启蒙这个"混沌真理"从知识谱系的杂乱无章中解剖出来。① 我们看到,当道德启蒙这个"混沌真理"沿着强势势头不断向上窜,一步一步占据主流和支配地位后,道德理想王国就有了超稳定结构。接着,道德形而上主义就渐告成功。这样,本来作为人类文明出现的理性、科学、自由、个性都被拉进了道德的泥淖而且会为此发生变异,最终以不道德、非理性的面目为后人唾弃。这一点正如一位启蒙学者所说:"启蒙运动原则的现代内容已不再是以理性代替宗教,而是利用理性手段攫取支配地位。更多得多地与纯粹理性伴随而生的则是'新道德'代替道德,或者无道德、非道德可言。"②过去是以理性代替宗教,现在是将道德科学化、知识化、政治化。启蒙理念为了寻求支配权力而不断借助道德意识将自我膨胀化和正当化,而且是将主导者援用的资源唯一化和单一化。"在为强者和强权支配进行的辩护之中,启蒙运动将非道德理念合法化了。"但是中国启蒙却没有出现霍克海姆和阿多诺的西方情形:"按启蒙哲学所言,暴力、压迫、残暴是公正的,它恰恰是行为的极美之点。奴役、贫困是弱者的过错,弱者保护自己是错误的……慈悲是娘们气、是幼稚,它背离普遍法则。"③饶有情趣的是,五四启蒙先哲一度曾经出现对军国主义、金力主义的迷恋和成功的"盲目崇拜"。譬如陈独秀就有对日本兽性主义和德国军国主义铁血政治的崇拜,也有对卡内基这类成功大企业家的膜拜,但那只是昙花一现。作为中国本土的启蒙思想家,陈独秀们更多的是同情"人力车夫",更多的是对弱者的怜悯和对强者的抗议。在道德诉求的同时,忽视了

---

① 〔美〕斯坦利·罗森,吴松江、陈卫斌译:《启蒙的面具》,辽宁教育出版社2003年版,第24页。

② 〔美〕田辰山:《启蒙运动、辩证法和哈贝马斯》,《差异》(第1辑),河南大学出版社2003年版,第130页。

③ 同上,第131页。

由单单同情弱者可能带来的对所谓"强者""富者"的不正义、不道德。通过霍克海姆和阿多诺的分析以及对中国启蒙历史的描述,也同样可以得出这样一个结论:中西启蒙在不同的地域、不同的时代却可以走完殊途同归的启蒙道路。五四启蒙思想家可以推崇尼采的"打弱济强"的新型道德观,但最终却在"打富济贫"中完成支配权的转换。对穷人的同情和对弱者的保护产生的伟大、崇高感丝毫不亚于尼采那拥戴强权、强人的"精神贵族"气。中国启蒙思潮中的新"内圣外王"主义就是这样一种精神气质。

说到这里,又要回到我与张光芒先生关于"百年中国新文学的道德形而上与形而下问题争鸣"的议题了。在我发表了《从"五四"到"文革":道德形而上主义的终结——对一个"启蒙"与"反启蒙"命题的破解》一文的同时,张光芒接踵以《道德实用主义的陷阱——对张宝明的质疑与反质疑》直接回应。他对自己为什么要坚守道德形而上主义的主张避开不谈,大谈特谈道德实用主义陷阱的危害。其实,他最应该为自己开脱的是道德形而上主义并无危害,而且很有好处。不过我很遗憾,直到现在还是不明白"天堂"和"陷阱"的区别或说优劣。他这样指出我的问题的"问题"说:"否则,就只能像张宝明这样很容易地得出结论说,新的道德一切都好,旧的道德一切都不好。问题更在于,如果真是像他这样认为新的就比旧的好,那我们对百年中国的启蒙文学也就没有反思的必要了。然而在笔者看来,反思启蒙文学的缺失较之批判'反启蒙'文学更是当务之急,因为后者的极'左'倾向也好,反人性也罢,都是一目了然的,一批即倒的;而前者的缺陷却深藏不露,其虚假的'繁荣'表象更容易迷惑人们的眼睛,使人们看不到其'启蒙'背后的'非启蒙'性质,从而在根本上阻碍人文理性与审美精神的现代化转型。尤其值得警惕的是,一旦启蒙文学缺失了新道德形上建构的维度,旧的道德形而上抑或伦理中心主义往往会趁虚而入,使新与旧纠缠不清、扑朔迷离。"①我不知道张光芒是按照怎样的逻辑推导出我的那个"新的就比旧的好"的结论的。其实我在很多文章中都已经反复述说了思想无所谓"新不新""古不古"的观点,而且坚持反对"不破不立"的朴素逻辑。撇开道德形而上主义者演绎的这个古怪推论不说,看看其建构理由就可窥见一斑了:"一旦启蒙文学缺失了新道德形上建构的维度,旧的道德形而上抑或伦理中心主义往往会趁虚而入。"原来,他才是真正的"新"与"旧"二者非此即彼的拦截者,其建构道德形而上的目的就是要在它与旧的道德形而上之间构筑一条死活不通、刀枪不入的堤坝。按照他的理论推理,其前提就是在新旧之间做了非此即彼、取一去一、"不塞不流、不止不行"的逻辑选择。这正是传统中"以子之矛攻子之盾"的逻辑的典型翻版。

首先,这里他重蹈了五四先驱的覆辙:把反传统或说堵塞传统作为启蒙的首要使命。传统,过去几度曾是现代性的天敌,这是昔日现代化先驱的启蒙迷失。而今天文明是要打通现代性和传统之间的沟壑,而且要搭建一条过去与未来之间的桥梁。传统和现代,从来就不是只有对立的两个思想终端。这正如著名社会学家爱德华·希尔斯所说:"摆在我们面前的人类成就常激起我们的感激之情;无数我们所认识或不认识的个人克尽职守,为了其社会、家园、教会和国家而历尽生存的苦难和灾变,并作出了不懈的努力,他们则常常令我们肃然起敬;这些情感都要求我们对我们面前的传统应耐心。"②当反传统已经成为现代知识分子的反省课题时,再去打道德形而上主义的主意无疑是一件

---

① 张光芒:《道德实用主义的陷阱——对张宝明的质疑与反质疑》,《河北学刊》2003年第3期。
② 〔美〕爱德华·希尔斯;傅铿、吕乐译:《论传统》,上海人民出版社1991年版,第439页。

出力不讨好的事情。

其次,这里我们要问的是,即使建构了道德形而上主义,就一定能抵御旧的道德形而上主义吗?说不定它们是一个问题的两个方面呢?近代中国不是没有事实佐证的。"旧的道德形而上抑或伦理中心主义往往会趁虚而入"一句话既说出了两种"道德形而"(新旧)的紧张和功能形式上的相同,同时也暴露了一个致命的问题:新的道德形而上主义也就是旧一轮道德形而上主义的再版。看来,无论是旧的道德形而上主义还是新的道德形而上主义——都是道德中心主义,都应该成为担负启蒙重任的人文知识分子解构的对象。这里顺便再解释一下我对激情、怀疑与担当的一贯理解:激情是一种责任意识,怀疑是一种批判精神,担当是一种信仰的执着。当然,这个担当不是抽象的、缥缈的、口惠的。启蒙话语的位移绝对不是让人间的上帝代替天堂的上帝。反过来也一样。

最后,笔者要重申的是,对道德形而上主义的排斥并不意味着对道德本身的排斥,恰恰相反,这更进一步证明我们时代的精神状态更需要道德。道德形而上主义不是呵护道德,而是对道德的不道德,是叛逆、是偏离、是越位。一部中国近现代启蒙思想史的研究范畴离不开激进与保守的讨论。如同我们并不担心激进与保守的紧张一样,思想史上最可怕的是最激进与最保守的两极对峙。过于冒进的激进主义和极端僵化的保守主义同样是我们防范的对象。换算到道德与启蒙的关系,笔者并不担心道德在启蒙位置中的确立,也不害怕随着时代的需要新、旧道德之间发生的适度紧张以及创造性的转换,所有焦虑只是对道德中心主义忧心忡忡。要知道,当我们对旧的道德形而上主义(或说保守的道德中心主义)严加防范的同时,其实我们倾心打造的新道德形而上主义(或说激进的道德中心主义)圣庙正在躬行着自己所反对的一切。这,正是笔者不是道德形而上主义者的根本原因。

第七章 "人文学"的反思与重构

一、中国近代学科转型语境下"人文学"的选择与重构

探讨人文研究的价值问题,在当下很容易招来人文学科"有用""无用"的学界论争,而美国学者费什"人文作品有价值并不代表人文研究有价值"①的言论更是引起人文研究者的学科危机意识,由此重审"人文学(科)"的学科属性与价值诉求已实属必要。应该说,"人文学"作为一个问题被提出来是近些年的事情,但同时谁都不能否认,"人文学"作为一种知识形态在中西语境中皆有悠久的历史。其实,"人文学"之所以在今天成为一个需要重新思考的论题,恰恰是因为在相当长的时间内我们根本不将其看作问题。在中国的文化语境中说,"人文学"在问题化

---

① 世纪之交,关于人文学科有用、无用之争,讨论得非常热烈。费什是支持人文学科无用的人文学者。他在面对别人的批评时修正了一个重要观点,说其讨论的是人文学科的"研究"而非人文学科的"产品"本身,即他想提出的问题"并不是文学、哲学与历史作品本身有无价值,而是文学、哲学与历史的研究分析有无价值"的问题。"当我说人文学科怎么看都毫无用处的时候,我讨论的是人文学科的系部,而不是在说诗人、哲学家以及他们能否对这个世界以及读者产生影响。"参见郭英剑:《人文学科能拯救我们吗?》,《中国青年报》2009 年 10 月 28 日。

之前，不同学科之间或是混沌未分的关系，或是单纯的知识论关系。倘若学科之间没有形成价值之争，进一步说倘若自然学科、社会学科不用其价值标准去骚扰人文学科的价值观，那么，"人文学"只是会默默地存在着，不会自动地变成一个令人困惑的问题，也不会成为我们的思考对象。但当下无论是学科的自我追求还是学科的评价体制都已将人文学科陷入"两头不到岸"的尴尬境地，由此也导致了人文学科主体性的丧失。正是对此问题的省视，有学者借助西方理论探讨人文学科的方法论问题，有学者探讨儒家的人文传统问题，也有学者探讨文史等人文学科的交合问题。① 本文为了历史地理解人文学科问题化的问题，将关口前移，回到中国近代学科转型的语境，探讨中国传统的人文学科在接受西方知识分类谱系时是如何确立自我的学科领域的，学科转型中古典人文传统是如何失落的，今天如何重建人文学科的主体性？

1. "分科立学"与中国人文学科的转型

众所周知，中国传统的知识、学术在经学思想的笼罩下相当长时期内有着混沌未分的特点。经学包含着政治学、哲学、史学、文学各类学问，并以文章学大而化之地名之。这不仅构成了正统的意识形态，而且构成了主要的知识与学术领域。儒家经典及其相关学问记载、解释了汉民族及其文化的起源，并以经学自身的发展变迁引导着整个文化的演变，成为各种汉语知识的资源和标准。当然，倘若我们以现代学科分类的视野去审视传统的知识谱系，我们好像也可以划分出不同的学科领域，但在传统的知识形态下，这些学科领域几乎都被涵纳在经学之中，由此

---

① 相关成果见钱中文：《人文学科方法论问题刍议》，《南京大学学报》2009 年第 3 期；杜维明：《儒家人文精神与宗教研究》，载《理性主义及其限制》，生活·读书·新知三联书店 2003 年版；张宝明：《人文学：文学史与思想史关系再阐释》，《文学评论》2008 年第 2 期。

也很难获得独立的学术品格。

近代以降,随着西学书籍的大量译介和西方分科观念传入中国,中国学者逐渐意识到"学术独立"的重要性,进而质疑传统经学一元体系的知识系统框架。面对中国传统知识谱系中经学的独霸与学科的混沌,陈独秀直指问题的病根:"中国学术不发达之最大原因,莫如学者自身不知学术独立之神圣。"在文中,他历数"文学""历史""音乐""医学"不知学术独立的弊端,并热切期望"学术独立"能为中国知识学术带来新的气象:"文学自有其独立之价值也,而文学家自身不承认之,必欲攀附《六经》妄称'文以载道'、'代圣贤立言',以自贬抑。史学亦自有其独立之价值也,而史学家自身不承认之,必欲攀附《春秋》,着眼大义名分,甘以史学为伦理学之附属品。音乐亦自有其独立之价值也,而音乐家自身不承认之,必欲攀附圣功王道,甘以音乐学为政治学之附属品。医药拳技亦自有独立之价值也,而医家拳术家自身不承认之,必欲攀附道术,如何养神,如何炼气,方'与天地鬼神合德',方称'艺而近于道'。"[①]中国传统知识谱系中"学术独立"观念的阙失,也决定了中国学术思想的混沌性。在西方文化和学科资源的启迪下,传统之一锅煮的学科观念受到了前所未有的挑战。

不难看出,在近代学科转型语境下,先知先觉们已经认识到了学科的混沌性。傅斯年以"学人本位"来概括中国传统学术研究的误谬。傅斯年说:"学术所以能致其深微者,端在分疆之清;分疆严明,然后造诣有独至。西洋近代学术,全以科学为单位,苟中国人本其'学人'之成心以习之,必若柄凿之不相容也。"由此他指出:"中国思想界之病根,入于肌髓,牢不可破;浑沌之性,偕之以具成;浮泛之论,因之以生衍。此病不除,无论抱残守缺,

---

① 陈独秀:《学术独立》,《新青年》第5卷1号,1918年7月15日。

全无是处,即托身西洋学术,亦复百无一当。操中国思想界之基本误谬,以研西土近世之科学、哲学、文学,则西方学理,顿为东方误谬所同化……"①陈独秀深知中国传统学术之弊,他说:"我们中国人底脑子被几千年底文学、哲学闹得发昏,此时简直可以说没有科学的头脑和兴趣了。平常人不用说,就是习科学的人只是书架上放了几本科学书,书房里书桌上很少陈设着化学药品或机械工具;无论什么学校里都是国文外国语历史地理底功课占了最大部分;出版界更是不用说了。更进一步说,不但中国,合全世界说,现在只应该专门研究科学,已经不是空谈哲学的时代了。西洋自苏格拉底以至杜威罗素,印度自邬婆尼沙陀六师以至达哥尔,中国自老聃孔丘以至康有为章炳麟,都是胡说乱讲,都是过去的梦话。"应该说,中国近代学者对于中国传统学术思想中"浑沌之性""浮泛之论"有着思想共识,只是说法会有些差异,譬如任鸿隽虽然没有用"浑沌""浮泛""发昏""梦话"等词语,但其将中国学术"文学的"的概括亦可以与傅斯年、陈独秀的说法相呼应。在任氏心目中,"所谓文学者,非仅策论词章之伦而已。凡学之专尚主观与理想者,皆此之类也。是故经师大儒之所训诂,文人墨士之所发舒,非他人之陈言,则一己之情感而已。"也正是基于这样的认识,他在其主编的《科学》杂志中向国人呼吁,要将中国学术思想从"文学"转向"科学":"吾国之学术思想,偏于文学……其变也,必归于科学。"②

解读任氏提出的由"文学"转向"科学"之思想理路,"分科立学"的思想也已经暗蕴其中。于此,方孝岳的论说可以为我们析解其中的真谛:"以文学概各种学术,实为大谬。物各有其所长,

---

① 傅斯年:《中国学术思想界之基本误谬》,《新青年》第4卷4号,1918年4月15日。
② 任鸿隽:《吾国学术思想之未来》,《科学》第2卷第12期,1916年12月。

分功而功益精,学术亦犹是也。"①物各有其所长,学术(学科)也就无能例外。而且各学科有着不同的价值评判标准,倘若混淆价值标准,无疑是要让各学科一并沉滞。陈独秀显然十分认同方孝岳的观点:"今后我们对于学术思想的责任,只应该把人事物质一样一样地分析出不可动摇的事实来,我以为这就是科学。"②以陈独秀此言考察中国近代的学术导向,可以说代表了很多人的看法。"五四"时期兴起的"整理国故"即是在"把人事物质一样一样地分析"的科学理路下重新梳理中国传统的知识、学术,逐渐使其趋向系统、科学。朱希祖根据现代知识分科的理论:"自欧学东渐,群惊其分析之繁赜……政治、法律、哲学、文学,皆有专著……故建设学校,分立专科,不得不取材于欧美或取其治学之术以整理吾国之学。"③北京大学研究所在整理国学的计划书中这样写道:"整理学术者,将古人学说以科学方法为之分析,使有明白之疆界、纯一之系统,而后各见古人之面目,无浑沌紊乱之弊。"④深入剖析五四学人整理国学的工作,其实也是他们谋求"学术独立""分科立学"一种思想路径。整理国学的过程也是逐步确立学科独立意识的过程。五四学人以近代西方的知识分类标准统摄中西学术,以学科分类标准对中国传统知识系统进行重新分类和配置。在西方"分科立学"的思想指导下,他们不但将工学、农学、医学、法学、经济学等自然学科、社会学科慢慢独立出来,而且也在探求、厘定文学、史学、哲学等人文

---

① 方孝岳:《我之改良文学观》,《新青年》第3卷第2号,1917年4月1日。
② 陈独秀:《通信》,《新青年》第9卷2号,1921年6月1日。
③ 朱希祖:《文学论》,周文玖选编:《朱希祖文存》,上海古籍出版社2006年版,第46页。
④ 《国立北京大学研究所整理国学计划书》,《北京大学日刊》1920年10月19日。

学科在现代学科体系中的范围与特质。

考察中国近代的学科转型,我们可以欣慰地看到现代学科逐渐脱离经学的笼罩,慢慢独立出来,诚如梁启超所言:"学术愈发达则分科愈精密,前此本为某学附庸,而今则蔚然成一独立科学者,比比然矣。"①当然,同时我们也要看到学科转型与学科独立并非一蹴而就,尤其是人文学科在脱离传统经学的笼罩后需要面对自身由传统向现代转换的内在困境。应该说学科界限的模糊与经学的普遍统摄相互关联,限制了传统人文学科向现代意义上的学科形态的演进。由此,为了促成人文学科的独立,五四学人引入自然科学的研究方法来研究人文学科。诚如朱希祖所言:"我们现在讲学问,把古今书籍平等看待,也不是古非今,也不尊今薄古:用治生物学、社会学的方法来治学问。换一句话讲,就是用科学的方法来治学问。"②环顾五四文学、史学、哲学等人文研究,无不受到科学实证主义影响。在实证主义的影响下,傅斯年将历史学简化为"剪刀加浆糊"的史料学,他说:"近代的历史学只是史料学",要"把历史学语言学建设得和生物学地质学等同样"。③ 这并非傅斯年的一己之见,北京大学史学系课程指导书中也有着这样的论说:"学史学者,先须习基本科学,盖现代之史学,已为科学的史学;故不习基本科学,则史学无从入门……必须于二年以内先行学完,乃可以研究史学。"④史学如此,哲学亦是如此。作为精神导师的陈独秀也指出:"用思想的

---

① 梁启超:《中国历史研究法》,台北中华书局1981年版,第29页。
② 朱希祖:《整理中国最古书籍之方法论》,周文玖选编:《朱希祖文存》,上海古籍出版社2006年版,第87页。
③ 傅斯年:《历史语言研究所工作之旨趣》,《国立中央研究院历史语言研究所集刊》第1本第1份,1928年10月。
④ 国立北京大学编:《国立北京大学史学系课程指导书》(民国十四—十五年),第1—2页。

时候,守科学方法才是思想,不守科学方法便是诗人底想象或愚人底妄想,想象、妄想和思想大不相同。哲学是关于思想的学问,离开科学谈哲学,所以现在有一班青年,把周、秦诸子,儒、佛、耶、回,康德、黑格尔横拉在一起说一阵昏话,便自命为哲学大家,这不是怪物是什么?"①或许正是体悟到以科学重塑中国哲学的理路,傅斯年甚至上书北京大学校长,历数哲学属于文科"恒以为空虚之府"之弊,请求蔡元培将哲学放入理科:"今学生所以主张哲学门应归于理科者,不仅按名求实,以为哲学不应被以文科之名也,实缘哲学入之文科,众多误会,因之以生;若改入理科,则大众对之,观念顿异,然后谋哲学与理科诸门课程上之联络。"②倘若史学、哲学接受科学规训我们还可以理解,但以科学来指导文学确实会让我们莫名惊诧。但这却是历史的真实。五四学人以科学作为铲除旧文学"虚文""粉饰""浮华"等弊端的特效处方。傅斯年更是把文学的科学化走向点拨得明白通透:"西方学者有言:'科学盛而文学衰。'此所谓文学者,古典文学也。人之精力有限,既用其精力于科学,又焉能分神于古典?故科学盛而文学衰者,势也。今后文学既非古典主义,则不但不与科学作反比例,且可与科学作同一方向之消长焉。写实表象诸派,每利用科学之理,以造其文学,故其精神上之价值有非古典文学所能望其肩背者。方今科学输入中国,违反科学之文学,势不能容;利用科学之文学,理必孳育。此则天演公理,非人力所能逆从者矣。"③

---

① 陈独秀:《新文化运动是什么?》,《新青年》第7卷5号,1920年4月1日。
② 傅斯年:《致蔡元培:论哲学门隶属文科之流弊》,《北京大学日刊》1918年10月8日。
③ 傅斯年:《文学革新申义》,《新青年》第4卷1号,1918年1月15日。

面对由传统向现代转换的内在困境,人文学科以科学自我规训的方式逐渐从经学的附庸中独立出来,慢慢确立起自己的学科独立地位,为学科的现代转型开辟了道路。此中,"科学"无疑承担了重要的杠杆作用,文学、史学、哲学等人文学科的研究都抛弃了传统的学术研究理路,代之以一种科学的研究方法。这种分科立学的观念深入人心,破解了经学的意识形态话语霸权,也逐渐重构了中国学人的知识分类概念。

2. 学科转型与古典人文传统的失落

科学以其"分科之学"的名义给现代中国带来了现代的知识分类体系,并以此破解了经学的意识形态话语霸权,确立现代社会分工、知识生产、教育制度。传统经学的终结,也意味着"分科之学"的科学担当了知识统一性与整体性的依据。这同时也意味着人们对事实的理解是通过科学理性、科学的解释系统得以实现的。平心论之,人文学科的研究一般来说难以严格的科学计量方式进行。然而现代的人文学科是依傍着自然学科、社会学科的科学法则建立起来的结果,特别突出科学理性。连北京大学校长蔡元培在科学主义风潮中也不能自持,已经站到了科学主义的旗下:"科学发达以后,一切知识道德问题,皆得由科学证明。"①时至20世纪20年代的科学与人生观大战,更是样样"必以科学为正轨",诸如"一切宗教皆在废弃之列"的念头,动辄"厥惟科学"四个字,将科学代替"宗教"、包办"人文"、解决"人生观"问题推向了另一个极端。②

应该说,科学在近代学科转型中的功用是进步的,是值得肯定的。因为它把传统知识谱系中的经学偶像踢翻,经学权威性

---

① 蔡元培:《致〈新青年〉记者函》,《新青年》第3卷1号,1917年3月1日。
② 陈独秀:《再论孔教问题》,《新青年》第2卷5号,1917年1月1日。

的消失,科学起到思想解放的作用。但是它也有副作用,不能不平心而论。中国人文学科在现代转型过程中其内在的人文传统也逐渐失落。这也正是学衡派一再提醒近代学人不能"把孩子与洗澡水一起倒掉"①的根本原因。吴宓在译介白璧德的思想时,曾经在按语中总结科学主义下人文传统失落的状况:"物质之学大昌,而人生之道理遂晦,科学实业日益兴盛,而宗教道德之势力衰弱。人不知所以为人之道。……科学发达,不能增益人生内心之真福,反成为桎梏刀剑。哀哉!此其受病之根,由于众群没有昧于为人之道,盖物质与人事,截然分途,各有其律。科学家发明物质之律,至极精确,故科学之盛如此。然以物质之律施之人事,则理智不讲,道德全失,私欲横流,将成率兽食人之局。盖人事自有其律,今当研究人事之律,以治人事。"②正是基于对"物质与人事,截然分途,各有其律"的认识,学衡派致力于批判当时盛行的人文学科研究的社会科学化走向,打捞中国学术研究中的古典人文传统。

我们知道,社会科学在方法论取向上,相较于价值的判断,更热衷于事实的考证、逻辑的推理。用陈独秀的话说:"社会科学是拿研究自然科学的方法,用在一切社会人事的学问上,像社会学、论理学、历史学、法律学、经济学等,凡用自然科学方法来研究、说明的都算是科学。"③放眼当时学界,科学考证之风影响了整个人文科学的研究。中国古代文学的诗学研究传统逐步转变为重实证考据的史学研究;而史学研究也放弃了治史明道的

---

① 胡先骕译:《白璧德中西人文教育谈》,《学衡》第3期,1922年3月。
② 吴宓:《白璧德中西人文教育谈·按语》,《学衡》第3期,1922年3月。
③ 陈独秀:《新文化运动是什么?》,《新青年》第7卷5号,1920年4月1日。

传统,专门以梳理史料、考证事实为职志;哲学则忙于以科学方法检讨传统哲学的模糊性。然而,将人文学科与社会学科等同起来,这是人文学研究方法论的歧途。其实,《大陆》杂志早在晚清时期就发文指出:"文学者何,所谓形而上学也;科学者何,所谓形而下学也。"因此发出号召:"文学与科学不可偏废。"①文化保守主义之所以集中批判学界盛行的人文学科研究,乃是因为其只热衷于考证而无视作品本身的价值内涵的问题。吴宓在《文学研究法》一文中指出:"考据派之误在以科学之法术,施之文章……其视文学,如解剖学家之视死兽。"②对于这种实证主义的研究方法,梁启超批判道:"科学的研究方法既已无论何种学问都广泛应用,文学家自然也卷入这潮流,专用客观分析的方法来做基础。要而言之,自然派当科学万能时代,纯然成为一种科学的文学。他们有一个最重要的信条,说道'即真即美'。他们把社会当作一个理科实验室,把人类的动作行为当作一瓶一瓶的药料,他们就拿他分析化合起来,那些名著,就是极翔实极明了的试验成绩报告。又像在解剖室中,将人类心理层层解剖,纯用极严格极冷静的客观分析,不含分毫主观的感情作用。"③吴宓的理论代表了文化保守主义的思想底牌:"以学问言之,物质科学以积累而成,故其发达也,循线以进,愈久愈详,晚出愈精妙。然人事之学,如历史、政治、文章、美术等,则或系于社会之实境,或由于个人之天才,其发达也无一定之轨辙。故后来者不必居上,晚出者不必胜前。因之若论人事之学,则尤当分别研究。"④时至解放之后,钱谷融探讨"文学是人学",以此来批评人文学科的社会科学化:"我反对把反映现实当作文学的直接的、

---

① 佚名:《论文学与科学不可偏废》,《大陆》第3期,1903年2月。
② 吴宓:《文学研究法》,《学衡》第2期,1922年2月。
③ 梁启超:《梁启超文选》,上海远东出版社1995年版,第200页。
④ 吴宓:《论新文化运动》,《学衡》第4期,1922年4月。

首要的任务;尤其反对把描写人仅仅当作是反映现实的一种工具、一种手段。我认为这样来理解文学的任务,是把文学和一般社会科学等同起来了,是违反了文学的性质、特点的。这样来对待人的描写,是决写不出真正的人来的,是会使作品流于概念化的。"①

历史地看,人文学科接受社会科学的方论指导,逐步自然科学化、机械化、形式化,人文学术在研究目的、过程和方法上都打上了科学主义的烙印,其内蕴的人文精神走向萎缩,失去了其关心人类价值与人类精神世界的理想和旨趣。谈到史学,钱穆曾经指出:"(传统派)熟谙典章制度,多识前言往行,博洽史实,稍近人事;纵若无补于世,亦将有益于己……(科学派)往往割裂史实,为局部窄狭之追究。以活的人事,换为死的材料。治史譬如治岩矿、治电力,既无以见前人整段之活动,亦无先民文化精神,蓦然无所用其情。彼唯尚实证,夸创获,号客观,既无意于成体之全史,亦不论自己民族国家之文化成绩也。"②回顾中国历史,传统的人文学术有注重整体感悟的传统,早在学术思维的萌发时期,"仰则观象于天,俯则观法于地"已被视为把握对象的方式。与传统观物取象、以类万物之情的朴素观念相较,现代的科学实证观念要发展的是分析能力,认为只要有分析能力就能对任何问题作全面分析,不需要有生命体验和精神感知。然而,现代的科学实证方法看似能把问题弄得非常清楚,但问题的复杂面向并不会因清楚而透辟,清楚之上一层是有模糊性的。与此不同,人文学科的研究所取之法是复杂思维而不是简单的线性思维,人文研究要能挺进问题的纵深,也要能超拔于问题之上,而且要能忍受各种不同的模糊性并以此整体感知把握我们所要

---

① 钱谷融:《论"文学是人学"》,人民文学出版社1981年版,第3页。
② 钱穆:《国史大纲》,商务印书馆1948年版,第3页。

研究的对象。

面对人文学科现代转型过程中的取向错位,中国近代的文化保守主义者站出来予以批判并为传统人文学科的价值辩护。他们反对的不仅仅是现代学术研究对传统的轻率的怀疑否定,更重要的是反对单纯的事实考证而忽视对其价值内涵的挖掘。他们认为民族的精神和价值依托于古典学术的人文传统。这种传统作为民族的象征,是整个民族的智慧、想象和情感的积淀。是的,自古以来,国人提及"人文"一词,理解或有差异,但大都溯源于《易传》的卦辞:"小利有攸往,天文也;文明以止,人文也;观乎天文以察时变,观乎人文以化成天下。"[1]在古人看来,"天文"中蕴藏着王朝兴衰、帝王递嬗的秘密,而"人文"依天象所示的文明之道,关系到社会秩序的稳定。在传统的用法中,"文""道""天"这些术语都与心灵、观念、意图、天理以及诸如此类的词语联系在一起。古代文人"参天地、赞化育"的"天人合一"的传统学术观念,使之致力于为"文"寻找一个共同的道德基础。《学衡》杂志上发表的《文德篇》便论述了古人研究撰述都秉承着"化成天下"的道德使命这个事实。[2] 中国古人经常使用"斯文"这个概念来指周代与汉代及他自己所处时代那些有道德关怀的经典论著。他们并不看重以文学技巧取士的态度,这在维护"文"在政治和士人生活中的地位极为重要。也正因如此,中国古代人文精神的特质是道德至上,学术研究在于追求一种"止于至善"的道德境界。可以说,中国古代的学术思想的实质是道德理想主义教育,这与西方的"主智主义"学术传统有着本质的不同。但我们不无遗憾地看到,这些传统在文学、史学、哲学等人文学

---

[1] 金景芳、吕绍纲:《周易全解》,吉林大学出版社1990年版,第181页。

[2] 缪凤林:《文德篇》,《学衡》第3期,1922年3月。

科转型过程中渐渐淡出了我们的视野。

"文王既没,文不在兹乎?"这是孔子面对礼崩乐坏的局面发出的仰天长叹。中国近代的文化保守主义者面对学科转型语境下人文传统的失落也难免有当年孔子这种文化传承意识。传统的崩溃和历史的断裂所形成的价值真空也会造成文化传承者的精神痛苦,陈寅恪在为王国维书写碑文时曾说:"吾中国文化之定义,具有白虎通三纲六纪之说,其意义为抽象理想最高之境,犹希腊柏拉图所谓 idea 者……盖今日之赤县神州值数千年未有之巨劫奇变;劫尽变穷,则此文化精神所凝聚之人,安得不与之共命而同尽。"①文化保守主义标举人文道德的价值,和新文化运动主张科学化的人文学科研究做对抗,他们"以人文主义救科学与自然主义之流弊"②积极为传统的有效性和合理性辩护,通过对传统的现代阐释,建立现在与过去的联系,疏解现代与传统的对立。凡此种种,都是为了打捞在学科转型过程中失落的人文传统,努力在纷纭紊乱中寻求秩序和稳定,重建价值和信仰,为精神和民族寻找安身立命之家园。

3."体验之知"与人文学主体性的确立

历史地看,现代中国人文学科独立的过程也是古典人文传统失落的过程,此中科学的话语代替了传统经学话语执掌中国的知识谱系。人文学科接受了社会科学的研究方法,放弃了人文学科关于价值探讨方面的问题,通过科学解释系统得以实现对事实的理解。在当时学科转型的语境中,人文学研究者面对社会科学与自然科学的法则的挑战与包围,能气定神闲、不为所动的人恐怕不多。曾几何时,就连致力于打捞古典人文传统的学衡派也有过不自信的摇摆:"盖人事自有其律,今当研究人事

---

① 陈寅恪:《王观堂先生挽词并序》,《学衡》第 64 期,1928 年 7 月。
② 吴宓:《论事之标准》,《学衡》第 56 期,1926 年 8 月。

之律,以治人事。然亦当力求精确,如彼科学家之于物质。"①由此可以管窥,人文学科的自信力与主体性已岌岌可危。

其实,回到历史现场,当人文学科在接受社会科学法则进行自我改造转型的时候,已经内隐着自我个性的消解和主体性的丧失。应该看到,人文学科与社会学科无论是在思维模式还是在研究旨趣上都有着很大的不同。社会科学的方法可以用"价值无涉"(Value - neutrality)来加以概括。"价值无涉"是社会科学方法论的核心概念,是西方社会科学研究中出现的一种带有唯客观主义色彩的方法论原则,它是社会科学工作者在对社会现象的观察、探索和解释过程中,只陈述事实,而摈弃价值判断和个人的好恶,采取一种"中立"的态度。因而在社会科学的研究中,只管真假而与好恶、对错无关。② 用梁漱溟的话来说,即是"将一切物观化。将现象放在外面,自己站在一边"③。这种致思方式强调研究的客观性,但它无法证明价值的有效性,也无法解决对不同价值与目的之间的取舍问题。因此,倘若以此种理念来指导人文学科的发展无异于引向歧途。然而,这却在当时实实在在地发生了,科玄论争的科学胜出将"价值无涉"的理念推广到人文学科的各个领域。面对此情此景,梁启超不无悲愤地说:"哲学家简直是投降到科学家的旗下了。依着科学家的新心理学,所谓人类心灵这件东西,就不过物质运动现象之一种……这些唯物派的哲学家,托庇科学宇下建立一种纯物质的纯机械的人生观……其实可以叫作一种变相的运命前定说。不过旧派的前定说,说运命是由八字里带来或是由上帝注定;这新

---

① 吴宓:《中西人文教育谈·按语》,《学衡》第 3 期,1922 年 3 月。
② 参见〔德〕马克斯·韦伯:《社会科学和经济科学"价值无涉"的意义》,见《社会科学方法论》,韩水法译,中央编译出版社 2002 年版。
③ 梁漱溟:《梁漱溟全集》(第 1 卷),山东人民出版社 1994 年版,第 133 页。

派的前定说,说命运是由科学的法则完全支配……于是人类的自由意志,不得不否认了,意志既不能自由,还有什么善恶的责任……这不是道德标准应如何变迁的问题,真是道德这件东西能否存在的问题了……"①任鸿隽在译介杜兰德对科学应用的阐释时也从另一个侧面论证了自然科学、社会科学研究中价值理念的消隐:"价值与重要之观念,无所容于事实与自然律之中。更进而言之,事实与自然律,尝立于价值观念之外,无所容其重要之比较者也。唯事实与自然律见于应用,而后有比较的价值及意义之可言。然则价值与意义,固与事实及自然之本质无与。"②通过科学排除价值与意义,"价值无涉"学术理念下的世界成了纯粹的物质世界,已经变成没有意义、没有深度的平面世界,同时也会导致人类道德、价值的迷失,吴宓形象地将这种现象称之为"精神的无政府状态",他说:"学术思想之淆乱,精神之迷离痛苦,群情之危疑惶骇,激切鼓荡,信仰全失,正当之人生观不易取得。"③

与社会学科"价值无涉"的致思方式不同,人文学科追求一种"体验之知"的研究风格。作为精神科学,人文科学要传达的是对于价值意义的把握与理解,而人文科学的方法则是如何通过对人文学科的研习来获得这种对于价值的体会。狄尔泰在其《人文科学导论》中论述了人文学科重体验的特点。在他看来,自然科学的对象是可以看到并触摸到的,依照机械的规律运动着物质世界;而人文科学乃是与人的精神打交道,其对象是"有意识和愿望的,感觉着、想象着的"创造物,目的、价值和观念的无形与流易使得人的精神世界是无法直接观察到的世界。这也

---

① 梁启超:《欧游心影录》,商务印书馆2014年版,第16—17页。
② 〔美〕杜兰德著,任鸿隽译:《科学之应用》,《科学》4卷6期,1919年2月。
③ 吴宓:《我之人生观》,《学衡》第16期,1923年4月。

决定了人文学科必须具备与自然科学完全不同的、独特的研究方法,即"体验"。"体验"意味着人在生命的某一时刻通过对某个对象、某种情境和事态的经历,在其深刻的意义内涵中把握生命和存在的意义。① 在《人文科学的逻辑》中,卡西尔通过对艺术、历史知识和获取人性的知识的基础分析人文学科的基本概念,指出人文学科的知识之所以是可靠的、客观有效的,不是因为它能够像自然科学逻辑一样,精密地预言个人或历史事件,而是因为它使我们获得了对人性更加深入的认识。②

由"体验之知"的致思方式,我们可以看出人文学科并非严格的像社会科学那样精确、可以定量研究的科学,而是由研究者主体的精神气质所制约,并且需要调动研究者的主体情志去探究的学问。社会科学家可以将其研究对象作为身外之物,通过外在观察、重复实验,反复了解验证所得结论是否正确,倘若运用此种方法进行文学、史学、哲学研究显然容易造成价值取向的错位。人文学是关于精神的学问,研究者对于生命的领悟,直接决定了人对于价值意义的理解与把握,进而决定了人文学研究的学科旨趣。卡西尔认为,自然科学与人文科学之间的根本区别不是内容对象上的区别,而是在感知对象的取向上的区别,具体来说,自然科学的对象是无生命的"它",人文科学的对象是有生命的"你"。显然,卡西尔这种论述与马丁·布伯的"我与他""我与你"的两种观察世界方式有暗合之处。依照马丁·布伯的理论,"我与你"的关系是把人的生存视为一种不同主体之间的对话、沟通与共在;但是在"我与他"的态度中,我与世界都是作为客体而出现的,生活在这种态度中,自我始终和其他存在保持

---

① 〔德〕狄尔泰著,赵稀方译:《人文科学导论》,华夏出版社 2004 年版。
② 〔德〕卡西尔著,沉晖等译:《人文科学的逻辑》,中国人民大学出版社 2004 年版。

着距离,其最终的体验或认识按照空间和时间同因果法则的协调而得以客观化。① 卡西尔巧妙地利用了"我与他""我与你"来阐释"人文科学的逻辑":"在一种情况下,自我所面对的世界乃是一物的世界;而在另一种情况下,我们所面对的乃是一个人格的世界。在前一种情况下,我们所观察的世界乃作为一完全的空间之对象,以及作为这些对象于时间中之演变的总计;而在后一种情况下,我们把世界看做某种'类似于我们本身'的东西。在这两种情况下,差异性都是存在的;而这两种相异性本身即存在着特性上的差别。'它'乃是一绝对的另一个,一他物;而'你'却是一另外的我。"②由此看来,人文学的研究者与其说是价值无涉的旁观者,毋宁说是旁观者与参与者这两个角色间的复杂互动。作为创造与传递意义、提炼与表达思想的学科领域,文、史、哲等人文学科只有依赖个人的内在体验所外化而成的审美表达去理解和把握。吴宓在讨论文学研究法时表达了这样的想法:"(义理派)此派文人,重义理,主批评,以哲学及历史之眼光,论究思想之源流变迁,熟读精思,博览旁通,综合今古,引证东西,而主义文章与时势之关系,且视文章为转移风俗端正人心之具,故用以评文之眼光,亦即其人立身行事之原则也。"③可以说,在人文研究中,研究者只有凭借个人感觉、思想、情感、记忆和欲望经验,进入他人的内在状态进而理解生命,才能把握人类生活的意义。人文学研究既以观念的方式把握世界和自我的意义,又通过实践过程赋予世界以多方面的意义。在信仰缺失的时代,人文学者应该而且可以凭借自己的研究和思想创造力,为

---

① 参见〔德〕马丁·布伯著,陈维刚译:《我与你》,生活·读书·新知三联书店2002年版。
② 〔德〕卡西尔著,沉晖等译:《人文科学的逻辑》,中国人民大学出版社2004年版,第91页。
③ 吴宓:《文学研究法》,《学衡》第2期,1922年2月。

社会提供新的思想、理念、价值理想,重建文化,重建价值理想。

准此而言,人文学科应该摆脱"两头不靠岸"的尴尬境地,寻求自我的价值诉求和学科主体性。文学研究尽管可以用史学考证来丰富其研究方法,但也要恢复精神体验的诗学传统;史学不但要以史料学来夯实研究的基础,也要致力于把握中国社会过去的脉络、当前的性质和未来的走向;哲学不但要经受现代科学和逻辑洗礼,也要致力于对时代精神的框架的批判和建构。应该看到,面对当下人文学科边缘化,人文研究失去学科自信的现实境况,回头来省察人文学本身的界域及性质,已经成为非常必要的事情。唯有通过重新梳理学科转型语境下人文学的选择与建构,我们才能深入认识人文学当下的危机。只有认识到人文学与社会科学有着不同的学科价值取向,肯定了人文学"体验之知"的学科致思方式,和它在特定空间范围内探讨人类本质和价值信仰的特质,才能确立人文学的独立性与主体性。也唯有如此,我们才可能有信心傲然站立于"学林群雄"中不为其他强势学科吞并,并形成自己的学术领域。

二、人文学:文学史与思想史关系的再诠释

对文学史研究越位及其与思想史暧昧关系的关注,这是近来一个时期很多学者尤其是现代文学研究者十分关心的一个学

术命题。① 关键在于这个问题的"问题意识"关系到两个学科尤其是现代文学史的学科建设。对长期耕耘在现代文学一线的学者来说,现代文学史研究的越位难免使得他们自己显得尴尬甚至是恐慌。的确,"自留地"的边界消解或说走向式微是困扰他们的一块心病。于是,当下我们究竟应该怎样理解文学史和思想史的关系成为一个不可回避的学术命题,尤其是对于诸如笔者这类一直从事文学史和思想史交叉研究或说"兼做两类事"、"一手多拥"的学者而言,以当事人的身份来"正名"或许更有利于自己的"言顺"。鉴于对思想史与文学史交叉的"来龙去脉"笔者已经做过必要的考察与分析②,这里笔者进一步关心的则是:站在学科本体论的角度,文学史学者为什么会对此耿耿于怀?立于全球学术的视野,为什么文学史和思想史的暧昧构成了中国现代学术史上特有的"公案"?从人文学的视角出发,文学史和思想史究竟是在何种意义上"打成一片"的呢?当下,究竟如

---

① 前些年温儒敏和赵宪章教授的"一南一北"遥相呼应,可谓"英雄所见",他们对文学史与思想史交叉、暧昧与边际消解的走向表现出不同程度的"杞忧"。温儒敏:《思想史能否取替文学史》,《中华读书报》2001年10月31日;赵宪章:《也谈思想史与文学史》,《中华读书报》2001年11月28日。此后,不少报刊围绕文学史和思想史学科建设问题开设专栏专题讨论。《天津社会科学》2006年第1期刊登了张宝明、张光芒、罗岗、姚新勇四位学者关于思想史与文学史关系讨论的文章。继《新华文摘》2006年9月将张宝明的《问题意识:在思想史与文学史的交叉点上》与张光芒《思想史是文学史的风骨》并同温儒敏的《思想史能否取替文学史》转载后,学术界再度进行了新一轮的倾力关注。温儒敏发表在《文学评论》2007年第2期上的《谈谈困扰现代文学研究的几个问题》进一步述说了文学研究中"思想史热"问题。之后,2007年6月21日的《文艺报》以专栏形式推出栾梅健的《让文学感觉贯穿始终》与吴兴宇《思想史不能取代文学史》等文章,"有"约而同地明确提出了文学研究应早日"回归本身"的观点。很多迹象表明,文学史和思想史的关系问题将是学术界今后一段时间关注的热点之一。

② 张宝明:《问题意识:在思想史与文学史的交叉点上》,《天津社会科学》2006年第1期;《新华文摘》2007年9月转载。

何才能在人文学的大视野下理解并把握文学史和思想史的走向？

1. 学科本体：越位带来的困惑

论及文学史和思想史的关系问题，它牵涉两个学科学者的神经。就文学史研究者的敏感而言，他们更多的是对自己学科领地被挤压、侵占造成的学科边际模糊乃至被消解的担心。他们主张内敛式地守种"自留地"，不必去越位"攻取"。虽然这些学者一再声称"无意非此即彼，把文学史与思想史对立起来"，但他们在内心深处还是有一种对文学研究领地患得患失的本能守护。在此，温儒敏教授的担忧颇具代表性："我当初提出警惕文学研究中的'思想史热'……只是提醒认真反思当今文学研究中的偏至现象。这种偏至在改变着现当代文学的学科格局，带来某些负面的东西。现代文学研究领域的确出现了某些不太正常的情况。不少学者抱怨学科'拥挤'，纷纷改换门庭，要走出学科。许多文学研究的文章其实'文学味'很少，满眼都是思想史与文化研究的概念。而到一些大学的中文系，感觉就如同是在哲学系、历史系或者社会学系，学生最热情谈论的不再是文学，而是政治、哲学、文化，甚至经济学。每年的文学博士硕士论文，也大都往思想史靠拢，即使有一点文学，也成了填充思想史的材料。现当代文学学科正在受到'思想史热'潮流的冲击，逐渐失去它立足的根基。"[①]作者顾虑的根本还是文学史的边缘化、文学味的淡化及思想史的"插足"，尤其是文学史立足之大本营的丧失。文学史研究一副受压迫、被欺辱的自卫姿态。由此，文学史的研究者不能不奋起而申诉、呐喊抗争。一位年轻学者说得更为直接："当我们面对一部文学作品、一个时代的文学时，倘若

---

① 温儒敏：《谈谈困扰现代文学研究的几个问题》，《文学评论》2007年第2期。

不是从艺术上对它进行判断,而是苦苦追求其思想性、社会价值时,中文学科也就到了一个岌岌可危的地步。现代文学史被沉重的思想性——可能是社会政治革命,可能是伦理道德,也可能是思想意识——压得喘不过气来。"①面对几乎奄奄一息、苟延残喘的现代文学史研究,学者们也感到了濒临窒息的痛楚,为此才有了这样的呼吁。这里,文学史研究者应该反思的是:思想史或其他方法论的介入究竟是给文学研究注入了活力还是破坏了学科的纯洁性?进一步说,如果文学史研究一味地自给自足、自"圆"其说,那样的原地踏步的"保守"姿态是能激活学科领域还是要使其渐渐式微呢?

与文学史研究领域对思想史介入的抗议不同,思想史研究的学者近一个时期完全以"普天之下,莫非王土"的心态开始了一网打尽式的"收编"。他们不但不担心该学科的领地会被挤占、侵入,反且一反文学史学研究者"各人自扫门前雪,莫管他人瓦上霜"的自留地心态,一心一意谋发展,直至"发展"到了人家的田地,一副称王称霸的气势。这也是当下我们尚未听到来自思想史学者关于文学研究者挤占自己地盘抱怨的原因。

应该看到,对思想史学科建设问题的思考同样是近来一个时期诸多学者关注的一个话题。葛兆光的《思想史的写法》一出台就把思想史学者的思维激活了:"至今,思想史仍是一个难以把握的领域,它的中心虽然清楚,但是叙述的边界却相当模糊,致使它常常面目不清,也无法像它的邻近学科那样清楚地确立自身的边界,比如它与宗教史、学术史常常关注相同的对象,以至于它们总是要发生'领土争端',比如它与社会史、文化史常常需要共享一些知识和文献,于是它们又总是要产生'影像重叠',比如它与政治史、经济史常常要建立一种互相诠释的关系,于是

---

① 吴兴宇:《思想史不能取代文学史》,《文艺报》2007年6月21日。

它们又总是要'互为背景',甚至产生了到底谁笼罩谁、谁涵盖谁的等级秩序问题。这导致了它作为学科的基础和规范难以确立,就好像一个历史上四处游牧的部落在诸国并峙的地界乍一定居,很难立即确立它的领土和法律,也很难约束它的国民越界犯规一样。"①如果说这位学者在含含糊糊"难以把握"的同时还显得犹疑不定,那么被其刺激起来的接踵者则表现出了十分肯定、直白的意见。这种越位或说准备越位的倾向竟到了"上天入地"的地步:"两个具有代表性的观点,只是分别强调了思想史的两条边界,一条是向上的、通向哲学、形而上精神的世界;另一条是向下深挖的,通向社会的、形而下生活的世界。合起来,可以叫做'上天入地'。由此看来,思想史的对象有一个大致的范围,即在现今常见的哲学史和社会史之间的大片腹地,都可以是思想史家驰骋的疆场。当然,这种见解多少局限于现代学术的分野,即以承认现代学术形态的合理性为前提。"②学科领地的无限扩张其实是没有学科自持的一种表现。如此这般,我们真的不知道学科的本体的"风"是在哪一个方向上吹了。不过,我们有一点很清楚:在中外古今的学科史上,什么都可以成为自己领地的学科是不存在的。换言之,一味扩张的帝国总是要马失前蹄的。不必赘言,只想换个口径问思想史研究的"上天入地"者:既然思想史的"样子"和"领地"先天不足,那么我们从事这一学

---

① 葛兆光:《中国思想史·导论·思想史的写法》,复旦大学出版社2001年12月第1版,第68页。围绕这个命题,思想史界曾为此专门举行国一次"思想史方法论"的专题小型会议。王中江主编的《新哲学》第1辑和第2辑中分别予以刊登,大象出版社2003年10月和2004年7月版。另外,《思想史身份重定:问题及对策》中发表的许苏民、陈赟、方旭东等的一组笔谈也值得注意,它们对思想史研究主体性的确立同样具有学术导向意义,参见《学术月刊》2004年12月号。

② 高瑞泉:《上天入地:思想史的边界与方法》,《杭州师范学院学报(社会科学版)》2003年第4期。

科的研究者是首先把这块领地耕作好,还是盲目扩张以至于丧失本来就后天失调的独立性和主体性呢?思想史固然可以不断打造、开拓自己的外延和内涵,但不等于可以无限地扩张,以至于进入不相干的领地。否则,没有固定"样子"和"领地"的学科,只能是毫无个性、无所适从、任人打磨的"墙头草"。进一步说,这样的翻手覆云其实是和文学史的过分自持和保守殊途同归的,会在更加"杂乱无章"中走向自我消解的边缘境地。①

的确,文学史和思想史研究带来的学科问题应该说各有其责,而在笔者看来,问题的根本倒不在于两个既有独立性又有交叉性的学科之本分不本分上,事实上思想史和文学史都存在一个学科的开放性和包容性问题。这是学科意识的宽口径、厚方法思想在起作用。但究竟在怎样的意义上和程度上把握自己的学科定位而又不失去自我,则是一个需要进一步梳理和关注的学术命题。

2. 学科疑案:西方化与中国味

文学史和思想史的暧昧构成了中国现代学术史上特有的疑案。这是伴随着中国现代学术观念和机构兴起后接踵而来的学术现象。这里,或许我们关心更多的是:立于中外古今的视角,中国近代以降的思想史和文学史何以呈现出暧昧、紧张之关系以至于遭受冷眼怒目呢?

根据笔者的观察,中国近代以前的文学史和思想史基本上没有什么大的瓜葛,也难有大的瓜葛。除却晚明出现了具有"性灵"的小品文以及具有前现代之兆的思想碎片(譬如李贽等)外,如果说其中有什么"文学"和"思想"贯通之大家的出现,笔者实

---

① 张宝明:《重新改写还是重新打造——关于建立中国近现代思想史学科体系的思考》,《天津社会科学》2005 年第 4 期;《中国社会科学文摘》2005 年第 5 期转载。

在不敢苟同。看看屈原那样写出《离骚》等千古绝唱的赋体大师,除却一心一意地抒"忠君"之怀、发"块垒"之骚,其思想史意义上的人生境界还是难以与现代性产生瓜葛的。如果说屈原、司马相如、"三曹"等在中国古典文学史上留下痕迹的大家多是在政治的激流中拼搏、斗争的漩涡中挣扎、个人的恩怨中"拔高"(自我)的话,即使后来的"八大山人"和"竹林七贤"中"魏晋风度"也还只能是在政治面前的失意或无能后的"诗意"栖居而已,他们或寄情山水,或徜徉江河,或唱和消遣,难以在"思想史"上写下浓重的一笔。的确,我们还有"唐宋八大家",但翻阅韩愈、柳宗元、欧阳修、曾巩、王安石、苏洵、苏轼、苏辙的诗歌和散文,哪一家能摆脱文人失意后心态的自我调节、被贬后的自我流放呢?就是这"八大家"之外的又怎么样呢?无论是李白的"仰天大笑出门去"还是白居易的"同是天涯沦落人",抑或杜甫的"茅屋为秋风所破歌",无一不是"断肠人在天涯"的喟叹和愁怨!即使是被我们早已铭记的美文诸如《陋室铭》《水调歌头·明月几时有》《岳阳楼记》,也还是殊途同归,难以摆脱传统文人的写作宿命。刘禹锡的《陋室铭》在自我"陶醉"的背后,其实有一种酸楚难当的难言之隐。罢官之后的进退失意不算,官衙硬是把他逼到了无路可走的边缘,最后不得不以"陋室"自慰。这样的美文不但不可能是思想之作,而且甚至有流于"满纸辛酸泪,一把荒唐言"的嫌疑。《明月几时有》在"人有悲欢离合,月有阴晴圆缺"的宽己宽人之感慨背后,无非是在重弹"举杯消愁愁更愁"的千年老调!"先天下之忧而忧,后天下之乐而乐"应该是妇孺皆知的千古名句。它出自宋代那位"进亦忧退亦忧"的散文大家范仲淹之手,但文学家就是文学家,如果我们习惯于"胜者通吃"的逻辑,那就和今天的"三栖明星"或"多栖明星"没有什么两样!

呼之为思想家、政治家的说法同样牵强。① 不必再问元曲、明清小说里的思想系统性和独立性，一言以蔽之，中国古典文学的艺术性或说文学性十足，在文学史和思想史的双重视角上审视"古典主义的终结"，不能不说是人格"依附"的终结。这不只是"桐城派与'五四'新文学"的命运，更是整个中国古典文学与中国新文学的命运。② 的确，思想与文学这一"舟车之两轮"是在"五四"新文化运动腹胎之中才真正孕育的。

回顾了古典文学的终结，我们再环顾一下西方学界对于文学史和思想史的对弈。在西方学术界，虽然思想史和文学史分庭抗礼，但却很难找到关于领地争端的笔墨官司。在笔者看来，首要的原因是他们对"问题"的重视，这即是笔者一再强调的"问题意识"。鉴于这一问题已在《问题意识：在思想史与文学史的交叉点上》一文中有所论述，笔者这里不再赘述。其次，西方学术界对文学和思想的对立同样有觉察，但他们不是立意要把这两个学科来划个"楚河汉界"。为了把"问题"诠释清楚、梳理透彻，他们看重的是这两个"形式"谁更有利于"问题"的解决，并尽力在两者之间"扬长避短"，从而让"形式"（手段、方法）更有效地服务于"问题"（内容、论题）的目的。如果他们有对抗，也不是担

---

① 在研究范仲淹的文章和论著中，不少研究者生怕低估了先贤，在文学家的名分之后，总要以政治家和思想家谓之。典型的是"范仲淹文化网"上的第一句介绍："范仲淹（989—1052），字希文，北宋著名的政治家、思想家、军事家和文学家。"笔者以为，除却最后的一个称谓"文学家"一语中的，其他有"附庸"之嫌。这和我们传统的"胜者通吃"思维有关，鲁迅后来始终以革命家、思想家、文学家的多重身份出现在课本和论著中，也是与这一"政治"传统有关。今天的很多影星、歌星、体星多是一人多能，"演而优则唱""唱而优则演"。也许笔者的冒犯就是在这里：范仲淹是一个杰出的作家或说散文家，但不能说是政治家，尤其不能称之为思想家。在中国古典文学研究领域，这样的注释和误解还有很多，恕不枚举。

② 参见关爱和：《古典主义的终结——桐城派与"五四"新文学》，上海文艺出版社1998年版。

心自己失去领地,而是怕延误或耽误了"解决"问题。应该说,这是"一个古老的论争",从柏拉图时代即开始了。马克·爱德蒙森在《文学对抗哲学》的开篇就说:"柏拉图对荷马的最大不满就是荷马的存在。"虽然西方学术中的术语和我们不一样,但在实质上他们的"文学"和"文学批评"和我们所谓的文学史和思想史的分野大同小异。正如我们看到的那样,在西方,尽管学者们也承认"文学研究的职业化确实带来了某些优点",但更多的意见则是:"当然有利就有弊,职业化的文学研究也存在很多弱点和某些明显的坏处。"这里的"职业化"也就是我们习惯的"专业化",尽管作者一再"申明""本书不是任何肤浅意义上的反职业化的著作",但在根本意义上,他还是主张学者能量的"扩容",在文学史和思想史研究者之间可以互动,而不是"向学术的龟缩"。① 最后,笔者更想指出,西方学术中的宗教气质让文学和思想那样有机地结合一起,以文史哲为主体的人文学都是"人学"。在具有"终极关怀"意义上的"彼岸",思想史和文学史学者都更注重尽快找到使人类诗意栖居的生活方式或是度过劫难的"挪亚方舟"。西方的宗教情怀是上帝眼中的独立之"人",中国传统的"仁"则是充满了"克己"之"仁人"。因此,以西方《圣经》为代表的文学不乏思想的受难者和承担者,而儒学伦理下的中国古典文学则是难有独立人格之"人"。即使有,也是以叛逆、不道的形象出现。这也是我们说文学史和思想史的交叉在近代以前史无前例,真正意义上的并行不悖是"五四"新文学怀胎之后的事的主要原因。毋庸讳言,中西文学的价值超越向度在一定程度上影响并制约着思想的同生。难怪对中国古典和现代文学都研究有素的夏志清先生这样看重西方文学的宗教情怀。他

---

① 〔美〕马克·爱德蒙森著,王柏华、马晓冬译:《序言:一个古老的论争》,《文学对抗哲学》,中央编译出版社2003年版,第25—26页。

说:"索(福克勒斯)、莎(士比亚)、托(尔斯泰)、陀(思托耶夫斯基)诸翁正视人生,都带有一种宗教感。"这意思是说:"中国文学传统里并没有一个正视人生的宗教观。中国人的宗教不是迷信,就是逃避,或者是王维式怡然自得的个人享受。"①这不但道破了古典文学寄情山水的事实,也说出了中国文学为何难以发出思想之声的原因。"五四"新文学作家鲁迅的"论睁了眼看"、胡适推崇的斯铎曼医生正视人生的"勇气",都带有承担勇气和信仰情怀之"新"。也正是在这个意义上,文学史和思想史才比翼双飞。

从外到中,从古到今,我们之所以说思想史与文学史的双栖双飞是近代伊始,是因为中国现代性的历程也是近代的事情。如果那时只是"近亲",那我们准确地说,思想史和文学史的暧昧、缠绵乃至联姻乃是"五四"新文化运动的产物。那是一个个性觉醒和思想解放的时代,也是一个文艺复兴和启蒙运动"双管齐下"的时代,②"人的发现"成为时代的主旋律。以"个人本位""自由""平等""独立"为人格特征的思想时代被提到重要日程。在"人"的现实关照下,新文学有了全新的意念。③ 尤其值得注意的是,这一时期的文学倡导者同时也是创作实践者(作家),而且还都清醒地意识到了文学和思想休戚与共的关系。

---

① 〔美〕夏志清著,刘绍铭等译:《中国现代小说史·中译本序》,复旦大学出版社2005年版,第12—13页。

② 学术界对"五四"新文化运动的定性一直有着歧义。持文艺复兴和启蒙运动说法的学者各自为战。过去,我一直认为它启蒙运动的因子大些,现在看来应该两者兼具或说"双管齐下",充分利用了西方的"舶来"资源。参见张宝明、张光芒:《百年"五四":是"文艺复兴"还是"启蒙运动"?——关于五四新文化运动性质的对话》,《社会科学论坛》2003年11期。

③ 张宝明:《自由神话的终结——20世纪启蒙阙失探解》,上海三联书店2002年版,第57—60页。

陈独秀、胡适、李大钊、周作人、鲁迅等学者都是这方面的典型代表。他们或受日本文学的影响或受英美文学的影响,虽然学缘和承传不一样,但他们在思想逻辑上却呈现出惊人的一致性。急切改变中国现实的热情,使得他们即使是在译介外国文学时也是以思想优先居多。在西方主流思想的感染下,他们以中国传统知识分子前所未有的热情"攻玉","西方文学和哲学思想"对中国文学的革命推波助澜。我们知道,1917年胡适回国在北京大学担任哲学教授,而诸如他这样"学非所用"的越位学者不止他一人。一个哲学博士把兴趣用在文学改良上,难免就会出现"一手多拥"的局面。夏志清先生这样概括这一时期的文学现象说:"文学既然要载道,对艺术有时就不遑顾及了。现代中国作家对外国文学作品认识的机会极多(他们的前辈可没有这种福气),但值得注意的是,他们对外国作家所感兴趣的,以思想为主,艺术成就其次。即使绝顶聪明的人如胡适和周作人也不例外。"① 周作人那篇《人的文学》就是典型的人文思想力作。文章似乎文不对题,一个谈论文学的标题竟然把思想之现代性的重要说得比文学本体还专业:"欧洲关于这'人'的真理的发见,第一次是在十五世纪,于是出了宗教改革与文艺复兴两个结果。第二次成了法国大革命,第三次大约便是欧战以后将来的未知事件了。女人与小儿的发见,却迟至十九世纪,才有萌芽。古来女人的位置,不过是男子的器具与奴隶。中古时代,教会里还曾讨论女子有无灵魂,算不算得一个人呢。小儿也只是父母的所有品,又不认他是一个未长成的人,却当他作具体而微的成人,因此又不知演了多少家庭的与教育的悲剧。自从Froebel与Godwin夫人以后,才有光明出现。到了现在,造成儿童学与女

---

① 〔美〕夏志清著,刘绍铭等译:《中国现代小说史》,复旦大学出版社2005年版,第17页。

子问题这两个大研究,可望长出极好的结果来。中国讲到这类问题,却须从头做起,人的问题,从来未经解决,女人小儿更不必说了。如今第一步先从人说起,生了四千余年,现在却还讲人的意义,从新要发现'人',去'辟人荒',也是可笑的事。但老了再学,总比不学该胜一筹罢。我们希望从文学上起首,提倡一点人道主义思想,便是这个意思。"①以"中国文学"为切入点,把"人的文学"联系到"人生问题"并归结为"人道主义"思想谱系。这就是文学和思想"并轨"之雏形。还有更为确实的说法,那就是周作人以"仲密"为笔名发表在《每周评论》并为《新青年》转载的《思想革命》一文。他在该文中把文学革命与思想革命相提并论甚至有过之而无不及地率直抛出:"我想文学这事务,本合文字与思想两者而成。表现思想的文字不良,固然足以阻碍文学的发达。若思想本质不良,徒有文字,也有什么用处呢?我们反对古文,大半原为他晦涩难解,养成国民笼统的心思,使得表现力与理解力都不发达……如今废去古文,将这表现荒谬思想的专用器具撤去,也是一种有效的办法。但他们心里的思想,恐怕终于不能一时变过,将来老瘾发时,仍旧胡说乱道的写了出来,不过从前是用古文,此刻用了白话罢了。话虽容易懂了。思想却仍然荒谬,仍然有害。好比'君师主义'的人,穿上洋服,挂上维新的招牌,难道就能说实行民主政治?这单变文字不变思想的改革,也怎能算是文学革命的完全胜利呢?"所以,"我说,文学革命上,文字改革是第一步,思想改革是第二步,却比第一步更为重要。我们不可对于文字一方面过于乐观了,闲却了这一面的重大问题。"②看来,想把文学(史)和思想(史)分开不但不可能,而且还会因此失去其"新"的意义。直至"五四"新文化运动高潮

---

① 周作人:《人的文学》,《新青年》第5卷6号,1918年12月15日。
② 仲密:《思想革命》,《新青年》第6卷4号,1919年4月15日。

过后,李大钊在将"今日文学界、思想界莫大危机"相提并论的同时,还对"新文学"的定义理解耿耿于怀:"我的意思以为光是用白话作的文章,算不得新文学。光是介绍点新学说、新事实,叙述点新人物,罗列点新名辞,也算不得新文学。"那"什么是新文学"呢?他说:"我们所要求的新文学,是为社会写实的文学,不是为个人造名的文学;是以博爱心为基础的文学,不是以好名心为基础的文学。"①

这,也正是中国近代以来尤其是"五四"伊始的新文学之由"西方化"到"中国味"的原委曲折之所在。

3. 人文学术:文学史和思想史的天然纹路

"文学是人学",这是从事文学研究者家喻户晓的一句名言。从关于周作人等"五四"作家的言传"笔"教中也不难发现"这一个"。其实,就史学、哲学以及宗教学等学科的特性来看,把它们说成是"人学"也未尝不可。毕竟,在它们的精神气质上,人文主义的精神气息(以下简称"人文气息")共同洋溢其中。

这里,我们撇开纯粹的史学和哲学的分析,单就思想史和文学史的藕断丝连之关系作一个必要的梳理。不过,在分析两者以自己的不同方式勾连对方之前,我们有必要先对两者勾连的前提或说纹路之天然交织的条件做个交代。

如果说文学史和思想史存在天然的近亲关系,那么这话并不算夸张。关键在于,它们的纹路何以天然?我们知道,文学史和思想史同属于人文学术的学科领域,它们同样以"人"作为研究对象。人文学科中文、史、哲的共同属性和终极关怀具有决定性的意义,同是以寻求意义为终极目标。人文学(科)的意义寻求之范畴很宽泛,具有很清的不确定性。这也是人文学具有很

---

① 守常:《什么是新文学》,《星期日》周刊"社会问题号",1920年1月4日。

大的包容性和开放性的原因。换言之,真正的人文学对人的关心很难一步到位,它有一个终极关怀的"彼岸"气质,人生的意义是一个谜团,而且这个谜团不可能一次性穷尽,也不可能由一位智慧之人一次性勘破。事实上,在很多情况下,我们的人文科学工作者只能在悖论中追问或者说寻求意义,而不可能像自然科学那样顺手得到一个确切的答案。寻求意义的过程是一个言说过程,也是一个阐释过程。意义的问题在摇摆、拷问、共鸣中进行。它可以是心理痛苦的缓解、紧张的放松,也可以是快乐的扩张、幸福的多元,甚至还会是信念的获得与放弃。不过,思想的宽容、心灵的理解、互相的关爱、情感的升华是人类应有的通感,也是人类共同追求的价值主题。凡此种种,也是需要通过打破学科壁垒来完成的。进一步说,人文主义的视界把文史哲等人文学科"召集"在了一起,形成了相互摩擦的局面。那些以人为本位的人道主义、个人主义、自由主义、民治主义无一不是在咏唱"同一首歌"。回想"五四"新文化运动,那一时期的"易卜生主义"之所以能广为传诵,一个不可忽略的因素即是始作俑者对人文主义的热捧。这就在很大程度上促进了天然纹路的内敛和收缩,从而使得现代中国文学自一开始就涂上了厚重的思想色彩,从而现代文学研究也就与思想史如胶似漆了。对此,夏志清先生看得也很清楚:"文学革命的初期还有一个值得注意的现象,那就是国人对人文主义的浓厚兴趣,认为人的尊严,远远超过他作为动物和市民的需要之上……《玩偶之家》中的娜拉,成了当时中国青年最热门的话题。"[①]

　　人文学除却具有深层关怀的特性,它的强烈的人类反思自身的特性同样决定了文学史和思想史的缠绵。如果说人文学的

---

① 〔美〕夏志清:《中国现代小说史·中译本序》,《新文学的传统》,新星出版社2010年版,第32—33页。

反思特性的最大化即表现在对启蒙的理解和诠释上,那么这里不妨租赁一位学者的观点审视一下这个思想平台如何为思想史和文学史同唱一首歌提供了空间:(1)启蒙肯定理性;(2)启蒙肯定个人;(3)启蒙肯定平等;(4)启蒙肯定多元。① 也许我下面的延伸不一定完全合乎作者的本意,但有几点可以确信:肯定理性使得两者同时具有批判性,肯定个人使得两者同时具有担当意识,肯定平等使得两者同时具有现实关怀,肯定多元使得两者同时具有前瞻性或说终极关怀。如果说两者在这四个方面有什么不同的话,那就是:批判性在文学那里是通过怀念过去或理想期待完成的,譬如鲁迅的《故乡》对当年闰土的回忆和后来在船上对"希望"的前瞻,而思想史则是以对传统的直接否定和对未来的直接设计完成的;个人担当情怀在文学史那里是受难者形象的塑造,而思想史则是以"自由与秩序"的原理(哈耶克)、个人权利与责任的划分和界定来完成的;现实性在文学那里是一种人性的永恒价值诉求,在思想史那里则是一种"关注现在"问题的解决(马克斯·韦伯);文学史的终极关怀在于意义的"无可言说",思想史的终极关怀则是发现知识的不确定性。进而言之,这也可以说是人文学的吊诡性。这个吊诡在文学那里体现在人物性格的多重性和选择的艰难性,在思想那里流布的则是思想的进退维谷以及代价的沉重。值得注意的是,在它们不同的路径中,人文关怀的意义却没有什么两样。文学史和思想史也正是在这样的人文平台上合辙的。

批判性、担当意识、终极关怀(吊诡性)等特点构成了人文学内在质的规定性。由此,泾渭分明的划清界限其实是一件吃力不讨好的事情,而硬性勾连或说撮合只能违背学科自身的规律。

---

① 钱永祥:《纵欲与虚无之上——现代情境里的政治伦理》,生活·读书·新知三联书店2002年版,第358—359页。

如此说来,那么究竟两个学科应该在怎样的意义上牵手共舞呢?

4. 文学史和思想史:平行并交叉着

如同文学史和思想史都存在着吊诡性一样,小标题昭示的"平行并交叉着"本身就是一个无法化解的悖论。这在数学的命题上是一个不可能的预设,而在人文学却具有潜在的可能性和可行性。或许,这就是自然科学和人文科学的质的规定性之差异。在这个命题上,饶有情趣的是,只要"'什么是人?'这个具体的问题"的拷问和寻求没有终结,①它们就不可能单是平行或重合。

在研究对象和寻求意义的观念上,文学史和思想史没有本质上的差异,而且它们完全可以归为观念史的领域,是"人类精神史"的不同侧面而已。一位西方学者遇到了同样的命题,"人最需要的知识是关于它自身的知识,这是一种十分古老可敬的观点"。由此他很清醒地认识到:"在历史中显明自身的个体或群体的人类心灵的进程,并不遵循与正式确立的大学各系的区分相一致的封闭路线;甚至在这些进程中,或者它们的表达方式上,又或它们应用的对象,逻辑上可被辨别为相当清晰的类型的地方,它们都是在永恒的相互作用中。观念是世界上变迁最剧烈的东西。"阿瑟的总结有过之而无不及:无论是"文学"的"审美享受"(aesthetic enjoyment)还是"审美经验"(aesthetic experience)抑或"审美品质"(aesthetic quality),都可归到"形而上学的激情"(metaphsical pathos)演绎中,"思想史是双重的事情——一方面,是在人的本质间,在物理经验的紧急状态和变化无常中的交通和相互作用的故事;另一方面,是人们已然由于非常不同的

---

① 〔德〕海德格尔著,邓晓芒译:《康德和形而上学问题》,孙周兴选编:《海德格尔选集》,上海三联书店1996年版,第82页。

激励依他们的心意承认了的观念的特殊本质和压力故事"①。事实上,我们耳熟能详的历史名言其实也是对文学史和思想史交叉关系的一个有力注脚:"一切历史都是思想史,此处是用的思想最宽泛的意义,它包括人类精神的所有意识行为。"②

的确,人文学是一个具有十足想像力的综合学科。在这一点上,无论是从事人文学科哪一门的学者在跨出去的同时也就意味着获得了"公共视野"。尤其是对文学史研究而言,"走出去"和"返回来"构成了现当代文学学者最为直接的现身说法:"这是一个双重的改写过程:一方面,公共视野使我们摆脱了体制化的专业眼光和批评话语,将文学问题置于更大的语境当中,从而显现出单一学科(专业)视野无从发现的问题,或将文学问题纳入新的问题系;另一方面,通过对文学问题的讨论,使得公共议题变得具体和复杂化。"或许,这也正是很多文学史研究者跨越学科的一个逻辑依据。因为"自觉的跨越专业界限、学科界限的意识和眼光,才可能不完全被学院体制和学科体制所规训和塑造,并形成某种公共意识。"③尽管贺桂梅的"跨学科"之"自觉"与笔者的"一不留神"之"问题意识"的内在驱动路径不同,④但在这个具有"会诊"观念的"问题意识"上却具有高度的一致性。著名文学史家陈平原先生为文学史和思想史的学科关系张目说:"学科问题是目前制约学术研究的一个瓶颈。我们在总结学术史时,很容易发现,1949年之前,学科之间的界限没有分得

---

① 〔美〕阿瑟·O.洛夫乔伊著;余伟译:《反思观念史》,《思想史研究——思想史的元问题》,广西师范大学出版社2005年版。
② 〔英〕柯林武德著,陈新译:《一切历史都是思想史》,《思想史研究——思想史的元问题》,广西师范大学出版社2005年版。
③ 贺桂梅:《人文学的想像力——当代中国思想文化与文学问题·前言》,河南大学出版社2005年版,第9页。
④ 张宝明:《从文学史到思想史——中国现代文学研究的问题转向》,《20世纪:人文思想的全盘反思·导论》,安徽教育出版社2004年版。

那么细,人文学方面,出现了一批名副其实的学术大师。现在采取了'科学管理',各学科的界限分得非常清楚……这样的学术壁垒,无异于自我封闭,自己将自己的手脚束缚起来。"①

人文学的"想像力"和"精神史"特征使得从事这一学科的学者难以完全走出一条剥离式的"单行道"。我们这里不必像启蒙思想史家彼得·盖伊那样把"历史学家的三堂小说课"改编为"文学家的三堂历史课",②但必须指出的是,德国两位人文学大家对这一学科作出的"精神科学"和"精神性"的异口同声之高度概括,应该说是具有高屋建瓴的真知灼见。③ 卡西尔在《人文科学的逻辑》之第一章《人文科学之对象》的第一句话就这样开宗明义道:"柏拉图曾经说过,惊异其实乃是一种哲学的激情,并且说,一切哲学思维之根本,都可追溯于这一种惊异。"④思想史家何兆武在最近的一篇文章的收笔时说:"总之,诗与真、科学与人文是史学的两个维度。我们的思想就是诗与真的二重奏,我们的史学是诗与真的交响曲。优秀的指挥家应该能演奏出美好的乐章。"⑤尽管他不是专论文学史和思想史的关系,但从"诗与真"的掂量中,或许会加深我们对他所说和自己理解的"人文的范畴""学科交叉化"的理解和认同。

归根结底,思想史和文学史之间有机的相关性延伸或自然

---

① 陈平原:《历史学与文学的对话》,《学者的人间情怀》,生活·读书·新知三联书店2007年版,第223页。
② 〔美〕彼得·盖伊著,刘森尧译:《历史学家的三堂小说课》,北京大学出版社2006年版。
③ 〔德〕韦尔海姆·狄尔泰著,赵稀方译:《人文科学导论》,华夏出版社2004年版,第6—7页。
④ 〔德〕恩斯特·卡西尔著,关子尹译:《人文科学的逻辑》,上海译文出版社2004年版,第1页。
⑤ 何兆武:《诗与真:历史与历史学》,《历史学家茶座·总第8辑》,山东人民出版社2007年版,第64页。

过渡不失为一种富有建设意义的选择。

"什么是人"的问题同样支撑着文学史和思想史的"平行"。"人"是多重的、多维的、多面的,因此对"人"的解读也需要是多维度的、多方位的、多视角的。人文学的包容性、开放性、多歧性使得思想史和文学史的交叉如同诗情画意那样"浓得化不开"(徐志摩语)。与此同时,文学史和思想史的学科定位也需要有自己相对独立的地位,尽管这不是学科可以自我封闭、自成壁垒的理由。其实,无论是西方的人文学家还是当下中国的文学史家或思想史家(限于眼界,笔者还没有发现大陆的人文学家)对此都有清晰的"辩证说法"。

"解铃还须系铃人",还是上面的几位中西学者的"辩证法"更具有说服力。卡西尔在《人文科学的逻辑》中提出了"精神之现象"说法后,他也清醒地意识到了这不是"个别学问"的提法,而是"以人类心智活动为对象的学问的统称"。人文学研究对象的复杂性和广博性为其学科细化和定位以及思维方法提出了多重需要。这也正是卡西尔在将"人文科学"和"自然科学"笼统对称的同时,又"化整为零"地以哲学家身份走进"人文世界",讲述"知识""直觉""艺术""感知"等单一思维视角九九归一(大人文视角)的原因。① 相对于卡西尔,狄尔泰的表态更为率直:"各种人文科学的内容"和"人文科学主张的三个层次"两个标题已经将文学、宗教、哲学等人文分支对人文学大厦"多"足鼎立之支撑暴露得通透有余。② 在"人文学的想像力"倍加膨胀的同时,同人也不能不愈来愈觉得"内里的局外人意识"在榨压自己:"在讨论某些文化研究、思想史命题时,自觉地尝试着'回到文学问题'

---

① 〔德〕恩斯特·卡西尔著,关子尹译:《人文科学的逻辑》,上海译文出版社2004年版,第204—205页。
② 〔德〕韦尔海姆·狄尔泰著,赵稀方译:《人文科学导论》,华夏出版社2004年版,第25—28页。

(但不是'回到文学自身'),即把有关问题的讨论落实于文学(史)论题的重新阐发上。或许是一种可行的批评实践。"①或许,这也是"局内人"的"规训"和"局外人"的"开拓"所具有的紧张。个人紧张归个人紧张,其意义在于:文学史和思想史之间应该保持"必要的张力"也由此彰显了出来。

不难看出,一方面,文学史和思想史需要张力;另一方面,两者又需要松散式的"联邦"。那么对从事文学史与思想史研究的学者而言,究竟如何处理好这样一个张力和松绑的关系,即怎样做到张弛有度,这是当下一个非常现实的问题。笔者在认同"诗与真"的同时,也非常自信地坚持:在"这一个"规律的前提下,"打通"人文学学科之间的壁垒和学者之间的块垒,以"一荣俱荣一损俱损"的观念促进人文学的繁荣和发展。最后,笔者租赁陈平原的表述作为本文的结束语:"学科之间,已不是从前那种坚硬的、不可逾越的关系。文史完全可以相互挪用……接受必要的专业训练,理解你所进入的学科,知道其来龙去脉与利弊得失,然后再来谈'跨学科'。"②

根据我个人的观察,一个世纪以来的文学史和思想史关系的讨论从没有像今天这样"成熟"过,也从来没像现在这样复杂过,如果轻易放弃彼此互补的人文学走向提案——"平行并交叉着",那么至少目前笔者还看不出有什么其他选择。

---

① 贺桂梅:《人文学的想像力——当代中国思想文化与文学问题·前言》,河南大学出版社 2005 年版,第 9 页。
② 陈平原:《历史学与文学的对话》,《学者的人间情怀》,生活·读书·新知三联书店 2007 年版,第 222—224 页。

后记　人文启示:示威还是示弱

一、两重气质:人文与启蒙

在人类文明史上,"真""善""美"应该说是现代性链条上最为基本的三元素。而作为具有灵魂意义的"善",在从文艺复兴到启蒙运动的数个世纪的行走中却并不如人们想象的那样得风顺水。我们看到,在 20 世纪舶来中国后的情形也大致相当,尤其是传统以"仁"为核心的人文关怀受到挑战后。譬如同样是讲"爱",当西方的"博爱"遇到中国的"仁爱"后,就呈现出了一个另类的思想景象。"自由、平等、博爱"在中国不同的思想者那里,因"人"而异,于是就有了"人道"与"人文"的偏好、"文艺"(复兴)与"启蒙"(运动)的倚重,凡此种种,不一而足。这里,笔者更倾向于以人文与启蒙的张力一言以蔽之。

就"善"而言,无论是宗教学、哲学还是史学尤其是思想史,都是不可绕过的命题。"善"之所以涉足甚广,其根本原因还在于它既蕴含着宽容,也释放着自由。固然,我们一方面承认"仁爱"与"自由"作为"东西方不同的人性理想"①各自存在着;但另

---

① 吴国盛:《什么是科学》,广东人民出版社 2016 年版,第 27 页。

一方面，我们还必须看到，在中西人文的源头上，元典意义上的圣哲们都不约而同地将"载道""传道""弘道"作为士人或说知识分子的首选。真知固然重要，但绝对不是第一位的要素。《大学》中人生进修的"八目"依次为："格物、致知、诚意、正心、修身、齐家、治国、平天下"(《大学》)。一个从初级到高级的过程足以说明，知识固然重要，而且是必需，但却不是目的，充其量只是一个原始手段。孔子《论语》所说的"知之为知之"那段话，讲的的确是"真"与"知"，不过却是借此引导一种人生观念与伦理诉求——养成那种敦厚的人格、修成仁爱之身，才是为人的王道。无独有偶，寻绎西方知识论的源头，我们可以清楚地看到苏格拉底这位先哲毫不隐晦地将"知"与"善"合二为一的逻辑。他老人家一方面将真理作为至高无上的"善"来谋求：为此可以抛却宝贵的生命以及神圣的爱情，就是我们所说的"二者皆可抛"；另一方面则在充分认可"认识你自己"的神谕中打出了"知识等于美德"的底牌："有知即有德""无知即缺德"。这样的观念多少有点像中国自古以来信奉的"道德学问"的理念：在"著作等身"背后，隐含的是一串"道德齐身"的价值判断。这样看来，中西方元典以及圣哲都有将知识伦理化的倾向是毋庸置疑的。只不过，随着人类文明的演进，西方在十八世纪以后偏向了"知识就是力量"一隅；中国人文的守望则在近代以来受到西方"科学"力量的冲击后，呈现出异彩纷呈、一摇三摆的姿势。尤其是在中西文明升温到了热吻程度的"五四"以后，随着"平等、自由、博爱"等关键词的长驱直入，伴着"个性自由""个人本位""人的发现"等核心观念的纷至沓来，加之被奉为座上客的当红观念人物"德先生"(民主)和"赛先生"(科学)的粉墨登场，新文化运动的思想世界虽然不敢用"绝后"名之，但却可以说是"空前"的一幕。

于是，问题也接踵而来。这也是学术界面对这样一个显学而众说纷纭、莫衷一是的根本所在。追溯历史现场也好，回到当下学界也好,无论随意成型的"历史"有着怎样的逶迤曲折,此起彼伏的争论、颉颃胶着的紧张无非都在演绎着人文与启蒙这两重气质——不管学界有着怎样的"说法",其实都不过是"问题"的变形或是视角的不同而已。对此,我们不妨从两个最具代表性的杂志《新青年》与《学衡》的对峙说起。

二、人道与人文:以《新青年》与《学衡》为例

以"历史"而论,围绕《新青年》的知识群体我们且名之为"新青年派",以《学衡》为平台的同人我们可以称为"学衡派"。近一百年来,每每提及两派,都有势不两立、水火不容的"先见"。有一段时间,我们甚至谈"学"色变。其实,即使是"新青年派"的内部同人也不是那么完全的同"心"同"德"。首先,自打《青年杂志》(即《新青年》)"抱团"伊始就有了"剪不断、理还乱"的分歧。先是谈与不谈政治的拉扯,再是编辑方针的龃龉,最后胡适们终于在"政治色彩"染浓且不能接受中走向了"学术思想艺文的改造"①之途。凡此种种,我们在"新青年派"知识群体"散掉"在即及其之后,尤见其实。以《每周评论》作为缓解谈与不谈政治的紧张为标志,"问题"与"主义"、"自由"与"解放"、"普及"与"提高"——中间还裹带的"非基督教运动""群众火烧《晨报》馆事件"——都已经把以胡适和陈独秀这"两个老朋友"②为首的阵营分出楚河、理出汉界。其次,当《新青年》与《学衡》成为针锋相

---

① 《关于〈新青年〉问题的几封信》,张静庐辑注:《中国现代出版史料(甲编)》,中华书局1954年版,第8页。
② 《胡适致陈独秀》,中国社会科学院近代史研究所中华民国史研究室编:《胡适来往书信选》(上),社会科学文献出版社2013年版,第258页。

对的"火并"对手时,胡适在敏感地说出《学衡》是针对自己的时候①,周作人则敏锐地将看似你死我活、势不两立的对手看作"决不是敌人"的"新文学的旁枝"②。此话一出,便招致不少议论和联想。原来,作为文学"改良"以及"革命"引爆者的胡适,在"切实作一改良文学论文,寄登《青年》"③之前,就曾与在美国留学的同乡梅光迪有着切磋、唱和与争议。尽管在文言与白话等问题上的文化路径和思想方法不完全一致甚至有很大分歧,但那毕竟是高手对弈,从古学复兴、孔教运动、文学革命诸方面的讨论来看④,双方的直抒胸臆倒也应验了中国古典哲学上的那句话:"相克亦相生。"即是说,在作为"新青年派"内部重要支柱的胡适们那里可以说有与"学衡派"内在气质高度吻合的对接之榫,这一暗合用一句流行的谚语叫做"一手托两家",或可生造一个词叫"一心二意"。

就《新青年》群体内外的紧张而言,我们可以大而化之将这一张力从"启蒙与救亡"的视角将其理解为"并行不悖相得益彰的局面"⑤好景不长,也可以从中西文化的视角将其囊括为"在欧化与国粹之间"⑥的挣扎,还可以从西方现代性演进过程中对

---

① 1922年2月4日,胡适在日记中写道:"东南大学梅迪生等出的《学衡》,几乎专是攻击我的。"参见中国社会科学院近代史研究所中华民国史研究室编:《胡适的日记》(上册),中华书局1985年版,第258页。

② 周作人:《恶趣味的毒害》,《晨报副镌》1922年10月2日。

③ 《陈独秀致胡适》,中国社会科学院近代史研究所中华民国史研究室编:《胡适来往书信选》(上),社会科学文献出版社2013年版,第4页。

④ 参见刘贵福:《梅光迪、胡适留美期间关于中国文化的讨论——以儒学、孔教和文学革命为中心》,《近代史研究》2011年第1期。

⑤ 李泽厚:《启蒙与救亡的双重变奏》,《中国现代思想史论》,东方出版社1987年版,第32页。

⑥ 郑师渠:《在欧化与国粹之间——学衡派文化思想研究》,北京师范大学出版社2001年版。

其不同阶段的拣择将其以"在启蒙与学术之间"①的对峙予以审视,甚至我们还可以在"学问家"和"舆论家"的双重身份中找到"互相补充""互惠互利"②的立论依据……鉴于关于这一命题的学术史不一而足,恕不一一赘述,这里只是拣其要而言之。不过,既然引证这么多学术意见,笔者还是想重申前文观点,将这一切涵括在人文与启蒙的张力之中。

说到人文与启蒙的张力,我们不能不回到历史的现场勘察一番。如果说从浩如烟海的文献资料中寻觅到的那些具有"张力"的字句不过是内在思想谱系的外在表达,难以从中找出"某籍""某系"③的蛛丝马迹,那么我们不妨把复杂的问题简单化:"有请当事人"——看看当事人怎么说。很多时候,在当事人做"贼"三年之后倒有让人意想不到的收获。譬如胡适在新文化运动高潮之后就不失时机地站出来以《新思潮的意义》指点江山,将这场运动的旨归总结为"研究问题,输入学理,整理国故,再造文明"④。他还在晚年的自述中将"五四运动"看成是对自己既定、认定并抱定的"中国文艺复兴"之"一场不幸的政治干扰"⑤。一个"不打自招"的表述还在这里——"'问题'与'主义'之争:我和马克思主义者冲突的第一回合。"⑥而对《新青年》的主编陈独

---

① 孙尚扬:《在启蒙与学术之间:重估〈学衡〉》,孙尚扬、郭兰芳编:《国故新知论——学衡派文化论著辑要》,中国广播电视出版社1995年版,代序。
② 陈平原:《序三》,张宝明、王中江主编:《回眸〈新青年〉》,河南文艺出版社1998年版,序言第11页。
③ 此处借用鲁迅:《我的"籍"和"系"》,《鲁迅全集》第三卷,人民文学出版社2005年版,第87—89页。
④ 胡适:《新思潮的意义》,《新青年》7卷1号,1919年12月1日。
⑤ 唐德刚译注:《胡适口述自传》,传记文学出版社1981年版,第189页。
⑥ 同上,第195页。

秀来说，几乎是与胡适《新思潮的意义》同时见刊的《新文化运动是什么？》，则将"注重团体的活动""注重创造的精神""要影响到别的运动上面"①作为运动的指南。相形之下，与文艺复兴之突出个性、意志和情感并论，启蒙运动之诉诸理性、科学、自然、人类与上帝等各种相互关联的观念则更受关注："启蒙运动思想大致有人道主义、社会思想和历史观几个方面。在人道主义方面，启蒙运动思想家发现人类有共同的属性，进而又从人类社会的固有现象转而研究人类社会应有的现象，从而提出批判，鼓吹改良，进而主张革命。……在启蒙运动接近尾声之际，西方思想界开始逐步走向伯克、黑格尔、达尔文和马克思的理论所标志的道路。"②从陈独秀、李大钊与胡适、周作人等思想的分属来观察中国"五四"新文化运动的"来龙"与"去脉"，大致可以得出文艺复兴和启蒙运动双重气质的联袂、分化以及后者压倒前者的这样一个基本结论。

与此同时，我们还必须看到，把这样一个复杂问题简单化到以双重性来概括固然能让历史的图景一目了然，但是，我们还不能忽略这么一个历史板块，那就是《学衡》所倡"论究学术，阐求真理，昌明国粹，融化新知"③也需有个落实才算自圆其说。及此，如果要把"学衡派"及其相关的延伸都一网打尽，概以文艺复兴名之也可以一了百了。但是谁又能保证《学衡》及其追随者安眠于九泉之下呢？在接续"新青年派"的内在张力之后，笔者更倾向于将胡适们那些"健全的个人主义""易卜生主义"以及"个

---

① 陈独秀：《新文化运动是什么？》，《新青年》第7卷5号，1920年4月1日。
② 参见"启蒙运动"词条，中国大百科全书出版社《简明不列颠百科全书》编辑部译编：《简明不列颠百科全书》（*Concise Encyclopedia Britannica*）（第6卷），中国大百科全书出版社1986年版，第595页。
③ 《〈学衡〉杂志简章》，《学衡》第1期，1922年1月。

人主义的人间本位主义"(周作人语)等等具有文艺复兴元素的多重组合以人文主义名之。本来,人文主义就是文艺复兴时期一个至高无上的热词:"人文主义从复古活动中获得启发,注重人对于真与善的追求。人文主义扬弃偏狭的哲学系统、宗教教条和抽象推理,重视人的价值。"①与一味膜拜"科学"、顶礼"民主"、追求确定性并期待从一而终的启蒙运动相比,"学衡派"对于人文主义的确有自己独到的定位。这从吴宓、梅光迪、胡先骕等《学衡》主笔对以白璧德为旗帜的人文主义的深描中不难得到进一步的印证②。Humanism 在"学衡派"那里是人文主义,在"新青年派"的陈独秀们那里则成了人道主义。"本是同根生,相煎何太急"用在这里正恰当不过了。Humanism,只是到了大陆之后才本土化地华丽转身并蝶化、分道并"扬镳"的。

三、示弱与示强:在不确定与确定性之间

说了这么多,到了该收尾的时候了。尽管这里抬出了"人文"与"人道"的紧张,但回归本题,本文的落脚点或说归宿还是要在人文与启蒙之间画上句号。归根结底,启蒙是以科学、理性、分析以及知识的确定性为主题,追求普适性、永恒性、统一性。"启蒙把每一种文明要么看作是通向更高文明的阶梯,要么看作是向更早或更低文明的复归。"③这是一种以进化论为根底

---

① 参见"人文主义"词条,美国不列颠百科全书公司编著;中国大百科全书出版社《不列颠百科全书》编辑部编译:《不列颠百科全书:国际中文版》(*Encyclopaedia Britannica International Chinese Edition*)(第8卷),中国大百科全书出版社1999年版,第232页。
② 吴宓译:《白璧德之人文主义》,《学衡》第19期,1923年7月。
③ 〔英〕以塞亚·伯林著,马寅卯、郑想译:《启蒙的三个批评者》,译林出版社2014年版,第251页。

的直线思维,是一种"简化论"①。而与启蒙相对应的人文,则主要以经验、感觉和知识的不确定性为主题,追求多元性、非永恒性、特殊性,遵循螺旋式循环思维。阿伦·布洛克曾这样表达自己从事人文学研究的体会:"如果我问一下自己,我一生从事历史和人文学的研究,我可以从中得出什么结论? 我会用五个字来回答:前途不可测。谁能知道明天的日程会是什么? ……即使你能预测到不少关于五十年或一百年后人类生活外部环境的情况,却没有人能预测,人类对这种环境会有什么反应。"②启蒙与人文的张力无论是在东方抑或在西方的思想界中都存在,同时 20 世纪以来人文与政治(即德先生)的张力、人文与科学(即赛先生)的张力、人文与市场(即自由理念)的张力,也都可以囊括在人文与启蒙的张力之中。如果需要我们再具体些,那么以胡适和陈独秀在"文学"改良与革命中的不同态度就可以见出分晓,"拖四十二生的大炮"③的陈独秀之专横跋扈、非我莫属、不容商榷的态度——"以白话为文学正宗之说,其是非甚明,必不容反对者有讨论之余地,必以吾辈所主张者为绝对之是,而不容他人之匡正也"④,无论怎样地顺应了时代的要求,这样的"启蒙"都不可能赢得"学衡派"同人的认可。

这一情形,中西概莫能外。以赛亚·伯林的叙事与升华也给了我们足够的信心,我们在维柯、赫尔德、哈曼对抱定科学思维的启蒙之同气相求的评判中能够找到充分的论据⑤。因此人

---

① 〔英〕阿伦·布洛克著,董乐山译:《西方人文主义传统》,生活·读书·新知三联书店 1997 年版,第 298 页。
② 同上,第 295 页。
③ 陈独秀:《文学革命论》,《新青年》第 2 卷 6 号,1917 年 2 月 1 日。
④ 《通信》,《新青年》第 3 卷 3 号,1917 年 5 月 1 日。
⑤ 〔英〕以塞亚·伯林著,马寅卯、郑想译:《启蒙的三个批评者》,译林出版社 2014 年版。

文话语的持续发声,总是在一则以喜一则以忧的示威与示弱之间徘徊,也总是以不服输的姿态宣告着无言的结局。在人类文明史上,"逝者如斯",当下如斯,来者亦如斯——"不舍昼夜"。这,正乃本文所以以"人文启示"开题的原因,也是笔者不禁沾沾自"悲"之所在。

四、人文学断想及其他

就本书所说的人文主义而言,它包含了文学、历史、哲学为主体的学科,而本论的反思,不过是从笔者的视角出发对我们刚刚走过的那个世纪进行必要的反思。说到学科,我在很多时候都能感受到自己身上的压力和重负。从我个人这么多年来的思考来说,很多问题不好归到哪一个学科中,因此在很多时候尽管我知道学科各自的独立性——"文史也分家",但我更倾向于提倡打破学科壁垒的人文研究。

作为一个人文学者,我的研究不是为研究而研究。毫不夸张地说,我的研究充满着强烈的生命意识,有着"剪不断,理还乱"的人文情结,还有着与历史对话的好奇和渴求。这里流布的文字与其说是一种刻意的人为,毋宁说它是一种自然的流露。这些文字的写作构成了我个人生命的一个有机组成部分。从1981年我来到秀美的赭山脚下求知,到20年后回到母校为研究生上课,我经历了从激情四射到黯然神伤的心理路程。心理的变化来自心灵的震颤;这些年的意义追问实际上是一种灵魂的拷问。对一个人文知识分子来说,我深信学术良知比启蒙本身更重要。人文学科的意义我可以用一句通俗歌曲的造句来表达:"请让我来关心你,就像关心我们自己。"人文学科中的文、史、哲都以"人"为研究对象,在某种意义上都是"人"学。文化是用来"化"人的,不然就失去了传承的意义。道德不是用来责人的,而是用来律己的。一个有良知的公共知识分子首先应该是一个具有社会担当、人文情怀、道义精神的形象代言人。而这一切又需要通过外化来实现,绝不能单靠口头的高调理想和完美的空壳表述左右逢源。这是我们 20 世纪的教训,更是人类文明史上难得遗产的残酷证明。在这个意义上,尽管这个小册子不一定能充分表达我的意念,但它至少还是一种良知的证明。不过,按照本人所说的,这个证明还有一个更为直接的办法,也就是最为确切的方法:那就是——外化。我愿意和更多的知识分子一起去履行自己的诺言。事实上,这么多年的困惑、挣扎、两难都是在吃力地做着这样一件事——点点滴滴地做着一个人文知识分子的本职工作。其实,这些也只是尽本分,没有什么值得骄傲的。在我看来,如同一位农夫守望他自己亲自耕种的一片田地一样,它应该收获。但若是遇到歉年,自己只有和农夫一样感喟运气不佳。